REFERENCE TO CRIMINAL TRIAL

刑事审判参考

中华人民共和国最高人民法院
刑事审判第一、二、三、四、五庭／主办

总第121集

法律出版社
LAW PRESS·CHINA

总第121集

刑事审判参考

编辑说明

新型冠状病毒肺炎疫情发生以来，各级人民法院认真贯彻习近平总书记关于疫情防控工作的一系列重要指示精神和党中央决策部署，按照最高人民法院要求，充分发挥刑事审判职能作用，依法及时、从严惩处一批抗拒疫情防控措施、暴力伤医、制假售假、哄抬物价、诈骗、造谣传谣、破坏野生动物资源等妨害疫情防控的犯罪，有力维护了人民群众生命健康和社会大局稳定，为统筹推进疫情防控和经济社会发展提供了有力的司法服务和保障。

《刑事审判参考》编辑部从审判实践出发，着眼于惩处妨害疫情防控犯罪中突出的重点、难点问题，梳理汇总了相关立法、司法文件和刑事政策，研究总结了部分法院审理此类案件的经验，精选了一批具有典型意义的案例和理论、实务界的相关文章，以期对此类案件的审判起到一定的参考作用。

《刑事审判参考》编委会

编辑说明

目 录

【指导案例】

【理论前沿】

【经验交流】

【实务探讨】

指导案例

[第 1314 号]

支玖龙以危险方法危害公共安全案

——故意驾车冲撞疫情防控站的行为定性

一、基本案情

被告人支玖龙,男,汉族,1987 年 2 月 20 日出生。2020 年 2 月 21 日被逮捕。

北京市昌平区人民检察院指控被告人支玖龙犯以危险方法危害公共安全罪,向北京市昌平区人民法院提起公诉。

被告人支玖龙对公诉机关指控的事实和罪名不持异议,当庭自愿认罪。其辩护人提出:本案系小纠纷引发的刑事犯罪案件,事情起因在于双方的不理智行为;支玖龙到案后能够如实交代自己的犯罪行为,系初犯,有悔过之意,委托家人交纳赔偿款;建议法庭对其从轻处罚。

法院经公开审理查明:2020 年 2 月,北京市昌平区北七家镇人民政府按照上级统一部署,落实新冠肺炎防控措施,在该镇柏林在线小区西门设立防疫帐篷作为疫情防控工作站,严格核实登记小区出入人员、车辆。被害人刘井平、邢佳伟均系疫情防控工作人员。

2020 年 2 月 17 日上午 8 时 30 分许,被告人支玖龙在该工作站办理进入小区手续时,认为登记时间过长,与刘井平发生言语冲突。为发泄不满情绪,支玖龙驾驶白色雷诺汽车加速冲撞疫情防控工作人员、办证群众所在人群及防疫帐篷,致刘井平、邢佳伟被车辆撞入帐篷,车辆被坍塌的帐篷覆盖。支玖龙在视线被遮挡的情况下,倒车后再次加速冲撞。两次冲撞致使刘井平、邢佳伟受伤,防疫帐篷、办公电脑、执法仪、体温计等防疫物资损坏。经鉴定,邢佳伟伤情为面部擦伤、右侧鼻骨骨折以及体表擦、挫伤,上述三处损伤均为轻微伤;刘井平手部、左膝部及左膝下方均有擦、挫伤,损伤程度为轻微伤;被损坏的防疫物资价值人民币6 580元。

作案后,被告人支玖龙被工作人员当场控制,后被民警查获。

2020年3月4日,被告人支玖龙的家属主动向法院预交纳赔偿款人民币4万元。

北京市昌平区人民法院认为,被告人支玖龙在新冠肺炎疫情防控期间,因办理小区出入手续,与工作人员发生口角,为发泄不满情绪,在疫情防控工作站连续两次驾车冲撞疫情防控工作人员及周边人群,致使两名工作人员轻微伤和防疫物资受损,危害公共安全,尚未造成严重后果,其行为已经构成以危险方法危害公共安全罪,依法应予惩处。支玖龙的犯罪行为给疫情防控工作带来消极影响,社会影响恶劣,酌情予以从重处罚。支玖龙到案后如实供述主要犯罪事实,当庭自愿认罪,依法予以从轻处罚。依照《中华人民共和国刑法》第一百一十四条、第六十七条第三款、第六十一条及第六十四条之规定,判决:

1. 被告人支玖龙犯以危险方法危害公共安全罪,判处有期徒刑五年六个月;

2. 随案移送小型普通客车一辆(车牌号京N1W821),退回扣押机关。

宣判后,被告人未上诉,检察机关未抗诉。判决已发生法律效力。

二、主要问题

疫情防控期间因对人员、车辆进入小区需要核实、登记并办理证件不满而驾车冲撞不特定多人的行为如何定性?

三、裁判理由

为应对即将到来的返京人员流动高峰,严把外防输入、内防扩散两大疫情防控环节,北京市新型冠状病毒肺炎(以下简称新冠肺炎)疫情防控工作领导小组办公室在2020年2月9日发布通告,明确居住小区封闭式管理,严格核实登记小区来往人员及车辆。本案发生在2020年2月17日,正处于北京市防控新冠肺炎疫情最吃紧的时期，一时间引发社会广泛关注。

本案发生时，现场不仅有多名疫情防控人员和等待进出小区的居民，而且案发全程为小区门口监控录像所拍摄，被告人支玖龙本人对事实本身并无异议，因而本案的核心在于如何评价支玖龙行为的性质及最终如何处罚。在案件办理过程中，曾有妨害公务罪、寻衅滋事罪、故意杀人罪及以危险方法危害公共安全罪等不同观点的争议。

（一）被告人支玖龙的行为不应被评价为妨害公务罪、寻衅滋事罪及故意杀人罪

1. 被告人的行为不应被评价为妨害公务罪

一种观点认为，被告人支玖龙的行为构成妨害公务罪，理由是根据《中华人民共和国刑法》（以下简称刑法）第二百七十七条第一款的规定，妨害公务罪要求手段为暴力或者威胁行为，行为对象是正在依法执行职务的国家机关工作人员。就本案而言，一是支玖龙驾车冲撞被害人，行为手段无疑属于暴力行为。二是虽然二被害人分别系柏林在线小区的物业工作人员和保安队长，并非国家机关工作人员，但根据2002年《全国人民代表大会常务委员会关于〈中华人民共和国刑法〉第九章渎职罪主体适用问题的解释》及北京市昌平区北七家镇人民政府在本案中出具《情况说明》可以认定，二被害人及在场其他村党支部、居委会、物业供和保安等工作人员均系北七家镇人民政府按照北京市《关于进一步加强社区（村）疫情防控工作的通告》《关于进一步明确疫情防控期间返京人员有关要求的通告》等相关文件要求，统筹安排的疫情防控一线人员，因而二被害人可被认定为国家机关工作人员。三是二被害人的行为可被认定为公务行为。案发当时，二被害人按照北七家镇人民政府有关防控疫情的统一安排，正在柏林在线小区从事与防疫有关的核实、登记、办理证件等工作，因而其行为属于公务行为。

但综合全案证据尤其是被告人支玖龙的客观行为表现看，妨害公务罪不能准确评价支玖龙的行为，而且与社会公众的通常认知存在一定差距。第一，从法益侵害角度看，妨害公务罪规定在刑法第六章妨害社会管理秩序罪中，该罪所保护的法益是公务行为的正常执行。本案中，支玖龙并未阻止或者不配合防疫检查，或者强行闯卡进入小区，而是在核实、登记、备案等防

疫公务行为即将结束后因对防控措施不满而针对防控人员实施的泄愤报复行为,因而其行为侵犯的法益不仅仅是疫情防控这一公务行为的正常执行,更重要的是侵犯了疫情防控人员的生命健康安全。第二,从行为目的角度看,妨害公务罪的行为人实施暴力的目的在于逃避成为公务执行的对象,拒不配合服从管理。而本案中支玖龙驾车冲撞的并非为了达到不经检查登记顺利进入小区的目的,而是因不满疫情防控登记检查措施而泄愤、报复防疫人员。第三,从罪责刑相一致角度看,妨害公务罪的法定刑为三年以下有期徒刑、拘役、管制或者罚金,该法定刑幅度决定了构成妨害公务罪的行为暴力程度、社会危害后果等应与故意伤害致人轻伤的犯罪行为保持基本平衡,相对来说比较轻微。本案中,虽然最终未出现轻伤以上犯罪结果,但支玖龙在现场面对帐篷之外有众多防疫人员及进出小区群众、帐篷之内并不确定有多少人员及财物的情况下,驾驶车辆这种高度危险工具两次故意冲撞,该行为的社会危害性、行为人的主观恶性均非妨害公务罪所能评价,认定为妨害公务罪将会导致罪责刑严重不相适应。

2. 被告人的行为不应被评价为寻衅滋事罪

一种观点认为,对被告人支玖龙的行为可以被评价为刑法第二百九十二条第一款第(一)项所规定的寻衅滋事罪。理由在于,支玖龙本次犯罪虽然看似行为手段暴力程度很高,但最终也只是造成二被害人轻微伤的后果,财产损失亦有限,评价为"随意殴打他人,情节恶劣",认定其犯寻衅滋事罪,在五年以下有期徒刑、拘役或者管制的法定刑幅度内从重处罚,符合《最高人民法院、最高人民检察院关于办理寻衅滋事刑事案件适用法律若干问题的解释》的规定。

我们认为,将被告人支玖龙的行为评价为寻衅滋事罪,亦无法全面评价支玖龙行为的客观表现及社会危害,因而也难以实现罪责刑相适应原则。一是从行为客观表现看,寻衅滋事罪罪状中的"随意殴打他人"一般指的是行为人无事生非或者借故生非,在殴打对象的选择上具有不特定性和随意性,而本案中支玖龙行为目标明确,直接针对防疫工作人员;而行为人驾车冲撞这一高度危险的行为也很难评价为"殴打",因而其行为不属于"随意殴打他人"。二是从行为社会危害性看,寻衅滋事罪对被害人人身的危害性有限,因而更多体现的是对社会管理秩序的妨害。而本案中支玖龙在众人阻止的情况下两次驾车冲撞二被害人,同时在冲撞过程中丝毫不顾及在场其他多人的人身健康及公私财产安全,该行为的社会危害已远超对疫情防控秩序的破坏,更多的是对不特定多人人身安全及重大公私财产的威胁,因而社会危害性明显严重于寻衅滋事罪。用寻衅滋事罪来评价支玖龙的行为,将导致遗漏评价其行为对周围不特定多数人所造成的具体危险。同样,寻衅滋事罪五年以下有期徒刑的法定刑幅度也决定了殴打的暴力程度一般具有轻微性。适用寻衅滋事罪的法定刑也难以与支玖龙的犯罪行为相匹配,不符合罪责刑相适应原则。

3. 被告人的行为不应被评价为故意杀人罪

一种观点认为,被告人支玖龙的行为应被评价为故意杀人罪,系未遂,理由是支玖龙为发泄对防疫工作人员的不满,驾车冲撞二被害人,过程中车头顶着被害人冲进帐篷并在倒车后进行二次撞击,该行为可以被认定为故意杀人行为。从手段的残忍性、工具的高危险性及目标的特定性角度看,将该行为定性为故意杀人罪,也符合社会公众的一般认知。

我们认为,综合全案证据来看,本案认定被告人支玖龙犯故意杀人罪并不妥当。首先,现有证据不能证明支玖龙主观上存在剥夺他人生命的直接故意。支玖龙与被害人发生矛盾的起因在于认为防疫人员登记检查速度太慢而有意刁难,但该矛盾起因尚不足以让支玖龙产生剥夺对方生命的故意。有意见认为,支玖龙驾车冲撞系对被害人存在间接故意,但本案最终犯罪结果为二被害人轻微伤,认定故意杀人未遂与间接故意的主观罪过相矛盾。其次,故意杀人罪无法全面评价支玖龙行为方式社会危害性。在本案中,支玖龙驾车冲撞虽然指向被害人刘井平及邢佳伟,但其在发动汽车第一次冲撞之时,帐篷外有十多名防疫工作人员及小区群众,帐篷内有多少人并不可知;其在驾驶汽车冲进帐篷内后倒车进行第二次冲撞之时,支玖龙虽在帐篷之内,但因帐篷已被撞坍塌,其对于帐篷之内有多少人并不可知,在此情况下倒车再次冲撞直到车轮被卡住而停止。因而从其两次冲撞现场行为看,其事实上无视不特定多名防疫人员、现场群众生命健康及公共财物的安全,冲撞行为不仅直接导致二被害人受伤,更重要的是对上述人员生命健康及公私财物的安全造成了现实直接危险,而这些危险却是故意杀人罪的罪状所无法涵盖的。

(二)被告人支玖龙的行为构成以危险方法危害公共安全罪

1.被告人的行为在客观上危害了不特定多人的生命、健康和重大公私财产的安全

本案中,被告人支玖龙虽然驾车冲撞的对象是直接对其人员及车辆执行核实、检测及登记防控措施且与其发生争执的刘井平、邢佳伟,且驾车冲撞的结果也是导致该二人轻微伤,但其两次驾车冲撞之时,帐篷外除二人外还聚集有10多人,帐篷内有多少人及公私财物其并不可知。支玖龙在此情况下为泄愤报复而驾车冲撞,因而导致现场10多人的生命健康及帐篷、帐篷内电脑等公私财物处于高度危险状态。综合支玖龙的两次驾车冲撞的速度、距离及方向,现场人员数量及分布,现场财物数量及分布,支玖龙驾车冲撞前及过程中的言语行为,该行为给二被害人造成的身体损伤及给公共财产造成的实际损失等,可以判断支玖龙的驾车冲撞行为在暴力程度、危险程度等方面与爆炸、放火等危害公共安全的犯罪行为具有相当性,对周围十多名防疫工作人员、群众的生命健康及重大公私财物造成了具体的现实危险,已经严重危害到公共安全。

2.被告人主观上明知并放任其行为对公共安全的危险

从表面上看,被告人支玖龙驾车冲撞的直接行为对象是刘井平和邢佳伟这两名疫情防控工作人员,被告人对于造成刘井平、邢佳伟二人伤害的结果是持积极追求的态度,但同时,被告人作为机动车驾驶人员,对于行驶中的汽车具有高度危险性是明知的,对于现场还有其他防疫工作人员及等待办理出入登记的小区居民等10多人在场亦是明知的,对于帐篷内是否还有其他人员及财物是不明确的,但其因一己之愤,不管不顾执意驾车两次冲撞,其对于自身行为可能置现场不特定多人的生命健康和财产安全于危险状态这一点是明知并且放任的。无论最终出现何种后果,都未超出其心理预期,因而其主观上完全符合以危险方法危害公共安全罪的主观罪过形式。

综上,被告人支玖龙主观上有以危险方法危害公共安全的故意,客观上

实施了驾车冲撞人群和帐篷的行为，对不特定多数人的生命健康和公私财物造成了具体危险，但尚未造成人员重伤、死亡或者公私财产重大损失的严重后果。比较刑法第一百一十四条与第一百一十五条的犯罪构成要件可以看出，第一百一十四条规定的犯罪为具体危险犯，而第一百一十五条规定的则为结果犯。因而，对被告人应当以刑法第一百一十四条规定的以危险方法危害公共安全罪进行定罪处罚。

（三）疫情防控期间针对疫情防控措施实施犯罪的应予从重处罚

新冠肺炎疫情发生后，北京市在2020年1月24日启动突发公共卫生事件一级响应机制，把全力做好疫情防控工作作为当前重中之重任务。同年2月9日，北京市新冠肺炎疫情防控工作领导小组办公室发布《关于进一步加强社区（村）疫情防控工作的通告》，明确要求开始对小区实行封闭式管理，在小区的出入口设置检查点，居住人员和车辆凭证出入，进入人员必须佩戴口罩并进行体温检测。同时要求严格核实登记小区来往人员及车辆，外来人员和车辆原则上不得进入小区，情况特殊确需进入的，由管理人员做好登记备案。

疫情防控措施能否得到严格执行，不仅关系到本次疫情能否及时得以控制，还关系到社会正常生活秩序能否得以恢复，更关系到广大社会公众的生命健康能否得以保障。虽然疫情防控措施的执行，限制了公民的部分权利自由，但却保障了人民群众的生命安全和身体健康。正因如此，最高人民法院、最高人民检察院、公安部和司法部在《关于依法惩治妨害新型冠状病毒感染肺炎疫情防控违法犯罪的意见》中明确要求，对于在疫情防控期间实施有关违法犯罪的，要作为从重情节予以考量，依法体现从严的政策要求，有力惩治震慑违法犯罪，维护法律权威，维护社会秩序，维护人民群众生命安全和身体健康。

本案发生在2020年2月17日，案发地点为城乡接合部小区，疫情防控任务极为沉重，防控压力非常之大。被告人支玖龙的母亲长期居住在该小区，支玖龙在疫情发生后也曾居住在该小区，其对该小区采取上述疫情防控措施及目的是明知的。在此情况下，在小区防疫人员工作并无不当的情况下，其针对防疫人员实施如此严重的刑事犯罪，给疫情防控工作带来消极影响,且社会影响恶劣,应当在量刑上体现从重。

综上,一审法院根据犯罪的事实、性质、情节和对社会的危害程度,对被告人支玖龙以以危险方法危害公共安全罪判处支玖龙有期徒刑五年六个月,是合适的。

（撰稿:北京市第一中级人民法院　周维平

北京市昌平区人民法院　王　莹

审编:最高人民法院刑二庭　韩维中）

[第 1315 号]

方永胜销售伪劣产品案

——利用疫情销售“三无”口罩的罪名适用和“伪劣产品”标准的认定

一、基本案情

被告人方永胜,男,汉族,1995 年 2 月 19 日出生。2020 年 2 月 10 日被逮捕。

浙江省仙居县人民检察院指控被告人方永胜犯销售伪劣产品罪,向浙江省仙居县人民法院提起公诉。

被告人方永胜对指控事实、罪名及量刑建议没有异议。辩护人对公诉机关就本案的定性不持异议,对量刑方面提出:(1)被告人具有如实供述,认罪认罚的法定从轻处罚情节;(2)被告人在销售口罩时即已告知系非医用口罩,犯罪时间持续较短,社会危害性不大;(3)被告人系初犯、偶犯。建议对其从轻处罚。

仙居县人民法院经公开审理查明:在新型冠状病毒肺炎疫情防控期间,市场急需大量口罩用于防控疫情,为谋取利益,被告人方永胜于 2020 年 1 月底至 2 月初,从江苏省苏州市相城区如元路 128 号批量采购白色二层、三层口罩,在明知该类口罩属于“三无”劣质产品的情况下,仍以非医用口罩的名义向下线柯旭锋、蒋松君(均另案处理)等人及其他不特定人员进行销售。其间,方永胜共销售该类口罩 25 万余只,销售金额达 24 万元左右,非法获利 7 万余元。经鉴定,方永胜销售的白色二层、三层口罩的过滤效率均不符合标准要求,系不合格产品。案发后,方永胜采用返回货款共计 1.63 万元的方式向部分买家召回了部分口罩,该部分口罩已由仙居县市场监督管理局扣押。到案后其还退缴了部分违法所得。

仙居县人民法院认为,被告人方永胜在新型冠状病毒肺炎疫情期间,明知是“三无”劣质口罩仍然予以销售,且销售数量达到25万余只,销售金额达24万余元,社会危害性大。依照《中华人民共和国刑法》第一百四十条、第六十七条第三款、第六十一条、第六十二条、第六十四条,《中华人民共和国刑事诉讼法》第十五条之规定,判决如下:

1.被告人方永胜犯销售伪劣产品罪,判处有期徒刑二年八个月,并处罚金人民币三十五万元。

2.依法追缴被告人方永胜违法所得人民币五万三千七百元,上缴国库,其中已退缴的五千元由扣押机关仙居县公安局上缴国库。

3.扣押在案的口罩,依法予以没收,由扣押机关仙居县市场监督管理局依法处理。

一审宣判后,被告人方永胜未提出上诉,检察机关未提出抗诉。判决已发生法律效力。

二、主要问题

(一)疫情防控期间,以出售非医用口罩的名义销售“三无”口罩的行为应当如何认定?

(二)如何判断“三无”口罩是否属于销售伪劣产品罪中的“伪劣产品”?

三、裁判理由

(一)疫情防控期间,以出售非医用口罩的名义销售“三无”劣质口罩的,应认定为销售伪劣产品罪

本案被告人方永胜在新型冠状病毒肺炎疫情防控期间,明知是“三无”劣质口罩仍然予以销售,关于其行为应当如何定性,有以下两种意见:

第一种意见认为,被告人方永胜的行为构成销售伪劣产品罪。理由是:方永胜销售的“三无”口罩,系以不合格产品冒充合格产品,其行为符合刑法第一百四十条生产、销售伪劣产品罪的构成要件,故应认定为销售伪劣产品罪。

第二种意见认为，被告人方永胜的行为构成诈骗罪。理由是：方永胜以非法占有为目的，明知其销售的口罩属于“三无”劣质产品，采用虚构事实、隐瞒真相的方式致使被害人陷入错误认识而交付财物，实质上是以销售之名行诈骗之实，其行为符合诈骗罪的构成要件。

我们同意第一种意见，被告人方永胜的行为构成销售伪劣产品罪。根据刑法第一百四十条之规定，销售伪劣产品罪的客观表现形式为掺杂掺假、以假充真、以次充好、以不合格冒充合格，其行为存在一定的假冒、欺骗成分，与诈骗罪的虚构事实、隐瞒真相、欺骗他人等手段存在一定交叉，因而实践中较容易混淆。要对二者进行准确区分，应当注意从以下几点入手：

1. 考察交易是否实际完成

在销售伪劣产品罪中，销售伪劣产品的行为人隐瞒或者虚构产品的真实质量，只是为了引诱对方与其订立合同并进行交易，但客观上确实发生了交易行为，本质上仍属于货物买卖关系，只是交付的货物质量不符合标准；而在诈骗犯罪中，行为人隐瞒真相或者虚构事实的目的在于直接占有对方财物，并没有真实的交易意图，因此通常不会交付货物甚至没有标的物存在，也不排除进行部分交易的可能，本质上没有完成全部交易，只是以“交易”或部分“交易”为名虚构骗局、诱人上当，进而骗取他人财物。本案中，尽管被告人方永胜销售的口罩起不到应有防护作用，但其仍然交付了口罩，存在真实的交易，区别于以销售为名，但实际并不发货或部分发货进而骗取他人财物的情形。

2. 判断实际交付的财物与对方所支付财物价值差距是否较大

在诈骗罪中，也有行为人实际或部分交付财物的情形，但可能是以交付少量财物骗取对方信任后进而诈骗更多财物或者交付的财物与真实产品质量或规格相去甚远甚至毫无关联，在成本上可以忽略不计或价值不大，如以玻璃冒充钻石、以普通石头冒充玉石进行销售。而在销售伪劣产品罪中，行为人主观上具有履行合同的意图，尽管其所交付的产品价值通常低于真实、合格的产品，但也并非毫无价值，而是含有一定成本，即行为人谋取的是伪劣产品与真实产品的差价，追求的是非法利润，而不是为了骗取对方钱款。本案中，被告人方永胜所销售的口罩虽系不合格产品，但亦有成本，且售卖平均价格不到一元，与合格非医用口罩的市场价格差距不大，区别于以销售为名，但商品与真实产品相去甚远或毫无价值、骗取他人财物的情形。

3. 从二者的侵犯客体进行区分、把握

诈骗罪所侵犯的客体是公私财物所有权，而销售伪劣产品罪所侵犯的客体是国家产品质量管理制度和市场秩序。当前，全国人民正齐心协力、众志成城地打一场新型冠状病毒肺炎疫情的防控阻击战，而个别无良商家却见利忘义，违法违规销售疫情防控用品，虽然消费者的财物在一定程度上也是有损失的，但更严重的危害后果是损害了广大消费者的合法利益，对使用者的身心健康造成不良影响，严重扰乱了市场秩序，妨碍了疫情防控工作的开展。因此，从犯罪客体的角度进行区分，本案中被告人方永胜的行为也更符合销售伪劣产品罪。

(二)销售伪劣产品罪之“伪劣产品”的认定标准

本案中，公诉机关指控被告人方永胜销售的口罩属于“三无”产品。所谓“三无”产品，指的是不符合《产品质量法》第二十七条规定，无产品质量检验合格证明、无产品名称、生产厂厂名和厂址以及无产品规格、等级、所含主要成分的名称和含量等标识的产品。而根据《产品质量法》的规定，合格产品应当满足以下质量要求：(1)不存在危及人身、财产安全的不合理的危险，有保障人体健康和人身、财产安全的国家标准、行业标准的，应当符合该标准；(2)具备产品应当具备的使用性能，但对产品存在使用性能的瑕疵作出说明的除外；(3)符合在产品或者其包装上注明采用的产品标准，符合以产品说明、实物样品等方式表明的质量状况，即具有生产者、销售者所许诺的性能。可见，“三无”产品并不必然等同于销售伪劣产品罪中的“伪劣产品”。在判断被告人销售的货物是否属于“伪劣产品”时，应当严格按照罪刑法定原则的要求，结合相关法律和司法解释的规定进行认定。

刑法第一百四十条对于销售伪劣产品罪的表现形式规定了四种情形，即“掺杂、掺假，以假充真、以次充好，以不合格产品冒充合格产品”。根据《最高人民法院、最高人民检察院关于办理生产、销售伪劣商品刑事案件具体应用法律若干问题的解释》(以下简称《解释》)第一条规定，在产品中“掺杂、掺假”，是指在产品中掺入杂质或者异物，致使产品质量不符合国家法律、法规或者产品明示质量标准规定的质量要求，降低、失去应有使用性能的行为；“以假充真”，是指以不具有某种使用性能的产品冒充具有该种使用性能的产品的行为；“以次充好”，是指以低等级、低档次产品冒充高等级、高档次产品，或者以残次、废旧零配件组合、拼装后冒充正品或者新产品的行为；而“不合格产品”，是指不符合《产品质量法》第二十六条第二款规定的质量要求的产品。产品是否合格，有时可以通过外观、生活常识或直接验证使用效果等方式进行判断，《解释》第一条第五款同时规定，对是否为“不合格产品”等难以确定的，应当委托法律、行政法规规定的产品质量检验机构进行鉴定。

本案中，被告人方永胜销售的是非医用的一次性口罩，鉴于一次性口罩的使用功能主要在于隔离、过滤等，而其效果难以通过肉眼或者生活经验辨别，故需要委托专门的产品质量检验机构，参照相应的产品检验、检测标准进行判断。

目前，关于口罩的鉴定标准分为医用口罩和非医用口罩两类。其中医用口罩按照产品标准、防护程度的不同，可分为医用防护口罩、医用外科口罩、一次性医用口罩三种，对此应当分别适用 GB 19083—2010《医用防护口罩技术要求》、YY 0469—2004《医用外科口罩技术要求》、YY/T 0969—2013《一次性使用医用口罩》。而非医用口罩的执行标准有二种，一是国家标准化管理委员会公布的 GB/T 32610—2016《日常防护型口罩技术规范》，二是原国家质量监督检验和检疫局与国家标准化管理委员会公布的 GB 2626—2006《呼吸防护用品自吸过滤式防颗粒物呼吸器》。其中，GB/T 32610—2016 适合于普通人群在日常生活中空气污染环境下过滤颗粒物所佩戴的防护型口罩，不适用于缺氧环境、水下作业、逃生、消防、医用及工业防尘等特殊行业用呼吸防护用品，也不适用于婴幼儿、儿童呼吸防护用品。GB 2626—2006 适用于防护各类颗粒物的自吸过滤式呼吸防护用品，不适用于防护有害气体和蒸气的呼吸防护用品以及水下作业、逃生、消防用呼吸防护用品。两个标准的不同点是 GB 2626—2006 可以用于工业防尘，而 GB/T 32610—2016 不可以用于工业防尘。

本案中，被告人方永胜批量采购、销售的口罩，经浙江省轻工业品质量检验研究院检验、鉴定,涉案的一次性白色两层耳戴式口罩的过滤效率不符合 GB 2626—2006、GB/T 32610—2016 国家标准的要求,达不到一般非医用口罩的正常使用标准,属于《产品质量法》第二十六条第二款规定的"不合格产品",应当依法认定为"伪劣产品"。方永胜的行为属于刑法第一百四十条销售伪劣产品罪中规定的"以不合格产品冒充合格产品"。

综上,人民法院根据被告人方永胜的行为性质、犯罪事实、情节和对社会的危害程度,依法认定其构成销售伪劣产品罪是准确的。

(撰稿:天津市第一中级人民法院　张文波

审编:最高人民法院刑二庭　王晓东)

[第 1316 号]

王丽莉、陈鹏销售伪劣产品案

——疫情防控期间以"三无"产品冒充"KN95"口罩进行销售行为的认定

一、基本案情

被告人王丽莉,女,汉族,1978 年 6 月 20 日出生。2020 年 2 月 4 日被取保候审。

被告人陈鹏,男,汉族,1978 年 2 月 4 日出生。2020 年 2 月 4 日被取保候审。

哈尔滨市南岗区人民检察院指控被告人王丽莉、陈鹏犯销售伪劣产品罪,向哈尔滨市南岗区人民法院提起公诉。

被告人王丽莉、陈鹏对公诉机关指控的事实、罪名及量刑建议均无异议。

哈尔滨市南岗区人民法院经审理查明:被告人王丽莉、陈鹏原系夫妻关系。2020 年 1 月 28 日至 1 月 31 日,二人明知在郝某某(另案处理)处以每只 5 元的价格购买的口罩无产品合格证、无产品说明书、无标识的情况下,仍通过微信以"KN95"口罩对外销售。其间,吴某某、张某某(均另案处理)通过微信联系到王丽莉购买口罩,王丽莉以每只 10 元的价格向二人销售共计 9 800 只,通过对方微信转账和汇款的方式收取货款 98 000 元。被告人陈鹏按照王丽莉提供的销售信息,于 2020 年 1 月 29 日、1 月 31 日在哈尔滨市南岗区复旦路 275 号的顺丰速递分三次向黑龙江省黑河市北安市、嫩江县邮寄口罩共计 8 300 只,在哈尔滨市南岗区复旦路和哈尔滨大街交口将1 500 只口罩交给张某某、吴某某指定的接货人。经浙江省轻工业品质量检验研究院鉴定,该口罩过滤效率不符合标准要求,为不合格产品。案发后,公安机关将涉案的9 800只口罩查获扣押。2020年2月3日,侦查人员在王丽莉、陈鹏家中将二人抓获。

南岗区人民法院认为,被告人王丽莉、陈鹏销售不合格产品,销售金额98 000元,其行为已构成销售伪劣产品罪,应依法惩处。二被告人系共同犯罪,且均系主犯。王丽莉、陈鹏为谋取非法利益,无视国家法律,在全国性预防、控制突发传染病疫情期间,利用群众对口罩迫切需求的心理,向医药公司销售过滤效率不符合标准的不合格口罩,主观恶性及社会危害性较大,且影响恶劣,应从重处罚。王丽莉、陈鹏能够如实供述自己的罪行,愿意接受处罚,可酌情对其从轻处罚。综上,根据王丽莉、陈鹏的犯罪事实、性质、情节和对社会的危害程度,依照《中华人民共和国刑法》第一百四十条、第五十二条、第五十三条、第六十四条、第二十五条第一款、第二十六条第一款、第六十七条第三款、第六十一条,《中华人民共和国刑事诉讼法》第二百零一条之规定,以销售伪劣产品罪,分别判处被告人王丽莉、陈鹏有期徒刑一年二个月,并处罚金人民币十万元。

二、主要问题

疫情防控期间,对明知是“三无”产品仍冒充“KN95”口罩对外销售的行为,应认定为销售不符合标准的医用器材罪还是销售伪劣产品罪?

三、裁判理由

本案中被告人王丽莉、陈鹏在新型冠状病毒肺炎疫情防控期间,明知是“三无”劣质口罩仍然以“KN95”口罩对外销售,关于其行为应当如何定性,有以下两种意见:

第一种意见认为,被告人王丽莉、陈鹏的行为构成销售不符合标准的医用器材罪。理由是:“KN95”口罩系国家卫生健康委员会(以下简称国家卫健委)在疫情防控期间推荐使用口罩,王丽莉、陈鹏故意销售不符合保障人体健康的国家标准、行业标准的“三无”劣质口罩,由于上述口罩不具备应有的过滤效果,可能会产生危及消费者人体健康的严重后果,故二被告人的行为应认定为销售不符合标准的医用器材罪。

第二种意见认为，被告人王丽莉、陈鹏的行为构成销售伪劣产品罪。理由是：王丽莉、陈鹏销售的“三无”口罩，系以不合格产品冒充合格产品，其行为符合刑法第一百四十条生产、销售伪劣产品罪的构成要件，故应认定为销售伪劣产品罪。

我们同意第二种意见，被告人王丽莉、陈鹏的行为构成销售伪劣产品罪。

根据刑法有关规定，销售者“在产品中掺杂、掺假，以假充真，以次充好或者以不合格产品冒充合格产品”的行为，构成销售伪劣产品罪；而“生产不符合保障人体健康的国家标准、行业标准的医疗器械、医用卫生材料，或者销售明知是不符合保障人体健康的国家标准、行业标准的医疗器械、医用卫生材料，足以严重危害人体健康的”，构成销售不符合标准的医用器材罪。具体而言，二者的主要区别包括：

一是侵犯客体不同。销售伪劣产品罪主要侵犯了国家对产品质量的管理制度和消费者的合法权益。其中，国家对产品质量的管理制度是指国家通过法律、行政法规等规范产品生产的标准，产品出厂或销售过程中的质量监督检查内容，生产者、销售者的产品质量责任和义务、损害赔偿、法律责任等制度；而医用器材安全关乎人民生命健康，销售不符合标准的医用器材罪不仅侵犯了国家医疗用品管理制度，而且对公民的生命权、健康权构成严重威胁。因此，销售伪劣产品罪和销售不符合标准的医用器材罪是一般与特殊的关系，即后者除了威胁最普通、最基础的国家产品质量保障制度之外，还会直接威胁国家医用器材的安全保障制度。而从立法层面来看，危害一般产品的质量就可以引起刑法的制裁，而危害医疗器械、医用口罩等医疗物资的质量安全则会引起刑法更为强烈的制裁。

二是犯罪对象不同。所谓伪劣产品，主要包括两类产品：一类是以假充真，即冒用商标、模仿外观，引发消费者误解；另一类是伪造劣质，即在安全标准、性能指标、成分含量、实用价值等质量方面以及生产经营主体资质上未能达到应有要求。因此，销售伪劣产品罪所囊括的范围较为广泛，主要包括除刑法另有规定的药品、食品、医用器材、涉及人身和财产安全的电器等产品以及农药、兽药、化肥、种子、化妆品等以外的产品。而所谓医用器材，则主要是指直接或者间接用于人体的仪器、设备、器具、体外诊断试剂及校准物、材料以及其他类似或者相关的物品。因此，销售不符合标准的医用器材罪的犯罪对象仅限于不符合国家标准、行业标准的医疗器械、医用卫生材料。

三是构成犯罪的标准不同。1997年刑法在1993年《全国人民代表大会常务委员会关于惩治生产、销售伪劣商品犯罪的决定》的基础上，专门规定了生产、销售不符合标准的医用器材罪。随后，2001年最高人民法院、最高人民检察院（以下简称"两高"）联合发布了《关于办理生产、销售伪劣商品刑事案件具体应用法律若干问题的解释》，其中第六条对刑法第一百四十五条规定的"对人体健康造成严重危害""后果特别严重""情节特别恶劣"作了具体详细的规定。2002年，《刑法修正案（四）》对刑法第一百四十五条作了修改，将本罪由结果犯改为危险犯，即只要"足以严重危害人体健康"，就构成本罪。其中，刑法规范意义中的"足以严重危害人体健康"，是指行为人实施的生产、销售不合标准的医用器材行为，客观上具有对这些医用器材的使用者、消费者的人体健康造成严重危害的危险，这种危险的性质是现实的、直接的，但这种危险尚未转化为实际的危害后果。而对于销售伪劣产品罪而言，该罪是较为典型的结果犯，即要求销售金额达到5万元以上才构成本罪。依据刑法第一四十九条的规定，销售不符合健康标准的医疗器械、医用卫生材料，但不具有严重危及人体健康危害的，不构成销售不符合标准的医用器材罪，若其销售金额在5万元以上的，既构成销售伪劣产品罪，同时又构成销售不符合标准的医用器材罪时，依照处罚较重的规定定罪处罚。

四是犯罪的客观方面不同。销售伪劣产品罪的表现形式，主要有"掺杂、掺假，以假充真、以次充好，以不合格产品冒充合格产品"等四种情形。对于是否为"不合格产品"难以确定的，应当委托法律、行政法规规定的产品质量检验机构进行鉴定。因此，《最高人民法院、最高人民检察院、公安部、司法部关于依法惩治妨害新型冠状病毒感染肺炎疫情防控违法犯罪的意见》（以下简称《疫情意见》）明确规定，在疫情防控期间，生产、销售伪劣的防治、防护产品、物资，符合刑法第一百四十条规定的，以生产、销售伪劣产品罪定罪处罚;而销售不符合标准的医用器材罪要求行为人明知是不符合保障人体健康的国家标准、行业标准的医疗器械、医用卫生材料,但仍以医用器械、医用材料的名义对外销售的。在判断其主观明知方面,可结合其供述、购买产品时的价格、名称、种类以及向购买者展示的产品及其证明文件等证据予以认定。因此,《疫情意见》明确规定,在疫情防控期间,生产不符合保障人体健康的国家标准、行业标准的医用口罩、护目镜、防护服等医用器材,或者销售明知是不符合标准的医用器材,足以严重危害人体健康的,依照刑法第一百四十五条的规定,以生产、销售不符合标准的医用器材罪定罪处罚。

最后,2020 年 1 月 31 日国家卫健委发布《新型冠状病毒感染不同风险人群防护指南》和《预防新型冠状病毒感染的肺炎口罩使用指南》,推荐使用一次性使用医用口罩、医用外科口罩、KN95/N95 及以上颗粒物防护口罩、医用防护口罩四种口罩。其中,一次性使用医用口罩、医用外科口罩、医用防护口罩均已列入国家药监局发布的《医疗器械分类目录公告》(2017 年第 104 号),故销售不符合标准的一次性使用医用口罩、医用外科口罩、医用防护口罩的,根据案件具体情况可构成销售不符合标准的医用器材罪。但销售不符合标准的 KN95/N95 及以上颗粒物防护口罩,能否构成此罪尚存在一定争议。

"N95"是美国疾病控制与预防中心下属的职业安全与健康研究所(NIOSH)制定的标准,并非特定的产品名称。只要符合 N95 标准,并且通过 NIOSH 审查的产品就可以称为 N95 型口罩。KN95 口罩则是我国对于颗粒物具有过滤效率的口罩的统称,其颗粒物过滤效率与 N95 口罩基本一致。目前,医务人员特别是直接参与救治新型冠状病毒肺炎的医护人员所使用的医用防护口罩,就属于 N95 口罩中的一种,但并不是所有的 N95 口罩都是医用防护口罩。市场中有部分 N95、KN95 口罩执行的是原国家质量监督检验和检疫局、国家标准化管理委员会公布的呼吸防护用品标准 GB 2626—2006,该标准不属于医用标准的范畴。因此,只有医用防护口罩、外科口罩、医用口罩(一次性使用医用口罩),才属于销售不符合标准的医用器材犯罪中的医用器材。对于 N95 或者 KN95 的口罩,应针对案件证据情况具体分析。如假冒的N95或者KN95的口罩从执行标准等方面确属于医用产品的,可根据案件具体情况认定构成生产、销售不符合标准的医用器材罪。反之,如无明确标示或标注为防尘口罩的,则可能构成生产、销售伪劣产品罪。

综上,本案中二被告人在出售口罩前虽声称系KN95口罩,但给被害人发送该批口罩的证明文书上所标示的口罩类型,系特种劳动保护用品而非医用防护口罩,且涉案口罩从外观、包装上均看不出医用等字样,亦无执行标准等情况,经鉴定过滤效率亦不符合标准要求,为不合格产品。

因此,人民法院根据被告人王丽莉、陈鹏的行为性质、犯罪事实、情节和对社会的危害程度,依法认定二被告人构成销售伪劣产品罪是准确的。

(撰稿:黑龙江省高级人民法院　王　卓
黑龙江省哈尔滨市南岗区人民法院　胡天鹰
天津市第一中级人民法院　张文波
审编:最高人民法院刑二庭　韩维中)

[第 1317 号]

白升余销售假冒注册商标的商品案

——防疫期间销售冒牌口罩的行为认定问题

一、基本案情

被告人白升余,男,汉族,1985 年 10 月 28 日出生。2020 年 2 月 10 日被逮捕。

广东省广州市荔湾区人民检察院指控被告人白升余犯销售假冒注册商标的商品罪,向广州市荔湾区人民法院提起公诉。

被告人白升余当庭表示认罪,但称其仅获利 4 万元左右。辩护人提出被告人主动自愿认罪认罚,请求对被告人判处缓刑。辩护人提出:(1)被告人从公安侦查阶段开始认罪态度良好,主动自愿认罪认罚,恳求法院从轻、减轻处罚;(2)指控的 305 625 元的犯罪金额有可能存在偏差,被告人将销售"锦绣粤兴"牌口罩货款计算入犯罪金额,对被告人显失公平,因此请求法院查清相关事实并将被告人犯罪金额修正为 233 825 元;(3)被告人是初犯,悔罪诚恳,主观恶性及社会危害性微小,且羁押期间有救同仓嫌疑犯自残的行为,请求法院轻判;(4)被告人家中有两名小孩急需被告人的照顾。综上,请求合议庭对被告人判处缓刑。

广州市荔湾区人民法院经公开审理查明:2020 年 1 月 22 日至 25 日,被告人白升余分别向林某嘉、王某林(另案处理)购买假冒 3M 注册商标的口罩共 50 250 个。2020 年 1 月 22 日至 28 日,白升余将该批假冒 3M 注册商标的口罩通过"货拉拉"送到广州市荔湾区花湾路翠竹苑等地,以人民币 305 625 元的价格出售给张某明(另案处理)。2020 年 1 月 29 日,公安机关在佛山市南海区大沥镇抓获白升余,在其经营的劳保店缴获假冒 3M 注册商标口罩 118 个。

广州市荔湾区人民法院认为,被告人白升余无视国家法律,销售明知是假冒注册商标的商品,销售金额巨大,其行为已构成销售假冒注册商标的商品罪,应依法予以惩处。白升余如实供述自己的罪行,表示认罪,依法可以从轻处罚。辩护人提出被告人白升余认罪悔罪态度好的辩护意见有理,予以采纳。关于辩护人提出本案涉案金额的问题,经查,有书证微信聊天记录、转账记录以及证人王某林、林某嘉、张某明的证言证实了2020年1月22日至28日,被告人白升余向林某嘉、王某林购买50 250个假冒3M注册商标的口罩后以305 625元价格出售给张某明的事实,有证人吴某埠、黄某广的证言证实其在上述期间多次帮被告人白升余将有3M标注的口罩送到本市荔湾区,被告人白升余在侦查阶段亦稳定供述了上述事实,上述证据互相印证,已形成完整的证据链条,足以证实被告人白升余销售给张某明的口罩金额为305 625元。辩护人就该方面的辩护意见,据理不足,不予采纳。根据被告人白升余的犯罪事实、性质、情节等情况综合考虑,不宜对其适用缓刑。辩护人提出请求对被告人判处缓刑的意见,不予采纳。依照《中华人民共和国刑法》第二百一十四条、第五十二条、第五十三条、第六十四条、第六十七条第三款以及《最高人民法院、最高人民检察院〈关于办理侵犯知识产权刑事案件具体应用法律若干问题的解释〉》第二条第二款,《最高人民法院、最高人民检察院〈关于办理侵犯知识产权刑事案件具体应用法律若干问题的解释(二)〉》第四条之规定,判决如下:

被告人白升余犯销售假冒注册商标的商品罪,判处有期徒刑三年,并处罚金人民币四万元。

二、主要问题

(一)销售冒牌口罩的行为同时触犯销售假冒注册商标的商品罪、销售伪劣产品罪等罪名的,应如何定性?

(二)如何认定"明知是假冒注册商标的商品"?

三、裁判理由

新型冠状病毒肺炎(以下简称新冠肺炎)疫情暴发以来,口罩等成为抗疫前线的重要物资，亦是普通老百姓争相购买的防疫用品，市场供应紧张，在“一罩难求”的情况下，一些不法分子不惜铤而走险，销售冒牌口罩获利，对人民群众的生命安全和身体健康造成严重危害。本案中被告人白升余销售的部分口罩还被捐赠到医院，导致医务人员健康存在风险。依法及时审判此类违法犯罪分子，对于规范防疫用品市场，引导群众通过正规渠道购买防疫用品，坚决打赢疫情防控阻击战具有积极意义。本案在审理过程中，有以下两个问题需要研究：

（一）销售冒牌口罩的行为同时触犯销售假冒注册商标的商品罪、销售伪劣产品罪等罪名的，应择一重罪处罚

根据刑法的规定，销售伪劣产品罪，是指销售者在产品中掺杂、掺假，以假充真，以次充好或以不合格产品冒充合格产品，销售金额在5万元以上的行为；销售假冒注册商标的商品罪，是指违反商标管理法规，销售明知是假冒注册商标的商品，销售金额较大的行为。两者在侵犯的法益、犯罪对象、行为方式上均存在差异，如销售伪劣产品罪侵犯的是国家产品质量监督管理制度及消费者的权益，犯罪对象是杂、假、次或者不合格的伪劣产品，而销售假冒注册商标的商品罪侵犯的是国家的商标管理秩序和他人合法的注册商标专用权，犯罪对象是他人已注册商标的商品。

一般情况下，两罪较好区分，销售假冒注册商标的商品不要求产品质量问题，如商品质量合格、性能达标，行为人销售“假而不劣”的商品，甚至是生产质量优于原注册商标的商品的，仍应认定为销售假冒注册商标的商品罪。但司法实践中，销售伪劣产品罪与销售假冒注册商标的商品罪并非泾渭分明，常存在一定程度的重合，行为人为了能够顺利地销售伪劣产品，常常要冒用知名产品的注册商标，以达到其兜售的目的。对于销售“既假又劣”的商品如何定性，存在以下两种观点：一种观点认为，行为人销售假冒注册商标的商品为伪劣产品时，构成想象竞合犯，一个行为触犯了数个罪名，应择一重罪处罚；另一种观点认为，销售伪劣产品罪与销售假冒注册商标的商品罪存在重合和交叉，为法条竞合关系，应按照特别法优于普通法的原则，以销售假冒注册商标的商品罪定罪处罚。

我们同意第一种观点，法条竞合关系是包容评价关系，触犯此罪必然触

犯彼罪;而想象竞合关系是行为人的一行为偶然地符合多个罪名,是动态的竞合。从刑法对两罪的规定看,销售伪劣产品罪与销售假冒注册商标的商品罪并不存在必然的重合或交叉关系,伪劣产品并不一定假冒他人注册商标,而假冒注册商标的商品也不一定就是伪劣产品。因此,二者属于想象竞合而非法条竞合的关系。当行为人销售假冒注册商标的商品为伪劣产品时,应当适用想象竞合犯的处理原则,择一重罪处罚。《最高人民法院、最高人民检察院关于办理生产、销售伪劣商品刑事案件具体应用法律若干问题的解释》也明确规定:"实施生产、销售伪劣商品犯罪,同时构成侵犯知识产权、非法经营等其他犯罪的,依照处罚较重的规定定罪处罚。"

本案中,根据鉴定意见,被告人白升余所销售的带有3M注册商标的工业口罩为侵犯3M注册商标专用权的商品,且外观印刷、产品材质、性能与正品均不符,属不合格产品。因此,被告人白升余的行为既构成销售伪劣产品罪,亦构成销售假冒注册商标的商品罪,应择一重罪处罚。被告人的销售金额为30万余元,如果认定为销售假冒注册商标的商品罪,属于"销售金额数额巨大",应在三年以上七年以下有期徒刑的幅度内量刑;如果认定为销售伪劣产品罪,则应在二年以上七年以下有期徒刑的幅度内量刑。两相比较,销售假冒注册商标的商品罪的法定最低刑高于销售伪劣产品罪,因此处罚更重,故法院以销售假冒注册商标的商品罪对被告人白升余定罪量刑是妥当的。

(二)综合在案证据,准确判断被告人的"明知"

销售假冒注册商标的商品罪在主观方面表现为故意,即"明知"是假冒注册商标的商品而予以销售。实践中,对"明知"的判断有不同理解,有观点认为"明知"应当是一种确知,即行为人确知自己销售的商品所附商标与他人的注册商标相同而予以销售。

我们认为,上述观点对"明知"的理解过于狭隘,从认识的判断方法来说,"明知"不仅可以根据被告人明确的供述进行认定,也可以根据客观的事实进行推定;而从认识的程度来说,"明知"不仅包括对事实的确知,还应当包括对一种高度可能性的认识。《最高人民法院、最高人民检察院关于办理侵犯知识产权刑事案件具体应用法律若干问题的解释》第九条规定,具备下列情形，应当认定为“明知”：(1)知道商标被涂改、调换或者覆盖的；(2)因销售假冒商品受过行政处罚或者承担过民事责任的；(3)伪造、涂改或者知道是伪造涂改的商标授权文件的；(4)其他知道或者应当知道是假冒注册商标的商品的情形的。司法解释解决了实践中主观认知的判断难题，即在难以证明被告人肯定知道的情形下，通过各种间接证据推定出被告人在当时的情况下“知道”的主观心理状态。

实践中，假冒注册商标的商品的流通通常处于非法状态，如上手卖家无法提供授权委托书、产品合格证等合法来源或有效证件，或交易价格较正品偏低等，虽没直接挑明，但经营者在交易时对非正品“心领神会”。如存在上述情况，可推定行为人存在主观故意，从而认定其行为构成犯罪。需要注意的是，适用推定判断行为人的主观心理态度时，必须综合考虑，全面分析，以行为人实施的活动为基础，综合考虑事前、事中以及事后的各种主客观因素进行整体判断，从行为人的行为过程、行为环节着手，综合所有事实，排除其他可能。同时，应当允许行为人反证。如果有确实充分的证据证明行为人是因为被欺骗或者事后才知道其销售的是假冒注册商标的商品，则不能认定为“明知”。

本案中，被告人白升余在侦查阶段供述，其了解到受新冠肺炎疫情影响，防护口罩紧缺，为牟取暴利，向同乡多次低价购进口罩。被告人白升余案发前经营劳保产品，对个人防护设备有所了解，在明知进货渠道不正当的情况下，未尽善良商品经营者的注意义务，审查自己购进的商品是否为假冒他人注册商标的商品。在购进口罩当天其同乡还在微信中告知卖口罩时要小心、不是熟人不要卖，并嘱咐其把聊天记录删除。虽然上家未明确告知被告人白升余所售口罩为假冒他人注册商标的商品，但综合上述情况，被告人白升余应该知道其所销售的口罩并非正品，可以认定其主观上“明知”是假冒注册商标的商品而予以销售。

值得注意的是，在新冠肺炎疫情严峻的形势下，少数人利欲熏心，借疫情之机实施各种违法犯罪活动，不仅增加防控工作难度，更危及人民群众的身体健康和生命安全。为此，最高人民法院、最高人民检察院、公安部、司法部于2020年2月6日印发的《关于依法惩治妨害新型冠状病毒感染肺炎疫情防控违法犯罪的意见》明确规定,对于疫情防控期间实施有关违法犯罪的,要作为从重情节予以考量,依法体现从严的政策要求。因此,法院未采纳被告人白升余辩护人提出的缓刑请求,依法对其从严判处实刑,是适当的。

(撰稿:广东省广州市荔湾区人民法院　李国文

广东省高级人民法院　廖丽红

审编:最高人民法院刑二庭　韩维中)

[第 1318 号]

上海万晖特工贸有限公司、谢世全非法经营案

——疫情防控期间“哄抬物价”行为的认定及入罪标准

一、基本案情

被告单位上海万晖特工贸有限公司,住所地上海市松江区佘山镇陶干路 701 号 456 室。

被告人谢世全,男,汉族,1973 年 11 月 12 日出生,系上海万晖特工贸有限公司法定代表人及实际经营者。2020 年 3 月 2 日被监视居住。

上海市松江区人民检察院指控被告单位上海万晖特工贸有限公司、被告人谢世全犯非法经营罪,向上海市松江区人民法院提起公诉。

被告单位及被告人对公诉机关指控的事实、罪名均无异议。辩护人提出:被告单位及被告人如实供述上述犯罪事实,系坦白,且退出了违法所得,在行政立案之后有捐赠抗疫物资的行为,依法应予从轻处罚,并请求对被告人适用缓刑。

上海市松江区人民法院经审理查明:2020 年 1 月初,被告人谢世全在经营被告单位上海万晖特工贸有限公司过程中,以 5.125 元/盒的价格从艾迈柯思贸易(上海)有限公司购入一批爱马斯牌一次性使用无纺布口罩(规格:50 只/盒),在名为“上海万晖特耗材”的淘宝店铺以 7 元/盒的价格进行销售。同年 1 月 20 日,国家卫生健康委员会发布公告将新型冠状病毒肺炎纳入《中华人民共和国传染病防治法》规定的乙类传染病,并采取甲类传染病的预防、控制措施。后被告人谢世全明知口罩系疫情防控急需的物品,仍于 1 月 23 日至 1 月 29 日抬高口罩价格,将此前正常售价 7 元/盒,从 21 元/盒陆续涨至 198 元/盒,累计销售 1 981 盒,销售金额 174 805.4 元,违法所得 160 938.4 元。

2020年2月10日,上海市松江区市场监督管理局对本案立案调查,并于同年3月1日将案件移送上海市公安局松江分局,被告人谢世全于同年3月2日被公安机关抓获。事发后,被告单位上海万晖特工贸有限公司陆续退还了57 063.2元,并在本院审理过程中向本院缴纳了剩余违法所得103 874.2元。

上海市松江区人民法院认为,被告单位上海万晖特工贸有限公司在新型冠状病毒肺炎疫情期间,违反国家有关市场经营、价格管理等规定,哄抬疫情防控急需的口罩价格,牟取15倍以上的暴利,违法所得高达16万余元,严重扰乱市场经济秩序,其行为已构成非法经营罪。被告人谢世全作为公司主管人员,也应当以非法经营罪追究刑事责任。被告单位及被告人如实供述上述犯罪事实,系坦白,且退缴违法所得,在行政立案之后有捐赠抗疫物资的行为,均可依法从轻处罚。综上,根据被告单位、被告人犯罪的事实、性质、情节、对于社会的危害程度等,依照《中华人民共和国刑法》第二百二十五条第(四)项、第二百三十一条、第六十七条第三款、第六十四条、第五十二条、第五十三条的规定,判决如下:

1. 被告单位上海万晖特工贸有限公司犯非法经营罪,判处罚金人民币二十万元。

2. 被告人谢世全犯非法经营罪,判处有期徒刑八个月,并处罚金人民币十八万元。

3. 在案的违法所得人民币十万三千八百七十四元二角,予以没收。

4. 在案的电脑主机等作案工具,予以没收。

一审宣判后,被告单位上海万晖特工贸有限公司及被告人谢世全均未提出上诉,检察机关亦未抗诉。判决已发生法律效力。

二、主要问题

疫情防控期间对“哄抬物价”的行为如何定罪处罚?

三、裁判理由

(一)利用疫情“哄抬物价”等行为依法可以构成非法经营罪

我国刑法第二百二十五条规定了非法经营罪。该条第(一)项至第(三)

项明文列举了三种非法经营行为，第（四）项则属于兜底性条款，规定了“其他严重扰乱市场秩序的非法经营行为”。该款是针对现实生活中非法经营犯罪活动的复杂性和多样性所作的概括性规定，这里所说的其他非法经营行为应当具备以下条件：（1）行为发生在经营活动中，主要是生产、流通领域；（2）行为违反国家规定；（3）具有社会危害性，严重扰乱市场经济秩序。最高人民法院也多次采用司法解释的方式对此作出规定，如1998年《最高人民法院关于审理非法出版物刑事案件具体应用法律若干问题的解释》，将非法从事出版物的出版、印刷、复制、发行业务，严重扰乱市场秩序，情节特别严重的行为，规定以非法经营罪定罪处罚；2000年《最高人民法院关于审理扰乱电信市场管理秩序具体应用法律若干问题的解释》中规定，违反国家规定，采用租用国际专线、私设转接设备或者其他方法，擅自经营国际电信业务或者涉港澳台电信业务进行营利活动，扰乱电信市场管理秩序，情节严重的，以非法经营罪定罪处罚，等等。

疫情灾害期间，行为人实施利用疫情“哄抬物价”的违法犯罪行为，严重扰乱了市场秩序，引发公众恐慌情绪，必须坚决依法打击。对此，2003年《最高人民法院、最高人民检察关于办理妨害预防、控制突发传染病疫情等灾害的刑事案件具体应用法律若干问题的解释》（以下简称《解释》）第六条明确规定，“违反国家在预防、控制突发传染病疫情等灾害期间有关市场经营、价格管理等规定，哄抬物价、牟取暴利，严重扰乱市场秩序，违法所得数额较大或者有其他严重情节的，依照刑法第二百二十五条第（四）项的规定，以非法经营罪定罪，依法从重处罚”，这为惩治相关犯罪提供了明确的法律依据。

最高人民法院、最高人民检察院之所以将疫情灾害期间情节严重的相关违法经营行为入罪主要基于以下方面的考虑：一是违反国家规定。2011年最高人民法院发布的《关于准确理解和适用刑法中“国家规定”的有关问题的通知》中规定，根据刑法第九十六条的规定，刑法中的“国家规定”是指，全国人民代表大会及其常务委员会制定的法律和决定，国务院制定的行政法规、规定的行政措施、发布的决定和命令。而国务院2003年发布、2010年修订的《突发公共卫生事件应急条例》第五十二条明确规定，在突发事件发生期间，散布谣言、哄抬物价、欺骗消费者，扰乱社会秩序、市场秩序的，由公安机关或者工商行政管理部门依法给予行政处罚;构成犯罪的,依法追究刑事责任。因而对相关行为入刑符合法律规定。二是相关行为发生在生产、流通领域,提供了商品或服务,且提供商品或服务的目的是赚取利润,属于典型的经营行为。三是相关行为严重扰乱了市场秩序。疫情危害期间,行为人利用市场上部分物品紧俏以及市民的紧张心理,囤积居奇、哄抬物价,进一步破坏市场和商品交易平衡,不仅危害经济秩序,也危害了正常的社会秩序,不利于疫情危害的治理,应当纳入刑法的规制范围。

此次新型冠状病毒肺炎疫情防控期间,也不乏少数人利用疫情实施相关非法经营行为。对此,最高人民法院、最高人民检察院、公安部、司法部2020年2月6日印发的《关于依法惩治妨害新型冠状病毒感染肺炎疫情防控违法犯罪的意见》进一步重申:"依法严惩哄抬物价犯罪。在疫情防控期间,违反国家有关市场经营、价格管理等规定,囤积居奇,哄抬疫情防控急需的口罩、护目镜、防护服、消毒液等防护用品、药品或者其他涉及民生的物品价格,牟取暴利,违法所得数额较大或者有其他严重情节,严重扰乱市场秩序的,依照刑法第二百二十五条第(四)项的规定,以非法经营罪定罪处罚。"

(二)"哄抬物价"的行为特征

虽然司法解释和指导性文件都明确了"哄抬物价"行为可以入罪,但对何为"哄抬物价"以及具体认定标准没有进一步论述。实践中,各地行政部门和司法机关掌握的标准、尺度不一,导致行政执法和刑事司法之间的衔接尚不顺畅,还存在各地的查处力度和效果不均衡的问题。

对于何为"哄抬物价",国务院2010年《价格违法行为行政处罚规定》第六条规定了三种情形:(1)捏造、散布涨价信息,扰乱市场价格秩序的;(2)除生产自用外,超出正常的存储数量或者存储周期,大量囤积市场供应紧张、价格发生异常波动的商品,经价格主管部门告诫仍继续囤积的;(3)利用其他手段哄抬价格,推动商品价格过快、过高上涨的。

本次新型冠状病毒肺炎疫情防控期间,国家市场监督管理总局也发布了《关于新型冠状病毒感染肺炎疫情防控期间查处哄抬价格违法行为的指导意见》(以下简称《指导意见》),详细解释了捏造、散布涨价信息,生产、批发、零售环节囤积居奇的具体表现形式。同时还详细列举了"其他手段哄抬物价”的四种行为:(1)在销售防疫用品过程中,强制搭售其他商品,变相提高防疫用品价格的;(2)未提高防疫用品或者民生商品价格,但大幅提高配送费用或者收取其他费用的;(3)经营者销售同品种商品,超过1月19日前(含当日,下同)最后一次实际交易的进销差价率的;(4)疫情发生前未实际销售,或者1月19日前实际交易情况无法查证的,经营者在购进成本基础上大幅提高价格对外销售,经市场监管部门告诫,仍不立即改正的。需要说明的是,《指导意见》是国家市场监督管理总局对维护相关市场价格秩序、打击相关违法行为作出的指导性意见,并非规定了相关行为入刑的前提性条件。

通过上述行政法规、部门规范性文件,可以梳理出“哄抬物价”在实践中的多种行为方式,包括直接提高价格、通过提高运费、搭售商品等变相提高价格、囤积商品、捏造和散布涨价信息,等等。本案中,被告单位及被告人以5.125元/盒的价格购入口罩,在疫情发生之前,一直以7元/盒的价格进行销售,但在疫情发生后,在国家有关部门明令禁止经营者哄抬防疫用品价格的情况下,仍采用直接提高价格的形式销售口罩,将此前正常售价7元/盒,从21元/盒陆续涨至198元/盒,符合“哄抬物价”的行为特征。

(三)综合考虑多种因素,区分罪与非罪

对于市场经营活动,既要维护市场经济秩序,坚决打击“哄抬物价”的违法犯罪行为,又要尊重市场经济规律,避免矫枉过正。正如上文所述,行政法规对“哄抬物价”的行为亦进行了规制,在实践中,多数的“哄抬物价”行为是根据行政法进行处罚,只有情节严重、社会危害性大的“哄抬物价”行为才应考虑纳入刑法的规制范围。我们认为,判断“哄抬物价”行为的罪与非罪,可以从以下几个方面进行把握:

首先,应当考虑物品价格上涨的幅度。在疫情未发生时,一种商品正常销售的进销差价率是相对稳定的。疫情发生后,因短期内供求关系发生明显变化,需求大幅上升,进货成本也会出现上扬,在排除特殊时期的运输、存储、销售等运营成本上升的价格上涨因素之后,如果购销差价在行政管理许可或者合理的幅度内,则属于正常的经营行为;对于稍微超出幅度的,可以通过行政法加以惩处;相反,如果购销差价明显超过相应幅度,明显超过市场同类商品平均价格,则可能构成非法经营罪。对于是否“牟取暴利”,既要考虑国家有关部门和地方政府关于市场经营、价格管理等规定,又要坚持一般人的认知标准,确保认定结果符合人民群众的公平正义观念。

其次,应当考虑非法经营数额和违法所得数额。此类案件表现为在经营活动中囤积居奇、哄抬物价,且要求“牟取暴利”,故非法经营数额本身的大小,特别是违法所得数额,是评判行为社会危害程度的重要因素。《最高人民检察院、公安部关于公安机关管辖的刑事案件立案追诉标准的规定(二)》第七十九条规定,违反国家规定,从事其他非法经营活动,扰乱市场秩序,具有下列情形之一的,应予立案追诉:(1)个人非法经营数额在五万元以上,或者违法所得数额在一万元以上的;(2)单位非法经营数额在五十万元以上,或者违法所得数额在十万元以上的;(3)虽未达到上述数额标准,但两年内因同种非法经营行为受过二次以上行政处罚,又进行同种非法经营行为的;(4)其他情节严重的情形。因而,对于初次犯罪且非法经营数额或者违法所得数额不大的情形,应当优先适用行政法加以惩处。对于虽然超出有关价格管理规定,但幅度不大,违法所得不多,对疫情防控没有重大影响、未造成严重后果的,不应当纳入刑事处罚范围,可以由有关部门予以行政处罚。相反,对于利用物资紧俏的“商机”,坐地起价,牟取暴利的,则应当依法追究刑事责任。

最后,应当综合考虑行为的社会危害性。口罩、抗病毒药品、消毒杀菌用品、相关医疗器械等防疫用品和粮、油、肉、蛋、菜、奶等基本民生商品,与抗击疫情和群众生活关系最为密切,在疫情期间哄抬此类商品物价,进一步加剧了社会不稳定因素,行为的社会危害性大于非法经营其他商品的行为。同时,在办案过程中也要考虑各地疫情防控的差异情况、不同物资的紧缺程度,做到精准发力,避免简单“一刀切”。由于各地面临的疫情形势和防控任务差异较大,同样的哄抬物价行为在疫情风险等级不同地区的社会危害性是不一样的,在办案中要有所体现。在疫情风险等级较高的地区,特别是对市场供应紧张的物资囤积居奇、哄抬价格,社会危害性较大,有必要予以刑事处罚。相反,在疫情风险等级较低的地区,随着相关物资市场供应紧张程度缓解,对于哄抬物价的行为要尽量给行政处罚留有足够空间,确保刑罚的审慎适用,即使要给予刑罚处罚也可以酌情从轻处罚。

本案中，被告单位及被告人谢世全在疫情防控期间，利用口罩等防疫用品市场紧张的情势和部分公众的恐慌心理，大幅提高口罩价格进行出售，最高销售价是购入价的30余倍，非法经营数额金额174 805.4元，违法所得160 938.4元，能够认定被告人主观上具有牟取暴利的目的，客观上实施了违反国家有关市场经营、价格管理等规定哄抬物价的行为，情节严重，严重扰乱市场经济秩序，构成非法经营罪。根据《解释》《指导意见》的规定，对于疫情防控期间实施相关违法犯罪的，要依法体现从严的政策要求；同时被告人坦白犯罪，认罪认罚，在行政立案之后有捐赠抗疫物资的行为，可以从轻处理。另外，本案属于单位犯罪，根据刑法第二百三十一条的规定，对单位以及直接负责的主管人员实行双罚制。

综上，人民法院根据被告单位上海万晖特工贸有限公司及被告人谢世全的犯罪事实、性质、情节和对社会的危害程度，分别以非法经营罪判处被告单位罚金人民币二十万元、被告人有期徒刑八个月，并处罚金人民币十八万元，是合适的。

（撰稿：最高人民法院刑二庭　段　凰

审编：最高人民法院刑二庭　韩维中）

[第1319号]

倪劲锋诈骗案

——利用疫情实施电信网络诈骗行为的认定和刑事政策把握

一、基本案情

被告人倪劲锋,男,汉族,1996年4月19日出生,无业。2020年2月6日被逮捕。

浙江省绍兴市上虞区人民检察院指控被告人倪劲锋犯诈骗罪,向绍兴市上虞区人民法院提起公诉。

被告人倪劲锋对指控事实无异议,并认罪认罚。

绍兴市上虞区人民法院经公开审理查明:2020年1月28日以来,被告人倪劲锋因手头拮据,遂产生利用时下疫情在网上虚构出售口罩骗取财物的心思。倪劲锋通过其手机微信在朋友圈发布售卖口罩的虚假信息。当有被害人与其联系时,其假称有口罩出售,并利用各种网络截图获取被害人信任,后以1.5元至15元人民币(以下未标明币种均为人民币)不等的价格,与被害人达成出售各种型号口罩的意向,待被害人通过微信或者支付宝转账付钱后,将被害人微信拉黑或者不予回应。倪劲锋以上述手段,从被害人廖某某等6人处共计骗得13 137元。案发后,公安机关从倪劲锋处扣押12 100元,倪劲锋亲属向被害人金某某退款2 900元。

上虞区人民法院认为,被告人倪劲锋以非法占有为目的,利用互联网通信工具虚构事实骗取他人财物,数额较大,其行为已构成诈骗罪。倪劲锋在新型冠状病毒肺炎疫情期间,假借销售预防疫情用品的名义实施诈骗,依法应从重处罚;倪劲锋归案后全部退赃,且认罪认罚,依法可从宽处理。据此,依照《中华人民共和国刑法》第二百六十六条、第六十四条,《中华人民共和国刑事诉讼法》第十五条,《最高人民法院、最高人民检察院关于办理妨害预

防、控制突发传染病疫情等灾害的刑事案件具体应用法律若干问题的解释》第七条的规定,判决如下:

1. 被告人倪劲锋犯诈骗罪,判处有期徒刑一年八个月,并处罚金一万五千元;

2. 扣押在案的一万二千一百元,由公安机关分别发还给被害人,剩余人民币一千八百六十三元用于履行被告人倪劲锋判处的罚金;作案工具手机一只,予以没收。

一审宣判后,被告人倪劲锋未提出上诉,检察机关未提出抗诉。判决已发生法律效力。

二、主要问题

疫情防控期间,利用微信销售口罩实施诈骗犯罪的如何定罪处罚?

三、裁判理由

与传统点对点的诈骗犯罪不同,电信网络诈骗是点对面的诈骗。传统诈骗虽然也会利用通信网络技术手段,但针对的是特定人;电信网络诈骗则是利用固定通话网、移动通信网、计算机互联网、广播电视网等信息网络,通过电脑、手机、电话等终端设备,针对不特定多数人实施的"非接触式"的诈骗。电信网络诈骗相较于传统诈骗而言,具有诈骗手段的现代性、诈骗对象的不特定性、传播的广域性等特征。鉴于电信网络诈骗犯罪时空跨度大、受害人数多,及时有效打击困难,受害人损失难以得到有效挽回,因而较之传统的诈骗犯罪危害后果更严重。故《最高人民法院、最高人民检察院、公安部关于办理电信网络诈骗等刑事案件适用法律若干问题的意见》对电信网络诈骗规定了更低的入罪门槛,并从数额标准、加重标准、基准刑及宣告刑的确定、缓刑适用、未遂情形等多个方面,对电信网络诈骗犯罪作出从严惩处的规定。

为依法惩治妨害预防、控制突发传染病疫情等灾害的犯罪活动,保障预防、控制突发传染病疫情等灾害工作顺利进行,切实维护人民群众身体健康和生命安全,2003 年 5 月 14 日最高人民法院、最高人民检察院联合发布了

《关于办理妨害预防、控制突发传染病疫情等灾害的刑事案件具体应用法律若干问题的解释》(以下简称《解释》),为依法惩治传染病疫情等灾害防治期间发生的各种犯罪活动提供了明确的法律指引。《解释》第七条规定,在预防、控制突发传染病疫情等灾害期间,假借研制、生产或者销售用于预防、控制突发传染病疫情等灾害用品的名义,诈骗公私财物数额较大的,依照刑法有关诈骗罪的规定定罪,并应依法从重处罚。该规定主要是考虑在预防、控制疫情期间,因疫情发展引发的社会治安问题和涉及稳定的不确定因素往往大量增加,从及时预防、控制疫情的角度出发,对这类行为应依法从重处罚。根据《传染病防治法》的相关规定,基于结合目前对新型冠状病毒肺炎(以下简称新冠肺炎)的病原、流行病学、临床特征等特点的认识,经报国务院批准同意,国家卫生健康委员会已决定将新冠肺炎纳入法定传染病乙类管理,采取甲类传染病的预防、控制措施。因此,在新冠肺炎疫情防控期间,将利用疫情实施诈骗犯罪的案件适用《解释》规定从重处罚,有利于确保及时、准确、有效打击犯罪,切实维护人民群众的生命安全和身体健康。

本案中,被告人倪劲锋在新冠肺炎疫情防控期间,利用网络,通过手机微信在朋友圈发布售卖疫情防护用品口罩的虚假信息,实施撒网式诈骗,在短短的三天便骗取了6名被害人数额较大的钱财,犯罪的主观恶性和社会危害性较大。我们认为,对于本案这类在疫情防控期间利用电信网络实施诈骗的犯罪行为,应依法从严惩处。理由是:其一,应适用全国统一的入罪数额标准和数额加重标准。由于电信网络诈骗突破了传统犯罪空间范畴,大多属于跨区域犯罪,地域化特征相对淡化,故不宜由各省、自治区、直辖市结合本地区经济社会发展状况,应根据《最高人民法院、最高人民检察院关于办理诈骗刑事案件具体应用法律若干问题的解释》的规定确定本地区执行的具体数额标准。也即,对于利用微信销售口罩实施诈骗行为的,应分别以诈骗财物价值三千元以上、三万元以上为刑法第二百六十六条规定的诈骗"数额较大"和"数额巨大"标准。其二,在基准刑及宣告刑的确定上应依法从严。对于在传染病疫情防控期间,利用网络平台实施诈骗犯罪的案件,在确定量刑起点、基准刑时,一般应适用就高原则,但在确定宣告刑时应当综合全案事实情节,准确把握从重、从轻量刑情节的调节幅度,保证罪责刑相适应。其三,应严格控制缓刑的适用。对此类案件,要严格控制缓刑的适用范围,严格把握缓刑的适用条件,除被告人系未成年人,或者具有自首、立功等情节外,一般不宜适用缓刑。综上,法院依法以诈骗罪判处被告人有期徒刑一年八个月,并处罚金一万五千元,是适当的。

(一)违法销售口罩行为的定性分析

随着新冠肺炎疫情的日趋严重,口罩市场供不应求,以致销售市场乱象丛生。为坚决打赢疫情防控阻击战,着力创造安全稳定的社会环境,各地依法及时查处了不少涉疫情违法犯罪案件。其中,借防疫之机制售伪劣产品,损害消费者利益,特别是制售劣质口罩、疫情防护用品等医用卫生材料,严重损害医务人员和人民群众身体健康等违法犯罪行为成为打击重点。在司法审判环节,对违法销售口罩行为应当根据刑法和相关司法解释的规定,结合具体案件不同情况,作出准确认定。

1. 销售劣质非医用口罩行为的认定

口罩依据防护功能的不同可分为两类:一类是作为普通商品管理的普通口罩,如普通脱脂纱布口罩、普通防尘口罩;另一类是作为医疗器械管理的医用口罩。对于销售普通劣质口罩,可以适用《解释》第二条规定,即“在预防、控制突发传染病疫情等灾害期间,生产、销售伪劣的防治、防护产品、物资,或者生产、销售用于防治传染病的假药、劣药,构成犯罪的,分别依照刑法第一百四十条、第一百四十一条、第一百四十二条的规定,以生产、销售伪劣产品罪,生产、销售假药罪或者生产、销售劣药罪定罪,依法从重处罚”。在新冠肺炎疫情防控期间,曾一度出现“一罩难求”的供求窘境,以致让一些不法商贩销售劣质口罩有了可乘之机。然而,在证据审查中,行为人销售的是什么样的劣质口罩,是认定案件性质的关键问题之一。根据国家有关部门颁布的关于口罩类产品的相关标准和要求,在审判中应重点审查行为人所生产、销售的口罩质量是否符合保障人体健康的国家标准、行业标准,此类口罩是否具有实质防护功能。尤其对“三无”口罩不能简单将之归类于不合格产品,而应根据《最高人民法院、最高人民检察院关于办理生产、销售伪劣商品刑事案件具体应用法律若干问题的解释》的规定,必要时委托法律、行政法规规定的产品质量检验机构进行鉴定,根据鉴定意见来作出准确认定。如果行为人销售的是不具有传染病疫情防护功能的非医用劣质口罩，则应以销售伪劣产品罪定罪处罚。需要特别指出是，销售劣质口罩的行为还可能涉嫌销售假冒商标的商品罪，在二者发生法律适用的竞合时，应依法从一重罪处罚。

2. 生产、销售不符合标准的医用口罩行为的认定

《解释》第三条第一款规定："在预防、控制突发传染病疫情等灾害期间，生产用于防治传染病的不符合保障人体健康的国家标准、行业标准的医疗器械、医用卫生材料，或者销售明知是用于防治传染病的不符合保障人体健康的国家标准、行业标准的医疗器械、医用卫生材料，不具有防护、救治功能，足以严重危害人体健康的，依照刑法第一百四十五条的规定，以生产、销售不符合标准的医用器材罪定罪，依法从重处罚。"医用口罩作为医疗防护用途的纺织品，按照产品标准、防护程度的不同，可分为医用防护口罩、医用外科口罩、一次性医用口罩三种。国家食品药品监督管理局发布的《关于医用一次性防护服等产品分类问题的通知》和2017年《医疗器械分类目录》均将医用防护口罩、医用外科口罩规定为第二类医疗器械，因此这两类医用口罩可以成为生产、销售不符合标准的医用器材罪的犯罪对象。对一次性医用口罩能否成为本罪的犯罪对象存在一定争议，主要是由于《医疗器械分类目录》曾对一次性使用的医用口罩性质作过明确规定，但在2017版本中又予以删除，且一次性医用口罩仅有推荐性的行业标准（中华人民共和国医药行业标准YY/T 0969—2013《一次性使用医用口罩》），该行业标准在生产和流通中并无强制执行要求。

我们认为，鉴于一次性医用口罩在重大疫情防控期间的实际功能，一次性医用口罩可以成为生产、销售不符合标准的医用器材罪的犯罪对象。理由是：其一，在现有规定中也有将一次性医用口罩作为第二类医疗器械监管的依据。如中国食品药品检验鉴定研究所《2019年第二批医疗器械产品分类界定结果汇总》、《国家药品监督管理总局关于公布新修订免于进行临床试验医疗器械目录的通告》（2018年颁布）、《国家食品药品监督管理局关于进一步规范医用口罩注册工作的通知》（2009年颁布），均将一次性医用口罩纳入第二类医疗器械进行监管。其二，一次性医用口罩具有生产、销售不

符合标准的医用器材罪所要求的国家标准、行业标准。在一次性医用口罩审批注册时,需要符合中华人民共和国医药行业标准 YY/T 0969—2013《一次性使用医用口罩》的相关要求。其三,将一次性医用口罩纳入生产、销售不符合标准的医用器材罪的犯罪对象范围符合保护医患权益的现实需要。由于生产、销售不符合标准的医用器材罪的客体为复杂客体,即国家对医疗用品的管理秩序及公共安全,特别是医护人员、病患的安全,而根据目前的疫情防控情势,在高标准医用防护口罩、医用外科口罩极为紧缺,大量医护人员可能仅佩戴一次性医用口罩即奋战在抗疫第一线的情况下,将一次性医用口罩纳入本罪客体,符合依法从严打击涉疫情相关犯罪的现实需要。需要注意的是,本罪的犯罪构成上要求满足"足以严重危害人体健康的"这一要件,因而需要根据案件的具体情况加以认定。另外,由于生产、销售不符合标准的医用器材罪与生产、销售伪劣产品罪为特别法与一般法的关系,在实践中常常出现竞合情形,应按照特别法优于一般法为主、重法优于轻法为辅的原则定罪处罚。

3. 无资质销售医用口罩行为的认定

根据国家食品药品监督管理局发布的《医疗器械生产日常监督管理规定》,医用口罩作为第二类医疗器械,已纳入《国家重点监管医疗器械目录》监管范围,具有相应的经营监督管理规定作为遵循。而根据国务院发布的《医疗器械监督管理条例》对第二类医疗器械的规定,经营销售医用口罩产品,需要提供《营业执照》及医疗器械监管部门颁发的《第二类医疗器械经营备案凭证》、口罩商品对应的《医疗器械注册证》等。而实践中经常发生的微商售卖口罩,往往属于无任何经营资质,属于未经行政主管部门许可,违反国家规定,无证销售医疗器械和销售未经注册的医疗器械的行为,对于这类行为,情节严重的,可以依照刑法第二百二十五条第(四)项的规定,以非法经营罪追究其刑事责任。

4. 高价销售口罩行为的认定

《解释》第六条规定:"违反国家在预防、控制突发传染病疫情等灾害期间有关市场经营、价格管理等规定,哄抬物价、牟取暴利,严重扰乱市场秩序,违法所得数额较大或者有其他严重情节的,依照刑法第二百二十五条第

(四)项的规定,以非法经营罪定罪,依法从重处罚。"国务院发布的《突发公共卫生事件应急条例》第五十二条亦明确规定:"在突发事件发生期间,散布谣言、哄抬物价、欺骗消费者,扰乱社会秩序、市场秩序的,由公安机关或者工商行政管理部门依法给予行政处罚;构成犯罪的,依法追究刑事责任。"我们认为,疫情期间,可以非法经营罪定罪追究刑事责任的高价销售口罩的行为,主要包括以下几类:一是捏造、散布涨价信息,大幅度提高价格,扰乱市场秩序的;二是成本没有明显提高,以牟取暴利为目的,大幅度提高价格,扰乱市场秩序的;三是带头大幅度提高价格,扰乱市场秩序的;四是囤积居奇,导致供不应求而出现价格大幅度上涨的;等等。

5. 销售废弃口罩行为的认定

为防控新冠肺炎疫情的需要,社会对口罩使用量持续攀升,而废弃口罩在与生活垃圾混同一起后,又容易被不法分子回收并再利用。由于新冠肺炎的病原体具有极强的传染性,因而废弃口罩一旦流入市场将带来极大的公共卫生安全隐患,对销售废弃口罩的行为必须依法予以严惩。我们认为,对于将废弃口罩回收后再加工出售,或者非法买卖、运输、储存、携带废弃口罩,危害公共安全,构成犯罪的,可根据案件不同情况,按照刑法的相关规定,以危险方法危害公共安全罪,非法买卖、运输、储存危险物质罪等罪名定罪处罚。

根据惩治妨害新冠肺炎疫情防控违法犯罪的需要,最高人民法院、最高人民检察院、公安部、司法部于2020年2月6日发布了《关于依法惩治妨害新型冠状病毒感染肺炎疫情防控违法犯罪的意见》(以下简称《疫情防控意见》)。《疫情防控意见》对上述相关犯罪的法律适用问题也作出了相应规定,与《解释》的规定一脉相承。

(二)办理妨害疫情防控案件的刑事政策把握

《解释》第十七条规定:"人民法院、人民检察院办理有关妨害预防、控制突发传染病疫情等灾害的刑事案件,对于有自首、立功等悔罪表现的,依法从轻、减轻、免除处罚或者依法作出不起诉决定。"《解释》的前述规定,既是刑法规定的刑罚适用原则,也是一项重要的刑事司法政策,只有真正做到严之有理、严之有据、宽严相济,才能在特定时期充分发挥刑罚的惩罚与教育功能，切实维护社会和谐稳定。

我们认为，在依法审理妨害新冠肺炎疫情防控的犯罪案件时，应注意以下几点：一是要坚持罪刑法定原则，严格入罪标准。既要强调"从严"，更要力求"依法"。要防止出现为体现从严、从重处罚精神而忽视案件具体情况予以一概从重的问题，要坚持"准确适用法律，依法严惩"。二是要正确适用宽严相济刑事司法政策。对于妨害疫情防控工作、严重扰乱社会秩序的犯罪行为，原则上应贯彻依法从重的方针，如对生产、销售不具有防护性能口罩的犯罪，应依法从严惩处，而对生产、销售符合防护标准的口罩，且对满足疫情防控需要、缓解供需矛盾能起到实际效果的，一般不作为犯罪处理；对于疫情防控期间造谣传谣、哄抬物价、囤积居奇、牟取暴利，严重扰乱市场秩序，情节恶劣的，应依法从严惩处。三是要审慎把握非法经营罪的适用。在对非法经营类案件进行定罪处罚时，应当充分考虑疫情形势、成本上浮、供需状况等市场因素，判断价格浮动是否处于合理区间，既要尊重市场经济规律，也要注重打击妨害疫情防控大局的犯罪行为。对于情节严重，被告人主观恶性大，严重妨害疫情防控期间社会稳定的，应当依法从严；对于犯罪情节较轻、危害不大的，应当依法从轻、减轻或者免予刑事处罚。

（撰稿：浙江省绍兴市中级人民法院　骆锦勇　李　莹
最高人民法院刑二庭　郭　慧
审编：最高人民法院刑二庭　韩维中）

[第 1320 号]

王郊诈骗案

——针对特定人通过电信网络联络实施的诈骗犯罪不属于电信网络诈骗犯罪

一、基本案情

被告人王郊,男,汉族,1999 年 10 月 27 日出生,无业。2020 年 2 月 20 日被逮捕。

黑龙江省大庆市萨尔图区人民检察院指控被告人王郊犯诈骗罪,向大庆市萨尔图区人民法院提起公诉。

被告人王郊对公诉机关指控的事实、罪名及量刑建议均无异议。其辩护人提出:王郊具有自首情节,认罪认罚,已全部退赔并取得被害人谅解,建议对其从轻处罚。

大庆市萨尔图区人民法院经审理查明:2020 年 2 月初,被告人王郊通过王建的推荐与被害人杜小东成为微信好友。在防控新型冠状病毒肺炎疫情期间,同月 10 日,王郊在无供应口罩能力的情况下,对杜小东谎称其有 1 000 只现货 KF94 型口罩出售,杜小东通过支付宝转账方式向王郊支付购买口罩定金人民币 5 000 元,随后王郊将杜小东的微信删除,所得赃款被其用于个人花销。案发后,王郊退赔被害人杜小东人民币 5 000 元并取得杜小东的谅解。

大庆市萨尔图区人民法院认为,被告人王郊以非法占有为目的,虚构事实,骗取他人财物,数额较大,其行为已构成诈骗罪,应予惩处。辩护人提出的王郊具有自首情节,认罪认罚,已全部退赔并取得谅解,建议对其从轻处罚的辩护意见成立,予以采纳。被告人王郊在防控突发传染病疫情灾害期间,假借销售用于防控疫情用品的名义进行诈骗,应依法从重处罚;王郊经电话传唤归案且能如实供述自己的罪行，系自首，认罪认罚，可依法从轻处罚；王郊全部退赔被害人经济损失且取得被害人谅解，可酌情从轻处罚。根据被告人王郊诈骗犯罪的事实、性质、情节，以及对于社会的危害程度，依照《中华人民共和国刑法》第二百六十六条、第六十七条第一款、第五十二条、第五十三条，《中华人民共和国刑事诉讼法》第十五条、第二百零一条，《最高人民法院、最高人民检察院关于办理妨害预防、控制突发传染病疫情等灾害的刑事案件具体应用法律若干问题的解释》第七条的规定，判决如下：

被告人王郊犯诈骗罪，判处有期徒刑六个月，并处罚金人民币二千元。

一审宣判后，被告人王郊未提出上诉，检察机关亦未抗诉。判决已发生法律效力。

二、主要问题

通过电话、社交软件联络实施的诈骗犯罪，是否均应认定为电信网络诈骗犯罪？

三、裁判理由

由于通信和互联网技术的普遍应用，普通诈骗犯罪中行为人亦经常通过即时通信工具或其他社交软件联络被害人。相对于普通诈骗而言，电信网络诈骗在入罪标准、确定量刑起点、基准刑等方面均有区别。因此，正确区分案件是普通诈骗还是电信网络诈骗对于被告人的定罪量刑具有重要意义。最高人民检察院 2018 年发布的《检察机关办理电信网络诈骗案件指引》中提出，电信网络诈骗是指以非法占有为目的，利用电话、短信、互联网等电信网络技术手段，虚构事实，设置骗局，实施远程、非接触式诈骗，骗取公私财物的犯罪行为。但是，经电话、社交软件等通信工具联络实施的诈骗犯罪，是否均认定为电信网络诈骗犯罪？我们认为，是否认定为电信网络诈骗需要结合具体案情进行具体分析。

（一）不宜将凡经电话、网络联络的诈骗犯罪均认定为电信网络诈骗犯罪

最高人民法院、最高人民检察院、公安部 2016 年联合出台的《关于办理

电信网络诈骗等刑事案件适用法律若干问题的意见》(以下简称《电信网络诈骗意见》)对于打击电信网络诈骗犯罪提出了更加明确、具体的法律适用依据,根据该类犯罪的性质和特点,提出了有别于普通诈骗犯罪的定罪量刑数额标准。《电信网络诈骗意见》虽系针对电信网络诈骗犯罪作出的专门规范性文件,但并未对该类诈骗犯罪的含义、范围进行明确规定。根据《电信网络诈骗意见》的制定背景、电信网络诈骗犯罪的立法沿革,我们主张电信网络诈骗通常是针对不特定多数人实施的犯罪,不宜将凡经电话、网络联络实施的诈骗犯罪均认定为电信网络诈骗犯罪,具体理由如下:

1."针对不特定多数人"契合电信网络诈骗犯罪行为模式,是电信网络诈骗犯罪行为区别于普通诈骗行为的显著特征之一。电信网络诈骗经常表现为以群发短信或邮件、无差别拨打电话等方式,主动接触人员;或通过网站、社交媒体平台发布虚假信息后,等待被害人"上钩"。上述犯罪手段表明,电信网络诈骗是一种点对面的犯罪,行为人通过电信网络散布和传播虚假信息,并非针对特定人实施诈骗行为,其初始作案目标范围较广,时空跨度和犯罪规模较大。而普通的诈骗犯罪,往往在着手实施犯罪行为时,已具备明确的作案目标。

2."针对不特定多数人"犯罪体现出电信网络诈骗较普通诈骗严重的社会危害性。(1)危害后果更为严重。电信网络诈骗是远程非接触性犯罪,手段隐蔽,又通常采取集团化、专业化方式作案,被害人数众多且分布广泛,涉案赃款数额巨大且转移迅速难以追回,案件侦破难度极大。而普通诈骗犯罪往往针对特定对象,即使个别案件存在多次诈骗行为,一般来说犯罪手段高度雷同,资金走向亦相对明确。(2)犯罪波及面更广。相较于点对点式的传统诈骗,电信网络诈骗技术含量高,花样翻新快,行为人精心设计骗局,针对不特定人作案,波及人数多。不仅直接侵害被害人的财产权益,严重破坏社会诚信,还引发、诱发、滋生大量上下游关联违法犯罪,形成以电信网络诈骗为中心的周边系列犯罪产业链,恶化了社会治安形势,影响了社会和谐稳定,社会危害性更大。(3)需加大打击力度。正是基于上述特征,对电信网络诈骗犯罪需要依法从严打击。《电信网络诈骗意见》提出电信网络诈骗实行全国统一数额标准和数额幅度底线标准,规定了十种从重处罚情形,并限制非监禁刑适用，充分体现了依法从严打击电信网络诈骗犯罪的方针。相对而言，行为人如果仅使用手机、网络作为联系被害人的工具，而并非利用电信网络针对不特定多数人大肆散布虚假信息，此时犯罪对象明确，并未突破传统诈骗的空间范畴，行为危害性相对特定，则对其从严惩处的依据不足。

3. 将"针对不特定多数人实施诈骗"作为电信网络诈骗的行为要件，具有规范性出处。最高人民法院、最高人民检察院 2011 年出台的《关于办理诈骗刑事案件具体应用法律若干问题的解释》第二条第（一）项规定，"通过发送短信、拨打电话或者利用互联网、广播电视、报刊杂志等发布虚假信息，对不特定多数人实施诈骗的"，可以酌情从严惩处；并对具备相应情节的量刑数额标准作出适当下调，对于诈骗数额难以查证的，可根据群发短信、群拨电话的数量、诈骗手段及危害等，以诈骗罪未遂论处。区别于传统的诈骗犯罪，该解释将电信网络诈骗的行为特征归纳为两个方面：一是利用发送短信、拨打电话、互联网等电信网络技术手段实施诈骗。二是针对不特定多数人实施诈骗。这里的"不特定多数人"亦可进一步细化为"不特定"和"多数人"。"不特定"是指行为人实施诈骗犯罪时没有明确特定的作案目标；"多数人"是指具有被骗可能性的人达到 3 人以上。

因而，行为人针对知悉其真实身份的特定人实施的诈骗犯罪，即使利用了电信、网络工具，亦不宜认定为电信网络诈骗犯罪。普通诈骗犯罪，无论是使用电话、短信，还是即时通信软件，行为人与特定人之间点对点的联系，仍囿于特定的空间范畴，具有一定的私密性，没有对其他不特定人产生影响，没有干扰正常的网络秩序，其情节严重程度、社会危害性并不比未使用电信网络联络的其他诈骗犯罪更大，根据罪责刑相适应原则，二者不宜区别对待。

（二）电信网络诈骗与传统诈骗的区分

对于借助电信网络实施的诈骗犯罪，当被害人数量众多时，一般较易区分电信网络诈骗与普通诈骗。而当被害人较少时，则应综合在案因素进行判断。我们主张从以下方面着手，进行分析：一是行为人是否向不特定人员发布了虚假信息，包括主动发布以及在别人询问时对众人发布。行为人在即时通信群组中发布虚假信息，实施“钓鱼型”诈骗，该通信群组中的相对不特定人员即为诈骗信息受众，此类行为构成犯罪的，宜认定为电信网络诈骗。对此要调取微信聊天记录、通话记录等证据材料，核实被告人供述与被害人陈述是否一致或相互印证。二是行为人未发布虚假信息的，是不是向不特定人员实施犯罪。行为人通过电话、网络等手段实施远程的“背靠背”式诈骗，双方不接触、不明身份，是电信网络诈骗区别于传统诈骗的标准之一。对此要调查核实行为人与被害人是否相识，或被害人是否知悉行为人的真实身份。三是对于行为人利用其掌握的公民个人信息通过电话、网络实施“精准诈骗”的，需调查核实其获取公民个人信息的目的，以及获取公民个人信息的手段。行为人有目的地获取具有某类共同特征的公民个人信息后，据此“量身定做”诈骗剧本并实施；或通过购买等手段获取批量公民个人信息后，依照诈骗剧本实施的，此时诈骗受众在一定范围内仍具有不特定性，仍属于电信网络诈骗。

就本案而言，根据在案证据，不能认定被告人王郊系电信网络诈骗犯罪，而应认定为普通诈骗犯罪。理由如下：

1. 虽然被告人王郊供述其在一个微信群里发布虚假口罩信息，进而实施了诈骗犯罪，但公安机关未在微信群中提取到相关信息。

2. 介绍被害人购买口罩的证人王建证实，其在微信群里询问购买口罩渠道时，被告人王郊自称能买到，而后其加王郊为好友，经其推送，王郊和被害人杜小东互加好友，进而双方联络购买口罩事宜。鉴于王建证言与王郊供述不相一致，经法庭进一步核实，王建称其未看到王郊发布销售口罩的信息，而是他询问后，王郊在微信好友私聊中说有口罩可售。同时，在卷附有王建在微信群里询问以及其与王郊私聊买卖口罩的微信聊天记录截图，印证了王建的证言。但公安机关没有调取到王郊在微信群中答复王建的相关信息截图。

3. 本案仅有1名被害人，被害人又系通过朋友主动寻找口罩卖家的人员。在案证据不能证实被告人王郊还对其他人实施了诈骗行为。此外，王郊和被害人联系出售口罩时，经王郊发送身份证照片，被害人已知悉其真实身份。因而，根据在案证据，被告人并非针对不特定多数人实施诈骗犯罪，不能认定为电信网络诈骗。

综上，被告人王郊在新型冠状病毒肺炎疫情防控期间，假借销售用于疫情防控的物品的名义骗取他人财物，应当以诈骗罪从重处罚。人民法院未认定被告人实施电信网络诈骗犯罪，并综合考虑被告人具有自首、认罪认罚情节等，按照普通诈骗犯罪对其进行判罚是适当的。

（撰稿：黑龙江省高级人民法院　王　愫

最高人民法院刑三庭　王　珂

审编：最高人民法院刑二庭　牛克乾）

[第 1321 号]

孙佳英、蒋志诈骗案

——涉疫情诈骗犯罪未遂的认定和量刑把握

一、基本案情

被告人孙佳英,女,汉族,1992 年 2 月 15 日出生,无业。2020 年 2 月 12 日被逮捕。

被告人蒋志,男,汉族,1984 年 4 月 30 日出生,无业。2020 年 2 月 12 日被逮捕。

北京市西城区人民检察院指控被告人孙佳英、蒋志犯诈骗罪,向北京市西城区人民法院提起公诉。

被告人孙佳英、蒋志对指控事实无异议,并认罪认罚。辩护人提出:二被告人主观恶性较小,人身危险性不大,系初犯,且具有犯罪未遂、认罪认罚、如实供述等从宽情节。

北京市西城区人民法院经公开审理查明:被告人孙佳英、蒋志经预谋,于 2020 年 1 月 27 日 12 时许,打印虚假宣传材料 3 000 份,在北京市西城区多处张贴、散发,假借“市希望工程办公室、市志愿者协会”之名,以“为抗击新冠肺炎疫情募捐”为由,谎称已联系到口罩等物资的购买渠道,骗取他人向孙佳英微信个人账户转款。截至案发,尚未有钱转入被告人微信账户。孙佳英、蒋志于当日 16 时许接受公安机关电话传唤到案。

北京市西城区人民法院认为,被告人孙佳英、蒋志以非法占有为目的,共同预谋,在新型冠状病毒肺炎疫情防控期间,假冒慈善机构的名义,以赈灾募捐为由,欲骗取公私财物,情节严重,其行为均已构成诈骗罪,依法应予惩处。鉴于孙佳英、蒋志已着手实施诈骗,但由于被民警及时查获而未得逞,系犯罪未遂,可比照既遂犯从轻处罚。孙佳英、蒋志在检察院均能如实供述自己的罪行，在法院审理期间自愿认罪认罚，可对其依法从轻处罚。在全国防控新型冠状病毒肺炎疫情的特殊时期，孙佳英、蒋志假借抗疫之名，实施诈骗行为，其主观恶性大，社会影响恶劣。依照《中华人民共和国刑法》第二百六十六条、第二十五条第一款、第二十三条第一款、第二款、第六十七条第三款、第五十二条、第五十三条、第六十四条，《最高人民法院、最高人民检察院关于办理诈骗刑事案件具体应用法律若干问题的解释》第五条第一款及《中华人民共和国刑事诉讼法》第十五条之规定，判决如下：

1. 被告人孙佳英犯诈骗罪，判处有期徒刑十个月，并处罚金人民币一万元；

2. 被告人蒋志犯诈骗罪，判处有期徒刑十个月，并处罚金人民币一万元；

3. 扣押在案募捐传单二千六百三十张及胶带一卷均予以没收。

一审宣判后，被告人孙佳英、蒋志未上诉，检察机关未提出抗诉。判决已发生法律效力。

二、主要问题

如何认定与处罚涉疫情诈骗犯罪未遂行为？

三、裁判理由

（一）对情节严重的涉疫情诈骗未遂行为应当定罪处罚

刑法第二百六十六条规定，诈骗公私财物，数额较大的，处三年以下有期徒刑、拘役或者管制，并处或者单处罚金；数额巨大或者有其他严重情节的，处三年以上十年以下有期徒刑，并处罚金；数额特别巨大或者有其他特别严重情节的，处十年以上有期徒刑或者无期徒刑，并处罚金或者没收财产。对于诈骗犯罪是否存在未遂形态存在一些争议。有观点认为，对于数额犯，无论是基本犯还是加重犯都不存在未遂形态，理由是当行为没有达到刑法规定的数额，就说明行为的社会危害性没有达到应受刑罚处罚的程度，不构成犯罪，更不可能成立未遂犯。我们不同意此观点，作为一种普通的故意犯罪，诈骗罪理应存在既遂和未遂形态的区分。理由如下：

其一,犯罪既遂与否的标准是刑法分则对该种犯罪所规定的构成要件是否已经齐备,齐备则为既遂,不齐备则为未遂。诈骗罪的未遂形态契合修正的犯罪构成。我国刑法条文中关于诈骗罪的规定列明了其基本的犯罪构成,就具体的诈骗犯罪而言,诈骗数额不能满足基本的犯罪构成,并不意味着其也不符合修正的犯罪构成。其二,司法解释对诈骗罪基本犯存在未遂形态的观点予以肯定。《最高人民法院、最高人民检察院关于办理诈骗刑事案件具体应用法律若干问题的解释》(以下简称《诈骗解释》)第五条规定,在犯罪数额不符合基本犯罪构成的前提下,如果诈骗行为以数额巨大的财物为诈骗目的,或者具有其他严重情节,也能够成立诈骗罪。其三,对诈骗犯罪基本犯的未遂行为能否认定为诈骗罪的未遂犯,在于其是否符合刑法第十三条"但书"的规定,即如果该诈骗行为确属情节显著轻微危害不大的,就不应该将其认定为犯罪加以处罚;如果该诈骗行为不属于情节显著轻微危害不大的范围,则应将其认定为诈骗犯罪加以处罚。因而,诈骗罪同样存在未遂形态,且诈骗罪的未遂行为主要表现为两种形式:一是被害人并未因行为人的欺诈行为失去对财产的控制;二是虽然被害人基于行为人的欺诈行为失去对财产的控制,但该失控财产的数额并未达到数额较大的程度。

本案中,被告人孙佳英、蒋志在疫情防控期间,冒用他人名义,利用公众同情心理,以赈灾募捐为由实施诈骗活动,由于公安机关查处及时,当天即将二人传唤到案,因而截至案发,尚未有钱转入微信账户。但是,二被告人打印附有孙佳英微信收款二维码的虚假募捐材料,并多处张贴、散发,这已经是着手实施犯罪,因被公安机关及时查处才未能得逞,应当属于犯罪未遂。

对于该未遂行为是否应当定罪处罚,《诈骗解释》第五条规定,诈骗未遂,以数额巨大的财物为诈骗目的的,或者具有其他严重情节的,应当定罪处罚。因而,本案认定的焦点在于被告人是否属于"有其他严重情节"的情形。结合本案的具体情形,我们认为,本案被告人主观恶性大、社会影响恶劣。具体理由如下:一是被告人利用疫情防控期间,大家合力抗击疫情的同情心和同理心,冒用慈善机构名义,发起虚假募捐式诈骗,行为性质恶劣。二是被告人通过到处散布、张贴虚假材料的方式实施犯罪行为,不仅影响社会管理秩序，而且被害对象不特定，侵害面广。三是被告人通过宣传册上附微信二维码的形式骗取钱财，与受害者之间通过虚拟平台进行财物流转，钱财追回难度高、查处难度大。综合以上分析，二被告人的行为属于“具有其他严重情节”的情形，应当依照刑法第二百六十六条关于诈骗罪的规定依法处理。

（二）涉疫情诈骗未遂的量刑把握

1. 选择合适的量刑幅度

根据刑法规定，诈骗数额巨大或者有其他严重情节的，应当适用第二档量刑，即处三年以上十年以下有期徒刑，并处罚金。对于以数额巨大的财物为诈骗目的的，或者具有其他严重情节的诈骗未遂，应当适用基本的量刑档次还是加重的量刑档次，实践中也存在争议。对此，我们认为，应当根据刑法和司法解释规定，结合案件作出准确认定。

首先，对于诈骗未遂，存在不同量刑幅度。实践中有观点认为，对于诈骗未遂只能适用基本刑档，不能适用加重刑档。我们认为，这种理解过于片面。《诈骗解释》第六条明确规定，诈骗既有既遂，又有未遂，分别达到不同量刑幅度的，依照处罚较重的规定处罚；达到同一量刑幅度的，以诈骗罪既遂处罚。申言之，对此类案件，先要分别根据行为人的既遂数额和未遂数额判定其各自所对应的法定刑幅度，未遂部分还需同时考虑可以从轻或者减轻处罚；之后根据比较结果，如果既遂部分所对应的量刑幅度较重，或者既遂、未遂所对应的量刑幅度相同的，以既遂部分所对应的量刑幅度为基础酌情从重处罚；反之，如未遂部分对应的量刑幅度较重的，则以该量刑幅度为基础，酌情从重处罚。可见，对于诈骗未遂，并不限于基本刑档。

其次，对量刑幅度的选择应当体现罪责刑相适应原则。刑法总则规定，对于未遂犯，可以比照既遂犯从轻或者减轻处理。诈骗罪作为一项侵犯财产权益的结果犯，给被害人造成的财产损失大小是关乎定罪量刑的重要考量因素，因而在构成诈骗未遂的前提下，量刑时应当考虑既遂、未遂的数额。另外，《诈骗解释》规定，诈骗未遂，以数额巨大的财物为诈骗目的的，或者具有其他严重情节的，应当定罪处罚。通过该条也不难推断出对于诈骗目标数额较小等情节并不严重的诈骗未遂情形，一般可不再追究刑事责任。根据罪责刑相适应原则,以数额巨大的财物为诈骗目的的,或者具有其他严重情节的诈骗未遂,首先应当考虑适用基本的量刑幅度。

本案中,被告人孙佳英、蒋志实施诈骗行为,但截至案发,尚未出现被害人及财产损失,因而对二被告人,按照刑法第二百六十六条规定的第一档刑期(判处三年以下有期徒刑、拘役或者管制,并处或单处罚金)定罪量刑是比较合适的。

2. 对涉疫情的诈骗犯罪处罚应当体现从严

目前,涉疫情诈骗犯罪主要表现为以下几类样态:其一是假借售卖防控物资或防控药物诈骗;其二是冒充特定人员(政府相关部门或慈善机构等)实施诈骗;其三是虚构提供交通服务或住宿服务等实施诈骗;其四是虚构对方家属感染疫情等事实实施诈骗等。这些行为的本质在于犯罪分子以非法占有为目的,用虚构事实或者隐瞒真相的方法,诱使对方作出错误判断和财产处分,进而骗取公私财物。

根据《最高人民法院、最高人民检察院关于办理妨害预防、控制突发传染病疫情等灾害的刑事案件具体应用法律若干问题的解释》第七条明确规定:"在预防、控制突发传染病疫情等灾害期间,假借研制、生产或者销售用于预防、控制突发传染病疫情等灾害用品的名义,诈骗公私财物数额较大的,依照刑法有关诈骗罪的规定定罪,依法从重处罚。"《诈骗解释》也明确了对以赈灾募捐名义实施诈骗的行为酌情从严惩处的量刑思路。2020年2月6日,最高人民法院、最高人民检察院、公安部、司法部发布的《关于依法惩治妨害新型冠状病毒感染肺炎疫情防控违法犯罪的意见》,基于尽快控制疫情、保障人民群众人身财产安全、稳定社会秩序的视角,亦对该类犯罪明确了依法严惩的总体思路。

需要指出的是,对涉疫情诈骗犯罪这种从严惩处应当坚持罪刑法定原则,体现宽严相济的刑事政策精神,真正做到严之有理、严之有据,而并非一味从严。司法实践中要综合考虑疫情形势、舆论引导、受众心理等社会因素,全面把握此类违法犯罪行为的主观恶性和危害后果,审慎适用缓刑。另外,还应当注意避免对相关因素在入罪和量刑环节进行重复评价。

综上,人民法院根据二被告人犯罪的事实、性质、情节及对社会的危害程度等,并综合考虑二被告人具有犯罪未遂、如实供述、认罪认罚的从宽处理情节,以诈骗罪分别判处二被告人有期徒刑十个月,并处罚金一万元,是适当的。

(撰稿:北京市西城区人民法院　刘双玉　马　越　冀　敏
审编:最高人民法院刑二庭　韩维中)

［第 1322 号］

应鑫迪诈骗案

——疫情防控时期利用疫情实施诈骗犯罪的，应从严惩处

一、基本案情

被告人应鑫迪，男，汉族，1998 年 12 月 26 日出生于浙江省宁波市。2020 年 2 月 5 日被监视居住。

浙江省宁波市鄞州区人民检察院指控被告人应鑫迪犯诈骗罪，向宁波市鄞州区人民法院提起公诉。

宁波市鄞州区人民法院经审理查明：2020 年 2 月 3 日早上，被告人应鑫迪通过微信等社交软件结识被害人吴鹏飞，虚构自己系“鄞州二院女护士”的身份，并有获取医用口罩的特殊渠道。吴鹏飞因疫情严重，想要购买医用口罩自用及分发给周边朋友，于是向应鑫迪提出购买 1 万个医用口罩。应鑫迪使用另一微信号编造“鄞州二院仓库管理员”的身份与吴鹏飞交易，共骗得吴鹏飞 6 295 元。同年 2 月 5 日，应鑫迪被抓获，案发后退还了全部赃款。

宁波市鄞州区人民法院认为，被告人应鑫迪以非法占有为目的，采用虚构事实、隐瞒真相的方式骗取他人钱财，数额较大，其行为构成诈骗罪。应鑫迪在预防、控制突发传染病疫情期间，假借销售用于预防突发传染病疫情用品的名义，诈骗他人财物，依法从重处罚。应鑫迪认罪认罚，到案后能如实供述自己的罪行，且退还了全部赃款，依法可以从轻处罚。依照《中华人民共和国刑法》第二百六十六条、第六十七条第三款，《最高人民法院、最高人民检察院关于办理妨害预防、控制突发传染病疫情等灾害的刑事案件具体应用法律若干问题的解释》第七条的规定，判决如下：

被告人应鑫迪犯诈骗罪，判处有期徒刑六个月，并处罚金人民币一千元。

一审宣判后，被告人应鑫迪未提出上诉，公诉机关未提出抗诉。判决已发生法律效力。

二、主要问题

疫情防控时期发生的利用疫情实施诈骗等犯罪的，应当如何处理？

三、裁判理由

本案发生在全国上下一心抗击新型冠状病毒肺炎（以下简称新冠肺炎）疫情的特殊时期，系浙江省首例宣判的利用疫情虚假出售口罩诈骗案。本案的审理呈现以下特点：

（一）疫情防控时期发生的涉疫情犯罪案件依法可以适用速裁程序，快审快结

2020年2月5日，习近平总书记主持召开了中央全面依法治国委员会第三次会议并发表重要讲话，会议审议通过了《中央全面依法治国委员会关于依法防控新型冠状病毒感染肺炎疫情、切实保障人民群众生命健康安全的意见》。浙江省高级人民法院根据党中央、最高人民法院和省委部署要求，充分发挥刑事审判职能，依法严惩妨害预防、控制疫情的各类犯罪行为。2020年2月7日，浙江省高级人民法院、浙江省人民检察院、浙江省公安厅联合下发了《关于涉新型冠状病毒感染肺炎疫情刑事案件办理工作的若干规定》，要求全省各级司法机关加强协同配合，形成打击合力，对于涉疫情刑事案件要优先办理，严格依法快侦快诉快审。

根据《刑事诉讼法》第二百二十二条的规定，基层人民法院管辖的可能判处三年有期徒刑以下刑罚的案件，案件事实清楚，证据确实充分，被告人认罪认罚并同意适用速裁程序的，可以适用速裁程序，由审判员一人独任审判。同时，《刑事诉讼法》第二百二十四条规定，适用速裁程序审理案件，不受送达期限限制，一般不进行法庭调查、法庭辩论，并且应当当庭宣判。

本案公诉机关建议适用速裁程序审理，法院受理后当天立案，经审查认为符合《刑事诉讼法》规定适用速裁程序的条件，依法适用速裁程序进行审理。本案从案发到判决仅用时四天。2020年2月3日，宁波市公安局鄞州

分局接到被害人吴鹏飞的报案，于同月5日抓获被告人应鑫迪。同月6日，该案移送宁波市鄞州区人民检察院审查起诉，应鑫迪自愿认罪认罚。同月7日，宁波市鄞州区人民检察院向宁波市鄞州区人民法院提起公诉，法院当天立案、当天开庭、当庭宣判。

本案发生在新冠肺炎疫情防控的关键时期，全国各类口罩紧缺，被告人利用民众求购口罩心切的心理，骗取钱财，不但侵犯了他人的财产权利，更影响了疫情防控工作和社会安全稳定。为充分发挥刑事审判打击妨害抗击疫情犯罪的职能，切实保障人民群众生命安全和身体健康，保障社会大局稳定有序，保障疫情防控工作顺利开展，法院坚决依法从快惩处。从案发到判决仅四天，法院依法审理并在半天结案，为打赢这场疫情防控阻击战提供了有力的司法服务和坚强的司法保障。

（二）疫情防控时期，利用疫情实施的犯罪应依法从重处罚

本案中，被告人应鑫迪诈骗金额6 295元，刚达到浙江省高级人民法院根据最高人民法院司法解释授权规定的该省关于诈骗罪6 000元的起刑标准，被告人还有退赃和认罪认罚等法定、酌定从轻处罚情节，按照该省以往同类案件的司法实践，一般可判处拘役，并宣告缓刑。但本案发生在抗击新冠肺炎疫情的特殊时期，被告人又是假借销售用于预防突发传染病疫情用品的名义诈骗他人财物，相比正常时期的诈骗犯罪行为，社会危害性更大。对此，《最高人民法院、最高人民检察院关于办理妨害预防、控制突发传染病疫情等灾害的刑事案件具体应用法律若干问题的解释》第七条规定：“在预防、控制突发传染病疫情等灾害期间，假借研制、生产或者销售用于预防、控制突发传染病疫情等灾害用品的名义，诈骗公私财物数额较大的，依照刑法有关诈骗罪的规定定罪，依法从重处罚。”浙江省公检法三家下发的《关于涉新型冠状病毒感染肺炎疫情刑事案件办理工作的若干规定》亦要求全省各级法院正确运用法律规定加大惩处力度，体现依法从严惩处精神。

本案中，被告人应鑫迪在预防、控制突发传染病疫情期间，假借销售口罩的名义诈骗他人财物，不仅侵犯了公私财物的所有权，同时容易引发社会紧张情绪，不利于疫情防控工作的开展，体现了被告人较深的主观恶性和更严重的社会危害性。对应鑫迪从重处罚，不仅符合相关司法解释的规定，也

符合浙江省公检法三家下发规定的精神。此外,应鑫迪认罪认罚,到案后能如实供述自己的罪行,且退还了全部赃款,依法可以从轻处罚。

综上,法院根据本案事实、情节依法以诈骗罪判处被告人应鑫迪有期徒刑六个月,并处罚金人民币一千元,既体现了依法从重的政策精神,也体现了罪刑相适应的原则。

(撰稿:浙江省高级人民法院　郑晓红
浙江省宁波市鄞州区人民法院　马　晓
审编:最高人民法院刑二庭　韩维中)

[第1323号]

张正诈骗案

——疫情防控期间适用速裁程序实行远程视频“无接触”式开庭应当注意的问题

一、基本案情

被告人张正,男,汉族,1994年9月2日出生。2013年11月20日因犯盗窃罪被判处有期徒刑三年六个月,并处罚金人民币三万元,2016年6月7日刑满释放。2020年2月1日因本案被刑事拘留。

江苏省南通市港闸区人民检察院指控被告人张正犯诈骗罪,向南通市港闸区人民法院提起公诉。

被告人张正对指控事实、罪名及量刑建议均没有异议,且在审查起诉阶段签署认罪认罚具结书。其辩护人提出:张正归案后如实供述自己的罪行,认罪认罚,并有悔罪表现,建议对张正从轻处罚。

南通市港闸区人民法院经审理查明:2020年1月28日至30日,在新型冠状病毒肺炎疫情防控期间,被告人张正在防疫所需口罩紧缺的情况下,利用被害人急购口罩的心理,在微信、QQ群内散发有大量口罩出售的虚假信息,收取被害人购买口罩定金后删除对方,多次骗取陆某某等被害人财物共计人民币9 520元。张正到案后,如实供述自己的罪行,愿意接受处罚;其家属代为退出全部赃款。

南通市港闸区人民法院认为,被告人张正以非法占有为目的,利用网络手段虚构事实骗取他人财物,数额较大,其行为已构成诈骗罪。张正在有期徒刑刑罚执行完毕后五年内再犯应当判处有期徒刑以上刑罚之罪,系累犯,依法应当从重处罚;张正在控制突发传染病疫情期间,假借销售用于预防、控制突发传染病疫情用品的名义诈骗他人财物，依法应当从重处罚；张正到案后如实供述自己的罪行，依法可以从轻处罚；张正承认指控的事实，愿意接受处罚，依法可以从宽处理；张正家属代为退出全部赃款，依法可以从轻处罚。依照《中华人民共和国刑法》第二百六十六条、第六十七条第三款、《最高人民法院、最高人民检察院关于办理妨害预防、控制突发传染病疫情等灾害的刑事案件具体应用法律若干问题的解释》第七条以及《中华人民共和国刑事诉讼法》第十五条的规定，对被告人张正以诈骗罪判处有期徒刑一年六个月，并处罚金人民币一万元。

一审宣判后，被告人张正未上诉，检察机关亦未抗诉。判决已发生法律效力。

二、主要问题

新型冠状病毒肺炎（以下简称新冠肺炎）疫情防控期间，人民法院如何适用速裁程序并依托网络通信技术实行远程视频“无接触”式开庭？

三、裁判理由

本案发生正值新冠肺炎疫情暴发期，口罩成为重要且紧缺的普遍性防疫需求物资，被告人张正却利用社会公众防疫所需和急购心理实施诈骗犯罪，不仅严重侵害人民群众财产利益，更严重扰乱疫情防控的社会秩序，犯罪行为影响恶劣，给科学有序开展疫情防控工作带来极大的破坏。人民法院在疫情防控期间受理此类案件，一方面面临的是刑事审判职责的履行，需要依法推进案件诉讼程序，及时惩处犯罪行为；另一方面所面临的是疫情传播风险，需要采取科学有效的防疫措施，避免疫情扩散。如何将两者有效结合起来是审判工作开展的关键。为贯彻落实 2020 年 2 月 5 日中央全面依法治国委员会第三次会议审议通过的《中央全面依法治国委员会关于依法防控新型冠状病毒感染肺炎疫情、切实保障人民群众生命健康安全的意见》，指导各地司法机关依法安全高效做好涉疫情防控刑事案件办理工作，最高人民法院、最高人民检察院、公安部、司法部于 2 月 6 日印发了《关于依法惩治妨害新型冠状病毒感染肺炎疫情防控违法犯罪的意见》（以下简称《意见》)。《意见》指出,在疫情防控期间,办理妨害新冠肺炎疫情防控案件要注重办案安全,除依法必须当面接触的情形外,可以尽量采取书面审查方式,必要时,可以采取视频等方式讯问犯罪嫌疑人、询问被害人、证人、听取辩护律师意见。人民法院在疫情防控期间审理相关案件的,在坚持依法公开审理的同时,要最大限度地减少人员聚集,切实维护诉讼参与人、旁听群众、法院干警的安全和健康。

南通市港闸区人民法院根据《意见》规定,立足刑事审判职能,坚持严格依法审理的基本原则,在诉讼程序适用、诉讼权利保障、庭审方式选择、量刑情节把握等方面进行思考和探索,积极利用网络通信技术,在刑事速裁程序中探索实行远程视频"无接触"式庭审,依法从重从快审结利用疫情实施诈骗犯罪的案件。该院于2020年2月7日适用速裁程序,通过远程视频方式依法对案件进行公开开庭审理。本案系全国法院首例采用远程视频"无接触"方式审理的涉疫情刑事案件,实现了法律效果和社会效果的统一。我们认为,在疫情防控的特殊期间,采取此种方式审理案件对于依法安全快速办理妨害新冠肺炎疫情防控案件具有重要意义。

(一)依法适用认罪认罚速裁程序从快审结,凸显及时惩处和预防犯罪的审判效果

依法从快审理可以保证刑罚的预期效果。在疫情防控期间,对严重扰乱疫情防控社会秩序犯罪行为及时惩处,能够较快恢复被破坏的社会秩序,第一时间向社会公众表明什么是法律所不允许的犯罪行为,什么是疫情防控中所应值得警惕的犯罪活动。

本案中,南通市港闸区人民法院准确把握依法快审快判的精神,受理案件当日即依照法定程序向被告人张正送达起诉书副本,告知其各项诉讼权利。经审查发现本案犯罪事实清楚,证据确实、充分,张正所犯罪行可能被判处三年有期徒刑以下刑罚,且认罪认罚,同时符合适用简易程序和速裁程序的条件。考虑到适用速裁程序不仅在开庭时间选择上具有一定灵活性,在审理方式上也可不进行法庭调查、法庭辩论,且有当庭宣判要求,比适用简易程序更能体现依法快审快判的法律精神和办案要求,据此,依照《刑事诉讼法》第二百二十二条的规定,经张正同意后决定适用速裁程序对本案进

行审理。检察机关于2020年2月5日提起公诉,法院从2020年2月5日立案受理至2月7日开庭审理并当庭宣判,仅用三天时间审结一起利用疫情实施犯罪的案件,在疫情暴发和防控关键时期,既彰显司法机关打击犯罪保障疫情防控的职责和决心,也及时给疫情防控期的社会公众上了一堂法治教育课,实现良好的审判效果。

(二)充分保障被告人诉讼权利,实现公平正义的审判效果

在依法从快审理涉疫情刑事案件情况下,要想实现刑事诉讼惩罚犯罪和保障人权的双重目的,就必须更加注重让各方当事人,特别是被告人方,平等参与诉讼,必须充分保障被告人诉讼权利的行使,不能因为疫情防控的特殊要求而降低标准、简化形式。越是疫情防控的关键时期,越应当注重在案件审理中体现公平正义的审判效果。

本案中,法院在审理过程中,一方面,充分保障被告人张正各项诉讼权利、特别是辩护权的行使,在送达起诉书副本时即全面告知张正各项诉讼权利,向其了解是否聘请辩护律师的情况,在获知张正及其亲属未聘请辩护律师时,法院按照江苏省刑事辩护全覆盖规定和要求,于当日通过法律援助机构为其指定辩护律师,并给律师提供电子阅卷的充分时间和便利,及时安排律师以远程视频方式会见被告人、参与庭审;另一方面,因疫情防控需要,本案实行远程视频"无接触"的开庭方式,但庭审仍严格按照法定程序进行,并未简化、降低程序标准。庭审过程中,保证法官、公诉人、被告人、辩护人各方虽非处于同一法庭空间,仍属同时参与同一庭审,被告人及其辩护人身份和所享有的诉讼权利与普通刑事庭审并无区别,其权利行使也未因"无接触"开庭方式而有所不同。上述保障措施不仅在形式上使得被告人实现获得律师辩护的权利,更是在实体上通过保障律师依法履行辩护职责使被害人获得律师辩护的实效,被告人诉讼权利并未因疫情防控和从快审理要求得到任何削弱,以程序公正保障了实体公正。

(三)依托网络通信技术远程视频"无接触"开庭,实现服务保障疫情防控大局的审判效果

疫情防控期间,刑事审判工作具有服务、保障疫情防控大局的双重职责要求,既要按照疫情防控工作要求做好自身疫情传播风险防范措施,依法科

学有序推进刑事审判工作,又要发挥刑事审判职能作用,依法惩处利用疫情实施的犯罪行为,保障疫情防控大局稳定。因此,如何妥善处理两者的关系是实现涉疫情刑事案件审判效果的关键。

本案中,考虑若按照日常形式开庭审理,则因人员押解、法庭人员聚集等情况带来较高疫情传播风险;若等待疫情结束再行开庭审理,则无法及时惩处、预防犯罪以实现刑事审判服务保障疫情防控大局的职能。法院充分运用智慧法院建设和网络通信技术发展成果,深入研究刑事诉讼基本原则,积极探索远程视频"无接触"式开庭全新模式:一是法庭设置上,按照疫情防控减少聚集、降低风险的需要,依托网络实时通信技术,在人民法院设立刑事审判法庭主场,检察院、看守所、法律援助中心设立分场,四点连线同步传输影像、声音,并将涉案证据电子化,通过网络推送至各诉讼参与人所在地方屏幕上进行举证质证,各诉讼参与人之间实现了"无接触",并佩戴口罩等必要防护装备,科学稳妥地做好防护措施。二是庭审程序上,根据案件实际选择适用速裁程序,按照其"一般不进行法庭调查、法庭辩论"和"应当当庭宣判"的规定,灵活采取了涉案证据电子化举证质证方式,并对被告人予以当庭宣判,有效避免普通程序实物举证质证、择期宣判等所带来法庭物理空间上的限制,给远程视频"无接触"开庭提供了程序上的法律依据。在庭审过程中,各方诉讼参与人除在核对身份、宣读诉讼参与人名单时均摘下口罩外,均全程佩戴口罩。三是权利保障上,坚持直接言词原则,庭审中各诉讼参与人特别是被告人依然可以通过网络实时传输技术,在各自分场与法官直接对话,被告人能够通过庭审亲自当面向法官以言词的方式陈述,其当面陈述方式的机会性和口头陈述内容的实质性,与同在现场并没有本质的区别,远程视频"无接触"开庭并未违背直接言词原则精神。四是庭审实质性上,强调法官的亲历性,法官在庭审中通过远程视频仍然能当面听取各诉讼参与人的口头陈述,并以此开展法庭调查、辩论,进而依据查明的事实和证据作出裁判;同时,法官能够通过远程视频对本案被告人认罪认罚的事实基础及认罪认罚的自愿性、真实性进行严格审查,并没有实质障碍。五是司法公开上,受案法院坚持公开透明原则,利用互联网和各媒体通信平台直接将远程视频庭审信号同步向社会公开直播,在更广的层面上实现司法公开。

特别是在疫情防控期间,更多的人通过互联网旁听该案庭审,最大限度发挥了涉疫情刑事案件审判的法治教育功能,更广范围地获取了社会公众对刑事审判的监督和对刑事司法的认同,有效实现了刑事审判服务保障疫情防控大局的社会效果。

(四)依法从严惩处利用疫情实施的犯罪行为,彰显震慑犯罪、教育警示的审判效果

人民法院对于在疫情防控期间有关涉疫情犯罪行为从严惩处,能够有力惩治震慑犯罪,维护人民群众生命健康安全和社会安定有序,是疫情防控最终取得胜利的重要保障。但越是特殊时期,对待涉疫情犯罪越要恪守罪刑法定、证据裁判、罪责刑相适应等刑事司法原则,既不人为拔高,也不随意降格,应依法予以从严惩处。

本案中,被告人张正在抗击新冠肺炎疫情的特殊时期,利用他人对于防疫物资需求和急购心理,虚构有大量口罩出售事实,骗取他人财物,数额较大,其行为构成诈骗罪的定性是确定的,而对其依法从严惩处、适当量刑是审判效果体现的关键。首先,被告人张正利用通信工具、互联网技术在各微信、QQ 群内散发有大量口罩出售的虚假信息,被害人经联系加为好友后求购口罩,张正收取其定金后删除对方,完成诈骗犯罪。尽管被害人"自愿"交付财物具有点对点的精准性,但却是因张正通过通信工具、互联网技术针对不特定人发布虚假信息而诈骗,依据《最高人民法院、最高人民检察院、公安部关于办理电信网络诈骗等刑事案件适用法律若干问题的意见》的规定,认定其系电信网络诈骗犯罪,应适用诈骗数额三千元以上不满三万元的数额标准,在三年以下有期徒刑、拘役或者管制刑档量刑,相较于普通诈骗犯罪,同等犯罪数额情况下其基准刑期应当更高。其次,在量刑情节上,张正具有累犯、坦白、退出全部赃款等法定、酌定量刑情节。同时,张正犯罪行为属于在控制突发传染病疫情期间,假借销售用于预防、控制突发传染病疫情用品的名义诈骗他人财物的行为,依照《最高人民法院、最高人民检察院关于办理妨害预防、控制突发传染病疫情等灾害的刑事案件具体应用法律若干问题的解释》第七条的规定,依法应从重处罚,故应在量刑中予以考量。据此,法院在基准刑期基础上,结合各量刑情节,着重体现涉疫情犯罪的从重情

节,以张正犯诈骗罪判处其有期徒刑一年六个月,并处罚金人民币一万元,实现了罪责刑相适应,有力地彰显了震慑犯罪、教育警示的法律效果和社会效果,维护了司法权威和公信力。

综上,法院在新冠肺炎疫情防控期间,利用网络通信技术实时传输影像、声音,探索在刑事速裁程序中采用法官、公诉人、被告人、辩护人四方远程视频“无接触”式庭审活动模式,依法从严从快审结涉疫情犯罪案件,对涉疫情刑事案件的审理进行了有益探索,实现了法律效果和社会效果的统一,具有借鉴价值。

(撰稿:江苏省高级人民法院　毕晓红　徐　磊
最高人民法院刑二庭　郭　慧
审编:最高人民法院刑二庭　韩维中)

［第 1324 号］

陈岗妨害公务案

——疫情防控期间妨害公务行为的认定

一、基本案情

被告人陈岗,男,汉族,1976 年 12 月 15 日出生,农民。2020 年 2 月 4 日被逮捕。

湖北省通城县人民检察院指控被告人陈岗犯妨害公务罪,向通城县人民法院提起公诉。

被告人陈岗对指控事实及罪名无异议,并认罪认罚。其辩护人提出:被告人认罪悔罪,并积极赔偿获得被害人谅解,可以从轻处罚。

通城县人民法院经公开审理查明:2020 年 1 月 24 日,根据湖北省通城县新型冠状病毒肺炎疫情防控指挥部安排,通城县公安局北港派出所辅警被害人卢作清、李辉与北港镇政府工作人员等对国道 G353 北港至湖南省临湘市詹桥镇路段进行封路排查,在道路中央停放执勤车辆作为路障并放置“病毒肺炎防控区道路封闭请绕行”的警示牌。被告人陈岗乘坐他人车辆行至此处,见有堵车情况及工作人员检查,遂下车用脚踢停放在道路中央的指挥部执勤车辆,导致车辆轻微损坏,卢作清、李辉等人上去说明封路情况并予以制止。陈岗不听劝阻反而辱骂、殴打执勤人员,在此过程中,陈岗将李辉咬伤,将卢作清的执法仪摔至地上并踢伤其腹部。经鉴定,卢作清两处肋骨骨折,损伤程度为轻伤二级;李辉面部软组织挫伤及咬伤致右上肢皮肤破损,损伤程度为轻微伤三级。

案发后,被告人陈岗的亲属赔偿被害人卢作清、李辉的损失并获得被害人的谅解。

通城县人民法院认为,被告人陈岗在控制突发传染病灾害期间以暴力方法阻碍疫情防控人员执行公务,并致一人轻伤,一人轻微伤,其行为已构成妨害公务罪。鉴于其到案后如实供述自己的犯罪事实,认罪悔罪,积极赔偿被害人损失并获得被害人谅解,对其可酌情从轻处罚。依照《中华人民共和国刑法》第二百七十七条第一款、第六十七条第三款,《最高人民法院、最高人民检察院关于办理妨害预防、控制突发传染病疫情等灾害的刑事案件具体应用法律若干问题的解释》第八条之规定,判决如下:

被告人陈岗犯妨害公务罪,判处有期徒刑一年六个月。

一审宣判后,被告人陈岗未提出上诉,公诉机关未提出抗诉。判决已发生法律效力。

二、主要问题

(一)如何准确把握妨害公务罪中的"暴力""威胁"方法?

(二)如何准确认定妨害公务罪的行为对象?

三、裁判理由

根据我国刑法第二百七十七条以及最高人民法院、最高人民检察院2003年发布的《关于办理妨害预防、控制突发传染病疫情等灾害的刑事案件具体应用法律若干问题的解释》第八条的规定,以暴力、威胁方法阻碍国家机关工作人员、红十字会工作人员依法履行为防治突发传染病疫情等灾害而采取的防疫、检疫、强制隔离、隔离治疗等预防、控制措施的,以妨害公务罪定罪处罚。本案发生在我国新型冠状病毒肺炎(以下简称新冠肺炎)疫情防控期间,在审理此类案件中如何准确理解和认定妨害公务行为,对于依法及时、从严惩治妨害疫情防控的违法犯罪具有重要意义。

(一)准确把握妨害公务罪中的"暴力""威胁"方法

根据刑法第二百七十七条的规定,本罪的客观行为方式表现为以暴力、威胁方法阻碍国家机关工作人员和红十字会工作人员依法执行职务或者职责。

所谓"暴力",一般表现为对他人身体实行打击或强制,如殴打、捆绑、非法拘禁、非法限制人身自由等。有意见认为,除了对人身施加的暴力足以妨害公务等的顺利进行之外，采用砸毁警车、城管车辆，烧毁应当被没收的物品等施加暴力的手段，也同样使公务难以顺利进行。还有意见认为，除了有形的伤害行为之外，无形的伤害行为类似用酒灌醉、药物麻醉执行公务的人员等，也会妨害公务的实际执行。对此，我们认为，妨害公务罪的“暴力”，应当采取广义的理解，因为设置本罪的保护法益是为了保障公务活动的顺利进行，维护国家和社会公共利益，因此，凡是针对执行公务人员及其所属设备实施足以干扰和破坏公务活动正常执行的强制力量，都应当认定为本罪的“暴力”方法。具体而言，既包括对人身的强制，也包括对物的强制；既包括直接暴力，也包括间接暴力；既包括有形力，也包括无形力。只要行为人实施的强制力量在客观上阻碍了公务活动的正常进行，就可以认定为本罪的“暴力”方法。此外，对与公务人员执行职务具有密切关系的辅助人员施加暴力时，也能成立本罪。需要说明的是，用酒灌醉、药物麻醉等无形力与殴打、捆绑、拘禁等有形力一样，都是足以导致公务无法正常进行的重大危险或具有实际危害性，并且该行为与国家正常管理活动受到干扰、破坏的危害结果之间具有明显的因果联系，因此也应视为本罪所指的暴力，但是，这种无形力应置于特定的时空范围内，也就是说只能发生于公务人员执行公务之际，假如在宴请过程中劝酒导致公务人员喝醉的，因先前的宴请行为并不是在执行公务当时发生、不具有当场实施性，因此不宜认定为妨害公务罪。

所谓“威胁”，是指以侵犯人身权、财产权、名誉权等手段进行精神强制，使对方产生畏惧感，不敢依法执行公务活动。至于威胁的程度，一般需要威胁的手段足以让社会普通民众产生恐惧心理，影响公务活动的正常执行即可。比如，新冠肺炎主要通过“飞沫传播”和“接触传播”，对于行为人谎称自己是新冠肺炎患者、疑似患者，或者来自疫区，向执行公务的工作人员吐口水等行为，足以让他人产生精神恐惧，即可以认定为本罪中的“威胁”方法。从表现形式来看，既可以是以要实施暴力相恐吓，也可以是以毁损财物、个人名誉等手段相要挟；既可以用动作行为暗示，也可以是书面或口头明示；既可以是行为人自己对公务人员进行威胁，也可以是通过其他人对公务人员进行威胁；既可以是直接针对公务人员，也可以是针对第三人来达到对公务人员进行威胁的目的。

值得研究的是,对于"以自杀、自伤、自残相威胁"的,是否属于本罪中的"威胁"方法?有意见认为,以自杀相威胁并不是刑法中的胁迫,并不足以对国家机关工作人员实行精神强制,使之产生恐惧感,也无法达到阻碍其依法执行职务、履行职责的目的。因此,不应将以自杀等方式纳入妨害公务罪中的"威胁"。实践中,确实存在行为人以自杀等方式相威胁,有关公务活动被迫停止执行或者变更执行的情况。但是,这种公务活动的停止执行或者变更并不是行为人以自杀相威胁的结果,而是国家机关工作人员为了避免行政相对人无谓伤亡而采取的人性化执法方式,两者之间没有必要的因果联系。只要执行公务行为内容正当、程序合法,即使存在行为人以自杀等方式相威胁的行为,也不能真正阻止公务活动的正常执行。而对于行为人以自杀相威胁阻碍执行公务活动,严重扰乱公共秩序的,可以按照刑法有关规定依法追究刑事责任。

我们认为,这种观点过于绝对。当行为人通过精神作用造成公务人员精神上的恐惧、心理上的压力或者自由意志的抑制,从而使公务人员处于不敢抗拒的境地而影响公务活动的正常执行,就应当属于"威胁"。威胁的内容、性质、方法并没有绝对的限制。公务人员在执法中不仅考虑自己的人身安全和自由,也会考虑其他公民包括执法对象的生命和安全。实践中,国家机关工作人员面对行为人"自杀""自残"等过激行为时,可以按照正当程序进行执法,但也可能为了保护公民的生命、安全而被迫停止或变更执行公务。因而绝对地将"自杀""自残"等行为排除在"威胁"的范围之外并不客观。当然,在处理此类案件时,应当综合考虑案发时的背景情况、行为人的精神状态、执行公务的方式方法等进行判断,不宜"一刀切",直接入罪。

(二)准确认定妨害公务罪的行为对象

根据刑法规定,妨害公务罪针对的是正在执行公务的国家机关工作人员和红十字会工作人员,包括在各级国家权力机关、行政机关、司法机关和军事机关中从事公务的人员和在红十字会组织中从事人道救援及其他活动的人员。根据最高人民检察院2000年发布的《关于以暴力、威胁方法阻碍事业编制人员依法执行行政执法职务是否可以对侵害人以妨害公务罪论处的批复》的规定，对于以暴力、威胁方法阻碍国有事业单位人员依照法律、行政法规的规定执行行政执法职务的，或者以暴力、威胁方法阻碍国家机关中受委托从事行政执法活动的事业编制人员执行行政执法职务，可以对侵害人以妨害公务罪追究刑事责任。结合批复内容，妨害公务的行为对象还应包括上述人员。

在疫情防控期间，最高人民法院、最高人民检察院、公安部、司法部于2020年2月6日印发的《关于依法惩治妨害新型冠状病毒感染肺炎疫情防控违法犯罪的意见》（以下简称《意见》）对妨害公务行为对象的人员范围又进一步予以了明确。《意见》规定，以暴力、威胁方法阻碍国家机关工作人员（含在依照法律、法规规定行使国家有关疫情防控行政管理职权的组织中从事公务的人员，在受国家机关委托代表国家机关行使疫情防控职权的组织中从事公务的人员，虽未列入国家机关人员编制但在国家机关中从事疫情防控公务的人员）依法履行为防控疫情而采取的防疫、检疫、强制隔离、隔离治疗等措施的，依照刑法第二百七十七条第一款、第三款的规定，以妨害公务罪定罪处罚。《意见》的出台对于防疫工作的顺利推进提供了法律保障。对于以暴力、威胁方式阻碍上述人员执行防疫、检疫、强制隔离、隔离治疗等公务活动的，应当以妨害公务罪处理。

另外，实践中对村（居）民委员会成员或者村（居）民参与防控新冠肺炎疫情活动受到暴力、威胁阻碍时应如何定性也存在部分争议。我们认为，根据《村民委员会组织法》和《居民委员会组织法》的有关规定，村（居）民委员会作为村（居）民自我管理、自我教育、自我服务的基层群众性自治组织，有权在自治范围内采取合适措施从事公共事务和公益事业，维护村（居）民合法权益。因此，对于村（居）民委员会成员或者村（居）民参与疫情防控工作的行为性质，应一分为二地予以看待。在新冠肺炎疫情防控期间，对于村（居）民委员会或者村（居）民基于维护本村（居）民委员会所辖区域健康、安全等公共利益出发，在自治范围内自发组织或者决定采取有关防疫、检查、隔离、联防联控等措施的，由于该活动是一种单纯的自治行为，上述人员不应纳入妨害公务罪的行为对象范围。但是，面对突发事件，根据《突发事件应对法》，县级以上各级人民政府应根据突发事件的性质、特点和可能造成的社会危害采取相应措施予以防范和控制。为了预防、控制和消除传染病的发生与流行,《传染病防治法》中规定,县级以上人民政府可以对人员、物资和交通工具等实施防疫、检查、隔离治疗等措施,并有权指令本辖区内所有组织和人员予以贯彻落实。因此,如果村(居)民委员会或者村(居)民是在党委政府统一部署下,协助政府从事疫情防疫、检疫、强制隔离、隔离治疗等措施的,应当视为从事行使疫情防控职权的公务人员。在新冠肺炎疫情防控工作中,很多各地村(居)民委员会及其村(居)民,都是防疫一线的主力军,对他们实施殴打、撕扯、恐吓、威胁等行为,影响疫情防控工作的顺利开展,故对于以暴力、威胁方式阻碍他们依法履行疫情防控任务的,应当作为妨害公务罪处理。

需要注意的是,本案中的两名被害人卢作清和李辉的身份均为通城县公安局北港派出所的辅警。根据国务院办公厅发布的《关于规范公安机关警务辅助人员管理工作的意见》第四条的规定,警务辅助人员不具备执法主体资格,不能直接参与公安执法工作,应当在公安民警的指挥和监督下开展辅助性工作。本案中两名辅警并非单独工作,一同执法的还有其他镇政府工作人员,执行公务的依据为通城县新冠肺炎疫情防控指挥部的统一安排,属于《意见》中"虽未列入国家机关人员编制但在国家机关中从事疫情防控公务的人员",二人执行疫情防控公务具有合法性和正当性,因此本案两名被害人应视为执行公务的国家机关工作人员。

综上,被告人陈岗不服从政府依法颁布的新冠肺炎疫情防控期间的管控措施,脚踢用于执勤的公务车辆,并对前来制止的防疫工作人员进行殴打,造成一人轻伤,一人轻微伤的后果,扰乱了新冠肺炎疫情防控秩序,构成妨害公务罪。通城县人民法院以妨害公务罪依法判处其有期徒刑一年六个月,是适当的。

(撰稿:湖北省人民检察院　赵　慧
最高人民法院刑二庭　初立秀
审编:最高人民法院刑二庭　牛克乾)

［第 1325 号］

黄潮尧妨害公务案

——如何评价暴力抗拒疫情防控措施的行为

一、基本案情

被告人黄潮尧,男,1981 年 10 月 30 日出生。2020 年 2 月 4 日被刑事拘留。

浙江省瑞安市人民检察院指控被告人黄潮尧犯妨害公务罪,向瑞安市人民法院提起公诉。

被告人黄潮尧对指控的事实、罪名及量刑建议均无异议。其辩护人提出:黄潮尧案发时系为运送村民生活必需品,且归案后如实供述罪行,自愿认罪认罚,请求从轻处罚。

瑞安市人民法院经公开审理查明:2020 年 2 月 4 日,根据瑞安市新型冠状病毒肺炎疫情防控工作领导小组办公室的要求,瑞安市锦湖街道工作人员李俊作为锦湖街道牛伏岭村的驻村干部,与村(居)委会干部等人一起在牛伏岭村村口设置防疫卡点,负责查验进出人员的出入证件并进行人员信息登记、体温测量等工作。当日 14 时许,瑞安市中源液化气有限公司送气工被告人黄潮尧没有携带出入证件,驾驶二轮电动车运送煤气罐至上述防疫卡点处时,被李俊等人拦停并要求出示出入证及测量体温。黄潮尧不配合,反而认为自己被故意刁难,下车殴打李俊头部一拳,后在李俊报警时用手掐李俊的脖子,并扯断其脖子上的工作牌,致使李俊脖子及手背受伤。之后,黄潮尧未经体温测量即进入该村运送煤气,出村时看到出警到场的公安民警后,又上前强行扯下李俊佩戴的口罩并大声质问,被公安民警当场控制并传唤到案。经鉴定,李俊主要损伤为颈部、左手软组织擦、挫伤,其中颈部挫伤累计面积大于$2.0cm^2$,损伤程度构成轻微伤。案发后,黄潮尧获得被害人李俊的谅解。

瑞安市人民法院认为,被告人黄潮尧以暴力方法阻碍国家机关工作人员依法履行为防治突发传染病疫情等灾害而采取的防疫、检疫等预防、控制措施,其行为已构成妨害公务罪。在新型冠状病毒肺炎疫情防控期间,黄潮尧暴力殴打依法开展分散隔离人员、落实卫生防控措施等应急处理工作的国家机关工作人员,严重妨害防疫工作秩序,应予严惩。鉴于本案系在运送村民生活必需品过程中发生,且黄潮尧归案后能如实供述自己的罪行、自愿认罪认罚,并取得李俊的谅解,可对其从轻处罚。依照《中华人民共和国刑法》第二百七十七条第一款、第六十七条第三款及《最高人民法院、最高人民检察院关于办理妨害预防、控制突发传染病疫情等灾害的刑事案件具体应用法律若干问题的解释》第八条之规定,判决如下:

被告人黄潮尧犯妨害公务罪,判处拘役四个月。

一审宣判后,被告人黄潮尧未提出上诉,公诉机关未提出抗诉。判决已发生法律效力。

二、主要问题

疫情防控期间,暴力抗拒疫情防控措施的行为应当如何定罪量刑?

三、裁判理由

根据刑法第二百七十七条之规定,以暴力、威胁方法阻碍国家机关工作人员、全国和地方人大代表或红十字会工作人员依法执行职务或履行职责的,构成妨害公务罪。本案中,被告人黄潮尧在新型冠状病毒肺炎(以下简称新冠肺炎)疫情防控期间,以暴力方法阻碍国家机关工作人员依法履行疫情防控措施,其行为构成妨害公务罪,应依法从严惩处。理由如下:

(一)国家机关工作人员采取防疫措施系依法执行职务

在新冠肺炎疫情暴发期间,政府为防控疫情,依照《传染病防治法》《突发事件应对法》《突发公共卫生事件应急条例》等法律法规,采取了一系列应急措施,并通过相关文件予以公告。国家机关工作人员根据命令、安排,履行为防控疫情而采取的防疫、检疫、强制隔离、隔离治疗等多项措施，属于职务行为。

最高人民法院、最高人民检察院、公安部、司法部于2020年2月6日印发的《关于依法惩治妨害新型冠状病毒感染肺炎疫情防控违法犯罪的意见》进一步规定，以暴力、威胁方法阻碍国家机关工作人员（含在依照法律、法规规定行使国家有关疫情防控行政管理职权的组织中从事公务的人员，在受国家机关委托代表国家机关行使疫情防控职权的组织中从事公务的人员，虽未列入国家机关人员编制但在国家机关中从事疫情防控公务的人员）依法履行为防控疫情而采取的防疫、检疫、强制隔离、隔离治疗等措施的，依照刑法第二百七十七条第一款、第三款的规定，以妨害公务罪定罪处罚。

本案中，瑞安市锦湖街道系瑞安市人民政府的派出机关，被害人李俊作为该街道工作人员属于国家机关工作人员，其按照要求与其他村（居）委会干部在牛伏岭村村口设置防疫卡点，负责查验过往车辆、人员，并履行出入登记、体温测量等检疫、防疫措施，是为了尽最大努力切断病毒传播途径，防控疫情，并不存在恶意刁难等行为，属依法履行疫情防控职务。

（二）被告人黄潮尧以暴力方法加以阻碍，构成妨害公务罪

《最高人民法院、最高人民检察院关于办理妨害预防、控制突发传染病疫情等灾害的刑事案件具体应用法律若干问题的解释》第八条规定："以暴力、威胁方法阻碍国家机关工作人员、红十字会工作人员依法履行为防治突发传染病疫情等灾害而采取的防疫、检疫、强制隔离、隔离治疗等预防、控制措施的，依照刑法第二百七十七条第一款、第三款的规定，以妨害公务罪定罪处罚。"

在案证据证明，案发前被告人黄潮尧所在的公司已通知其领取出入证件（注：系在防疫特殊时期由当地街道发放给液化气公司，再由液化气公司发给员工，用作出入各村送液化气的证明），但黄潮尧并未领取。案发当天，黄潮尧驾驶二轮电动车运送煤气罐至牛伏岭村村口防疫卡点时，身穿红色马甲标示的李俊等人将其拦住，告知其出示出入证件、测量体温后方可进入，黄潮尧以忘记携带出入证件为由不予配合，未被放行后下车用拳头殴打李俊头部一拳，并拉扯李俊挂在脖子上的工作牌，后未经体温测量径直进入

该管控地区,在返程回防疫卡点时又强行扯下李俊的口罩并大声质问为何报警,上述暴力行为已阻碍国家机关工作人员依法执行职务,构成妨害公务罪。

(三)疫情防控期间,暴力抗拒疫情防控措施的应依法从严惩处

本案发生在举国上下共同抗击新冠肺炎疫情期间。2020年2月7日,浙江省高级人民法院、浙江省人民检察院、浙江省公安厅联合下发了《关于涉新型冠状病毒感染肺炎疫情刑事案件办理工作的若干规定》,其中要求:对于涉疫情刑事案件要优先办理,严格依法快侦快诉快审;正确运用法律规定加大惩处力度,体现依法从严惩处精神。要坚持依法办案,严格入罪标准,贯彻落实宽严相济刑事政策,切实做到宽严有据,罚当其罪,实现政治效果、法律效果和社会效果的统一。

根据上述要求,人民法院受理该案后次日即通过远程视频进行公开开庭审理,考虑到被告人黄潮尧暴力抗拒疫情防控措施的行为严重妨害了疫情防控工作秩序,故量刑时对其从严惩处,并当庭作出判决,体现了依法、及时、从严惩治妨害疫情防控犯罪的政策精神。在依法从快从严惩治的同时,法院也注重保障被告人的权利,通过法律援助中心为黄潮尧指派了辩护人,并综合考虑黄潮尧系为运送村民生活必需品、具有坦白情节、自愿认罪认罚、获取被害人谅解等因素,判处黄潮尧拘役四个月,是适当的。

(撰稿:浙江省高级人民法院　董晓超

浙江省瑞安市人民法院　蔡　蕾

审编:最高人民法院刑二庭　韩维中)

[第 1326 号]

谢益波、邵颖妨害公务案

——如何准确把握妨害疫情防控犯罪中的"依法严惩"

一、基本案情

被告人谢益波,男,汉族,1988 年 10 月 4 日出生。2020 年 2 月 8 日被刑事拘留。

被告人邵颖,曾用名邵佳佳,女,1993 年 6 月 4 日出生。2020 年 2 月 8 日被刑事拘留,同月 12 日被取保候审。

浙江省临海市人民检察院指控被告人谢益波、邵颖犯妨害公务罪,向临海市人民法院提起公诉,并认为被告人谢益波、邵颖自愿认罪认罚,可以从宽处理,建议判处被告人谢益波有期徒刑一年四个月;判处被告人邵颖拘役六个月,缓刑一年。

被告人谢益波、邵颖对指控事实、罪名及量刑建议均没有异议,同意适用速裁程序且签字具结,在开庭审理过程中亦无异议。

被告人谢益波的辩护人提出:谢益波系初犯,有坦白、认罪认罚、赔偿情节以及家庭实际情况等,请求从轻处罚。

被告人邵颖的辩护人提出:邵颖系初犯且作用较小,有坦白、认罪认罚、赔偿等情节,以及家庭实际情况,请求对被告人邵颖适用缓刑。

临海市人民法院经审理查明:2020 年 2 月 7 日 14 时 30 分许,被告人谢益波与邵颖(二人系夫妻关系)欲从临海市邵家渡街道翡翠湾小区后面绿道的封锁处绕行回家,被正在此处执行政府防疫工作的被害人吴昌富(系邵家渡街道办事处工作人员)劝阻。二人遂辱骂、推搡吴昌富,并将其推倒在地进行殴打。其中谢益波用拳头多次击打吴昌富头面部,并捡起水泥块多次击打吴昌富头部,邵颖用拳头击打吴昌富的大腿、腰部等处。二人行为致吴昌富四处轻微伤。

案发后，被告人谢益波、邵颖在临海市邵家渡街道翡翠湾小区后面被公安机关传唤到案。另查明，谢益波、邵颖在审理过程中自愿预交赔偿款20 000元。

临海市人民法院经审理认为，被告人谢益波、邵颖在疫情防控期间，暴力殴打依法执行政府防疫工作的国家机关工作人员，致被害人四处轻微伤，严重妨害了防疫工作秩序，其行为均已构成妨害公务罪。谢益波、邵颖有坦白情节，且愿意接受处罚，依法予以从轻处罚。根据邵颖的犯罪情节、悔罪表现，以及二被告人系夫妻关系并育有幼子两名等家庭实际情况，依法对邵颖适用缓刑。依照《中华人民共和国刑法》第二百七十七条第一款、第二十五条第一款、第六十七条第三款、第七十二条第一款，《最高人民法院、最高人民检察院关于办理妨害预防、控制突发传染病疫情等灾害的刑事案件具体应用法律若干问题的解释》第八条以及《中华人民共和国刑事诉讼法》第十五条、第二百零一条的规定，判决如下：

1. 被告人谢益波犯妨害公务罪，判处有期徒刑一年四个月；

2. 被告人邵颖犯妨害公务罪，判处拘役六个月，缓刑一年。

一审宣判后，二被告人未提出上诉，公诉机关未提出抗诉。判决已发生法律效力。

二、主要问题

如何准确把握妨害疫情防控犯罪中的“依法严惩”？

三、裁判理由

新型冠状病毒肺炎（以下简称新冠肺炎）疫情防控已经成为我国当前最重要的任务，关系到每一个公民生命健康安全，关系到社会稳定和经济发展的大局。2020年2月6日，最高人民法院、最高人民检察院、公安部、司法部为依法惩治妨害新冠肺炎疫情防控违法犯罪行为，印发了《关于依法惩治妨害新型冠状病毒感染肺炎疫情防控违法犯罪的意见》（以下简称《防控意见》）。《防控意见》明确规定了对抗拒疫情防控措施犯罪、暴力伤医犯罪、制假售假犯罪等九大类妨害疫情防控犯罪依法严惩，这是我国当前新冠肺炎疫情防控的法治需求，也是宽严相济刑事政策的司法坚持。我们认为，在坚持罪刑法定原则的前提下，刑事政策上依法采取从严惩处，能够有效打击严重危害国家安全、社会治安和人民群众利益的犯罪，维护法律权威、社会秩序，保障人民群众生命安全和身体健康。司法实践中，应从以下几个方面来准确把握妨害疫情防控犯罪中"依法严惩"的具体含义：

（一）严格依照法律规定准确定性、保障诉权

"依法严惩"的前提是严格依法。这就要求实体上要严格适用法律和程序上要依法保障诉权。一方面，要切实贯彻落实罪刑法定原则、罪责刑相适应原则和法律面前人人平等原则，根据新冠肺炎疫情防控期间犯罪的特殊性，依照相应的法律规定、司法解释、指导意见等准确定性，界定罪与非罪、此罪与彼罪、一罪与数罪，做到"不拔高、不降格"。例如，根据《防控意见》的规定，需要准确认定故意传播新冠肺炎病原体的行为性质，区分以危险方法危害公共安全罪和妨害传染病防治罪的犯罪构成。另一方面，要依法保障犯罪嫌疑人、被告人的各项诉讼权利，不可因为强调从严打击而忽视诉讼程序和诉讼权利。例如，依照《刑事诉讼法》的规定，对符合适用认罪认罚程序的被告人要依法适用；积极指派律师为没有委托辩护人的被告人依法提供辩护或者法律援助，切实维护犯罪嫌疑人、被告人的合法权益，保障法律正确实施。

就本案而言，首先，二被告人辱骂、推搡、殴打被害人，如被告人谢益波用拳头多次击打被害人头面部，并捡起水泥块多次击打被害人头部，致其受伤，其行为系暴力行为。其次，被害人吴昌富是临海市邵家渡街道办事处从事疫情防控公务人员，系国家机关工作人员。最后，二被告人在小区后面绿道的封锁处绕行回家，被害人吴昌富正在此处执行政府防疫工作，为防控疫情而加以劝阻，可以认定吴昌富正在依法执行公务。因此，二被告人暴力殴打依法执行政府防疫工作的国家机关工作人员，致被害人四处轻微伤，严重妨害了防疫工作秩序，根据我国刑法以及《防控意见》的相关规定，应认定妨害公务罪。同时，法院依法对二被告人适用认罪认罚从宽程序，依法指派法律援助律师为其辩护，充分保障了被告人的诉讼权利。

(二)要全面结合犯罪事实与防控需要从严惩处

"依法严惩"的核心是从重处罚。从刑罚处罚根据来看,在新冠肺炎疫情防控期间实施了妨害疫情防控犯罪,阻碍防控工作的顺利推进,可能会造成疫情的进一步蔓延,给人民群众造成了不必要的恐慌和传染风险,也会增加社会的不稳定因素,该行为在客观上具有严重的社会危害性;行为人主观上在明知目前系疫情防控期却实施妨害疫情防控犯罪,表明其主观恶性和人身危险性较大,因此,对上述行为人进行严厉惩处具有充分的刑罚根据。《防控意见》规定,对于在疫情防控期间实施有关违法犯罪的,要作为从重情节予以考量,依法体现从严的政策要求。

在司法实践中,一方面,要全面结合犯罪事实,对于在妨害疫情防控犯罪中社会危害性大或者具有法定、酌定从重处罚情节,以及主观恶性深、人身危险性大的被告人,要依法从重量刑,通过审判实践体现依法严惩的政策要求,有效震慑犯罪分子和社会不稳定分子,达到有效遏制犯罪、预防犯罪的目的。另一方面,要全面、客观把握疫情防控的不同时期不同地区的社会形势,充分考虑人民群众的安全感以及惩治犯罪的实际需要,注重从严打击。因此,在新冠肺炎疫情防控期间,对妨害疫情防控犯罪情节恶劣、危害后果严重、人民群众反映强烈的案件,要依法予以从重处罚,严格控制对相关被告人适用缓刑、管制、免刑、单处罚金等非监禁刑;加大财产刑的处罚力度,采取有效措施依法追缴犯罪违法所得,不让犯罪分子在经济上非法获利;对利用职业便利实施犯罪或违背职业要求特定义务的犯罪,可依法决定对被告人的职业禁止。

就本案而言,被告人谢益波在被害人无明显过错情况下随意殴打被害人,并使用水泥块作为工具连续击打其头部,致被害人四处轻微伤,可见被告人主观恶性和人身危险性较大、犯罪情节恶劣,同时考虑被告人谢益波在疫情防控期间实施妨害公务行为,社会危害性远远高于正常时期的同类犯罪。因此,综合全案的犯罪事实和防控需要,应对被告人谢益波依法予以从重处罚。

(三)要综合考虑人性化的关怀,确保宽严相济

"依法严惩"的误区是片面从严。贯彻宽严相济刑事政策,要根据犯罪

的具体情况，实行区别对待，做到该宽则宽，当严则严，切实做到宽严并用，罚当其罪。在妨害疫情防控犯罪中，刑事政策必须采取依法从严，但这并不是否认宽严相济，我们应注意克服重刑主义思想影响，防止片面从严。刑法应保持必要的谦抑性，在强调依法严惩的同时，要充分贯彻宽严相济刑事政策，在定罪、量刑、羁押等方面都要保持必要的审慎，体现善意的人性关怀，确保办案三个效果的有机统一。对于情节显著轻微、危害不大的行为，不作为犯罪处理；对于情节较轻、社会危害性较小的犯罪，或者罪行虽然严重、但具有法定、酌定从宽处罚情节，以及主观恶性相对较小、人身危险性不大的被告人，可以依法从轻、减轻或者免除处罚；对于所犯罪行不重、主观恶性不深、人身危险性较小、有悔改表现、不致再危害社会的犯罪分子，要依法从宽处理；符合条件的，应当依法适用缓刑或者管制、单处罚金等非监禁刑。

本案中，被告人邵颖虽也实施了殴打行为，但被害人轻微伤后果主要是被告人谢益波的行为导致，同时考虑到二被告人系夫妻关系，并育有两名未成年子女，两名子女在疫情期间需要由邵颖照顾的实际情况，再结合邵颖认罪认罚以及被告人家属已预交赔偿款等从宽情节，对邵颖的量刑应区别于谢益波，充分体现刑法的谦抑性和善意关怀。故而法院综合上述情况，依法对邵颖适用缓刑。

综上，我们认为，对新冠肺炎疫情防控期间实施妨害疫情防控的犯罪应采取“依法严惩”的刑事政策，既要严格依照法律规定准确定性、保障诉权，也要全面结合犯罪事实与防控需要从重量刑。同时，在刑事政策的具体运用过程中，刑法应保持必要的谦抑性，不能片面地强调一律从严从重，而是要体现人性化的善意关怀，结合案件具体情况，实行区别对待，落实宽严相济刑事政策。

（撰稿：浙江省台州市中级人民法院　王永兴

审编：最高人民法院刑二庭　韩维中）

[第 1327 号]

王福兵妨害公务案

——疫情防控期间违反居家隔离规定并暴力袭击人民警察行为的定罪量刑

一、基本案情

被告人王福兵，男，汉族，1993 年 5 月 26 日出生。2020 年 2 月 6 日被逮捕。

浙江省湖州市南浔区人民检察院指控被告人王福兵犯妨害公务罪，向湖州市南浔区人民法院提起公诉。

被告人王福兵对公诉机关指控的事实、罪名均无异议。

湖州市南浔区人民法院经公开审理查明:2020 年 2 月 2 日上午，湖州市南浔区旧馆镇联村干部徐国平等人在该镇罗汉村蔡家巷自然村租房门口进行疫情防控巡查时，发现被告人王福兵有违反居家隔离规定、擅自外出的行为，遂对其进行劝导，要求其遵守居家隔离规定，但王福兵不予配合，并与工作人员发生争执。后前来进行疫情防控巡查的旧馆派出所民警朱雪良协助开展劝导工作，王福兵仍不配合，并用手攻击朱雪良，抓伤朱雪良脸部、颈部。

湖州市南浔区人民法院认为，被告人王福兵在疫情防控期间，暴力袭击正在依法执行疫情防控职务的人民警察，其行为已构成妨害公务罪，并应依法从重处罚。王福兵归案后如实供述罪行，认罪认罚，对其可从轻处罚。依照《中华人民共和国刑法》第二百七十七条第一款、第五款、第六十七条第三款,《中华人民共和国刑事诉讼法》第十五条之规定，判决如下：

被告人王福兵犯妨害公务罪，判处有期徒刑九个月。

宣判后，被告人王福兵未提出上诉，公诉机关未提出抗诉。判决已发生法律效力。

二、主要问题

被告人王福兵在疫情防控期间，暴力袭击对其进行居家隔离劝导的民警的行为应当如何定罪量刑？

三、裁判理由

（一）被告人王福兵的行为构成妨害公务罪

根据刑法第二百七十七条第一款之规定，以暴力、威胁方法阻碍国家机关工作人员依法执行职务的行为构成妨害公务罪。妨害公务的行为破坏了社会正常的管理秩序，而管理活动通常是通过国家机关等组织机构中的工作人员依法执行职务、履行职责来实现的。因而妨害公务罪侵害的客体是复杂客体，既侵害了国家正常的管理活动，也侵害了国家机关工作人员的人身权利。

具体到本案，被告人王福兵的行为是否构成妨害公务罪，一要看其客观上是否使用了暴力、威胁方法；二要看其侵害的对象是否为依法执行职务的国家机关工作人员。

1. 关于被告人王福兵是否使用了暴力、威胁方法

刑法中的“暴力”一般是指实施殴打、捆绑、伤害等侵害他人身体健康的行为，“威胁”是指以杀害、伤害、毁灭财产或毁灭名誉等形式实行精神强制。妨害公务罪罪状中的“暴力”“威胁”是行为方式的选择，行为人只要具备其一，便具备了妨害公务罪的手段条件。需要说明的是，虽然学界对于妨害公务罪的暴力程度有不同的理解和标准，但是一般认为应与被害人不能适当履行职务相适应。

本案中，被告人王福兵在新型冠状病毒肺炎疫情防控期间，在被明确告知居家隔离的情况下擅自外出，而后在国家机关工作人员劝导时不予配合，并用手抓伤民警朱雪良的脸部、颈部，客观上使用了暴力手段，导致民警不能正常履行公务。

2. 关于被告人王福兵侵害的对象是否为依法执行职务的国家机关工作人员

2003年《最高人民法院、最高人民检察院关于办理妨害预防、控制突发传染病疫情等灾害的刑事案件具体应用法律若干问题的解释》第八条明确规定："以暴力、威胁方法阻碍国家机关工作人员、红十字会工作人员依法履行为防治突发传染病疫情等灾害而采取的防疫、检疫、强制隔离、隔离治疗等预防、控制措施的，依照刑法第二百七十七条第一款、第三款的规定，以妨害公务罪定罪处罚。"

本案中，被王福兵抓伤的朱雪良是人民警察，属于国家机关工作人员并无争议。对于案发时朱雪良是否依法执行职务，一要看其行为是否在职责范围内实施，二要看其执行职务的程序、方式等是否符合法律规定。在案证据证明，朱雪良是社区民警，负有掌握社情民意、组织安全防范、维护治安秩序及完成上级安排的其他任务等职责。本案发生在新型冠状病毒肺炎疫情防控期间，浙江省人民政府已于2020年1月23日启动重大公共突发卫生事件一级响应，实行"十项最严措施"，包括实行最严格的全面排查、最果断的隔离观察和保护措施等，朱雪良作为一线民警，按照上级安排进行疫情防控巡查，并对王福兵开展居家隔离劝导工作，属于在职责范围内执行职务。同时朱雪良在开展疫情防控巡查时身着警服，表明了人民警察身份，程序正当、方式合法，因而可以确定案发时朱雪良是在依法执行公务。

综上，被告人王福兵以暴力方法阻碍国家机关工作人员依法执行疫情防控职务，其行为构成妨害公务罪。

（二）对被告人王福兵的行为应当依法从重处罚

刑法第二百七十七条第一款规定，"以暴力、威胁方法阻碍国家机关工作人员依法执行职务的，处三年以下有期徒刑、拘役、管制或者罚金"；该条第五款规定，"暴力袭击正在依法执行职务的人民警察的，依照第一款的规定从重处罚"。人民警察承担着打击违法犯罪活动、维护社会治安秩序等职责，暴力袭击正在依法执行职务的人民警察，比以暴力方法阻碍其他国家机关工作人员依法执行职务性质更为恶劣，影响更为严重，故刑法将暴力袭击正在依法执行职务的人民警察作为妨害公务罪的从重处罚情节，规定了更为严厉的刑罚。此外，在当前防控新型冠状病毒肺炎的特殊时期，最高人民法院、最高人民检察院、公安部、司法部于2020年2月6日印发《关于依法惩治妨害新型冠状病毒感染肺炎疫情防控违法犯罪的意见》，要求坚决把疫情防控作为当前压倒一切的头等大事来抓，用足用好法律规定，依法及时、从严惩治妨害疫情防控的各类违法犯罪，为坚决打赢疫情防控阻击战提供有力法治保障。同时规定，对于在疫情防控期间实施有关违法犯罪的，要作为从重情节予以考量，依法体现从严的政策要求，有力惩治震慑违法犯罪，维护法律权威，维护社会秩序，维护人民群众生命安全和身体健康。

疫情防控是一场没有硝烟但却生死攸关的"战役"。人民法院充分发挥刑事审判职能，依法从严从快惩处妨害疫情防控的各类犯罪，是保障疫情防控工作顺利开展，保障人民群众生命安全和身体健康，保障社会大局稳定有序的重要环节。本案中，被告人王福兵被要求居家隔离观察是政府为防止新型冠状病毒肺炎疫情蔓延依法采取的防控措施，其在明知居家隔离规定的情况下擅自外出，并暴力袭击依法进行疫情防控巡查的人民警察，妨害疫情防控工作，破坏社会管理秩序，应当从重处罚。

综上，人民法院综合考虑被告人犯罪的特殊时期、行为方式、性质、情节和对社会的危害程度，并结合其归案后的认罪、悔罪表现，判处其有期徒刑九个月，是适当的。

（撰稿：浙江省高级人民法院　董晓超
浙江省湖州市南浔区人民法院　秦海燕　牛雪佳
审编：最高人民法院刑二庭　韩维中）

[第 1328 号]

刘星星编造、传播虚假信息案

——如何把握编造、故意传播虚假信息罪的入罪标准

一、基本案情

被告人刘星星,男,汉族,1997 年 5 月 28 日出生。2020 年 2 月 11 日被逮捕。

北京市通州区人民检察院以被告人刘星星犯编造、故意传播虚假信息罪,向北京市通州区人民法院提起公诉。

被告人刘星星对公诉机关指控的犯罪事实、罪名及量刑建议没有异议且签字具结。

北京市通州区人民法院经审理查明:2020 年 1 月 24 日,被告人刘星星在北京市通州区新建村二期的暂住地内,利用其微信号编造其感染新型冠状病毒后到公共场所通过咳嗽方式向他人传播的虚假信息,发送至其另一微信号,并将该聊天记录截图后发送至微信朋友圈、1 个微信群、2 个微信好友及 3 个 QQ 群,直接覆盖人员共计 2 700 余人,并被其他个人微博转发。公安机关掌握该信息后,迅速采取措施,于 2020 年 1 月 26 日将刘星星抓获,并起获涉案手机。

北京市通州区人民法院经审理认为,被告人刘星星在新型冠状病毒肺炎疫情防控期间,编造自己感染肺炎后前往公共场所故意传染他人的虚假疫情信息,在信息网络上传播,严重扰乱社会秩序,致使相关职能部门采取紧急应对措施,其行为构成编造、故意传播虚假信息罪,依法应予惩处。刘星星在新型冠状病毒肺炎疫情防控期间编造、传播虚假疫情信息,依法酌情从重处罚。刘星星到案后如实供述自己的罪行,自愿认罪认罚,依法可以从轻处罚。刘星星犯罪时所用的本人手机,应当予以没收。根据被告人刘星

星的犯罪事实、性质、情节及对于社会的危害程度等，依照《中华人民共和国刑法》第二百九十一条之一第二款、第六十七条第三款、第六十一条、第六十二条、第四十五条、第四十七条、第六十四条及《中华人民共和国刑事诉讼法》第十五条之规定，判决如下：

1. 被告人刘星星犯编造、故意传播虚假信息罪，判处有期徒刑八个月。

2. 扣押在案的手机一部，予以没收。

二、主要问题

如何把握编造、故意传播虚假信息罪的入罪标准？

三、裁判理由

当前，新型冠状病毒肺炎（以下简称新冠肺炎）疫情传播速度之快、感染范围之广、防控难度之大，为中华人民共和国成立以来之最。在政府部门和业内专家公开透明回应群众关切的同时，各类虚假信息也在社会中传播。当然，并非所有的不实信息都要通过法律进行打击，更多应当通过及时、准确、专业地发布权威信息，正确引导，科学普及等方式，让真相跑赢谣言。但对于恶意的造谣传谣犯罪，应依法予以刑事规制。最高人民法院、最高人民检察院、公安部、司法部2020年2月6日联合印发的《关于依法惩治妨害新型冠状病毒感染肺炎疫情防控违法犯罪的意见》明确规定，依法严惩疫情防控期间编造、故意传播虚假疫情信息的行为，对于相关行为，以编造、故意传播虚假信息罪定罪处罚。

根据刑法第二百九十一条之一第二款规定，编造、故意传播虚假信息罪，是指编造虚假的险情、疫情、灾情、警情，在信息网络或者其他媒体上传播，或者明知是上述虚假信息，故意在信息网络或者其他媒体上传播，严重扰乱社会秩序的行为。但刑法和相关司法解释均未规定细化的定罪标准。近期各地涉及疫情信息的网络造谣传谣事件，大多以行政拘留处理，未进入刑事诉讼程序。在本案处理过程中，围绕被告人刘星星的行为是否构成犯罪存在两种不同意见：一种意见认为，因为公安机关采取措施及时，刘星星所实施的编造、故意传播虚假疫情信息的行为尚未严重扰乱社会秩序，没有达到犯罪的程度,不应认定为犯罪,可给予治安处罚;另一种意见认为,刘星星的行为影响范围广,社会危害大,致使相关职能部门采取紧急应对措施,严重扰乱了社会秩序,已构成编造、故意传播虚假信息罪,应当定罪处罚。

我们同意第二种意见。具体理由分析如下:

(一)行为的社会危害性大小是判断是否严重扰乱社会秩序的实质标准

编造、故意传播虚假信息罪是情节犯,编造、传播虚假信息行为必须达到严重扰乱社会秩序的程度才构成犯罪。而具有相当程度的社会危害性,是犯罪的本质特征。因而,判断编造、故意传播虚假信息的行为是否严重扰乱了社会秩序,应当从实质上把握虚假信息对公共生活有序状态的影响程度和普通公众的生活感受,进行综合判定。具体来说,可以从虚假信息内容、形式、发布时间、直接受众范围、传播手段等方面进行判断。

1. 虚假信息内容

本案被告人编造的信息正与新冠肺炎疫情相关,主要包括"我感染了新型冠状病毒""所以我昨天赶紧在朝阳大悦城、西单大悦城、常营天街购物中心门口咳嗽上百次""预计感染的人已经很多了吧""过几天准备去庙会感染一下""感染的人越多越好""去上海感染一波"。而被告人编造信息中涉及的朝阳大悦城、西单大悦城、常营天街购物中心等地点,均是商业繁荣、人群密集的北京地标。上述虚假信息的内容不同于"抹风油精可以治愈新冠肺炎"等谣言,主观上具有十分明显的恶意,客观上也不容易被识别或不攻自破,严重影响了社会公众的安全感,极易造成民众的恐慌。

2. 虚假信息发布时间

行为人编造、传播疫情信息的时间是2020年1月24日,当日北京市已经启动重大突发公共卫生事件一级响应,新冠肺炎疫情是全社会关注的焦点,其行为正发生在新冠肺炎疫情防控期间。

3. 虚假信息直接受众范围

行为人将虚假信息发送至微信朋友圈、1个微信群、2个微信好友及3个QQ群,信息覆盖范围达2 700余人,直接受众人数较多。

4. 虚假信息传播手段

信息网络的传播方式在全媒体时代具有突破时空性的特征,信息一旦发出便不受行为人控制,可被他人无限转发,呈现出一触即发、波及极广、危害甚巨的发展态势。其传播速度、传播范围呈几何级数增长,甚至出现“裂变式”快速传播,传播影响力巨大。本案中,被告人刘星星通过手机微信和QQ这种即时通信工具发布虚假信息,而且,为增强信息内容的可信性,行为人先用自己注册的两个微信号相互发送,然后以对话体的聊天记录截图对外发布。证据显示,刘星星所发布的内容已被其他个人微博转发,辐射范围广。

综上,结合当前疫情形势,被告人刘星星发布的虚假信息足以在当下引起社会公众心理的恐慌,造成社会秩序混乱,可以认定其行为的社会危害性大,应当受到刑罚处罚。

(二)相关职能部门采取紧急应对措施是严重扰乱社会秩序的形式标准之一

“严重扰乱社会秩序”可以分为“严重扰乱”和“社会秩序”两个方面来理解,而这两者的判断都带有一定的主观色彩和抽象成分,因而在司法实践中除了进行社会危害性的实质判断外,还必须以现实公共秩序遭到破坏作为编造、故意传播虚假信息行为入罪的处罚基础。社会秩序的范围,包括公共场所秩序、公共交通秩序、国家机关和企事业单位工作秩序、公民日常生活秩序、职能部门正常工作秩序等方面。随着应急管理体制的完善,面对突发公共事件,相关职能部门往往会依法采取紧急应对措施,阻止严重后果的发生发展,虚假信息导致相关职能部门采取紧急应对措施本身就是严重扰乱社会秩序的一种表现。换言之,致使相关职能部门采取紧急应对措施也是严重扰乱社会秩序的认定标准之一。

本罪在定罪量刑标准上尚无司法解释,但本罪与编造、故意传播虚假恐怖信息罪规定在刑法分则的同一条文中,在犯罪构成要件和社会危害性上存在高度的近似性。因而,从体系协调性与实践可行性角度分析,本罪在定罪量刑时可以参考2013年最高人民法院发布的《关于审理编造、故意传播虚假恐怖信息刑事案件适用法律若干问题的解释》(以下简称《解释》)。

《解释》第二条规定，编造、故意传播虚假恐怖信息，具有下列情形之一的，应当认定为刑法第二百九十一条之一的"严重扰乱社会秩序"：(1)致使机场、车站、码头、商场、影剧院、运动场馆等人员密集场所秩序混乱，或者采取紧急疏散措施的；(2)影响航空器、列车、船舶等大型客运交通工具正常运行的；(3)致使国家机关、学校、医院、厂矿企业等单位的工作、生产、经营、教学、科研等活动中断的；(4)造成行政村或者社区居民生活秩序严重混乱的；(5)致使公安、武警、消防、卫生检疫等职能部门采取紧急应对措施的；(6)其他严重扰乱社会秩序的。对于尚未达到严重扰乱社会秩序程度的编造、故意传播虚假疫情的行为，可以依照《治安管理处罚法》第二十五条之规定，处五日以上十日以下拘留，并处五百元以下罚款，情节较轻的，处五日以下拘留或者五百元以下罚款。

本案中，网友看到被告人刘星星发布的疫情信息后因恐慌而立即报警，公安机关鉴于刘星星发布的疫情信息危险性大，迅速采取封控图片、查找刘星星核实情况等措施，并向卫生部门通报情况，耗费了大量的人力物力，因此，可以认定刘星星的行为严重扰乱了社会秩序。

需要说明的是，职能部门采取紧急应对措施避免危害结果扩大，不能成为阻却犯罪成立的理由。本案被告人于2020年1月24日11时发布虚假疫情信息，在网友于当日16时43分报警后，公安机关立即采取紧急应对措施，避免疫情信息进一步传播，并查找被告人核实情况。因紧急应对措施及时、有效，尚未造成大规模的人员恐慌，未发生公共场所秩序混乱的实害后果。但是，应当考虑到公安机关从接警到抓获行为人耗时54个小时，京晋两地10余个公安机关职能部门参与了本案相关事项的处理，动用警力30余人次，行为人的行为不仅使疫情防控期间原本紧张的社会气氛升级，而且致使相关职能部门采取紧急应对措施，耗费了原本可用于疫情防控的社会公共资源。因此，紧急应对措施确实避免了危害结果扩大，但是系相关职能部门依职权采取，不能成为阻却被告人刘星星犯罪成立的理由。

综上，被告人刘星星在新冠肺炎疫情防控期间，恶意编造并传播有关疫情的虚假信息，不仅远远超出了言论自由的界限，而且其行为严重扰乱社会秩序，社会危害性大，人民法院根据其犯罪的事实、性质、情节及对于社会的危害程度等，以编造、故意传播虚假信息罪对刘星星进行定罪处罚，是正确的。

（撰稿：北京市通州区人民法院　李中华
审编：最高人民法院刑二庭　牛克乾）

[第1329号]

谢庆茂寻衅滋事案

——疫情防控期间拒不配合疫情防控人员工作，为发泄个人不满，任意损毁公私财物，造成他人财物损失的行为如何定性

一、基本案情

被告人谢庆茂，男，汉族，1975年2月13日出生。2020年2月5日被逮捕。

江西省兴国县人民检察院指控被告人谢庆茂犯寻衅滋事罪，向兴国县人民法院提起公诉。

被告人谢庆茂认罪悔罪，请求从轻处罚。其辩护人提出：谢庆茂具有多种从轻处罚情节，其归案后如实供述了犯罪事实，具有坦白情节，积极赔偿被害人的损失，取得了被害人的谅解，系初犯、偶犯，被告人妻子长期患有多种疾病，家庭困难等。

兴国县人民法院经公开审理查明：2020年2月1日，江西省兴国县长冈乡塘石村委会根据上级部署，派出村干部谢冬元与志愿者谢桂军、谢京华、谢宝元四人在塘石村富胜组斧头脚路段设立防控新型冠状病毒肺炎疫情临时检查点，对进出人员和车辆进行登记、劝返等。当日上午10时许，被告人谢庆茂驾驶江铃宝典牌皮卡车经过该检查点，在场值班的谢冬元等人要求谢庆茂下车进行登记。此时恰逢兴国电视台记者在检查点采访报道疫情防控工作，谢庆茂因自己没有佩戴口罩害怕被记者拍摄、录像，便拒绝下车接受检查。村干部谢冬元多次要求谢庆茂下车登记，谢庆茂不但不下车登记，还与谢冬元争吵，并依旧驾车慢慢前行。为迫使谢庆茂下车登记，谢冬元、

谢桂军、谢京华等人一起上前将谢庆茂车子拦住、逼停，谢庆茂才下车接受检查登记。为防止谢庆茂逃避检查，谢冬元便临时将自己所有的用于疫情防控宣传的白色奇瑞牌小汽车驾驶至路中间，停放在谢庆茂车前用以拦截。谢庆茂见状后，便认为自己是本地人，谢冬元这样做没有给其面子，心里很窝火，为发泄心中不满，遂返回自己的皮卡车上，驾驶皮卡车连续三次撞击上述“防控宣传车”，导致该车严重受损。民警接警后，及时到达现场处置并将谢庆茂传唤到案。经鉴定，宣传车受损价值人民币 9 623 元。谢庆茂到案后，如实供述了自己的犯罪事实。被告人家属代为赔偿了谢冬元全部经济损失，并取得了谢冬元的谅解。

兴国县人民法院认为，被告人谢庆茂在新型冠状病毒肺炎疫情防控期间，无视疫情防控有关要求，拒不配合疫情防控人员工作，扰乱疫情防控现场工作秩序，为发泄个人不满，任意损毁公私财物，造成他人财物损失达人民币 9 623 元，属情节严重，其行为构成寻衅滋事罪。在当前新型冠状病毒肺炎疫情防控的特殊时期，要求出行人员佩戴口罩，对进出人员进行检查登记、体温检测，是防范疫情蔓延的有效措施。被告人未佩戴口罩出入村庄，不仅不配合现场疫情防控人员工作，反而为发泄个人不满，驾车撞击他人用于疫情防控的宣传车辆，扰乱疫情防控工作秩序，造成了恶劣的社会影响，酌情从重处罚。谢庆茂同时具有坦白情节，自愿认罪认罚，赔偿了谢冬元的损失，取得了谢冬元的谅解，系初犯、偶犯，可依法从轻处罚。综上，为维护社会公共秩序，保护公民合法财产利益，惩治犯罪，根据谢庆茂的犯罪事实、性质、情节和对于社会的危害程度，以及悔罪表现，依照《中华人民共和国刑法》第二百九十三条第一款第（三）项、第六十七条第三款及《最高人民法院、最高人民检察院关于办理寻衅滋事刑事案件适用法律若干问题的解释》第四条第一款第（一）项之规定，判决如下：

被告人谢庆茂犯寻衅滋事罪，判处有期徒刑十一个月。

一审宣判后，被告人谢庆茂未提出上诉，公诉机关亦未抗诉。判决已发生法律效力。

二、主要问题

疫情防控期间拒不配合疫情防控人员工作，为发泄个人不满，任意损毁公私财物,造成他人财物损失的行为如何定性?

三、裁判理由

本案被告人谢庆茂在新型冠状病毒肺炎(以下简称新冠肺炎)疫情防控期间拒不配合疫情防控人员工作,为发泄个人不满,任意损毁公私财物,造成他人财物损失,关于其行为应当如何定性,有以下两种意见:

一种意见认为,被告人谢庆茂的行为构成寻衅滋事罪。理由是:谢庆茂驾车经过新冠肺炎疫情防控临时检查点,没有按照疫情防控要求下车登记,还与疫情防控工作人员争吵,为发泄心中不满,驾车连续三次撞击"防控宣传车",导致该车严重受损,受损价值达人民币9 623元,严重扰乱疫情防控现场工作秩序,根据《最高人民法院、最高人民检察院关于办理寻衅滋事刑事案件适用法律若干问题的解释》第四条第一款第(一)项的规定,其任意损毁、占用公私财物价值2 000元以上,属于"情节严重",其行为已构成寻衅滋事罪。

另一种意见认为,被告人谢庆茂的行为构成故意毁坏财物罪。理由是:被告人谢庆茂为发泄个人心中不满,故意驾驶自己的皮卡车连续三次撞击"防控宣传车",导致该车严重受损,经鉴定受损价值达人民币9 623元,根据2008年最高人民检察院、公安部发布的《关于公安机关管辖的刑事案件立案追诉标准的规定(一)》第三十三条第(一)项规定,故意毁坏公私财物,造成公私财物损失五千元以上的,应予立案追诉。故谢庆茂的行为已构成故意毁坏财物罪。

我们同意第一种意见,被告人谢庆茂的行为构成寻衅滋事罪。理由如下:

(一)被告人行为更符合寻衅滋事罪的犯罪构成

根据刑法第二百九十三条第一款第(三)项的规定,强拿硬要或者任意损毁、占用公私财物,情节严重,破坏社会秩序的,构成寻衅滋事罪。而根据刑法第二百七十五条的规定,故意毁灭或者损坏公私财物,数额较大或者有其他严重情节的行为,构成故意毁坏财物罪。从法条的规定即可看出,两者存在一定程度的重合。但是同时也存在一定区别,如寻衅滋事罪的犯罪客体是根据法律和社会公德确立的公共生活规则所维持的社会正常秩序，而故意毁坏财物罪侵犯的客体则是公私财物的所有权。两者主观上都是直接故意，但是前者犯罪动机通常是为了满足耍威风、取乐等不正常的精神刺激或其他不健康的心理需要；而后者毁财的动机则比较多样，一般是出于个人报复或妒忌等心理。

本案中，被告人谢庆茂因为没戴口罩害怕被记者拍摄、录像，因而拒绝下车接受检查；在自己车被拦住之后，又因为自觉没有面子、感到窝火，为发泄心中不满而故意驾车连续三次撞击“防控宣传车”，其更多是出于逞强耍威风、要面子的心理。其行为不仅对“防控宣传车”造成了损坏，更重要的是破坏了疫情防控工作的进行，严重扰乱了疫情防控现场工作秩序，因而更符合寻衅滋事罪的犯罪构成。

（二）根据“从一重罪处罚”原则认定

单纯从犯罪构成要件来看，被告人谢庆茂的行为构成寻衅滋事罪，同时也符合故意毁坏财物罪的犯罪构成，并达到该罪的追诉标准。在法律没有特别规定的情形下，应当适用“从一重罪处罚”原则。

根据被告人谢庆茂的犯罪情节、造成的危害后果，其应当适用寻衅滋事罪的第一个量刑档次，即在五年以下有期徒刑、拘役或者管制的幅度内进行量刑；如果适用故意毁坏财物罪，则应在三年以下有期徒刑、拘役或者罚金的幅度内进行量刑。故根据“从一重罪处罚”原则，被告人谢庆茂的行为也应按照寻衅滋事罪来定罪量刑。

（三）依据相关司法解释认定

最高人民法院、最高人民检察院2003年5月15日施行的《关于办理妨害预防、控制突发传染病疫情等灾害的刑事案件具体应用法律若干问题的解释》第十一条规定，在预防、控制突发传染病疫情等灾害期间，任意损毁公私财物，情节严重的，依照刑法第二百九十三条的规定，以寻衅滋事罪定罪，依法从重处罚。

本案发生在新冠肺炎疫情防控期间，被告人谢庆茂无视疫情防控相关要求，拒不配合疫情防控人员工作，与疫情防控工作人员争吵，而且为发泄个人心中不满，驾车连续三次撞击“防控宣传车”，导致该车严重受损，受损价值达人民币9 623元，严重扰乱了疫情防控现场工作秩序，社会影响恶劣，属于“任意损毁公私财物，情节严重”，按照上述司法解释，应以寻衅滋事罪定罪，并依法从重处罚。同时，谢庆茂还有坦白、认罪认罚、赔偿被害人损失等从轻情节，量刑时亦应予以考虑。

综上，人民法院根据被告人谢庆茂的行为性质、犯罪事实、情节和对社会的危害程度，依法认定其构成寻衅滋事罪，并判处其有期徒刑十一个月，是适当的。

（撰稿：江西省高级人民法院　林勇康

审编：最高人民法院刑二庭　韩维中）

[第 1330 号]

卢方锁、周凯寻衅滋事案

——疫情防控期间，随意殴打从事疫情防控工作人员的行为应如何认定

一、基本案情

被告人卢方锁，男，满族，1982 年 5 月 4 日出生，农民。2013 年 5 月 30 日因犯故意伤害罪被判处有期徒刑九个月，缓刑一年。2020 年 2 月 13 日被逮捕。

被告人周凯，男，汉族，1978 年 11 月 5 日出生，无业。2011 年 11 月 11 日因犯强奸罪被判处有期徒刑三年，2013 年 11 月 6 日刑满释放。2020 年 2 月 13 日因本案被逮捕。

黑龙江省桦南县人民检察院指控被告人卢方锁、周凯犯寻衅滋事罪，向桦南县人民法院提起公诉。

被告人卢方锁、周凯对公诉机关指控的事实、罪名均无异议，认罪认罚。

黑龙江省桦南县人民法院经审理查明：2020 年 1 月 30 日 16 时 30 分许，桦南县梨树乡政府工作人员王淑杰、赵金龙、王晓东到辖区检查新型冠状病毒肺炎疫情防控情况，驾车途经桦南县梨树乡长兴村时，因被告人卢方锁驾驶的车辆停在道路中间无法通行，遂鸣笛提示其让开道路，引发被告人卢方锁、周凯、宁龙（另案处理）不满。三人遂对王淑杰、赵金龙、王晓东进行殴打，致赵金龙、王晓东轻微伤。卢方锁、周凯于当日被公安机关抓获。

黑龙江省桦南县人民法院认为，被告人卢方锁、周凯随意殴打他人，情节恶劣，其行为均构成寻衅滋事罪。二人系共同犯罪，均系主犯。卢方锁、周凯在疫情防控期间，随意殴打他人，致二人轻微伤，并均曾因故意犯罪被

判处刑罚,应依法惩处。鉴于卢方锁、周凯能认罪认罚,对其可从宽处理。依照《中华人民共和国刑法》第二百九十三条第一款第(一)项、第二十五条第一款、第二十六条第一款、第四款、第六十七条第三款和《最高人民法院、最高人民检察院关于办理寻衅滋事刑事案件适用法律若干问题的解释》第二条第(一)项的规定,判决如下:

1. 被告人卢方锁犯寻衅滋事罪,判处有期徒刑一年四个月;

2. 被告人周凯犯寻衅滋事罪,判处有期徒刑一年四个月。

一审宣判后,二被告人未提出上诉,检察机关亦未抗诉。判决已发生法律效力。

二、主要问题

疫情防控期间,随意殴打从事疫情防控工作的公务人员的行为应当如何认定?

三、裁判理由

本案中被告人卢方锁、周凯在新型冠状病毒肺炎疫情防控期间,随意殴打从事疫情防控工作的公务人员,关于其行为应当如何定性,有以下两种意见:

第一种意见认为,被告人卢方锁、周凯的行为构成妨害公务罪。理由是:根据刑法第二百七十七条之规定,以暴力、威胁方法阻碍国家机关工作人员依法执行职务的,依法构成妨害公务罪。本案中,乡政府工作人员到辖区检查新型冠状病毒肺炎疫情防控情况,属于从事疫情防控工作的公务人员,二被告人的行为在客观上干扰了政府对疫情防控的管理活动,侵犯了妨害公务罪的客体。因此,二被告人随意殴打从事疫情防控工作的公务人员的行为,依法构成妨害公务罪。

第二种意见认为,被告人卢方锁、周凯的行为构成寻衅滋事罪。理由是:本案被告人殴打防疫工作人员的动机是逞强耍横,显示威风,发泄情绪,与防疫工作人员从事疫情防控公务活动并无直接关联,且殴打行为具有一定偶然性和随机性,直接侵犯了社会公共秩序。因此,二被告人的行为符合刑法第二百九十三条第一款“随意殴打他人”型寻衅滋事罪的构成要件。

我们同意第二种意见，被告人卢方锁、周凯的行为虽然客观上干扰了政府对疫情防控的管理活动，但从主客观方面分析，其行为更符合寻衅滋事罪的构成要件，依法应以寻衅滋事罪追究二被告人的刑事责任。具体理由如下：

（一）从犯罪主观方面来看，二被告人具有寻衅滋事的动机与目的

1979年刑法规定了流氓罪，1997年修订刑法时，将流氓罪分解为强制猥亵、侮辱妇女罪，聚众斗殴罪，聚众淫乱罪和寻衅滋事罪等罪。从立法的沿革来看，寻衅滋事的主观方面具有“流氓动机”，即漠视社会秩序、挑衅伦理道德。随意殴打的行为人抱着公然藐视社会法规和公德的心态，出于逞强斗狠、耍威争霸、发泄不满或开心取乐、寻求刺激等不健康动机而实施犯罪，获取某种精神上的满足。

本案中，被害人系防疫工作人员，但并无证据证实二被告人的犯罪动机是故意破坏防疫管理活动、干扰国家疫情防控工作秩序，而是仅因被告人驾驶的车辆停在道路中间无法通行，被害人鸣笛提示其让开道路，二被告人就立刻产生不满情绪进而大打出手，明显具有逞强耍横、显示威风、满足炫耀武力的心理等“寻衅滋事”特征。

（二）从犯罪起因来看，二被告人行为具有一定随意性

2013年《最高人民法院、最高人民检察院关于办理寻衅滋事刑事案件适用法律若干问题的解释》规定了两种形式的寻衅滋事。第一种是“无事生非型”寻衅滋事，即行为人为寻求刺激、发泄情绪、逞强耍横等，无事生非，实施刑法相关行为的情况；第二种是“借故生非型”寻衅滋事，即行为人因日常生活中的偶发矛盾纠纷，借故生非，实施刑法相关行为的情况，但矛盾系由被害人故意引发或者被害人对矛盾激化负有主要责任的除外。前者是没有起因、无缘无故地殴打他人；后者是借题发挥、小题大做地殴打他人。无论是无故还是借故，都在一定程度上反映了实施殴打行为的随意性。在实践中，行为人随意殴打他人的行为，大多有其所自认为的“理由”，但这种理由多为行为人为殴打他人所寻找的借口，或者是社会生活中微不足道的小事，其内容荒唐、逻辑混乱，并不为一般社会公众所承认，即一般道德观念中的“强盗

逻辑”,这也就是本罪之所谓的“寻衅”。因而在司法实务中应当结合本罪保护的法益,从社会大众的角度认定其行为有无理由或有无正当理由,即当一般人站在行为人的立场,也不能理解、接受行为人的殴打行为时,该行为可以认定为“随意”。对于行为人辩解的不符合常理、常识、常情的“借口”和“理由”,不能认定“事出有因”。

本案中,被告人殴打防疫工作人员并非对疫情防控管理活动本身不满,在起因上亦与防疫工作人员的疫情防控公务活动无直接关联。被告人仅仅因为被害人鸣笛要求其挪车让路而实施殴打,显然属于因琐碎纠纷“借题发挥”的情形,具有典型的“随意性”。

(三)从犯罪对象来看,二被告人对殴打对象的选择具有随机性

同其他侵害人身权利的犯罪相比,“随意”是“随意殴打他人”型寻衅滋事罪的核心要素,其犯罪对象大多是不特定的。一是行为对象并不是行为人事前预谋好的,一般为临时起意;二是行为对象一般是随机选择的,如果换为其他人也可能成为被害人。

本案中,虽然被告人殴打的对象是防疫工作人员,但二被告人与被害人素不相识,被害人也从未向二被告人亮明其系从事疫情防控工作人员的身份,说明殴打的行为对象并不是二被告人在殴打前预谋好的。换言之,即便被害人不具有公务人员的身份,在鸣笛提示被告人让开道路时,也可能引发被告人不满而被殴打,说明被告人在犯罪对象的选择上具有偶然性和随机性。

(四)从犯罪结果来看,二被告人的行为直接扰乱了公共秩序

本案中,二被告人随意殴打乡政府防疫工作人员,导致二人轻微伤,防疫工作人员因需要休养而暂时不能参加疫情防控工作,虽然在一定程度上影响了当地政府防疫工作的整体安排和相应进度,但上述结果与二被告人的犯罪行为之间仅具有间接的因果关系,被告人并未预见、也并不追求上述结果的发生。相反,二被告人在公共场所随意殴打他人,直接影响了周围不特定群众的安全感,直接侵害了正常的社会管理秩序和公共秩序,二被告人的行为与破坏社会公共秩序之间具有直接的因果关系,完全符合寻衅滋事的犯罪构成要件。

综上，根据主客观相统一的定罪原则，综合分析本案的案件起因、犯罪动机、犯罪对象、犯罪结果等事实、情节，可以认定二被告人主观上具有“随意殴打他人”的犯意，客观上实施了殴打他人的行为，并造成二人轻微伤的结果，破坏了社会公共秩序，情节恶劣，二人行为依法构成寻衅滋事罪。据此，法院对二被告人以寻衅滋事罪定罪处罚是正确的。

（撰稿：黑龙江省高级人民法院　常　鹤
黑龙江省桦南县人民法院　赵冬冬
天津市第一中级人民法院　张文波
审编：最高人民法院刑二庭　韩维中）

［第 1331 号］

叶国新赌博案

——疫情防控期间聚众赌博的，应从严惩处

一、基本案情

被告人叶国新，男，汉族，1958 年 5 月 4 日出生。2020 年 2 月 3 日被刑事拘留，次日变更为监视居住。

浙江省余姚市人民检察院指控被告人叶国新犯赌博罪，向余姚市人民法院提起公诉。

被告人叶国新对公诉机关指控的犯罪事实和罪名均无异议，在审查起诉阶段自愿认罪认罚，并签署认罪认罚具结书。

余姚市人民法院经审理查明：2019 年 2 月至 2020 年 2 月 3 日，被告人叶国新在余姚市低塘街道镆剑山村 × × 号自己家中，摆放 2 张自动麻将桌，为段世昌、吴定良、叶忠辉、黄洪吉（均另案处理）等人以"冲击麻将"形式的赌博提供条件，并从中抽头，获利人民币 9 000 余元。

2020 年 2 月 3 日，被告人叶国新被余姚市公安局民警抓获。公安机关当场查获自动麻将桌 2 张、棋牌室专用筹码 25 个、棋牌室专用卡片 28 张等作案工具。

余姚市人民法院认为，被告人叶国新以营利为目的，聚众赌博，抽头获利，其行为已构成赌博罪。叶国新归案后如实供述自己的罪行，在庭审中又自愿认罪，依法可以从轻处罚。叶国新在审查起诉阶段认罪认罚，依法可以从宽处理。在新型冠状病毒肺炎疫情防控期间，叶国新聚众赌博，妨害疫情防控工作，应从严惩处。供犯罪使用的财物，应予没收。公诉机关建议判处被告人叶国新拘役五个月，并处罚金五千元的意见合理，予以采纳。根据叶国新犯罪的事实、性质、情节以及对社会的危害程度，依照《中华人民共和国

刑法》第三百零三条第一款、第六十七条第三款、第六十四条及《最高人民法院关于适用财产刑若干问题的规定》第二条第一款之规定，判决如下：

1. 被告人叶国新犯赌博罪，判处拘役五个月，并处罚金五千元。

2. 追缴违法所得九千元，上缴国库。

3. 扣押在案的自动麻将桌、棋牌室专用筹码、棋牌室专用卡片等作案工具予以没收。

一审宣判后，被告人叶国新未提出上诉，公诉机关未提出抗诉。判决已发生法律效力。

二、主要问题

在新型冠状病毒肺炎（以下简称新冠肺炎）疫情防控关键时期，违反疫情防控不得进行公共聚集活动的相关规定，进行聚众赌博的，应当如何处理？

三、裁判理由

随着新冠肺炎疫情的肆虐，2020 年 1 月 23 日，根据《浙江省突发公共卫生事件应急预案》，浙江省政府启动了重大突发公共卫生事件一级响应。之后，从上到下，各级政府及相关部门三令五申，禁止一切公众聚集活动，把“外防输入，内防扩散”作为疫情防控工作的重要内容，特别是把聚集性疫情防控工作作为防控工作的重中之重。

所谓聚集性疫情，根据 2020 年 1 月 22 日国家卫生健康委员会发布的《新型冠状病毒感染的肺炎防控方案（第二版）》的定义，是指在疑似聚集性病例（14 天内在小范围发现 1 例确诊病例，并同时发现 1 例及以上发热呼吸道感染病例的情形）的情形下，发现 2 例及以上确诊病例，且病例间可能存在因密切接触导致的人际传播的可能性或因共同暴露而感染的可能性。由于新型冠状病毒在潜伏期尚无任何症状时就具有传染性，因而当人群聚集时，一方面增加了人群受感染的可能性，另一方面也使病毒的传播和疫情的扩散更难控制，因而聚集性疫情防控是当前各地疫情防控的难点。而对此最好的解决办法就是隔离，切断病毒的有效传播，达到控制疫情的目的。正因如此,各级政府根据本行政区域的具体情况,采取限制措施或者停止集市、集会、影剧院演出,以及其他人群聚集的活动;停工、停课、停业;封闭或封存被传染病病原体污染的公共饮用水源、食品以及相关物品等紧急措施。

本案系浙江省首例宣判的新冠肺炎疫情防控期间聚众赌博案。麻将馆因为空间狭小,人员聚集,通风设施差,容易传染病毒,不利于疫情的防控,因而各地社区在疫情防控期间都严格禁止聚众打牌、打麻将等行为。被告人无视疫情防控的禁令规定,继续聚众赌博,不仅破坏了社会管理秩序和社会主义文明风尚,同时增加疫情传播风险,相比于正常时期的赌博行为,社会危害性更大,应当从严惩处。2020年2月6日,最高人民法院、最高人民检察院、公安部、司法部联合发布了《关于依法惩治妨害新型冠状病毒感染肺炎疫情防控违法犯罪的意见》,其中规定,在疫情防控期间实施有关违法犯罪的,要作为从重情节予以考量,依法体现从严的政策要求,有力惩治震慑违法犯罪,维护法律权威,维护社会秩序,维护人民群众生命安全和身体健康。

本案的从严惩处具体体现在以下两个方面:

一是从快。公安机关于2020年2月3日查获本案,同年2月6日移送审查起诉,检察机关随即向法院通报相关情况,次日提起公诉,并建议适用速裁程序。法院当日立案受理,在立案后不到24小时内2月8日即开庭审理,并当庭宣判。

二是不适用缓刑。单纯从本案的具体犯罪事实看,如果根据被告人的犯罪情节、悔罪表现以及再犯罪的危险等情形,也可以适用缓刑。但是本案被告人在疫情防控期间,在明知具体疫情防控要求的情况下,仍然罔顾疫情和禁令,无视疫情传播的危险性,多次聚众赌博,其行为具有较强的社会危害性,故对其不适用缓刑。

另外,值得一提的是,本案公开开庭审理时,通过网络同步直播庭审,在线观看庭审直播近10万人次。庭审网络直播在坚持依法公开审理的同时,最大限度地减少人员聚集,既防止了疫情防控期间法院开庭可能带来的病毒传染风险,又达到了加强法治宣传、警示教育,震慑违法犯罪分子、引导广大群众遵纪守法的目的,为疫情防控工作的顺利开展营造良好的法治和社会环境。

综上，在新冠肺炎疫情防控期间，人民法院根据相关规定，对相关违法犯罪予以从严惩处是正确而必要的，为打赢疫情防控阻击战提供了有力的司法保障。

（撰稿：浙江省高级人民法院　郑晓红
浙江省余姚市人民法院　齐志强
审编：最高人民法院刑二庭　韩维中）

[第 1332 号]

黎善文传染病防治失职案

——多种因素造成传染病传播或者流行时，对从事传染病防治的政府卫生行政部门工作人员失职行为，如何定罪量刑

一、基本案情

被告人黎善文，男，壮族，1968 年 3 月 16 日出生，原系广西壮族自治区巴马瑶族自治县(以下简称巴马县)卫生局副局长。2014 年 4 月 10 日被取保候审。

广西壮族自治区巴马县人民检察院指控被告人黎善文犯传染病防治失职罪，向巴马县人民法院提起公诉。

被告人黎善文辩称:(1)起诉书指控"截至 4 月 8 日，巴马县陆续发现 18 例麻疹(乙类传染病)疑似病例"与"4 月 1—8 日出现第一个小流行峰，发病 22 例"数字前后有出入;(2)"广西壮族自治区疾病预防控制中心于 2013 年 5 月 3 日发布的《广西巴马县麻疹暴发疫情处理情况(续报)》"是该中心副主任卓家同的个人续报，是个人观点;(3)巴马县疾病预防控制中心瞒报疫情，致使其不掌握疫情动态，导致误判疫情;(4)县卫生局班子决定不通过网络直报疫情，不是其个人行为;(5)在 2013 年 4 月 10 日全县麻疹疫情防控协调会上，其没有说"已经诊断的麻疹病病历必须改为肺炎或上呼吸道感染"之类的话;(6)巴马县麻疹疫情蔓延、暴发是多种原因造成的。综上，其行为是工作失误，不构成犯罪，请求法庭从轻或者减轻处理。

巴马县人民法院经审理查明:2013 年 2 月 14 日，巴马县人民医院通过中国疾病预防控制信息系统网络直报 1 例麻疹疑似病例，后订正为风疹。同

月16日，巴马县疾病预防控制中心通过中国疾病预防控制信息系统网络直报1例麻疹疑似病例，后订正为其他。同月21日，巴马县人民医院通过中国疾病预防控制信息系统网络直报1例麻疹疑似病例，后经实验室检验确诊为麻疹病。

2013年3月5日，巴马县人民医院又收治1例麻疹疑似病例，但没有通过中国疾病预防控制信息系统进行网络直报，而是依据“惯例”先口头向巴马县疾病预防控制中心免疫规划科科长周宝东报告。周宝东向该中心主任李树江汇报，李树江让免疫规划科去进行流行病学个案调查、采样，但调查、采样后并没有依照规定要求中心工作人员进行网络直报，而是将采样标本存放该中心冻库保存。

2013年3月7日，广西壮族自治区疾病预防控制中心副主任卓家同通过中国疾病预防控制信息系统发现巴马县网络直报且经实验室检验确诊1例麻疹病例，便打电话给李树江讲巴马县已出现1例麻疹病例，要求其做好防控，加强疫苗接种工作，不能出现第2例麻疹病例。

2013年3月15日，周宝东又接到巴马县人民医院报告收治1例麻疹疑似病例，当日其在外出差，就向李树江汇报，李树江当时在县政府参加计划生育工作会议，便发一条短信给中心免疫规划科副科长韦桂阳，短信内容为“桂阳，我在县里参加计划生育会议，县医院儿科有一例疑似麻疹，你现在上去调查核实相关信息及技术处理，不得再上报了”。韦桂阳接到短信后，便带免疫规划科的其他同事到巴马县人民医院进行流行病学个案调查及采样，并依其理解的“技术处理”让医院的医生在病历上将“麻疹”更改为“肺炎”“支气管炎”等，并根据李树江“不得再上报”的指示，要求医院不能进行网络直报。调查、采样回来后，李树江没有依照规定要求中心工作人员进行网络直报，而是将采样标本存放该中心冻库保存。

2013年3月26日，周宝东再接到巴马县人民医院报告1例麻疹疑似病例。该患者为巴马县甲篆乡甲篆村金边屯人，入院时间为2013年3月23日。周宝东接到报告后向李树江汇报，李树江让周宝东带人去进行流行病学个案调查及采样，并让周宝东告知医院不能进行网络直报，病历诊断上不能出现“麻疹”字样。周宝东依李树江的指示传达给县人民医院的医生。后周宝东等人进行个案调查及采样后并没有依规定进行网络直报，而是将采样标本存放该中心冻库保存。同月29日，百色市右江民族医学院附属医院通过中国疾病预防控制信息系统网络直报在该医院确诊的巴马县1例麻疹病例，患者为巴马县甲篆乡甲篆村金边屯人。依据麻疹暴发定义，巴马县甲篆乡甲篆村金边屯在10日内发生2例，已达到麻疹暴发的标准。

2013年3月19日、3月29日，巴马县卫生局分管疾病预防控制工作的被告人黎善文两次接到李树江关于巴马县麻疹疫情的汇报，但没有按要求及时督促疾病预防控制中心及医疗机构按规定及时上报相关部门。此后，巴马县又出现新的麻疹疫情。同年4月1日上午，巴马县卫生局召开了对麻疹疫情防控的紧急碰头会，由局长杨军主持，参会人员有黎善文、罗璇及李树江，会上李树江反映巴马县麻疹疫情的网络直报已有2例，继续网络直报巴马县卫生系统绩效考评会被“黄牌警告”。基于这种情况，此次会议形成了暂不进行麻疹疫情网络直报的一致意见。会议结束后，黎善文于当日11时召集人民医院、民族医院、妇幼保健院分管传染病防控的副院长开会，要求各医院在发现新的麻疹疫情后不能进行网络直报，同时要求对麻疹患者病历上的“麻疹”字样进行技术处理，但各医院分管副院长没有将会议内容传达给医院相关人员。截至4月1日，巴马县共出现8例麻疹疑似病例。

2013年4月8日，巴马县人民医院院长岑丹洁发现当日在该院就诊的麻疹病例多达10例，就打电话汇报给杨军。同日，巴马县疾病预防控制中心写了《2013年2—4月麻疹疫情调查处理》书面汇报给巴马县卫生局。次日，杨军局长打电话向河池市卫生局副局长文彪汇报巴马县已出现麻疹病例10余例，文彪副局长指示巴马县按要求进行防控工作。同日，巴马县卫生局写了《巴马瑶族自治县2013年2—4月麻疹疫情调查处理》书面汇报县人民政府副县长韦瑞芬。截至4月8日，巴马县共出现16例麻疹疑似病例。

2013年4月10日上午，巴马县卫生局召开疫情防控协调会，参会人员有卫生局领导班子、县人民医院、县妇幼保健院正副院长及李树江，会上被告人黎善文再次强调各单位要服从大局，服从领导，在对收治的疑似麻疹病患者的病历上不能出现“麻疹”字样，已经诊断的麻疹病历，必须改为“肺炎”“上呼吸道感染”等字样，不能进行网络直报，但仍以麻疹病情救治。县人民医院分管儿科副院长会后交代儿科按卫生局要求在病历上不出现“麻疹”字样,可改为“肺炎”“支气管炎”等。

2013年4月11日下午至12日,根据河池市卫生局文彪副局长要求,河池市疾病预防控制中心副主任黄绍毅和工作人员黄丽到巴马县进行督导检查,发现巴马县麻疹疫情严重,于同月12日下午召开麻疹防控工作汇报、推进会,部署麻疹疫情防控工作,并向巴马县疾病预防控制中心下督导意见。督导意见指出自2013年以来,巴马县陆续发现18例麻疹疑似病例,甲篆乡、巴马镇已达疑似麻疹暴发标准,要求加强疫情监测,实行零报告制度,对麻疹疑似病例按规定报告并采集血清、咽拭子和尿液告示标本及时送检。李树江签收后并未按要求网络直报,也未及时将采集标本送检。从2013年3月15日至4月14日,医疗机构发现的每一例麻疹病例均按巴马县疾控中心等单位的要求,不进行网络直报,而是报告给周宝东,后周宝东汇报给李树江,并进行流行病学个案调查和采样,先后共采样27份,采样标本均存放中心冻库,没有及时送检。

2013年4月14日晚,自治区、市卫生(厅)局及疾病预防控制中心领导、专家组到巴马县调查核实麻疹疫情,发现巴马县有瞒报行为,要求巴马县按规定网络直报,及时将采集标本送检。当晚,县疾病预防控制中心将采集的27例瞒报麻疹标本送市疾病预防控制中心专家,专家直接在该县疾病预防控制中心进行实验室检测。

2013年4月15日,全市麻疹疫情防控工作会议在巴马县人民政府召开,区、市及全市各县卫生系统领导参加,会上通报巴马县麻疹疫情,部署防控救治工作。4月15日以后,各医院按规定如实网络直报并补报之前瞒报的病例,各项防控救治工作按工作方案进行。

广西壮族自治区疾病预防控制中心于2013年5月3日发布的《广西巴马县麻疹暴发疫情处理情况(续报)》、河池市人民政府于2013年5月22日下发的河政发〔2013〕25号文件《河池市人民政府关于巴马瑶族自治县瞒报假报麻疹疫情的通报》、广西壮族自治区卫生厅于2013年7月9日下发的桂卫疾控〔2013〕33号文件《自治区卫生厅关于巴马县麻疹暴发疫情的情况通报》,都指出巴马县疫情暴发原因之一是瞒报迟报疫情,错过最佳处置时机,导致疫情蔓延扩散。

2013年8月5日，河池市疾病预防控制中心出具《2013年巴马县麻疹疫情结案报告》表明，截至6月28日，全县10个乡镇均有病例报告、累计报告麻疹病例540例，排除12例，确诊528例，除死亡1例，其余527例经治疗痊愈。疫情出现两个流行峰，4月1—8日出现第一个小流行峰，发病22例；4月14日—5月13日出现第二个大流行峰，发病432例。疫情发生、蔓延的原因之一是“瞒报迟报疫情错过最佳处置时间”。

被告人黎善文在检察机关立案前询问时如实供述了其全部犯罪事实。

巴马县人民法院认为，被告人黎善文身为巴马县卫生局分管疾病预防控制工作的副局长，在履行传染病防治职责过程中，严重不负责任，授意、指使巴马县疾病预防控制中心和医疗机构隐瞒麻疹疫情，使上级有关部门没有及时掌握疫情动态，致使麻疹疫情错过最佳防控时机，导致传染病麻疹传播和流行，造成500余人感染麻疹病和1人医治无效死亡的严重后果，情节严重，其行为已触犯刑律，构成了传染病防治失职罪。根据专家分析及自治区卫生厅通报，造成巴马县麻疹疫情暴发的原因有多种：一是当地免疫规划基础工作严重滑坡、接种率低下；二是乡、村两级防保网络破溃，导致预防接种服务无法做到全面覆盖；三是瞒报迟报疫情错过最佳处置时机，导致疫情蔓延扩散；四是没有认真贯彻落实自治区卫生厅的文件精神，未成立独立的防保组，且专职防保人员不足，没有落实免疫规划工作经费。据此，黎善文瞒报迟报行为与造成麻疹疫情暴发的后果有刑法上的因果关系，但属一果多因，责任较轻。麻疹疫情扑灭后，黎善文于2013年8月13日在接受河池市人民检察院对事件调查时主动交代全部犯罪事实；同年12月25日，河池市人民检察院对黎善文涉嫌犯罪立案侦查，黎善文上述行为属自首，依法可以从轻或者减轻处罚。综上，黎善文的犯罪情节轻微，不需要判处刑罚，可以免予刑事处罚。依照《中华人民共和国刑法》第四百零九条、第六十七条第一款、第三十七条之规定，判决如下：

被告人黎善文犯传染病防治失职罪，免予刑事处罚。

二、主要问题

在审理妨害预防、控制突发传染病疫情等灾害的刑事案件中，有多种因素造成传染病传播或者流行的情形下，对从事传染病防治的政府卫生行政部门工作人员失职行为应如何定罪量刑？

三、裁判理由

传染病疫情防控攸关人民健康、社会安定和国家安全。疫情就是命令，防控就是责任。疫情防控的有力保障是法治。我国历来重视依法科学防控传染病，要求疫情防控人员做到“守土尽责”，先后颁行《传染病管理办法》《传染病防治法》《突发公共卫生事件应急条例》等法律法规。1997 年刑法修订时，专门设立了传染病防治失职罪。2003 年“非典”疫情发生后，最高人民法院、最高人民检察院发布了《关于办理妨害预防、控制突发传染病疫情等灾害的刑事案件具体应用法律若干问题的解释》（以下简称《解释》），对传染病防治失职罪的主体范围和“情节严重”的四种情形作了具体规定。通常而言，导致传染病疫情发生和蔓延的原因有很多种，它既可能是相关人员的失职行为，也可能是非人为因素，以及人为与非人为因素叠加所致。为了保障相关人员依法履职，避免因不当追究对疫情防控产生消极影响，在追究相关人员失职行为的刑事责任时，需要严格依照法律法规及司法解释，准确执行宽严相济的刑事政策。结合本案，具体分析如下：

（一）关于本罪与一般工作失误的区别

根据刑法第四百零九条规定，传染病防治失职罪是指从事传染病防治的政府卫生行政部门工作人员严重不负责任，不履行或者不认真履行传染病防治监管职责，导致传染病传播或者流行，情节严重的行为。由于本罪与一般工作失误客观上都会造成传染范围扩大或者疫情、灾情加重的危害后果，实践中易于混淆。本案中，控辩双方争议焦点之一亦是被告人黎善文的行为是否属于工作失误。我们认为，这二者的区别在于：一是主观动机和客观行为表现不同，即行为人是否认真履职，在恪尽职守中是否能预见或者已经预见到其行为可能导致传染病传播或者流行的严重后果。工作失误的主观动机往往是行为人为了做好工作，认真履行工作职责，但主观上仍未预见到危害后果的发生，或者在尽责履职中已经预见，但因为经验能力有限、政策界限模糊、管理机制缺失等情况出现失误，以致发生传染范围扩大或者疫情、灾情加重的危害后果。反之,传染病防治失职罪在主观上表现为行为人对自身职责的认识偏差,不认真履行职责,违反《传染病防治法》及相关法律和工作制度,疏忽大意、过于自信、不尽职责、擅离职守等,导致发生严重危害后果。二是追责的前提条件不同,即行为人违反职责的行为与传染病传播、流行的后果是否有刑法上因果关系以及因果作用力大小。如果行为人没有违反所承担职责的规定,或者违反职责的行为与危害后果之间不具有刑法上因果关系或者作用力较小,即便发生了严重危害后果,也属于工作失误或者意外事件;反之,则构成本罪的失职行为。三是政策界限不同,即在国家对突发传染病疫情等灾害尚未采取预防、控制措施时,行为人履职中行为有差错,通常属于工作失误;反之,在采取预防、控制措施之后,具有上述司法解释所规定"情节严重"的情形之一,才以本罪论处。

具体到本案,被告人黎善文作为巴马县卫生局分管疾病预防控制工作的副局长,负有组织对突发疫情的调查、通报、控制和医疗救治工作的职责,且国家已对麻疹疫情采取了疫苗接种、疫情通报等预防、控制措施,但黎善文在疫情发生后,严重不负责任,授意、指使他人隐瞒麻疹疫情,致使错过最佳防控时机,造成麻疹传染范围扩大。黎善文授意、指使他人瞒报疫情的行为与造成麻疹疫情加重的后果之间有刑法上的因果关系,且情节严重,依法应认定构成传染病防治失职罪。

(二)关于指使他人隐瞒疫情并造成传染范围扩大或者疫情、灾情加重的情节认定

本罪属于情节犯,情节是否严重是区分罪与非罪的关键。根据《解释》第十六条第二款的规定,在国家对突发传染病疫情等灾害采取预防、控制措施后,具有下列情形之一的,属于刑法第四百零九条规定的"情节严重":(1)对发生突发传染病疫情等灾害的地区或者突发传染病病人,病原携带者、疑似突发传染病病人,未按照预防、控制突发传染病疫情等灾害工作规范的要求做好防疫、检疫、隔离、防护、救治等工作,或者采取的预防、控制措施不当,造成传染范围扩大或者疫情、灾情加重的;(2)隐瞒、缓报、谎报或者授意、指使、强令他人隐瞒、缓报、谎报疫情、灾情,造成传染范围扩大或者疫情、灾情加重的;(3)拒不执行突发传染病疫情等灾害应急处理指挥机构的

决定、命令,造成传染范围扩大或者疫情、灾情加重的;(4)具有其他严重情节的。

本案在审理过程中,被告人黎善文就辩称其没有“隐瞒疫情”。审查认为,根据《解释》,本罪“情节严重”第二项中的“隐瞒疫情”是“造成传染范围扩大或者疫情、灾情加重”的前提,是认定行为人失职且情节严重的客观行为表现。对此,可以从行为人在疫情发生后履职行为表现、履职行为对疫情发展所起的作用、上级疾控部门对疫情的调查分析等方面进行综合审查。

1. 本案被告人黎善文在履行传染病防治职责中有指使他人隐瞒疫情的行为

在案证据证实,案涉疫情发生前,巴马县疾病预防控制中心主任李树江曾两次向黎善文汇报麻疹疫情,报告了该县麻疹疫情已达到暴发标准。但是,黎善文考虑到继续网络直报疫情会给县卫生系统绩效考评造成不利影响,便授意、指使巴马县疾病预防控制中心和医疗机构隐瞒麻疹疫情,并且在疫情发生后的 2013 年 4 月 10 日全县麻疹疫情防控协调会上,黎善文要求相关医院在收治患者的病历上不能出现“麻疹”字样,而可改为“肺炎”等字样,且不能通过网络直报疫情。

值得注意的是,集体研究不能成为行为人失职行为的免责理由。案涉疫情发生后,巴马县卫生局相关领导于 2013 年 4 月 1 日召开了麻疹疫情防控紧急碰头会,形成“不进行网络直报疫情”的意见。黎善文作为该局有关疾病预防控制的主管人员,既参与了上述意见的讨论和决定,之后又多次授意、指使他人隐瞒疫情,应当对其失职行为承担责任。

2. 被告人黎善文隐瞒疫情的行为造成了传染范围扩大的严重后果

2013 年 4 月 27 日,广西壮族自治区疾病预防控制中心工作组到巴马县指导疫情防控,随即发布《广西巴马县麻疹暴发疫情处理情况(续报)》,其中指出“瞒报迟报疫情,错过最佳处置时机,导致疫情蔓延扩散”是案涉疫情暴发的原因之一。之后,《河池市人民政府关于巴马瑶族自治县瞒报假报麻疹疫情的通报》《自治区卫生厅关于巴马县麻疹暴发疫情的情况通报》中均重申了导致疫情散播的这一原因。疫情结束后,河池市疾病预防控制中心出具的《2013年巴马县麻疹疫情结案报告》显示,截至2013年6月28日,该县10个乡镇均有麻疹病例报告,累计确诊528例,其中死亡1例。

需要说明的是,人们对传染病疫情往往有一个逐步认识和完善应对的过程,不同时期有关疫情报告中会出现病例统计数据不同的情况。具体到本案,河池市疾病预防控制中心工作组在2013年4月12日的督导意见中统计"自2013年2月以来,巴马县陆续发现18例麻疹疑似病例",而该中心在2013年8月5日出具的《2013年巴马县麻疹疫情结案报告》则为"2013年4月1—8日出现第一个小流行峰,发病22例"。前组数据是该中心工作组调查核实是否存在疫情及其严重程度,以便及时部署疫情防控工作,故统计时间有限,并没有全面掌握全部疑似病例数据。后组数据是对麻疹疑似患者采样标本,经实验室检测后得出。这两组数据客观反映出对疫情发展的认识经过,并不影响对被告人行为性质、后果的认定。因而被告人所称两组数据不一致、指控事实有误的辩解不能成立。

(三)关于导致传染病传播或者流行存在其他原因,且行为人有自首情节时,量刑时应体现宽严相济刑事政策

对于发生在预防、控制突发传染病疫情期间的犯罪行为,现行法律及司法解释强调了依法从严从重处罚的内容,但并不意味着相关案件都要一味从重,应当根据个案具体情况,切实做到严之有据、宽之有度,只有如此方能督促卫生行政部门工作人员依法履职,推进传染病防治工作健康有序发展,维护人民群众的身体健康和生命安全。

本案中,广西壮族自治区卫生厅通报及专家分析均指出,除被告人黎善文瞒报疫情行为外,导致麻疹疫情蔓延还有其他原因,包括当地免疫规划基础工作严重滑坡、乡村两级防保网络破溃、未成立独立的防保组、专职防保人员不足等。另外,在疫情扑灭之后,被告人黎善文向河池市人民检察院主动交代了全部犯罪事实,构成自首。根据《解释》第十七条的规定,人民法院、人民检察院办理有关妨害预防、控制突发传染病疫情等灾害的刑事案件,对于有自首、立功等悔罪表现的,依法从轻、减轻、免除处罚或者依法作出不起诉决定。正是基于上述情节,依法对黎善文从轻处罚。

综上,被告人黎善文作为疾病预防控制工作的主管人员,严重不负责

任，授意、指使他人隐瞒麻疹疫情，导致传染病麻疹传播和流行，情节严重，其行为构成传染病防治失职罪。人民法院综合考虑本案系多种因素造成麻疹疫情暴发，且黎善文有自首情节，故对黎善文予以定罪免刑。

（撰稿：广西壮族自治区高级人民法院　刘茂盛
广西壮族自治区巴马瑶族自治县人民法院　王丰贤
审编：最高人民法院刑二庭　韩维中）

[第1333号]

张勇智妨害传染病防治案

——疫情防控中以危险方法危害公共安全罪与妨害传染病防治罪的区分适用

一、基本案情

被告人张勇智,男,汉族,1957年3月29日出生。2020年2月15日被刑事拘留。

海南省东方市人民检察院指控被告人张勇智犯妨害传染病防治罪,向海南省东方市人民法院提起公诉。

海南省东方市人民法院经公开审理查明:2020年1月15日被告人张勇智的姐姐张秀琴和姐夫袁启发从湖北省武汉市来到海南省东方市山海湾小区居住,当天张勇智便与其姐姐和姐夫一起吃饭,之后还串门数次。2020年1月19日张勇智开始出现发热症状,先是自行在家吃药未见好转,于2020年1月24日、27日和28日三次到东方市人民医院就诊,28日还曾去东方医院(原铁路医院)就诊。就诊期间,医生均按照当前新型冠状病毒肺炎疫情防治措施的要求询问了被告人张勇智是否有武汉旅居史或接触过武汉籍人员,张勇智隐瞒了其姐姐和姐夫是从武汉市来到东方市并与其接触的事实,在东方市人民医院门诊输液期间还曾向针水瓶回收桶内吐口水。张勇智明知当前疫情防控期间,海南省人民政府和东方市人民政府及相关部门均发布了疫情防控相应措施,特别是要求主动报告与武汉人员接触情况,但依然抱有侥幸心理,不主动如实报告。2020年1月29日张勇智与妻子乘坐动车从东方市到海南省人民医院就诊,被确诊为新型冠状病毒肺炎患者。

被告人张勇智对公诉机关指控的犯罪事实、罪名、证据及提出的量刑意见均无异议。

东方市人民法院经审理认为，被告人张勇智拒绝执行卫生防疫机关依照《传染病防治法》提出的预防和控制措施，致使与其密切接触的19名医护人员被隔离观察，与其同属一诊疗空间的50人被居家隔离观察，其居住的东方市山海湾小区被封闭管控，致新型冠状病毒肺炎有传播的严重危险，严重妨害了海南省和东方市的疫情防控工作。依照《中华人民共和国刑法》第三百三十条第一款、第六十一条、第六十七条第三款、《中华人民共和国刑事诉讼法》第十五条之规定，判决如下：

被告人张勇智犯妨害传染病防治罪，判处有期徒刑一年。

宣判后，被告人未上诉，检察院未抗诉，判决已发生法律效力。

二、主要问题

疫情防控期间以危险方法危害公共安全罪与妨害传染病防治罪应当如何区分适用?

三、裁判理由

本案被告人张勇智在新型冠状病毒肺炎（以下简称新冠肺炎）疫情防控期间，到医院就诊时隐瞒了与武汉人员有接触史的事实，致使相关人员被隔离，其居住的小区被封闭管控，关于其行为应当如何定性，有以下两种意见：

第一种意见认为，被告人张勇智违反新冠肺炎防控规定，故意隐瞒行程、隐瞒病症、隐瞒接触史的行为，造成了新型冠状病毒传播或传播风险，应当按照以危险方法危害公共安全罪定罪处罚。

第二种意见认为，被告人张勇智拒绝执行卫生防疫机构依照《传染病防治法》提出的防控措施，引起新型冠状病毒传播的严重危险，应当依照妨害传染病防治罪定罪处罚。

我们同意第二种意见，理由如下：

（一）犯罪主体方面

根据《最高人民法院、最高人民检察院、公安部、司法部关于依法惩治妨害新型冠状病毒感染肺炎疫情防控违法犯罪的意见》（以下简称《意见》）的规定,在办理妨害疫情防控措施犯罪案件适用以危险方法危害公共安全罪时,在主体上限于已确诊的新冠肺炎病人、病原携带者,或者新冠肺炎疑似病人,而妨害传染病防治罪则为一般主体。根据《传染病防治法》第七十八条的规定,传染病病人、疑似传染病病人是指根据国务院卫生行政部门发布的《传染病防治法规定管理的传染病诊断标准》,符合传染病病人和疑似传染病病人诊断标准的人;病原携带者是指感染病原体无临床症状但能排出病原体的人。目前,国家卫生健康委员会等部门已经印发《新型冠状病毒肺炎诊疗方案》,明确了确诊病例和疑似病例的诊断标准。实践中,对于“已经确诊的新冠肺炎病人”和“新冠肺炎疑似病人”的认定,应当以医疗机构出具的诊断结论、检验报告等为依据。对于行为人虽然出现发热、干咳、乏力等某些新冠肺炎感染症状,但没有医疗机构出具相关诊断结论、检验报告的,不能认定为《意见》第一条规定的“已经确诊的新冠肺炎病人”“新冠肺炎疑似病人”。对于实施妨害疫情防控行为时尚未经医疗机构确诊为新冠肺炎病人或者疑似病人,但事后经诊断、检验,被确认系新冠肺炎病人或者疑似病人的,不应适用《意见》关于确诊病人或者疑似病人故意传播新冠肺炎病原体构成有关犯罪的规定。本案中,被告人张勇智属于事后确诊,而非事前已经经过医疗机构确诊,因而不属于已确诊新冠肺炎病人、病原携带者主体。

(二)犯罪主观故意方面

根据《意见》规定,以危险方法危害公共安全罪在主观上要求具有传播新冠肺炎病原体的故意。综合本案事实、情节,被告人张勇智尚不确定自身一定感染新冠肺炎,主观上抱有侥幸心理,其对违反《传染病防治法》规定的行为尽管是故意的,但对引起新冠肺炎病原体传播或传播的严重危险这一结果则并非故意。

需要强调的是,对于将拒绝执行防疫措施的行为认定为以危险方法危害公共安全罪应当持谨慎、严格的态度。面对突发的疫情,特别是在新冠肺炎疫情防控初期,社会难以做到精准有效的分层分类管理和救治,许多群众难免会紧张恐慌,面对隔离的严格管控措施也经常表现出抵触情绪,而且确诊或者疑似患者的检测和康复问题也远比“非典”疫情复杂。除了极少数出于恶意报复社会的患者之外,绝大多数人在主观故意的具体内容上并不是危害公共安全,在意志因素上对于引起病毒传播的后果也是持否定的态度。

综上,对于明知自身已经确诊为新冠肺炎病人或者疑似病人,拒绝执行防疫措施的行为人出于报复社会、发泄不满等动机,恶意向不特定多数人传播病毒,后果严重、情节恶劣的,应当适用以危险方法危害公共安全罪。对于其他拒绝执行疫情防控措施,引起新型冠状病毒传播或者有传播严重危险的行为,依应照刑法第三百三十条的规定,适用妨害传染病防治罪。

(三)犯罪客观方面

根据《意见》规定,行为人构成刑法第三百三十条妨害传染病防治罪除有拒绝执行防控措施的行为外,还需要具有引起新型冠状肺炎病毒传播或者有传播严重危险的情形。实践中,对于“传播严重危险”的判断,应当坚持综合考量原则,重点审查行为人是否采取特定防护措施,被诊断为染疫嫌疑人的人数及范围,被采取就地诊验、留验和隔离的人数及范围等,作出妥当认定。

需要进一步指出的是,妨害传染病防治罪与过失以危险方法危害公共安全罪虽同为过失犯罪,均可能导致传染病传播的严重后果,但两罪在适用场合方面存在不同。前罪主要发生于防治疫情过程中,而后罪主要发生在日常生活中。妨害传染病防治罪侵害的客体主要是传染病防控管理秩序,过失以危险方法危害公共安全罪侵犯的客体是公共安全。当然,在疫情防控期间拒绝执行防疫措施的行为除了危害防控管理秩序外,也会对公共安全造成威胁,但是总体而言其与过失以危险方法危害公共安全罪,实际上是法条竞合关系,应当按照特别法优于一般法的适用原则,优先适用妨害传染病防治罪。需要说明的是,2003 年《最高人民法院、最高人民检察院关于办理妨害预防、控制突发传染病疫情等灾害的刑事案件具体应用法律若干问题的解释》没有规定妨害传染病防治罪的适用,而是规定对于患有突发传染病或者疑似突发传染病而拒绝接受检疫、强制隔离或者治疗,过失造成传染病传播,情节严重,危害公共安全的,按照过失以危险方法危害公共安全罪定罪处罚。这主要是由于 2003 年原卫生部将“非典”列入法定传染病,但未明确为甲类传染病或者按照甲类传染病管理,导致适用妨害传染病防治罪存在障碍。此次疫情防控工作中，国家卫生健康委员会经国务院批准发布的2020年第1号公告，已明确将新冠肺炎纳入传染病防治法规定的乙类传染病，并采取甲类传染病的预防、控制措施。因此，对于此类拒绝执行卫生防疫机构等依照《传染病防治法》规定提出的预防、控制措施，造成新冠肺炎传播严重危险的行为，应当适用妨害传染病防治罪。

综上，对于抗拒疫情防控措施的犯罪，要区分违反的措施种类、抗拒行为的表现和危险性、主观恶性、造成的后果和情节等，坚持主客观相统一的原则，正确适用罪名，做到罪刑均衡，防止轻罪重判和重罪轻判，既坚决维护疫情防控秩序，又坚持法治原则、依法防控。

具体到本案，被告人张勇智故意隐瞒与武汉人员接触史，不遵守相关规定，不执行隔离措施进入公共场所和公共交通工具，导致与其密切接触的19名医护人员被隔离观察，与其同属一诊疗空间的50人被居家隔离观察，其居住的东方市山海湾小区被封闭管控，引起新型冠状病毒传播严重危险，其行为完全符合妨害传染病防治罪构成要件。因此，人民法院对其以妨害传染病防治罪进行定罪处罚，是正确的。

（撰稿：海南政法职业学院　王　伟
河南省淮滨县人民法院　韩卓珂
天津市第一中级人民法院　张文波
审编：最高人民法院刑二庭　韩维中）

中国共产党中央委员会
关于加强党的领导、为打赢疫情防控阻击战
提供坚强政治保证的通知

（中发电〔2020〕3号）

新型冠状病毒感染的肺炎疫情发生以来，习近平总书记高度重视，作出一系列重要指示，多次主持召开会议，对疫情防控工作进行研究部署，提出明确要求。1月27日，习近平总书记就各级党组织和广大党员、干部要在打赢疫情防控阻击战中发挥积极作用作出重要指示，强调各级党委（党组）、各级领导班子和领导干部、基层党组织和广大党员要不忘初心、牢记使命，挺身而出、英勇奋斗、扎实工作，团结带领广大人民群众坚定不移把党中央决策部署落到实处，坚决打赢疫情防控阻击战。各级党委（党组）要坚决贯彻落实习近平总书记重要指示精神，为打赢疫情防控阻击战提供坚强政治保证。现就有关事项通知如下。

疫情就是命令，防控就是责任。面对疫情加快蔓延的严重形势，各级党委（党组）要增强“四个意识”、坚定“四个自信”、做到“两个维护”，切实把思想和行动统一到习近平总书记重要指示精神上来，认清肩负的责任使命，按照坚定信心、同舟共济、科学防治、精准施策的要求切实做好工作，牢记人民利益高于一切，组织动员各级党组织和广大党员、干部把打赢疫情防控阻击战作为当前的重大政治任务，把投身防控疫情第一线作为践行初心使命、体现责任担当的试金石和磨刀石，把党的政治优势、组织优势、密切联系群众优势转化为疫情防控的强大政治优势，确保党中央重大决策部署贯彻落实，

让党旗在防控疫情斗争第一线高高飘扬。

各级党委(党组)要激励引导广大党员、干部特别是领导干部在疫情防控斗争中挺身而出、英勇奋斗、扎实工作,经受住考验,切实做到守土有责、守土担责、守土尽责。要在疫情防控第一线考察、识别、评价、使用干部,把领导班子和领导干部在疫情防控斗争中的实际表现作为考察其政治素质、宗旨意识、全局观念、驾驭能力、担当精神的重要内容。对表现突出的,要表扬表彰、大胆使用;对不敢担当、作风漂浮、落实不力的,甚至弄虚作假、失职渎职的,要严肃问责。各级组织部门、纪检监察部门要在各级党委领导下,积极主动履职,有效发挥作用。

各级党委(党组)要充分发挥基层党组织战斗堡垒作用和共产党员先锋模范作用,把基层党组织和广大党员全面动员起来,发扬不畏艰险、无私奉献的精神,坚定站在疫情防控第一线,做到哪里任务险重哪里就有党组织坚强有力的工作、哪里就有党员当先锋作表率。要广泛组织基层党组织和党员落实联防联控措施,建立健全区县、街镇、城乡社区等防护网络,做好疫情监测、排查、预警、防控等工作,加强联防联控,严防死守、不留死角,构筑群防群治抵御疫情的严密防线。要坚持党建引领,把区域治理、部门治理、行业治理、基层治理、单位治理有机结合起来,切实提高疫情防控的科学性和有效性。机关、企事业单位以及社会组织党组织要按照统一安排,扎实做好本部门本单位本行业的预防和控制工作。要组织党员、干部做好群众工作,稳定情绪、增强信心,不信谣、不传谣,当好群众的贴心人和主心骨,紧紧依靠人民群众坚决打赢疫情防控阻击战。

各级党委(党组)要会同卫生健康等部门和单位,动员和选派专家和医护人员中的党员、干部勇挑重担、迎难而上,在医疗救护、科研攻关、基础预防等岗位发挥作用。要关心关爱奋战在疫情防控斗争一线的专家和医护人员,采取务实、贴心、到位的举措,帮助疫情防控斗争一线的专家和医护人员解决实际困难,解除后顾之忧。要及时总结宣传各级党组织和广大党员、干部在疫情防控斗争中涌现出的先进典型和感人事迹,凝聚起众志成城、全力以赴、共克时艰的强大正能量。

各级党委（党组）动员党组织和广大党员、干部在防控疫情斗争中发挥作用的情况，要及时报告党中央。

2020年1月28日

中华人民共和国传染病防治法

(1989年2月21日第七届全国人民代表大会常务委员会第六次会议通过　2004年8月28日第十届全国人民代表大会常务委员会第十一次会议修订　根据2013年6月29日第十二届全国人民代表大会常务委员会第三次会议《关于修改〈中华人民共和国文物保护法〉等十二部法律的决定》修正)

第一章　总　　则

第一条　为了预防、控制和消除传染病的发生与流行,保障人体健康和公共卫生,制定本法。

第二条　国家对传染病防治实行预防为主的方针,防治结合、分类管理、依靠科学、依靠群众。

第三条　本法规定的传染病分为甲类、乙类和丙类。

甲类传染病是指:鼠疫、霍乱。

乙类传染病是指:传染性非典型肺炎、艾滋病、病毒性肝炎、脊髓灰质炎、人感染高致病性禽流感、麻疹、流行性出血热、狂犬病、流行性乙型脑炎、登革热、炭疽、细菌性和阿米巴性痢疾、肺结核、伤寒和副伤寒、流行性脑脊髓膜炎、百日咳、白喉、新生儿破伤风、猩红热、布鲁氏菌病、淋病、梅毒、钩端螺旋体病、血吸虫病、疟疾。

丙类传染病是指:流行性感冒、流行性腮腺炎、风疹、急性出血性结膜炎、麻风病、流行性和地方性斑疹伤寒、黑热病、包虫病、丝虫病,除霍乱、细菌性和阿米巴性痢疾、伤寒和副伤寒以外的感染性腹泻病。

国务院卫生行政部门根据传染病暴发、流行情况和危害程度,可以决定增加、减少或者调整乙类、丙类传染病病种并予以公布。

第四条 对乙类传染病中传染性非典型肺炎、炭疽中的肺炭疽和人感染高致病性禽流感，采取本法所称甲类传染病的预防、控制措施。其他乙类传染病和突发原因不明的传染病需要采取本法所称甲类传染病的预防、控制措施的，由国务院卫生行政部门及时报经国务院批准后予以公布、实施。

需要解除依照前款规定采取的甲类传染病预防、控制措施的，由国务院卫生行政部门报经国务院批准后予以公布。

省、自治区、直辖市人民政府对本行政区域内常见、多发的其他地方性传染病，可以根据情况决定按照乙类或者丙类传染病管理并予以公布，报国务院卫生行政部门备案。

第五条 各级人民政府领导传染病防治工作。

县级以上人民政府制定传染病防治规划并组织实施，建立健全传染病防治的疾病预防控制、医疗救治和监督管理体系。

第六条 国务院卫生行政部门主管全国传染病防治及其监督管理工作。县级以上地方人民政府卫生行政部门负责本行政区域内的传染病防治及其监督管理工作。

县级以上人民政府其他部门在各自的职责范围内负责传染病防治工作。

军队的传染病防治工作，依照本法和国家有关规定办理，由中国人民解放军卫生主管部门实施监督管理。

第七条 各级疾病预防控制机构承担传染病监测、预测、流行病学调查、疫情报告以及其他预防、控制工作。

医疗机构承担与医疗救治有关的传染病防治工作和责任区域内的传染病预防工作。城市社区和农村基层医疗机构在疾病预防控制机构的指导下，承担城市社区、农村基层相应的传染病防治工作。

第八条 国家发展现代医学和中医药等传统医学，支持和鼓励开展传染病防治的科学研究，提高传染病防治的科学技术水平。

国家支持和鼓励开展传染病防治的国际合作。

第九条 国家支持和鼓励单位和个人参与传染病防治工作。各级人民政府应当完善有关制度，方便单位和个人参与防治传染病的宣传教育、疫情报告、志愿服务和捐赠活动。

居民委员会、村民委员会应当组织居民、村民参与社区、农村的传染病预防与控制活动。

第十条 国家开展预防传染病的健康教育。新闻媒体应当无偿开展传染病防治和公共卫生教育的公益宣传。

各级各类学校应当对学生进行健康知识和传染病预防知识的教育。

医学院校应当加强预防医学教育和科学研究,对在校学生以及其他与传染病防治相关人员进行预防医学教育和培训,为传染病防治工作提供技术支持。

疾病预防控制机构、医疗机构应当定期对其工作人员进行传染病防治知识、技能的培训。

第十一条 对在传染病防治工作中做出显著成绩和贡献的单位和个人,给予表彰和奖励。

对因参与传染病防治工作致病、致残、死亡的人员,按照有关规定给予补助、抚恤。

第十二条 在中华人民共和国领域内的一切单位和个人,必须接受疾病预防控制机构、医疗机构有关传染病的调查、检验、采集样本、隔离治疗等预防、控制措施,如实提供有关情况。疾病预防控制机构、医疗机构不得泄露涉及个人隐私的有关信息、资料。

卫生行政部门以及其他有关部门、疾病预防控制机构和医疗机构因违法实施行政管理或者预防、控制措施,侵犯单位和个人合法权益的,有关单位和个人可以依法申请行政复议或者提起诉讼。

第二章 传染病预防

第十三条 各级人民政府组织开展群众性卫生活动,进行预防传染病的健康教育,倡导文明健康的生活方式,提高公众对传染病的防治意识和应对能力,加强环境卫生建设,消除鼠害和蚊、蝇等病媒生物的危害。

各级人民政府农业、水利、林业行政部门按照职责分工负责指导和组织消除农田、湖区、河流、牧场、林区的鼠害与血吸虫危害，以及其他传播传染病的动物和病媒生物的危害。

铁路、交通、民用航空行政部门负责组织消除交通工具以及相关场所的鼠害和蚊、蝇等病媒生物的危害。

第十四条 地方各级人民政府应当有计划地建设和改造公共卫生设施，改善饮用水卫生条件，对污水、污物、粪便进行无害化处置。

第十五条 国家实行有计划的预防接种制度。国务院卫生行政部门和省、自治区、直辖市人民政府卫生行政部门，根据传染病预防、控制的需要，制定传染病预防接种规划并组织实施。用于预防接种的疫苗必须符合国家质量标准。

国家对儿童实行预防接种证制度。国家免疫规划项目的预防接种实行免费。医疗机构、疾病预防控制机构与儿童的监护人应当相互配合，保证儿童及时接受预防接种。具体办法由国务院制定。

第十六条 国家和社会应当关心、帮助传染病病人、病原携带者和疑似传染病病人，使其得到及时救治。任何单位和个人不得歧视传染病病人、病原携带者和疑似传染病病人。

传染病病人、病原携带者和疑似传染病病人，在治愈前或者在排除传染病嫌疑前，不得从事法律、行政法规和国务院卫生行政部门规定禁止从事的易使该传染病扩散的工作。

第十七条 国家建立传染病监测制度。

国务院卫生行政部门制定国家传染病监测规划和方案。省、自治区、直辖市人民政府卫生行政部门根据国家传染病监测规划和方案，制定本行政区域的传染病监测计划和工作方案。

各级疾病预防控制机构对传染病的发生、流行以及影响其发生、流行的因素，进行监测；对国外发生、国内尚未发生的传染病或者国内新发生的传染病，进行监测。

第十八条 各级疾病预防控制机构在传染病预防控制中履行下列职责：

（一）实施传染病预防控制规划、计划和方案；

（二）收集、分析和报告传染病监测信息，预测传染病的发生、流行趋势；

（三）开展对传染病疫情和突发公共卫生事件的流行病学调查、现场处理及其效果评价；

（四）开展传染病实验室检测、诊断、病原学鉴定；

（五）实施免疫规划，负责预防性生物制品的使用管理；

（六）开展健康教育、咨询，普及传染病防治知识；

（七）指导、培训下级疾病预防控制机构及其工作人员开展传染病监测工作；

（八）开展传染病防治应用性研究和卫生评价，提供技术咨询。

国家、省级疾病预防控制机构负责对传染病发生、流行以及分布进行监测，对重大传染病流行趋势进行预测，提出预防控制对策，参与并指导对暴发的疫情进行调查处理，开展传染病病原学鉴定，建立检测质量控制体系，开展应用性研究和卫生评价。

设区的市和县级疾病预防控制机构负责传染病预防控制规划、方案的落实，组织实施免疫、消毒、控制病媒生物的危害，普及传染病防治知识，负责本地区疫情和突发公共卫生事件监测、报告，开展流行病学调查和常见病原微生物检测。

第十九条　国家建立传染病预警制度。

国务院卫生行政部门和省、自治区、直辖市人民政府根据传染病发生、流行趋势的预测，及时发出传染病预警，根据情况予以公布。

第二十条　县级以上地方人民政府应当制定传染病预防、控制预案，报上一级人民政府备案。

传染病预防、控制预案应当包括以下主要内容：

（一）传染病预防控制指挥部的组成和相关部门的职责；

（二）传染病的监测、信息收集、分析、报告、通报制度；

（三）疾病预防控制机构、医疗机构在发生传染病疫情时的任务与职责；

（四）传染病暴发、流行情况的分级以及相应的应急工作方案；

（五）传染病预防、疫点疫区现场控制，应急设施、设备、救治药品和医疗器械以及其他物资和技术的储备与调用。

地方人民政府和疾病预防控制机构接到国务院卫生行政部门或者省、自治区、直辖市人民政府发出的传染病预警后，应当按照传染病预防、控制预案，采取相应的预防、控制措施。

第二十一条 医疗机构必须严格执行国务院卫生行政部门规定的管理制度、操作规范，防止传染病的医源性感染和医院感染。

医疗机构应当确定专门的部门或者人员，承担传染病疫情报告、本单位的传染病预防、控制以及责任区域内的传染病预防工作；承担医疗活动中与医院感染有关的危险因素监测、安全防护、消毒、隔离和医疗废物处置工作。

疾病预防控制机构应当指定专门人员负责对医疗机构内传染病预防工作进行指导、考核，开展流行病学调查。

第二十二条 疾病预防控制机构、医疗机构的实验室和从事病原微生物实验的单位，应当符合国家规定的条件和技术标准，建立严格的监督管理制度，对传染病病原体样本按照规定的措施实行严格监督管理，严防传染病病原体的实验室感染和病原微生物的扩散。

第二十三条 采供血机构、生物制品生产单位必须严格执行国家有关规定，保证血液、血液制品的质量。禁止非法采集血液或者组织他人出卖血液。

疾病预防控制机构、医疗机构使用血液和血液制品，必须遵守国家有关规定，防止因输入血液、使用血液制品引起经血液传播疾病的发生。

第二十四条 各级人民政府应当加强艾滋病的防治工作，采取预防、控制措施，防止艾滋病的传播。具体办法由国务院制定。

第二十五条 县级以上人民政府农业、林业行政部门以及其他有关部门，依据各自的职责负责与人畜共患传染病有关的动物传染病的防治管理工作。

与人畜共患传染病有关的野生动物、家畜家禽，经检疫合格后，方可出售、运输。

第二十六条 国家建立传染病菌种、毒种库。

对传染病菌种、毒种和传染病检测样本的采集、保藏、携带、运输和使用实行分类管理，建立健全严格的管理制度。

对可能导致甲类传染病传播的以及国务院卫生行政部门规定的菌种、毒种和传染病检测样本,确需采集、保藏、携带、运输和使用的,须经省级以上人民政府卫生行政部门批准。具体办法由国务院制定。

第二十七条　对被传染病病原体污染的污水、污物、场所和物品,有关单位和个人必须在疾病预防控制机构的指导下或者按照其提出的卫生要求,进行严格消毒处理;拒绝消毒处理的,由当地卫生行政部门或者疾病预防控制机构进行强制消毒处理。

第二十八条　在国家确认的自然疫源地计划兴建水利、交通、旅游、能源等大型建设项目的,应当事先由省级以上疾病预防控制机构对施工环境进行卫生调查。建设单位应当根据疾病预防控制机构的意见,采取必要的传染病预防、控制措施。施工期间,建设单位应当设专人负责工地上的卫生防疫工作。工程竣工后,疾病预防控制机构应当对可能发生的传染病进行监测。

第二十九条　用于传染病防治的消毒产品、饮用水供水单位供应的饮用水和涉及饮用水卫生安全的产品,应当符合国家卫生标准和卫生规范。

饮用水供水单位从事生产或者供应活动,应当依法取得卫生许可证。

生产用于传染病防治的消毒产品的单位和生产用于传染病防治的消毒产品,应当经省级以上人民政府卫生行政部门审批。具体办法由国务院制定。

第三章　疫情报告、通报和公布

第三十条　疾病预防控制机构、医疗机构和采供血机构及其执行职务的人员发现本法规定的传染病疫情或者发现其他传染病暴发、流行以及突发原因不明的传染病时,应当遵循疫情报告属地管理原则,按照国务院规定的或者国务院卫生行政部门规定的内容、程序、方式和时限报告。

军队医疗机构向社会公众提供医疗服务,发现前款规定的传染病疫情时,应当按照国务院卫生行政部门的规定报告。

第三十一条　任何单位和个人发现传染病病人或者疑似传染病病人

时，应当及时向附近的疾病预防控制机构或者医疗机构报告。

第三十二条 港口、机场、铁路疾病预防控制机构以及国境卫生检疫机关发现甲类传染病病人、病原携带者、疑似传染病病人时，应当按照国家有关规定立即向国境口岸所在地的疾病预防控制机构或者所在地县级以上地方人民政府卫生行政部门报告并互相通报。

第三十三条 疾病预防控制机构应当主动收集、分析、调查、核实传染病疫情信息。接到甲类、乙类传染病疫情报告或者发现传染病暴发、流行时，应当立即报告当地卫生行政部门，由当地卫生行政部门立即报告当地人民政府，同时报告上级卫生行政部门和国务院卫生行政部门。

疾病预防控制机构应当设立或者指定专门的部门、人员负责传染病疫情信息管理工作，及时对疫情报告进行核实、分析。

第三十四条 县级以上地方人民政府卫生行政部门应当及时向本行政区域内的疾病预防控制机构和医疗机构通报传染病疫情以及监测、预警的相关信息。接到通报的疾病预防控制机构和医疗机构应当及时告知本单位的有关人员。

第三十五条 国务院卫生行政部门应当及时向国务院其他有关部门和各省、自治区、直辖市人民政府卫生行政部门通报全国传染病疫情以及监测、预警的相关信息。

毗邻的以及相关的地方人民政府卫生行政部门，应当及时互相通报本行政区域的传染病疫情以及监测、预警的相关信息。

县级以上人民政府有关部门发现传染病疫情时，应当及时向同级人民政府卫生行政部门通报。

中国人民解放军卫生主管部门发现传染病疫情时，应当向国务院卫生行政部门通报。

第三十六条 动物防疫机构和疾病预防控制机构，应当及时互相通报动物间和人间发生的人畜共患传染病疫情以及相关信息。

第三十七条 依照本法的规定负有传染病疫情报告职责的人民政府有关部门、疾病预防控制机构、医疗机构、采供血机构及其工作人员，不得隐瞒、谎报、缓报传染病疫情。

第三十八条 国家建立传染病疫情信息公布制度。

国务院卫生行政部门定期公布全国传染病疫情信息。省、自治区、直辖市人民政府卫生行政部门定期公布本行政区域的传染病疫情信息。

传染病暴发、流行时,国务院卫生行政部门负责向社会公布传染病疫情信息,并可以授权省、自治区、直辖市人民政府卫生行政部门向社会公布本行政区域的传染病疫情信息。

公布传染病疫情信息应当及时、准确。

第四章 疫情控制

第三十九条 医疗机构发现甲类传染病时,应当及时采取下列措施:

(一)对病人、病原携带者,予以隔离治疗,隔离期限根据医学检查结果确定;

(二)对疑似病人,确诊前在指定场所单独隔离治疗;

(三)对医疗机构内的病人、病原携带者、疑似病人的密切接触者,在指定场所进行医学观察和采取其他必要的预防措施。

拒绝隔离治疗或者隔离期未满擅自脱离隔离治疗的,可以由公安机关协助医疗机构采取强制隔离治疗措施。

医疗机构发现乙类或者丙类传染病病人,应当根据病情采取必要的治疗和控制传播措施。

医疗机构对本单位内被传染病病原体污染的场所、物品以及医疗废物,必须依照法律、法规的规定实施消毒和无害化处置。

第四十条 疾病预防控制机构发现传染病疫情或者接到传染病疫情报告时,应当及时采取下列措施:

(一)对传染病疫情进行流行病学调查,根据调查情况提出划定疫点、疫区的建议,对被污染的场所进行卫生处理,对密切接触者,在指定场所进行医学观察和采取其他必要的预防措施,并向卫生行政部门提出疫情控制方案;

(二)传染病暴发、流行时,对疫点、疫区进行卫生处理,向卫生行政部门提出疫情控制方案，并按照卫生行政部门的要求采取措施；

（三）指导下级疾病预防控制机构实施传染病预防、控制措施，组织、指导有关单位对传染病疫情的处理。

第四十一条 对已经发生甲类传染病病例的场所或者该场所内的特定区域的人员，所在地的县级以上地方人民政府可以实施隔离措施，并同时向上一级人民政府报告；接到报告的上级人民政府应当即时作出是否批准的决定。上级人民政府作出不予批准决定的，实施隔离措施的人民政府应当立即解除隔离措施。

在隔离期间，实施隔离措施的人民政府应当对被隔离人员提供生活保障；被隔离人员有工作单位的，所在单位不得停止支付其隔离期间的工作报酬。

隔离措施的解除，由原决定机关决定并宣布。

第四十二条 传染病暴发、流行时，县级以上地方人民政府应当立即组织力量，按照预防、控制预案进行防治，切断传染病的传播途径，必要时，报经上一级人民政府决定，可以采取下列紧急措施并予以公告：

（一）限制或者停止集市、影剧院演出或者其他人群聚集的活动；

（二）停工、停业、停课；

（三）封闭或者封存被传染病病原体污染的公共饮用水源、食品以及相关物品；

（四）控制或者扑杀染疫野生动物、家畜家禽；

（五）封闭可能造成传染病扩散的场所。

上级人民政府接到下级人民政府关于采取前款所列紧急措施的报告时，应当即时作出决定。

紧急措施的解除，由原决定机关决定并宣布。

第四十三条 甲类、乙类传染病暴发、流行时，县级以上地方人民政府报经上一级人民政府决定，可以宣布本行政区域部分或者全部为疫区；国务院可以决定并宣布跨省、自治区、直辖市的疫区。县级以上地方人民政府可以在疫区内采取本法第四十二条规定的紧急措施，并可以对出入疫区的人员、物资和交通工具实施卫生检疫。

省、自治区、直辖市人民政府可以决定对本行政区域内的甲类传染病疫区实施封锁;但是,封锁大、中城市的疫区或者封锁跨省、自治区、直辖市的疫区,以及封锁疫区导致中断干线交通或者封锁国境的,由国务院决定。

疫区封锁的解除,由原决定机关决定并宣布。

第四十四条 发生甲类传染病时,为了防止该传染病通过交通工具及其乘运的人员、物资传播,可以实施交通卫生检疫。具体办法由国务院制定。

第四十五条 传染病暴发、流行时,根据传染病疫情控制的需要,国务院有权在全国范围或者跨省、自治区、直辖市范围内,县级以上地方人民政府有权在本行政区域内紧急调集人员或者调用储备物资,临时征用房屋、交通工具以及相关设施、设备。

紧急调集人员的,应当按照规定给予合理报酬。临时征用房屋、交通工具以及相关设施、设备的,应当依法给予补偿;能返还的,应当及时返还。

第四十六条 患甲类传染病、炭疽死亡的,应当将尸体立即进行卫生处理,就近火化。患其他传染病死亡的,必要时,应当将尸体进行卫生处理后火化或者按照规定深埋。

为了查找传染病病因,医疗机构在必要时可以按照国务院卫生行政部门的规定,对传染病病人尸体或者疑似传染病病人尸体进行解剖查验,并应当告知死者家属。

第四十七条 疫区中被传染病病原体污染或者可能被传染病病原体污染的物品,经消毒可以使用的,应当在当地疾病预防控制机构的指导下,进行消毒处理后,方可使用、出售和运输。

第四十八条 发生传染病疫情时,疾病预防控制机构和省级以上人民政府卫生行政部门指派的其他与传染病有关的专业技术机构,可以进入传染病疫点、疫区进行调查、采集样本、技术分析和检验。

第四十九条 传染病暴发、流行时,药品和医疗器械生产、供应单位应当及时生产、供应防治传染病的药品和医疗器械。铁路、交通、民用航空经营单位必须优先运送处理传染病疫情的人员以及防治传染病的药品和医疗器械。县级以上人民政府有关部门应当做好组织协调工作。

第五章　医 疗 救 治

第五十条　县级以上人民政府应当加强和完善传染病医疗救治服务网络的建设，指定具备传染病救治条件和能力的医疗机构承担传染病救治任务，或者根据传染病救治需要设置传染病医院。

第五十一条　医疗机构的基本标准、建筑设计和服务流程，应当符合预防传染病医院感染的要求。

医疗机构应当按照规定对使用的医疗器械进行消毒；对按照规定一次使用的医疗器具，应当在使用后予以销毁。

医疗机构应当按照国务院卫生行政部门规定的传染病诊断标准和治疗要求，采取相应措施，提高传染病医疗救治能力。

第五十二条　医疗机构应当对传染病病人或者疑似传染病病人提供医疗救护、现场救援和接诊治疗，书写病历记录以及其他有关资料，并妥善保管。

医疗机构应当实行传染病预检、分诊制度；对传染病病人、疑似传染病病人，应当引导至相对隔离的分诊点进行初诊。医疗机构不具备相应救治能力的，应当将患者及其病历记录复印件一并转至具备相应救治能力的医疗机构。具体办法由国务院卫生行政部门规定。

第六章　监 督 管 理

第五十三条　县级以上人民政府卫生行政部门对传染病防治工作履行下列监督检查职责：

（一）对下级人民政府卫生行政部门履行本法规定的传染病防治职责进行监督检查；

（二）对疾病预防控制机构、医疗机构的传染病防治工作进行监督检查；

（三）对采供血机构的采供血活动进行监督检查；

（四）对用于传染病防治的消毒产品及其生产单位进行监督检查，并对饮用水供水单位从事生产或者供应活动以及涉及饮用水卫生安全的产品进行监督检查；

（五）对传染病菌种、毒种和传染病检测样本的采集、保藏、携带、运输、使用进行监督检查；

（六）对公共场所和有关单位的卫生条件和传染病预防、控制措施进行监督检查。

省级以上人民政府卫生行政部门负责组织对传染病防治重大事项的处理。

第五十四条 县级以上人民政府卫生行政部门在履行监督检查职责时，有权进入被检查单位和传染病疫情发生现场调查取证，查阅或者复制有关的资料和采集样本。被检查单位应当予以配合，不得拒绝、阻挠。

第五十五条 县级以上地方人民政府卫生行政部门在履行监督检查职责时，发现被传染病病原体污染的公共饮用水源、食品以及相关物品，如不及时采取控制措施可能导致传染病传播、流行的，可以采取封闭公共饮用水源、封存食品以及相关物品或者暂停销售的临时控制措施，并予以检验或者进行消毒。经检验，属于被污染的食品，应当予以销毁；对未被污染的食品或者经消毒后可以使用的物品，应当解除控制措施。

第五十六条 卫生行政部门工作人员依法执行职务时，应当不少于两人，并出示执法证件，填写卫生执法文书。

卫生执法文书经核对无误后，应当由卫生执法人员和当事人签名。当事人拒绝签名的，卫生执法人员应当注明情况。

第五十七条 卫生行政部门应当依法建立健全内部监督制度，对其工作人员依据法定职权和程序履行职责的情况进行监督。

上级卫生行政部门发现下级卫生行政部门不及时处理职责范围内的事项或者不履行职责的，应当责令纠正或者直接予以处理。

第五十八条 卫生行政部门及其工作人员履行职责，应当自觉接受社会和公民的监督。单位和个人有权向上级人民政府及其卫生行政部门举报违反本法的行为。接到举报的有关人民政府或者其卫生行政部门，应当及时调查处理。

第七章　保 障 措 施

第五十九条　国家将传染病防治工作纳入国民经济和社会发展计划，县级以上地方人民政府将传染病防治工作纳入本行政区域的国民经济和社会发展计划。

第六十条　县级以上地方人民政府按照本级政府职责负责本行政区域内传染病预防、控制、监督工作的日常经费。

国务院卫生行政部门会同国务院有关部门，根据传染病流行趋势，确定全国传染病预防、控制、救治、监测、预测、预警、监督检查等项目。中央财政对困难地区实施重大传染病防治项目给予补助。

省、自治区、直辖市人民政府根据本行政区域内传染病流行趋势，在国务院卫生行政部门确定的项目范围内，确定传染病预防、控制、监督等项目，并保障项目的实施经费。

第六十一条　国家加强基层传染病防治体系建设，扶持贫困地区和少数民族地区的传染病防治工作。

地方各级人民政府应当保障城市社区、农村基层传染病预防工作的经费。

第六十二条　国家对患有特定传染病的困难人群实行医疗救助，减免医疗费用。具体办法由国务院卫生行政部门会同国务院财政部门等部门制定。

第六十三条　县级以上人民政府负责储备防治传染病的药品、医疗器械和其他物资，以备调用。

第六十四条　对从事传染病预防、医疗、科研、教学、现场处理疫情的人员，以及在生产、工作中接触传染病病原体的其他人员，有关单位应当按照国家规定，采取有效的卫生防护措施和医疗保健措施，并给予适当的津贴。

第八章　法 律 责 任

第六十五条　地方各级人民政府未依照本法的规定履行报告职责，或者隐瞒、谎报、缓报传染病疫情，或者在传染病暴发、流行时，未及时组织救治、采取控制措施的，由上级人民政府责令改正，通报批评；造成传染病传播、流行或者其他严重后果的，对负有责任的主管人员，依法给予行政处分；构成犯罪的，依法追究刑事责任。

第六十六条 县级以上人民政府卫生行政部门违反本法规定，有下列情形之一的，由本级人民政府、上级人民政府卫生行政部门责令改正，通报批评；造成传染病传播、流行或者其他严重后果的，对负有责任的主管人员和其他直接责任人员，依法给予行政处分；构成犯罪的，依法追究刑事责任：

（一）未依法履行传染病疫情通报、报告或者公布职责，或者隐瞒、谎报、缓报传染病疫情的；

（二）发生或者可能发生传染病传播时未及时采取预防、控制措施的；

（三）未依法履行监督检查职责，或者发现违法行为不及时查处的；

（四）未及时调查、处理单位和个人对下级卫生行政部门不履行传染病防治职责的举报的；

（五）违反本法的其他失职、渎职行为。

第六十七条 县级以上人民政府有关部门未依照本法的规定履行传染病防治和保障职责的，由本级人民政府或者上级人民政府有关部门责令改正，通报批评；造成传染病传播、流行或者其他严重后果的，对负有责任的主管人员和其他直接责任人员，依法给予行政处分；构成犯罪的，依法追究刑事责任。

第六十八条 疾病预防控制机构违反本法规定，有下列情形之一的，由县级以上人民政府卫生行政部门责令限期改正，通报批评，给予警告；对负有责任的主管人员和其他直接责任人员，依法给予降级、撤职、开除的处分，并可以依法吊销有关责任人员的执业证书；构成犯罪的，依法追究刑事责任：

（一）未依法履行传染病监测职责的；

（二）未依法履行传染病疫情报告、通报职责，或者隐瞒、谎报、缓报传染病疫情的；

（三）未主动收集传染病疫情信息，或者对传染病疫情信息和疫情报告未及时进行分析、调查、核实的；

（四）发现传染病疫情时，未依据职责及时采取本法规定的措施的；

（五）故意泄露传染病病人、病原携带者、疑似传染病病人、密切接触者涉及个人隐私的有关信息、资料的。

第六十九条 医疗机构违反本法规定，有下列情形之一的，由县级以上人民政府卫生行政部门责令改正，通报批评，给予警告；造成传染病传播、流行或者其他严重后果的，对负有责任的主管人员和其他直接责任人员，依法给予降级、撤职、开除的处分，并可以依法吊销有关责任人员的执业证书；构成犯罪的，依法追究刑事责任：

（一）未按照规定承担本单位的传染病预防、控制工作、医院感染控制任务和责任区域内的传染病预防工作的；

（二）未按照规定报告传染病疫情，或者隐瞒、谎报、缓报传染病疫情的；

（三）发现传染病疫情时，未按照规定对传染病病人、疑似传染病病人提供医疗救护、现场救援、接诊、转诊的，或者拒绝接受转诊的；

（四）未按照规定对本单位内被传染病病原体污染的场所、物品以及医疗废物实施消毒或者无害化处置的；

（五）未按照规定对医疗器械进行消毒，或者对按照规定一次使用的医疗器具未予销毁，再次使用的；

（六）在医疗救治过程中未按照规定保管医学记录资料的；

（七）故意泄露传染病病人、病原携带者、疑似传染病病人、密切接触者涉及个人隐私的有关信息、资料的。

第七十条 采供血机构未按照规定报告传染病疫情，或者隐瞒、谎报、缓报传染病疫情，或者未执行国家有关规定，导致因输入血液引起经血液传播疾病发生的，由县级以上人民政府卫生行政部门责令改正，通报批评，给予警告；造成传染病传播、流行或者其他严重后果的，对负有责任的主管人员和其他直接责任人员，依法给予降级、撤职、开除的处分，并可以依法吊销采供血机构的执业许可证；构成犯罪的，依法追究刑事责任。

非法采集血液或者组织他人出卖血液的，由县级以上人民政府卫生行政部门予以取缔，没收违法所得，可以并处十万元以下的罚款；构成犯罪的，依法追究刑事责任。

第七十一条 国境卫生检疫机关、动物防疫机构未依法履行传染病疫情通报职责的，由有关部门在各自职责范围内责令改正，通报批评；造成传染病传播、流行或者其他严重后果的，对负有责任的主管人员和其他直接责任人员，依法给予降级、撤职、开除的处分；构成犯罪的，依法追究刑事责任。

第七十二条 铁路、交通、民用航空经营单位未依照本法的规定优先运送处理传染病疫情的人员以及防治传染病的药品和医疗器械的，由有关部门责令限期改正，给予警告；造成严重后果的，对负有责任的主管人员和其他直接责任人员，依法给予降级、撤职、开除的处分。

第七十三条 违反本法规定，有下列情形之一，导致或者可能导致传染病传播、流行的，由县级以上人民政府卫生行政部门责令限期改正，没收违法所得，可以并处五万元以下的罚款；已取得许可证的，原发证部门可以依法暂扣或者吊销许可证；构成犯罪的，依法追究刑事责任：

（一）饮用水供水单位供应的饮用水不符合国家卫生标准和卫生规范的；

（二）涉及饮用水卫生安全的产品不符合国家卫生标准和卫生规范的；

（三）用于传染病防治的消毒产品不符合国家卫生标准和卫生规范的；

（四）出售、运输疫区中被传染病病原体污染或者可能被传染病病原体污染的物品，未进行消毒处理的；

（五）生物制品生产单位生产的血液制品不符合国家质量标准的。

第七十四条 违反本法规定，有下列情形之一的，由县级以上地方人民政府卫生行政部门责令改正，通报批评，给予警告，已取得许可证的，可以依法暂扣或者吊销许可证；造成传染病传播、流行以及其他严重后果的，对负有责任的主管人员和其他直接责任人员，依法给予降级、撤职、开除的处分，并可以依法吊销有关责任人员的执业证书；构成犯罪的，依法追究刑事责任：

（一）疾病预防控制机构、医疗机构和从事病原微生物实验的单位，不符合国家规定的条件和技术标准，对传染病病原体样本未按照规定进行严格管理，造成实验室感染和病原微生物扩散的；

（二）违反国家有关规定，采集、保藏、携带、运输和使用传染病菌种、毒种和传染病检测样本的；

（三）疾病预防控制机构、医疗机构未执行国家有关规定，导致因输入血液、使用血液制品引起经血液传播疾病发生的。

第七十五条 未经检疫出售、运输与人畜共患传染病有关的野生动物、家畜家禽的，由县级以上地方人民政府畜牧兽医行政部门责令停止违法行为，并依法给予行政处罚。

第七十六条 在国家确认的自然疫源地兴建水利、交通、旅游、能源等大型建设项目，未经卫生调查进行施工的，或者未按照疾病预防控制机构的意见采取必要的传染病预防、控制措施的，由县级以上人民政府卫生行政部门责令限期改正，给予警告，处五千元以上三万元以下的罚款；逾期不改正的，处三万元以上十万元以下的罚款，并可以提请有关人民政府依据职责权限，责令停建、关闭。

第七十七条 单位和个人违反本法规定，导致传染病传播、流行，给他人人身、财产造成损害的，应当依法承担民事责任。

第九章　附　　则

第七十八条 本法中下列用语的含义：

（一）传染病病人、疑似传染病病人：指根据国务院卫生行政部门发布的《中华人民共和国传染病防治法规定管理的传染病诊断标准》，符合传染病病人和疑似传染病病人诊断标准的人。

（二）病原携带者：指感染病原体无临床症状但能排出病原体的人。

（三）流行病学调查：指对人群中疾病或者健康状况的分布及其决定因素进行调查研究，提出疾病预防控制措施及保健对策。

（四）疫点：指病原体从传染源向周围播散的范围较小或者单个疫源地。

（五）疫区：指传染病在人群中暴发、流行，其病原体向周围播散时所能波及的地区。

（六）人畜共患传染病：指人与脊椎动物共同罹患的传染病，如鼠疫、狂犬病、血吸虫病等。

（七）自然疫源地：指某些可引起人类传染病的病原体在自然界的野生动物中长期存在和循环的地区。

（八）病媒生物：指能够将病原体从人或者其他动物传播给人的生物，如蚊、蝇、蚤类等。

（九）医源性感染：指在医学服务中，因病原体传播引起的感染。

（十）医院感染：指住院病人在医院内获得的感染，包括在住院期间发生的感染和在医院内获得出院后发生的感染，但不包括入院前已开始或者入院时已处于潜伏期的感染。医院工作人员在医院内获得的感染也属医院感染。

（十一）实验室感染：指从事实验室工作时，因接触病原体所致的感染。

（十二）菌种、毒种：指可能引起本法规定的传染病发生的细菌菌种、病毒毒种。

（十三）消毒：指用化学、物理、生物的方法杀灭或者消除环境中的病原微生物。

（十四）疾病预防控制机构：指从事疾病预防控制活动的疾病预防控制中心以及与上述机构业务活动相同的单位。

（十五）医疗机构：指按照《医疗机构管理条例》取得医疗机构执业许可证，从事疾病诊断、治疗活动的机构。

第七十九条 传染病防治中有关食品、药品、血液、水、医疗废物和病原微生物的管理以及动物防疫和国境卫生检疫，本法未规定的，分别适用其他有关法律、行政法规的规定。

第八十条 本法自2004年12月1日起施行。

中华人民共和国野生动物保护法

（1988 年 11 月 8 日第七届全国人民代表大会常务委员会第四次会议通过　根据 2004 年 8 月 28 日第十届全国人民代表大会常务委员会第十一次会议《关于修改〈中华人民共和国野生动物保护法〉的决定》第一次修正　根据 2009 年 8 月 27 日第十一届全国人民代表大会常务委员会第十次会议《关于修改部分法律的决定》第二次修正　2016 年 7 月 2 日第十二届全国人民代表大会常务委员会第二十一次会议修订　根据 2018 年 10 月 26 日第十三届全国人民代表大会常务委员会第六次会议《关于修改〈中华人民共和国野生动物保护法〉等十五部法律的决定》第三次修正）

第一章　总　　则

第一条　为了保护野生动物，拯救珍贵、濒危野生动物，维护生物多样性和生态平衡，推进生态文明建设，制定本法。

第二条　在中华人民共和国领域及管辖的其他海域，从事野生动物保护及相关活动，适用本法。

本法规定保护的野生动物，是指珍贵、濒危的陆生、水生野生动物和有重要生态、科学、社会价值的陆生野生动物。

本法规定的野生动物及其制品，是指野生动物的整体（含卵、蛋）、部分及其衍生物。

珍贵、濒危的水生野生动物以外的其他水生野生动物的保护，适用《中华人民共和国渔业法》等有关法律的规定。

第三条　野生动物资源属于国家所有。

国家保障依法从事野生动物科学研究、人工繁育等保护及相关活动的组织和个人的合法权益。

第四条 国家对野生动物实行保护优先、规范利用、严格监管的原则，鼓励开展野生动物科学研究，培育公民保护野生动物的意识，促进人与自然和谐发展。

第五条 国家保护野生动物及其栖息地。县级以上人民政府应当制定野生动物及其栖息地相关保护规划和措施，并将野生动物保护经费纳入预算。

国家鼓励公民、法人和其他组织依法通过捐赠、资助、志愿服务等方式参与野生动物保护活动，支持野生动物保护公益事业。

本法规定的野生动物栖息地，是指野生动物野外种群生息繁衍的重要区域。

第六条 任何组织和个人都有保护野生动物及其栖息地的义务。禁止违法猎捕野生动物、破坏野生动物栖息地。

任何组织和个人都有权向有关部门和机关举报或者控告违反本法的行为。野生动物保护主管部门和其他有关部门、机关对举报或者控告，应当及时依法处理。

第七条 国务院林业草原、渔业主管部门分别主管全国陆生、水生野生动物保护工作。

县级以上地方人民政府林业草原、渔业主管部门分别主管本行政区域内陆生、水生野生动物保护工作。

第八条 各级人民政府应当加强野生动物保护的宣传教育和科学知识普及工作，鼓励和支持基层群众性自治组织、社会组织、企业事业单位、志愿者开展野生动物保护法律法规和保护知识的宣传活动。

教育行政部门、学校应当对学生进行野生动物保护知识教育。

新闻媒体应当开展野生动物保护法律法规和保护知识的宣传，对违法行为进行舆论监督。

第九条 在野生动物保护和科学研究方面成绩显著的组织和个人，由县级以上人民政府给予奖励。

第二章　野生动物及其栖息地保护

第十条　国家对野生动物实行分类分级保护。

国家对珍贵、濒危的野生动物实行重点保护。国家重点保护的野生动物分为一级保护野生动物和二级保护野生动物。国家重点保护野生动物名录，由国务院野生动物保护主管部门组织科学评估后制定，并每五年根据评估情况确定对名录进行调整。国家重点保护野生动物名录报国务院批准公布。

地方重点保护野生动物，是指国家重点保护野生动物以外，由省、自治区、直辖市重点保护的野生动物。地方重点保护野生动物名录，由省、自治区、直辖市人民政府组织科学评估后制定、调整并公布。

有重要生态、科学、社会价值的陆生野生动物名录，由国务院野生动物保护主管部门组织科学评估后制定、调整并公布。

第十一条　县级以上人民政府野生动物保护主管部门，应当定期组织或者委托有关科学研究机构对野生动物及其栖息地状况进行调查、监测和评估，建立健全野生动物及其栖息地档案。

对野生动物及其栖息地状况的调查、监测和评估应当包括下列内容：

（一）野生动物野外分布区域、种群数量及结构；

（二）野生动物栖息地的面积、生态状况；

（三）野生动物及其栖息地的主要威胁因素；

（四）野生动物人工繁育情况等其他需要调查、监测和评估的内容。

第十二条　国务院野生动物保护主管部门应当会同国务院有关部门，根据野生动物及其栖息地状况的调查、监测和评估结果，确定并发布野生动物重要栖息地名录。

省级以上人民政府依法划定相关自然保护区域，保护野生动物及其重要栖息地，保护、恢复和改善野生动物生存环境。对不具备划定相关自然保护区域条件的，县级以上人民政府可以采取划定禁猎（渔）区、规定禁猎（渔）期等其他形式予以保护。

禁止或者限制在相关自然保护区域内引入外来物种、营造单一纯林、过量施洒农药等人为干扰、威胁野生动物生息繁衍的行为。

相关自然保护区域,依照有关法律法规的规定划定和管理。

第十三条 县级以上人民政府及其有关部门在编制有关开发利用规划时,应当充分考虑野生动物及其栖息地保护的需要,分析、预测和评估规划实施可能对野生动物及其栖息地保护产生的整体影响,避免或者减少规划实施可能造成的不利后果。

禁止在相关自然保护区域建设法律法规规定不得建设的项目。机场、铁路、公路、水利水电、围堰、围填海等建设项目的选址选线,应当避让相关自然保护区域、野生动物迁徙洄游通道;无法避让的,应当采取修建野生动物通道、过鱼设施等措施,消除或者减少对野生动物的不利影响。

建设项目可能对相关自然保护区域、野生动物迁徙洄游通道产生影响的,环境影响评价文件的审批部门在审批环境影响评价文件时,涉及国家重点保护野生动物的,应当征求国务院野生动物保护主管部门意见;涉及地方重点保护野生动物的,应当征求省、自治区、直辖市人民政府野生动物保护主管部门意见。

第十四条 各级野生动物保护主管部门应当监视、监测环境对野生动物的影响。由于环境影响对野生动物造成危害时,野生动物保护主管部门应当会同有关部门进行调查处理。

第十五条 国家或者地方重点保护野生动物受到自然灾害、重大环境污染事故等突发事件威胁时,当地人民政府应当及时采取应急救助措施。

县级以上人民政府野生动物保护主管部门应当按照国家有关规定组织开展野生动物收容救护工作。

禁止以野生动物收容救护为名买卖野生动物及其制品。

第十六条 县级以上人民政府野生动物保护主管部门、兽医主管部门,应当按照职责分工对野生动物疫源疫病进行监测,组织开展预测、预报等工作,并按照规定制定野生动物疫情应急预案,报同级人民政府批准或者备案。

县级以上人民政府野生动物保护主管部门、兽医主管部门、卫生主管部门,应当按照职责分工负责与人畜共患传染病有关的动物传染病的防治管理工作。

第十七条 国家加强对野生动物遗传资源的保护,对濒危野生动物实施抢救性保护。

国务院野生动物保护主管部门应当会同国务院有关部门制定有关野生动物遗传资源保护和利用规划,建立国家野生动物遗传资源基因库,对原产我国的珍贵、濒危野生动物遗传资源实行重点保护。

第十八条 有关地方人民政府应当采取措施,预防、控制野生动物可能造成的危害,保障人畜安全和农业、林业生产。

第十九条 因保护本法规定保护的野生动物,造成人员伤亡、农作物或者其他财产损失的,由当地人民政府给予补偿。具体办法由省、自治区、直辖市人民政府制定。有关地方人民政府可以推动保险机构开展野生动物致害赔偿保险业务。

有关地方人民政府采取预防、控制国家重点保护野生动物造成危害的措施以及实行补偿所需经费,由中央财政按照国家有关规定予以补助。

第三章 野生动物管理

第二十条 在相关自然保护区域和禁猎(渔)区、禁猎(渔)期内,禁止猎捕以及其他妨碍野生动物生息繁衍的活动,但法律法规另有规定的除外。

野生动物迁徙洄游期间,在前款规定区域外的迁徙洄游通道内,禁止猎捕并严格限制其他妨碍野生动物生息繁衍的活动。迁徙洄游通道的范围以及妨碍野生动物生息繁衍活动的内容,由县级以上人民政府或者其野生动物保护主管部门规定并公布。

第二十一条 禁止猎捕、杀害国家重点保护野生动物。

因科学研究、种群调控、疫源疫病监测或者其他特殊情况,需要猎捕国家一级保护野生动物的,应当向国务院野生动物保护主管部门申请特许猎捕证;需要猎捕国家二级保护野生动物的,应当向省、自治区、直辖市人民政府野生动物保护主管部门申请特许猎捕证。

第二十二条 猎捕非国家重点保护野生动物的，应当依法取得县级以上地方人民政府野生动物保护主管部门核发的狩猎证，并且服从猎捕量限额管理。

第二十三条 猎捕者应当按照特许猎捕证、狩猎证规定的种类、数量、地点、工具、方法和期限进行猎捕。

持枪猎捕的，应当依法取得公安机关核发的持枪证。

第二十四条 禁止使用毒药、爆炸物、电击或者电子诱捕装置以及猎套、猎夹、地枪、排铳等工具进行猎捕，禁止使用夜间照明行猎、歼灭性围猎、捣毁巢穴、火攻、烟熏、网捕等方法进行猎捕，但因科学研究确需网捕、电子诱捕的除外。

前款规定以外的禁止使用的猎捕工具和方法，由县级以上地方人民政府规定并公布。

第二十五条 国家支持有关科学研究机构因物种保护目的人工繁育国家重点保护野生动物。

前款规定以外的人工繁育国家重点保护野生动物实行许可制度。人工繁育国家重点保护野生动物的，应当经省、自治区、直辖市人民政府野生动物保护主管部门批准，取得人工繁育许可证，但国务院对批准机关另有规定的除外。

人工繁育国家重点保护野生动物应当使用人工繁育子代种源，建立物种系谱、繁育档案和个体数据。因物种保护目的确需采用野外种源的，适用本法第二十一条和第二十三条的规定。

本法所称人工繁育子代，是指人工控制条件下繁殖出生的子代个体且其亲本也在人工控制条件下出生。

第二十六条 人工繁育国家重点保护野生动物应当有利于物种保护及其科学研究，不得破坏野外种群资源，并根据野生动物习性确保其具有必要的活动空间和生息繁衍、卫生健康条件，具备与其繁育目的、种类、发展规模相适应的场所、设施、技术，符合有关技术标准和防疫要求，不得虐待野生动物。

省级以上人民政府野生动物保护主管部门可以根据保护国家重点保护

野生动物的需要，组织开展国家重点保护野生动物放归野外环境工作。

第二十七条 禁止出售、购买、利用国家重点保护野生动物及其制品。

因科学研究、人工繁育、公众展示展演、文物保护或者其他特殊情况，需要出售、购买、利用国家重点保护野生动物及其制品的，应当经省、自治区、直辖市人民政府野生动物保护主管部门批准，并按照规定取得和使用专用标识，保证可追溯，但国务院对批准机关另有规定的除外。

实行国家重点保护野生动物及其制品专用标识的范围和管理办法，由国务院野生动物保护主管部门规定。

出售、利用非国家重点保护野生动物的，应当提供狩猎、进出口等合法来源证明。

出售本条第二款、第四款规定的野生动物的，还应当依法附有检疫证明。

第二十八条 对人工繁育技术成熟稳定的国家重点保护野生动物，经科学论证，纳入国务院野生动物保护主管部门制定的人工繁育国家重点保护野生动物名录。对列入名录的野生动物及其制品，可以凭人工繁育许可证，按照省、自治区、直辖市人民政府野生动物保护主管部门核验的年度生产数量直接取得专用标识，凭专用标识出售和利用，保证可追溯。

对本法第十条规定的国家重点保护野生动物名录进行调整时，根据有关野外种群保护情况，可以对前款规定的有关人工繁育技术成熟稳定野生动物的人工种群，不再列入国家重点保护野生动物名录，实行与野外种群不同的管理措施，但应当依照本法第二十五条第二款和本条第一款的规定取得人工繁育许可证和专用标识。

第二十九条 利用野生动物及其制品的，应当以人工繁育种群为主，有利于野外种群养护，符合生态文明建设的要求，尊重社会公德，遵守法律法规和国家有关规定。

野生动物及其制品作为药品经营和利用的，还应当遵守有关药品管理的法律法规。

第三十条 禁止生产、经营使用国家重点保护野生动物及其制品制作的食品，或者使用没有合法来源证明的非国家重点保护野生动物及其制品制作的食品。

禁止为食用非法购买国家重点保护的野生动物及其制品。

第三十一条 禁止为出售、购买、利用野生动物或者禁止使用的猎捕工具发布广告。禁止为违法出售、购买、利用野生动物制品发布广告。

第三十二条 禁止网络交易平台、商品交易市场等交易场所,为违法出售、购买、利用野生动物及其制品或者禁止使用的猎捕工具提供交易服务。

第三十三条 运输、携带、寄递国家重点保护野生动物及其制品、本法第二十八条第二款规定的野生动物及其制品出县境的,应当持有或者附有本法第二十一条、第二十五条、第二十七条或者第二十八条规定的许可证、批准文件的副本或者专用标识,以及检疫证明。

运输非国家重点保护野生动物出县境的,应当持有狩猎、进出口等合法来源证明,以及检疫证明。

第三十四条 县级以上人民政府野生动物保护主管部门应当对科学研究、人工繁育、公众展示展演等利用野生动物及其制品的活动进行监督管理。

县级以上人民政府其他有关部门,应当按照职责分工对野生动物及其制品出售、购买、利用、运输、寄递等活动进行监督检查。

第三十五条 中华人民共和国缔结或者参加的国际公约禁止或者限制贸易的野生动物或者其制品名录,由国家濒危物种进出口管理机构制定、调整并公布。

进出口列入前款名录的野生动物或者其制品的,出口国家重点保护野生动物或者其制品的,应当经国务院野生动物保护主管部门或者国务院批准,并取得国家濒危物种进出口管理机构核发的允许进出口证明书。海关依法实施进出境检疫,凭允许进出口证明书、检疫证明按照规定办理通关手续。

涉及科学技术保密的野生动物物种的出口,按照国务院有关规定办理。

列入本条第一款名录的野生动物,经国务院野生动物保护主管部门核准,在本法适用范围内可以按照国家重点保护的野生动物管理。

第三十六条 国家组织开展野生动物保护及相关执法活动的国际合作

与交流；建立防范、打击野生动物及其制品的走私和非法贸易的部门协调机制，开展防范、打击走私和非法贸易行动。

第三十七条 从境外引进野生动物物种的，应当经国务院野生动物保护主管部门批准。从境外引进列入本法第三十五条第一款名录的野生动物，还应当依法取得允许进出口证明书。海关依法实施进境检疫，凭进口批准文件或者允许进出口证明书以及检疫证明按照规定办理通关手续。

从境外引进野生动物物种的，应当采取安全可靠的防范措施，防止其进入野外环境，避免对生态系统造成危害。确需将其放归野外的，按照国家有关规定执行。

第三十八条 任何组织和个人将野生动物放生至野外环境，应当选择适合放生地野外生存的当地物种，不得干扰当地居民的正常生活、生产，避免对生态系统造成危害。随意放生野生动物，造成他人人身、财产损害或者危害生态系统的，依法承担法律责任。

第三十九条 禁止伪造、变造、买卖、转让、租借特许猎捕证、狩猎证、人工繁育许可证及专用标识，出售、购买、利用国家重点保护野生动物及其制品的批准文件，或者允许进出口证明书、进出口等批准文件。

前款规定的有关许可证书、专用标识、批准文件的发放情况，应当依法公开。

第四十条 外国人在我国对国家重点保护野生动物进行野外考察或者在野外拍摄电影、录像，应当经省、自治区、直辖市人民政府野生动物保护主管部门或者其授权的单位批准，并遵守有关法律法规规定。

第四十一条 地方重点保护野生动物和其他非国家重点保护野生动物的管理办法，由省、自治区、直辖市人民代表大会或者其常务委员会制定。

第四章　法 律 责 任

第四十二条 野生动物保护主管部门或者其他有关部门、机关不依法作出行政许可决定，发现违法行为或者接到对违法行为的举报不予查处或者不依法查处，或者有滥用职权等其他不依法履行职责的行为的，由本级人民政府或者上级人民政府有关部门、机关责令改正，对负有责任的主管人员和其他直接责任人员依法给予记过、记大过或者降级处分；造成严重后果的，给予撤职或者开除处分，其主要负责人应当引咎辞职；构成犯罪的，依法追究刑事责任。

第四十三条 违反本法第十二条第三款、第十三条第二款规定的，依照有关法律法规的规定处罚。

第四十四条 违反本法第十五条第三款规定，以收容救护为名买卖野生动物及其制品的，由县级以上人民政府野生动物保护主管部门没收野生动物及其制品、违法所得，并处野生动物及其制品价值二倍以上十倍以下的罚款，将有关违法信息记入社会诚信档案，向社会公布；构成犯罪的，依法追究刑事责任。

第四十五条 违反本法第二十条、第二十一条、第二十三条第一款、第二十四条第一款规定，在相关自然保护区域、禁猎（渔）区、禁猎（渔）期猎捕国家重点保护野生动物，未取得特许猎捕证、未按照特许猎捕证规定猎捕、杀害国家重点保护野生动物，或者使用禁用的工具、方法猎捕国家重点保护野生动物的，由县级以上人民政府野生动物保护主管部门、海洋执法部门或者有关保护区域管理机构按照职责分工没收猎获物、猎捕工具和违法所得，吊销特许猎捕证，并处猎获物价值二倍以上十倍以下的罚款；没有猎获物的，并处一万元以上五万元以下的罚款；构成犯罪的，依法追究刑事责任。

第四十六条 违反本法第二十条、第二十二条、第二十三条第一款、第二十四条第一款规定，在相关自然保护区域、禁猎（渔）区、禁猎（渔）期猎捕非国家重点保护野生动物，未取得狩猎证、未按照狩猎证规定猎捕非国家重点保护野生动物，或者使用禁用的工具、方法猎捕非国家重点保护野生动物的，由县级以上地方人民政府野生动物保护主管部门或者有关保护区域管理机构按照职责分工没收猎获物、猎捕工具和违法所得，吊销狩猎证，并处猎获物价值一倍以上五倍以下的罚款；没有猎获物的，并处二千元以上一万元以下的罚款；构成犯罪的，依法追究刑事责任。

违反本法第二十三条第二款规定，未取得持枪证持枪猎捕野生动物，构成违反治安管理行为的，由公安机关依法给予治安管理处罚；构成犯罪的，依法追究刑事责任。

第四十七条 违反本法第二十五条第二款规定，未取得人工繁育许可证繁育国家重点保护野生动物或者本法第二十八条第二款规定的野生动物的，由县级以上人民政府野生动物保护主管部门没收野生动物及其制品，并处野生动物及其制品价值一倍以上五倍以下的罚款。

第四十八条 违反本法第二十七条第一款和第二款、第二十八条第一款、第三十三条第一款规定，未经批准、未取得或者未按照规定使用专用标识，或者未持有、未附有人工繁育许可证、批准文件的副本或者专用标识出售、购买、利用、运输、携带、寄递国家重点保护野生动物及其制品或者本法第二十八条第二款规定的野生动物及其制品的，由县级以上人民政府野生动物保护主管部门或者市场监督管理部门按照职责分工没收野生动物及其制品和违法所得，并处野生动物及其制品价值二倍以上十倍以下的罚款；情节严重的，吊销人工繁育许可证、撤销批准文件、收回专用标识；构成犯罪的，依法追究刑事责任。

违反本法第二十七条第四款、第三十三条第二款规定，未持有合法来源证明出售、利用、运输非国家重点保护野生动物的，由县级以上地方人民政府野生动物保护主管部门或者市场监督管理部门按照职责分工没收野生动物，并处野生动物价值一倍以上五倍以下的罚款。

违反本法第二十七条第五款、第三十三条规定，出售、运输、携带、寄递有关野生动物及其制品未持有或者未附有检疫证明的，依照《中华人民共和国动物防疫法》的规定处罚。

第四十九条 违反本法第三十条规定，生产、经营使用国家重点保护野生动物及其制品或者没有合法来源证明的非国家重点保护野生动物及其制品制作食品，或者为食用非法购买国家重点保护的野生动物及其制品的，由县级以上人民政府野生动物保护主管部门或者市场监督管理部门按照职责分工责令停止违法行为，没收野生动物及其制品和违法所得，并处野生动物及其制品价值二倍以上十倍以下的罚款；构成犯罪的，依法追究刑事责任。

第五十条 违反本法第三十一条规定,为出售、购买、利用野生动物及其制品或者禁止使用的猎捕工具发布广告的,依照《中华人民共和国广告法》的规定处罚。

第五十一条 违反本法第三十二条规定,为违法出售、购买、利用野生动物及其制品或者禁止使用的猎捕工具提供交易服务的,由县级以上人民政府市场监督管理部门责令停止违法行为,限期改正,没收违法所得,并处违法所得二倍以上五倍以下的罚款;没有违法所得的,处一万元以上五万元以下的罚款;构成犯罪的,依法追究刑事责任。

第五十二条 违反本法第三十五条规定,进出口野生动物或者其制品的,由海关、公安机关、海洋执法部门依照法律、行政法规和国家有关规定处罚;构成犯罪的,依法追究刑事责任。

第五十三条 违反本法第三十七条第一款规定,从境外引进野生动物物种的,由县级以上人民政府野生动物保护主管部门没收所引进的野生动物,并处五万元以上二十五万元以下的罚款;未依法实施进境检疫的,依照《中华人民共和国进出境动植物检疫法》的规定处罚;构成犯罪的,依法追究刑事责任。

第五十四条 违反本法第三十七条第二款规定,将从境外引进的野生动物放归野外环境的,由县级以上人民政府野生动物保护主管部门责令限期捕回,处一万元以上五万元以下的罚款;逾期不捕回的,由有关野生动物保护主管部门代为捕回或者采取降低影响的措施,所需费用由被责令限期捕回者承担。

第五十五条 违反本法第三十九条第一款规定,伪造、变造、买卖、转让、租借有关证件、专用标识或者有关批准文件的,由县级以上人民政府野生动物保护主管部门没收违法证件、专用标识、有关批准文件和违法所得,并处五万元以上二十五万元以下的罚款;构成违反治安管理行为的,由公安机关依法给予治安管理处罚;构成犯罪的,依法追究刑事责任。

第五十六条 依照本法规定没收的实物,由县级以上人民政府野生动物保护主管部门或者其授权的单位按照规定处理。

第五十七条 本法规定的猎获物价值、野生动物及其制品价值的评估标准和方法，由国务院野生动物保护主管部门制定。

第五章　附　　则

第五十八条　本法自2017年1月1日起施行。

中华人民共和国突发事件应对法

(2007年8月30日第十届全国人民代表大会常务委员会第二十九次会议通过　2007年8月30日中华人民共和国主席令第69号公布　自2007年11月1日起施行)

第一章　总　　则

第一条　为了预防和减少突发事件的发生,控制、减轻和消除突发事件引起的严重社会危害,规范突发事件应对活动,保护人民生命财产安全,维护国家安全、公共安全、环境安全和社会秩序,制定本法。

第二条　突发事件的预防与应急准备、监测与预警、应急处置与救援、事后恢复与重建等应对活动,适用本法。

第三条　本法所称突发事件,是指突然发生,造成或者可能造成严重社会危害,需要采取应急处置措施予以应对的自然灾害、事故灾难、公共卫生事件和社会安全事件。

按照社会危害程度、影响范围等因素,自然灾害、事故灾难、公共卫生事件分为特别重大、重大、较大和一般四级。法律、行政法规或者国务院另有规定的,从其规定。

突发事件的分级标准由国务院或者国务院确定的部门制定。

第四条　国家建立统一领导、综合协调、分类管理、分级负责、属地管理为主的应急管理体制。

第五条　突发事件应对工作实行预防为主、预防与应急相结合的原则。国家建立重大突发事件风险评估体系,对可能发生的突发事件进行综合性评估,减少重大突发事件的发生,最大限度地减轻重大突发事件的影响。

第六条　国家建立有效的社会动员机制,增强全民的公共安全和防范风险的意识，提高全社会的避险救助能力。

第七条 县级人民政府对本行政区域内突发事件的应对工作负责；涉及两个以上行政区域的，由有关行政区域共同的上一级人民政府负责，或者由各有关行政区域的上一级人民政府共同负责。

突发事件发生后，发生地县级人民政府应当立即采取措施控制事态发展，组织开展应急救援和处置工作，并立即向上一级人民政府报告，必要时可以越级上报。

突发事件发生地县级人民政府不能消除或者不能有效控制突发事件引起的严重社会危害的，应当及时向上级人民政府报告。上级人民政府应当及时采取措施，统一领导应急处置工作。

法律、行政法规规定由国务院有关部门对突发事件的应对工作负责的，从其规定；地方人民政府应当积极配合并提供必要的支持。

第八条 国务院在总理领导下研究、决定和部署特别重大突发事件的应对工作；根据实际需要，设立国家突发事件应急指挥机构，负责突发事件应对工作；必要时，国务院可以派出工作组指导有关工作。

县级以上地方各级人民政府设立由本级人民政府主要负责人、相关部门负责人、驻当地中国人民解放军和中国人民武装警察部队有关负责人组成的突发事件应急指挥机构，统一领导、协调本级人民政府各有关部门和下级人民政府开展突发事件应对工作；根据实际需要，设立相关类别突发事件应急指挥机构，组织、协调、指挥突发事件应对工作。

上级人民政府主管部门应当在各自职责范围内，指导、协助下级人民政府及其相应部门做好有关突发事件的应对工作。

第九条 国务院和县级以上地方各级人民政府是突发事件应对工作的行政领导机关，其办事机构及具体职责由国务院规定。

第十条 有关人民政府及其部门作出的应对突发事件的决定、命令，应当及时公布。

第十一条 有关人民政府及其部门采取的应对突发事件的措施，应当与突发事件可能造成的社会危害的性质、程度和范围相适应；有多种措施可供选择的，应当选择有利于最大程度地保护公民、法人和其他组织权益的措施。

公民、法人和其他组织有义务参与突发事件应对工作。

第十二条 有关人民政府及其部门为应对突发事件,可以征用单位和个人的财产。被征用的财产在使用完毕或者突发事件应急处置工作结束后,应当及时返还。财产被征用或者征用后毁损、灭失的,应当给予补偿。

第十三条 因采取突发事件应对措施,诉讼、行政复议、仲裁活动不能正常进行的,适用有关时效中止和程序中止的规定,但法律另有规定的除外。

第十四条 中国人民解放军、中国人民武装警察部队和民兵组织依照本法和其他有关法律、行政法规、军事法规的规定以及国务院、中央军事委员会的命令,参加突发事件的应急救援和处置工作。

第十五条 中华人民共和国政府在突发事件的预防、监测与预警、应急处置与救援、事后恢复与重建等方面,同外国政府和有关国际组织开展合作与交流。

第十六条 县级以上人民政府作出应对突发事件的决定、命令,应当报本级人民代表大会常务委员会备案;突发事件应急处置工作结束后,应当向本级人民代表大会常务委员会作出专项工作报告。

第二章 预防与应急准备

第十七条 国家建立健全突发事件应急预案体系。

国务院制定国家突发事件总体应急预案,组织制定国家突发事件专项应急预案;国务院有关部门根据各自的职责和国务院相关应急预案,制定国家突发事件部门应急预案。

地方各级人民政府和县级以上地方各级人民政府有关部门根据有关法律、法规、规章、上级人民政府及其有关部门的应急预案以及本地区的实际情况,制定相应的突发事件应急预案。

应急预案制定机关应当根据实际需要和情势变化,适时修订应急预案。应急预案的制定、修订程序由国务院规定。

第十八条 应急预案应当根据本法和其他有关法律、法规的规定，针对突发事件的性质、特点和可能造成的社会危害，具体规定突发事件应急管理工作的组织指挥体系与职责和突发事件的预防与预警机制、处置程序、应急保障措施以及事后恢复与重建措施等内容。

第十九条 城乡规划应当符合预防、处置突发事件的需要，统筹安排应对突发事件所必需的设备和基础设施建设，合理确定应急避难场所。

第二十条 县级人民政府应当对本行政区域内容易引发自然灾害、事故灾难和公共卫生事件的危险源、危险区域进行调查、登记、风险评估，定期进行检查、监控，并责令有关单位采取安全防范措施。

省级和设区的市级人民政府应当对本行政区域内容易引发特别重大、重大突发事件的危险源、危险区域进行调查、登记、风险评估，组织进行检查、监控，并责令有关单位采取安全防范措施。

县级以上地方各级人民政府按照本法规定登记的危险源、危险区域，应当按照国家规定及时向社会公布。

第二十一条 县级人民政府及其有关部门、乡级人民政府、街道办事处、居民委员会、村民委员会应当及时调解处理可能引发社会安全事件的矛盾纠纷。

第二十二条 所有单位应当建立健全安全管理制度，定期检查本单位各项安全防范措施的落实情况，及时消除事故隐患；掌握并及时处理本单位存在的可能引发社会安全事件的问题，防止矛盾激化和事态扩大；对本单位可能发生的突发事件和采取安全防范措施的情况，应当按照规定及时向所在地人民政府或者人民政府有关部门报告。

第二十三条 矿山、建筑施工单位和易燃易爆物品、危险化学品、放射性物品等危险物品的生产、经营、储运、使用单位，应当制定具体应急预案，并对生产经营场所、有危险物品的建筑物、构筑物及周边环境开展隐患排查，及时采取措施消除隐患，防止发生突发事件。

第二十四条 公共交通工具、公共场所和其他人员密集场所的经营单位或者管理单位应当制定具体应急预案，为交通工具和有关场所配备报警装置和必要的应急救援设备、设施，注明其使用方法，并显著标明安全撤离的通道、路线,保证安全通道、出口的畅通。

有关单位应当定期检测、维护其报警装置和应急救援设备、设施,使其处于良好状态,确保正常使用。

第二十五条 县级以上人民政府应当建立健全突发事件应急管理培训制度,对人民政府及其有关部门负有处置突发事件职责的工作人员定期进行培训。

第二十六条 县级以上人民政府应当整合应急资源,建立或者确定综合性应急救援队伍。人民政府有关部门可以根据实际需要设立专业应急救援队伍。

县级以上人民政府及其有关部门可以建立由成年志愿者组成的应急救援队伍。单位应当建立由本单位职工组成的专职或者兼职应急救援队伍。

县级以上人民政府应当加强专业应急救援队伍与非专业应急救援队伍的合作,联合培训、联合演练,提高合成应急、协同应急的能力。

第二十七条 国务院有关部门、县级以上地方各级人民政府及其有关部门、有关单位应当为专业应急救援人员购买人身意外伤害保险,配备必要的防护装备和器材,减少应急救援人员的人身风险。

第二十八条 中国人民解放军、中国人民武装警察部队和民兵组织应当有计划地组织开展应急救援的专门训练。

第二十九条 县级人民政府及其有关部门、乡级人民政府、街道办事处应当组织开展应急知识的宣传普及活动和必要的应急演练。

居民委员会、村民委员会、企业事业单位应当根据所在地人民政府的要求,结合各自的实际情况,开展有关突发事件应急知识的宣传普及活动和必要的应急演练。

新闻媒体应当无偿开展突发事件预防与应急、自救与互救知识的公益宣传。

第三十条 各级各类学校应当把应急知识教育纳入教学内容,对学生进行应急知识教育,培养学生的安全意识和自救与互救能力。

教育主管部门应当对学校开展应急知识教育进行指导和监督。

第三十一条 国务院和县级以上地方各级人民政府应当采取财政措

施，保障突发事件应对工作所需经费。

第三十二条 国家建立健全应急物资储备保障制度，完善重要应急物资的监管、生产、储备、调拨和紧急配送体系。

设区的市级以上人民政府和突发事件易发、多发地区的县级人民政府应当建立应急救援物资、生活必需品和应急处置装备的储备制度。

县级以上地方各级人民政府应当根据本地区的实际情况，与有关企业签订协议，保障应急救援物资、生活必需品和应急处置装备的生产、供给。

第三十三条 国家建立健全应急通信保障体系，完善公用通信网，建立有线与无线相结合、基础电信网络与机动通信系统相配套的应急通信系统，确保突发事件应对工作的通信畅通。

第三十四条 国家鼓励公民、法人和其他组织为人民政府应对突发事件工作提供物资、资金、技术支持和捐赠。

第三十五条 国家发展保险事业，建立国家财政支持的巨灾风险保险体系，并鼓励单位和公民参加保险。

第三十六条 国家鼓励、扶持具备相应条件的教学科研机构培养应急管理专门人才，鼓励、扶持教学科研机构和有关企业研究开发用于突发事件预防、监测、预警、应急处置与救援的新技术、新设备和新工具。

第三章 监测与预警

第三十七条 国务院建立全国统一的突发事件信息系统。

县级以上地方各级人民政府应当建立或者确定本地区统一的突发事件信息系统，汇集、储存、分析、传输有关突发事件的信息，并与上级人民政府及其有关部门、下级人民政府及其有关部门、专业机构和监测网点的突发事件信息系统实现互联互通，加强跨部门、跨地区的信息交流与情报合作。

第三十八条 县级以上人民政府及其有关部门、专业机构应当通过多种途径收集突发事件信息。

县级人民政府应当在居民委员会、村民委员会和有关单位建立专职或者兼职信息报告员制度。

获悉突发事件信息的公民、法人或者其他组织,应当立即向所在地人民政府、有关主管部门或者指定的专业机构报告。

第三十九条 地方各级人民政府应当按照国家有关规定向上级人民政府报送突发事件信息。县级以上人民政府有关主管部门应当向本级人民政府相关部门通报突发事件信息。专业机构、监测网点和信息报告员应当及时向所在地人民政府及其有关主管部门报告突发事件信息。

有关单位和人员报送、报告突发事件信息,应当做到及时、客观、真实,不得迟报、谎报、瞒报、漏报。

第四十条 县级以上地方各级人民政府应当及时汇总分析突发事件隐患和预警信息,必要时组织相关部门、专业技术人员、专家学者进行会商,对发生突发事件的可能性及其可能造成的影响进行评估;认为可能发生重大或者特别重大突发事件的,应当立即向上级人民政府报告,并向上级人民政府有关部门、当地驻军和可能受到危害的毗邻或者相关地区的人民政府通报。

第四十一条 国家建立健全突发事件监测制度。

县级以上人民政府及其有关部门应当根据自然灾害、事故灾难和公共卫生事件的种类和特点,建立健全基础信息数据库,完善监测网络,划分监测区域,确定监测点,明确监测项目,提供必要的设备、设施,配备专职或者兼职人员,对可能发生的突发事件进行监测。

第四十二条 国家建立健全突发事件预警制度。

可以预警的自然灾害、事故灾难和公共卫生事件的预警级别,按照突发事件发生的紧急程度、发展势态和可能造成的危害程度分为一级、二级、三级和四级,分别用红色、橙色、黄色和蓝色标示,一级为最高级别。

预警级别的划分标准由国务院或者国务院确定的部门制定。

第四十三条 可以预警的自然灾害、事故灾难或者公共卫生事件即将发生或者发生的可能性增大时,县级以上地方各级人民政府应当根据有关法律、行政法规和国务院规定的权限和程序,发布相应级别的警报,决定并宣布有关地区进入预警期,同时向上一级人民政府报告,必要时可以越级上报,并向当地驻军和可能受到危害的毗邻或者相关地区的人民政府通报。

第四十四条 发布三级、四级警报，宣布进入预警期后，县级以上地方各级人民政府应当根据即将发生的突发事件的特点和可能造成的危害，采取下列措施：

（一）启动应急预案；

（二）责令有关部门、专业机构、监测网点和负有特定职责的人员及时收集、报告有关信息，向社会公布反映突发事件信息的渠道，加强对突发事件发生、发展情况的监测、预报和预警工作；

（三）组织有关部门和机构、专业技术人员、有关专家学者，随时对突发事件信息进行分析评估，预测发生突发事件可能性的大小、影响范围和强度以及可能发生的突发事件的级别；

（四）定时向社会发布与公众有关的突发事件预测信息和分析评估结果，并对相关信息的报道工作进行管理；

（五）及时按照有关规定向社会发布可能受到突发事件危害的警告，宣传避免、减轻危害的常识，公布咨询电话。

第四十五条 发布一级、二级警报，宣布进入预警期后，县级以上地方各级人民政府除采取本法第四十四条规定的措施外，还应当针对即将发生的突发事件的特点和可能造成的危害，采取下列一项或者多项措施：

（一）责令应急救援队伍、负有特定职责的人员进入待命状态，并动员后备人员做好参加应急救援和处置工作的准备；

（二）调集应急救援所需物资、设备、工具，准备应急设施和避难场所，并确保其处于良好状态、随时可以投入正常使用；

（三）加强对重点单位、重要部位和重要基础设施的安全保卫，维护社会治安秩序；

（四）采取必要措施，确保交通、通信、供水、排水、供电、供气、供热等公共设施的安全和正常运行；

（五）及时向社会发布有关采取特定措施避免或者减轻危害的建议、劝告；

（六）转移、疏散或者撤离易受突发事件危害的人员并予以妥善安置，转移重要财产；

(七)关闭或者限制使用易受突发事件危害的场所,控制或者限制容易导致危害扩大的公共场所的活动;

(八)法律、法规、规章规定的其他必要的防范性、保护性措施。

第四十六条 对即将发生或者已经发生的社会安全事件,县级以上地方各级人民政府及其有关主管部门应当按照规定向上一级人民政府及其有关主管部门报告,必要时可以越级上报。

第四十七条 发布突发事件警报的人民政府应当根据事态的发展,按照有关规定适时调整预警级别并重新发布。

有事实证明不可能发生突发事件或者危险已经解除的,发布警报的人民政府应当立即宣布解除警报,终止预警期,并解除已经采取的有关措施。

第四章 应急处置与救援

第四十八条 突发事件发生后,履行统一领导职责或者组织处置突发事件的人民政府应当针对其性质、特点和危害程度,立即组织有关部门,调动应急救援队伍和社会力量,依照本章的规定和有关法律、法规、规章的规定采取应急处置措施。

第四十九条 自然灾害、事故灾难或者公共卫生事件发生后,履行统一领导职责的人民政府可以采取下列一项或者多项应急处置措施:

(一)组织营救和救治受害人员,疏散、撤离并妥善安置受到威胁的人员以及采取其他救助措施;

(二)迅速控制危险源,标明危险区域,封锁危险场所,划定警戒区,实行交通管制以及其他控制措施;

(三)立即抢修被损坏的交通、通信、供水、排水、供电、供气、供热等公共设施,向受到危害的人员提供避难场所和生活必需品,实施医疗救护和卫生防疫以及其他保障措施;

(四)禁止或者限制使用有关设备、设施,关闭或者限制使用有关场所,中止人员密集的活动或者可能导致危害扩大的生产经营活动以及采取其他保护措施;

（五）启用本级人民政府设置的财政预备费和储备的应急救援物资，必要时调用其他急需物资、设备、设施、工具；

（六）组织公民参加应急救援和处置工作，要求具有特定专长的人员提供服务；

（七）保障食品、饮用水、燃料等基本生活必需品的供应；

（八）依法从严惩处囤积居奇、哄抬物价、制假售假等扰乱市场秩序的行为，稳定市场价格，维护市场秩序；

（九）依法从严惩处哄抢财物、干扰破坏应急处置工作等扰乱社会秩序的行为，维护社会治安；

（十）采取防止发生次生、衍生事件的必要措施。

第五十条　社会安全事件发生后，组织处置工作的人民政府应当立即组织有关部门并由公安机关针对事件的性质和特点，依照有关法律、行政法规和国家其他有关规定，采取下列一项或者多项应急处置措施：

（一）强制隔离使用器械相互对抗或者以暴力行为参与冲突的当事人，妥善解决现场纠纷和争端，控制事态发展；

（二）对特定区域内的建筑物、交通工具、设备、设施以及燃料、燃气、电力、水的供应进行控制；

（三）封锁有关场所、道路，查验现场人员的身份证件，限制有关公共场所内的活动；

（四）加强对易受冲击的核心机关和单位的警卫，在国家机关、军事机关、国家通讯社、广播电台、电视台、外国驻华使领馆等单位附近设置临时警戒线；

（五）法律、行政法规和国务院规定的其他必要措施。

严重危害社会治安秩序的事件发生时，公安机关应当立即依法出动警力，根据现场情况依法采取相应的强制性措施，尽快使社会秩序恢复正常。

第五十一条　发生突发事件，严重影响国民经济正常运行时，国务院或者国务院授权的有关主管部门可以采取保障、控制等必要的应急措施，保障人民群众的基本生活需要，最大限度地减轻突发事件的影响。

第五十二条 履行统一领导职责或者组织处置突发事件的人民政府，必要时可以向单位和个人征用应急救援所需设备、设施、场地、交通工具和其他物资，请求其他地方人民政府提供人力、物力、财力或者技术支援，要求生产、供应生活必需品和应急救援物资的企业组织生产、保证供给，要求提供医疗、交通等公共服务的组织提供相应的服务。

履行统一领导职责或者组织处置突发事件的人民政府，应当组织协调运输经营单位，优先运送处置突发事件所需物资、设备、工具、应急救援人员和受到突发事件危害的人员。

第五十三条 履行统一领导职责或者组织处置突发事件的人民政府，应当按照有关规定统一、准确、及时发布有关突发事件事态发展和应急处置工作的信息。

第五十四条 任何单位和个人不得编造、传播有关突发事件事态发展或者应急处置工作的虚假信息。

第五十五条 突发事件发生地的居民委员会、村民委员会和其他组织应当按照当地人民政府的决定、命令，进行宣传动员，组织群众开展自救和互救，协助维护社会秩序。

第五十六条 受到自然灾害危害或者发生事故灾难、公共卫生事件的单位，应当立即组织本单位应急救援队伍和工作人员营救受害人员，疏散、撤离、安置受到威胁的人员，控制危险源，标明危险区域，封锁危险场所，并采取其他防止危害扩大的必要措施，同时向所在地县级人民政府报告；对因本单位的问题引发的或者主体是本单位人员的社会安全事件，有关单位应当按照规定上报情况，并迅速派出负责人赶赴现场开展劝解、疏导工作。

突发事件发生地的其他单位应当服从人民政府发布的决定、命令，配合人民政府采取的应急处置措施，做好本单位的应急救援工作，并积极组织人员参加所在地的应急救援和处置工作。

第五十七条 突发事件发生地的公民应当服从人民政府、居民委员会、村民委员会或者所属单位的指挥和安排，配合人民政府采取的应急处置措施，积极参加应急救援工作，协助维护社会秩序。

第五章　事后恢复与重建

第五十八条　突发事件的威胁和危害得到控制或者消除后，履行统一领导职责或者组织处置突发事件的人民政府应当停止执行依照本法规定采取的应急处置措施，同时采取或者继续实施必要措施，防止发生自然灾害、事故灾难、公共卫生事件的次生、衍生事件或者重新引发社会安全事件。

第五十九条　突发事件应急处置工作结束后，履行统一领导职责的人民政府应当立即组织对突发事件造成的损失进行评估，组织受影响地区尽快恢复生产、生活、工作和社会秩序，制定恢复重建计划，并向上一级人民政府报告。

受突发事件影响地区的人民政府应当及时组织和协调公安、交通、铁路、民航、邮电、建设等有关部门恢复社会治安秩序，尽快修复被损坏的交通、通信、供水、排水、供电、供气、供热等公共设施。

第六十条　受突发事件影响地区的人民政府开展恢复重建工作需要上一级人民政府支持的，可以向上一级人民政府提出请求。上一级人民政府应当根据受影响地区遭受的损失和实际情况，提供资金、物资支持和技术指导，组织其他地区提供资金、物资和人力支援。

第六十一条　国务院根据受突发事件影响地区遭受损失的情况，制定扶持该地区有关行业发展的优惠政策。

受突发事件影响地区的人民政府应当根据本地区遭受损失的情况，制定救助、补偿、抚慰、抚恤、安置等善后工作计划并组织实施，妥善解决因处置突发事件引发的矛盾和纠纷。

公民参加应急救援工作或者协助维护社会秩序期间，其在本单位的工资待遇和福利不变；表现突出、成绩显著的，由县级以上人民政府给予表彰或者奖励。

县级以上人民政府对在应急救援工作中伤亡的人员依法给予抚恤。

第六十二条　履行统一领导职责的人民政府应当及时查明突发事件的发生经过和原因，总结突发事件应急处置工作的经验教训，制定改进措施，并向上一级人民政府提出报告。

第六章 法律责任

第六十三条 地方各级人民政府和县级以上各级人民政府有关部门违反本法规定,不履行法定职责的,由其上级行政机关或者监察机关责令改正;有下列情形之一的,根据情节对直接负责的主管人员和其他直接责任人员依法给予处分:

(一)未按规定采取预防措施,导致发生突发事件,或者未采取必要的防范措施,导致发生次生、衍生事件的;

(二)迟报、谎报、瞒报、漏报有关突发事件的信息,或者通报、报送、公布虚假信息,造成后果的;

(三)未按规定及时发布突发事件警报、采取预警期的措施,导致损害发生的;

(四)未按规定及时采取措施处置突发事件或者处置不当,造成后果的;

(五)不服从上级人民政府对突发事件应急处置工作的统一领导、指挥和协调的;

(六)未及时组织开展生产自救、恢复重建等善后工作的;

(七)截留、挪用、私分或者变相私分应急救援资金、物资的;

(八)不及时归还征用的单位和个人的财产,或者对被征用财产的单位和个人不按规定给予补偿的。

第六十四条 有关单位有下列情形之一的,由所在地履行统一领导职责的人民政府责令停产停业,暂扣或者吊销许可证或者营业执照,并处五万元以上二十万元以下的罚款;构成违反治安管理行为的,由公安机关依法给予处罚:

(一)未按规定采取预防措施,导致发生严重突发事件的;

(二)未及时消除已发现的可能引发突发事件的隐患,导致发生严重突发事件的;

(三)未做好应急设备、设施日常维护、检测工作,导致发生严重突发事件或者突发事件危害扩大的；

（四）突发事件发生后，不及时组织开展应急救援工作，造成严重后果的。

前款规定的行为，其他法律、行政法规规定由人民政府有关部门依法决定处罚的，从其规定。

第六十五条 违反本法规定，编造并传播有关突发事件事态发展或者应急处置工作的虚假信息，或者明知是有关突发事件事态发展或者应急处置工作的虚假信息而进行传播的，责令改正，给予警告；造成严重后果的，依法暂停其业务活动或者吊销其执业许可证；负有直接责任的人员是国家工作人员的，还应当对其依法给予处分；构成违反治安管理行为的，由公安机关依法给予处罚。

第六十六条 单位或者个人违反本法规定，不服从所在地人民政府及其有关部门发布的决定、命令或者不配合其依法采取的措施，构成违反治安管理行为的，由公安机关依法给予处罚。

第六十七条 单位或者个人违反本法规定，导致突发事件发生或者危害扩大，给他人人身、财产造成损害的，应当依法承担民事责任。

第六十八条 违反本法规定，构成犯罪的，依法追究刑事责任。

第七章 附 则

第六十九条 发生特别重大突发事件，对人民生命财产安全、国家安全、公共安全、环境安全或者社会秩序构成重大威胁，采取本法和其他有关法律、法规、规章规定的应急处置措施不能消除或者有效控制、减轻其严重社会危害，需要进入紧急状态的，由全国人民代表大会常务委员会或者国务院依照宪法和其他有关法律规定的权限和程序决定。

紧急状态期间采取的非常措施，依照有关法律规定执行或者由全国人民代表大会常务委员会另行规定。

第七十条 本法自 2007 年 11 月 1 日起施行。

全国人民代表大会常务委员会
关于全面禁止非法野生动物交易、革除滥食野生动物陋习、切实保障人民群众生命健康安全的决定

（2020年2月24日第十三届全国人民代表大会常务委员会第十六次会议通过）

为了全面禁止和惩治非法野生动物交易行为，革除滥食野生动物的陋习，维护生物安全和生态安全，有效防范重大公共卫生风险，切实保障人民群众生命健康安全，加强生态文明建设，促进人与自然和谐共生，全国人民代表大会常务委员会作出如下决定：

一、凡《中华人民共和国野生动物保护法》和其他有关法律禁止猎捕、交易、运输、食用野生动物的，必须严格禁止。

对违反前款规定的行为，在现行法律规定基础上加重处罚。

二、全面禁止食用国家保护的"有重要生态、科学、社会价值的陆生野生动物"以及其他陆生野生动物，包括人工繁育、人工饲养的陆生野生动物。

全面禁止以食用为目的猎捕、交易、运输在野外环境自然生长繁殖的陆生野生动物。

对违反前两款规定的行为，参照适用现行法律有关规定处罚。

三、列入畜禽遗传资源目录的动物，属于家畜家禽，适用《中华人民共和国畜牧法》的规定。

国务院畜牧兽医行政主管部门依法制定并公布畜禽遗传资源目录。

四、因科研、药用、展示等特殊情况，需要对野生动物进行非食用性利用的，应当按照国家有关规定实行严格审批和检疫检验。

国务院及其有关主管部门应当及时制定、完善野生动物非食用性利用的审批和检疫检验等规定，并严格执行。

五、各级人民政府和人民团体、社会组织、学校、新闻媒体等社会各方面，都应当积极开展生态环境保护和公共卫生安全的宣传教育和引导，全社会成员要自觉增强生态保护和公共卫生安全意识，移风易俗，革除滥食野生动物陋习，养成科学健康文明的生活方式。

六、各级人民政府及其有关部门应当健全执法管理体制，明确执法责任主体，落实执法管理责任，加强协调配合，加大监督检查和责任追究力度，严格查处违反本决定和有关法律法规的行为；对违法经营场所和违法经营者，依法予以取缔或者查封、关闭。

七、国务院及其有关部门和省、自治区、直辖市应当依据本决定和有关法律，制定、调整相关名录和配套规定。

国务院和地方人民政府应当采取必要措施，为本决定的实施提供相应保障。有关地方人民政府应当支持、指导、帮助受影响的农户调整、转变生产经营活动，根据实际情况给予一定补偿。

八、本决定自公布之日起施行。

全国人大常委会法工委
解答疫情防控有关法律问题(节选)

问题5:目前有些人严重违反疫情防控措施已经被公安机关立案侦查,请问实践中如何区分及正确适用以危险方法危害公共安全罪及妨害传染病防治罪?

全国人大常委会法工委刑法室主任王爱立答:刑法第一百一十四条、第一百一十五条规定了以危险方法危害公共安全罪,是与放火罪、决水罪、爆炸罪、投放危险物质罪并列规定的,是危害不特定多数人安全、社会公共安全的严重犯罪。刑法第三百三十条规定了妨害传染病防治罪,违反传染病防治法的规定,拒绝执行卫生防疫机构依照传染病防治法提出的预防、控制措施,引起甲类传染病传播或者有传播严重危险的,依照该罪追究刑事责任。实践中,对于抗拒疫情防控措施的犯罪,要区分违反的措施种类、抗拒行为的表现和危险性、主观恶性、造成的后果和情节等,正确适用罪名,做到罪刑均衡,防止轻罪重判和重罪轻判,既坚决维护疫情防控秩序,又要坚持法治原则、依法防控。

2020年2月6日,最高人民法院、最高人民检察院、公安部、司法部发布了《关于依法惩治妨害新型冠状病毒感染肺炎疫情防控违法犯罪的意见》,对两罪的适用作了规定。根据该意见规定,对以下两种情形适用以危险方法危害公共安全罪:一是已经确诊的病人、病原携带者,拒绝隔离治疗或者隔离期未满擅自脱离隔离治疗,并进入公共场所或者公共交通工具的;二是疑似病人拒绝隔离治疗或者隔离期未满擅自脱离隔离治疗,并进入公共场所或者公共交通工具,造成新型冠状病毒传播的。其他拒绝执行卫生防疫机构依照《传染病防治法》提出的防控措施,引起新型冠状病毒传播或者有传播严重危险的,依照妨害传染病防治罪定罪处罚。从上述规定看,适用以危险方法危害公共安全罪的情形和条件是明确的。除上述两个罪名的适用以外，拒绝执行有关防控措施过程中，对以暴力、威胁方法阻碍国家机关工作人员（包括在依照法律、法规规定行使国家有关疫情防控行政管理职权的组织中从事公务的人员，在受国家机关委托代表国家机关行使疫情防控职权的组织中从事公务的人员，虽未列入国家机关人员编制但在国家机关中从事疫情防控公务的人员）依法履行为防控疫情而采取的防疫、检疫、强制隔离、隔离治疗等措施，构成犯罪的，依照妨害公务罪定罪处罚，情节轻微的，依照治安管理处罚法的规定予以治安处罚。

问题 6：这次疫情暴发很大可能与野生动物传播有关。请问如何用最严厉的法律规定，彻底禁止非法捕猎、交易、食用野生动物的行为，保护公共卫生安全？是否有必要完善刑法相关规定？

全国人大常委会法工委刑法室主任王爱立答：我国刑事立法高度重视对野生动物的保护。1988 年 11 月 8 日第七届全国人大常委会第四次会议审议通过了《全国人民代表大会常务委员会关于惩治捕杀国家重点保护的珍贵、濒危野生动物犯罪的补充规定》，将非法捕杀国家重点保护的珍贵、濒危野生动物和非法出售倒卖、走私的行为明确规定为犯罪。1997 年刑法（现行刑法）对上述规定作了吸收和完善，进一步规定了非法猎捕、杀害珍贵、濒危野生动物罪，非法收购、运输、出售珍贵、濒危野生动物、珍贵、濒危野生动物制品罪，走私珍贵动物、珍贵动物制品罪，以及非法狩猎罪、非法捕捞水产品罪，对各个环节的破坏野生动物资源的行为作了规定。

为加大惩治滥食野生动物和破坏非国家重点保护野生动物资源的违法犯罪，2014 年 4 月第十二届全国人大常委会第八次会议审议通过了《全国人民代表大会常务委员会关于〈中华人民共和国刑法〉第三百四十一条、第三百一十二条的解释》，规定：第一，知道或者应当知道是国家重点保护的珍贵、濒危野生动物及其制品，为食用或者其他目的而非法购买的，属于刑法第三百四十一条第一款规定的非法收购国家重点保护的珍贵、濒危野生动物及其制品的行为。第二，知道或者应当知道是刑法第三百四十一条第二款规定的非法狩猎的野生动物而购买的，属于刑法第三百一十二条第一款规定的明知是犯罪所得而收购的行为。也就是说，购买食用国家重点保护的野生动物，以及购买非法狩猎来源的其他野生动物，构成犯罪的，应当依法追究刑事责任。

同时,我们也看到,疫情发生以来,一些专家和社会意见提出,刑法的上述规定侧重的是对国家重点保护的珍贵、濒危野生动物的保护,建议从保护公共卫生安全和人体健康的视角,适当扩大刑法保护的野生动物范围,规定非法猎捕、交易其他野生动物的犯罪。2020年2月24日,全国人大常委会通过了《关于全面禁止非法野生动物交易、革除滥食野生动物陋习、切实保障人民群众生命健康安全的决定》,全面禁止食用野生动物和以食用为目的猎捕、交易、运输,接着还将修改野生动物保护法等法律,对有关野生动物保护管理制度作出修改调整。下一步,我们将结合上述法律的修改完善,把握好法律衔接,会同有关部门深入研究,为禁止非法野生动物交易、革除滥食野生动物陋习提供刑法保障。

问题7:当前口罩、防护服等成为紧俏资源,这让一些不法分子看到了牟利空间,有的大肆制造、出售假劣防护用品,有的囤积居奇、哄抬物价,还有的更是谎称有购货渠道、空手套取爱心人士支付的货款。公安机关近期破获大量相关案件。请问我国现行法律中有哪些禁止性规定?对于上述种种"发国难财"的行为,可以依法采取哪些措施进行打击呢?

全国人大常委会法工委经济法室主任王瑞贺答:关于制造、出售假劣防护用品。制造、出售假劣防护用品,严重损害了消费者合法权益,扰乱了社会经济秩序,是法律所明令禁止的违法行为,主要涉及的法律是产品质量法。我国早在1993年即制定了《产品质量法》,对产品质量的监督、生产者和销售者的产品质量责任和义务以及损害赔偿、行政处罚等均作了规定。例如,《产品质量法》第三十二条、第三十九条规定,生产者生产产品,销售者销售产品,不得掺杂、掺假,不得以假充真、以次充好,不得以不合格产品冒充合格产品。又如,《产品质量法》第十三条规定,可能危及人体健康和人身、财产安全的工业产品,必须符合保障人体健康和人身、财产安全的国家标准、行业标准;未制定国家标准、行业标准的,必须符合保障人体健康和人身、财产安全的要求。禁止生产、销售不符合保障人体健康和人身、财产安全的标准和要求的工业产品。

同时,《产品质量法》还规定了严格的法律责任:例如,第五十条规定,在产品中掺杂、掺假，以假充真，以次充好，或者以不合格产品冒充合格产品的，责令停止生产、销售，没收违法生产、销售的产品，并处违法生产、销售产品货值金额百分之五十以上三倍以下的罚款；有违法所得的，并处没收违法所得；情节严重的，吊销营业执照；构成犯罪的，依法追究刑事责任。第四十九条规定，生产、销售不符合保障人体健康和人身、财产安全的国家标准、行业标准的产品的，责令停止生产、销售，没收违法生产、销售的产品，并处违法生产、销售产品货值金额等值以上三倍以下的罚款；有违法所得的，并处没收违法所得；情节严重的，吊销营业执照；构成犯罪的，依法追究刑事责任。此外，《产品质量法》第六十条还规定，对生产者专门用于生产不符合保障人体健康和人身、财产安全的国家标准、行业标准的产品和以假充真的产品的原辅材料、包装物、生产工具，应当予以没收；第六十一条规定，知道或者应当知道属于本法规定禁止生产、销售的产品而为其提供运输、保管、仓储等便利条件的，或者为以假充真的产品提供制假生产技术的，没收全部运输、保管、仓储或者提供制假生产技术的收入，并处违法收入百分之五十以上三倍以下的罚款；构成犯罪的，依法追究刑事责任。

关于囤积商品、哄抬物价。在疫情防控过程中，囤积防护用品、哄抬物价，是一种严重的价格违法行为，价格法对此作出了明确规定，并规定了严格的法律责任。《价格法》第十四条规定，经营者不得有捏造、散布涨价信息，哄抬价格，推动商品价格过高上涨的不正当价格行为。《价格法》第四十条规定，经营者有这一行为的，责令改正，没收违法所得，可以并处违法所得五倍以下的罚款；没有违法所得的，予以警告，可以并处罚款。情节严重的，监管部门可以责令停业整顿，或者吊销营业执照。

全国人大常委会法工委刑法室主任王爱立答：习近平总书记指出，疫情防控不只是医药卫生问题，而是全方位的工作，是总体战，各项工作都要为打赢疫情防控阻击战提供支持。做好维护社会稳定各项工作是打赢疫情阻击战的重要保障。疫情发生以来，面对突发情况和巨大需求，口罩、防护服等医疗物资一时难以保障，成为紧俏资源，而一些不法分子利欲熏心，非法生产、销售伪劣产品、哄抬物价等，妨碍疫情防控，扰乱社会秩序，对这些违法犯罪必须依法坚决严厉打击。

从实践看,刑法、相关司法解释及其实施为疫情防控工作的顺利开展发挥了重要作用,刑事法律依据和措施规定总体上是充分的、有效的。2020年2月6日最高人民法院、最高人民检察院、公安部、司法部发布《关于依法惩治妨害新型冠状病毒感染肺炎疫情防控违法犯罪的意见》,对适用刑法有关规定作了解释、指导。根据刑法和上述司法解释规定,对所提到的破坏有关防护用品资源的违法犯罪,可区分情况,适用刑法相关规定追究刑事责任。一是在疫情防控期间,生产、销售伪劣的防治、防护产品、物资,生产不符合保障人体健康的国家标准、行业标准的医用口罩、护目镜、防护服等医用器材,或者销售明知是不符合标准的医用器材,构成犯罪的,依照《刑法》第一百四十条生产、销售伪劣产品罪,第一百四十五条生产、销售不符合标准的医用器材罪定罪处罚。二是违反国家有关市场经营、价格管理等规定,囤积居奇、哄抬疫情防控急需的口罩、防护服、消毒液等防护用品价格,扰乱市场秩序,情节严重,构成犯罪的,依照《刑法》第二百二十五条非法经营罪定罪处罚。三是对以销售疫情防控用品为名,实施诈骗等其他犯罪的,依照《刑法》第二百六十六条诈骗罪定罪处罚。

突发公共卫生事件应急条例

（2003年5月9日国务院令第376号公布　根据2011年1月8日国务院令第588号《关于废止和修改部分行政法规的决定》修订）

第一章　总　　则

第一条　为了有效预防、及时控制和消除突发公共卫生事件的危害，保障公众身体健康与生命安全，维护正常的社会秩序，制定本条例。

第二条　本条例所称突发公共卫生事件（以下简称突发事件），是指突然发生，造成或者可能造成社会公众健康严重损害的重大传染病疫情、群体性不明原因疾病、重大食物和职业中毒以及其他严重影响公众健康的事件。

第三条　突发事件发生后，国务院设立全国突发事件应急处理指挥部，由国务院有关部门和军队有关部门组成，国务院主管领导人担任总指挥，负责对全国突发事件应急处理的统一领导、统一指挥。

国务院卫生行政主管部门和其他有关部门，在各自的职责范围内做好突发事件应急处理的有关工作。

第四条　突发事件发生后，省、自治区、直辖市人民政府成立地方突发事件应急处理指挥部，省、自治区、直辖市人民政府主要领导人担任总指挥，负责领导、指挥本行政区域内突发事件应急处理工作。

县级以上地方人民政府卫生行政主管部门，具体负责组织突发事件的调查、控制和医疗救治工作。

县级以上地方人民政府有关部门，在各自的职责范围内做好突发事件应急处理的有关工作。

第五条　突发事件应急工作，应当遵循预防为主、常备不懈的方针，贯彻统一领导、分级负责、反应及时、措施果断、依靠科学、加强合作的原则。

第六条 县级以上各级人民政府应当组织开展防治突发事件相关科学研究,建立突发事件应急流行病学调查、传染源隔离、医疗救护、现场处置、监督检查、监测检验、卫生防护等有关物资、设备、设施、技术与人才资源储备,所需经费列入本级政府财政预算。

国家对边远贫困地区突发事件应急工作给予财政支持。

第七条 国家鼓励、支持开展突发事件监测、预警、反应处理有关技术的国际交流与合作。

第八条 国务院有关部门和县级以上地方人民政府及其有关部门,应当建立严格的突发事件防范和应急处理责任制,切实履行各自的职责,保证突发事件应急处理工作的正常进行。

第九条 县级以上各级人民政府及其卫生行政主管部门,应当对参加突发事件应急处理的医疗卫生人员,给予适当补助和保健津贴;对参加突发事件应急处理作出贡献的人员,给予表彰和奖励;对因参与应急处理工作致病、致残、死亡的人员,按照国家有关规定,给予相应的补助和抚恤。

第二章 预防与应急准备

第十条 国务院卫生行政主管部门按照分类指导、快速反应的要求,制定全国突发事件应急预案,报请国务院批准。

省、自治区、直辖市人民政府根据全国突发事件应急预案,结合本地实际情况,制定本行政区域的突发事件应急预案。

第十一条 全国突发事件应急预案应当包括以下主要内容:

(一)突发事件应急处理指挥部的组成和相关部门的职责;

(二)突发事件的监测与预警;

(三)突发事件信息的收集、分析、报告、通报制度;

(四)突发事件应急处理技术和监测机构及其任务;

(五)突发事件的分级和应急处理工作方案;

（六）突发事件预防、现场控制，应急设施、设备、救治药品和医疗器械以及其他物资和技术的储备与调度；

（七）突发事件应急处理专业队伍的建设和培训。

第十二条　突发事件应急预案应当根据突发事件的变化和实施中发现的问题及时进行修订、补充。

第十三条　地方各级人民政府应当依照法律、行政法规的规定，做好传染病预防和其他公共卫生工作，防范突发事件的发生。

县级以上各级人民政府卫生行政主管部门和其他有关部门，应当对公众开展突发事件应急知识的专门教育，增强全社会对突发事件的防范意识和应对能力。

第十四条　国家建立统一的突发事件预防控制体系。

县级以上地方人民政府应当建立和完善突发事件监测与预警系统。

县级以上各级人民政府卫生行政主管部门，应当指定机构负责开展突发事件的日常监测，并确保监测与预警系统的正常运行。

第十五条　监测与预警工作应当根据突发事件的类别，制定监测计划，科学分析、综合评价监测数据。对早期发现的潜在隐患以及可能发生的突发事件，应当依照本条例规定的报告程序和时限及时报告。

第十六条　国务院有关部门和县级以上地方人民政府及其有关部门，应当根据突发事件应急预案的要求，保证应急设施、设备、救治药品和医疗器械等物资储备。

第十七条　县级以上各级人民政府应当加强急救医疗服务网络的建设，配备相应的医疗救治药物、技术、设备和人员，提高医疗卫生机构应对各类突发事件的救治能力。

设区的市级以上地方人民政府应当设置与传染病防治工作需要相适应的传染病专科医院，或者指定具备传染病防治条件和能力的医疗机构承担传染病防治任务。

第十八条　县级以上地方人民政府卫生行政主管部门，应当定期对医疗卫生机构和人员开展突发事件应急处理相关知识、技能的培训，定期组织医疗卫生机构进行突发事件应急演练，推广最新知识和先进技术。

第三章　报告与信息发布

第十九条　国家建立突发事件应急报告制度。

国务院卫生行政主管部门制定突发事件应急报告规范，建立重大、紧急疫情信息报告系统。

有下列情形之一的，省、自治区、直辖市人民政府应当在接到报告1小时内，向国务院卫生行政主管部门报告：

（一）发生或者可能发生传染病暴发、流行的；

（二）发生或者发现不明原因的群体性疾病的；

（三）发生传染病菌种、毒种丢失的；

（四）发生或者可能发生重大食物和职业中毒事件的。

国务院卫生行政主管部门对可能造成重大社会影响的突发事件，应当立即向国务院报告。

第二十条　突发事件监测机构、医疗卫生机构和有关单位发现有本条例第十九条规定情形之一的，应当在2小时内向所在地县级人民政府卫生行政主管部门报告；接到报告的卫生行政主管部门应当在2小时内向本级人民政府报告，并同时向上级人民政府卫生行政主管部门和国务院卫生行政主管部门报告。

县级人民政府应当在接到报告后2小时内向设区的市级人民政府或者上一级人民政府报告；设区的市级人民政府应当在接到报告后2小时内向省、自治区、直辖市人民政府报告。

第二十一条　任何单位和个人对突发事件，不得隐瞒、缓报、谎报或者授意他人隐瞒、缓报、谎报。

第二十二条　接到报告的地方人民政府、卫生行政主管部门依照本条例规定报告的同时，应当立即组织力量对报告事项调查核实、确证，采取必要的控制措施，并及时报告调查情况。

第二十三条　国务院卫生行政主管部门应当根据发生突发事件的情况，及时向国务院有关部门和各省、自治区、直辖市人民政府卫生行政主管部门以及军队有关部门通报。

突发事件发生地的省、自治区、直辖市人民政府卫生行政主管部门，应当及时向毗邻省、自治区、直辖市人民政府卫生行政主管部门通报。

接到通报的省、自治区、直辖市人民政府卫生行政主管部门，必要时应当及时通知本行政区域内的医疗卫生机构。

县级以上地方人民政府有关部门，已经发生或者发现可能引起突发事件的情形时，应当及时向同级人民政府卫生行政主管部门通报。

第二十四条 国家建立突发事件举报制度，公布统一的突发事件报告、举报电话。

任何单位和个人有权向人民政府及其有关部门报告突发事件隐患，有权向上级人民政府及其有关部门举报地方人民政府及其有关部门不履行突发事件应急处理职责，或者不按照规定履行职责的情况。接到报告、举报的有关人民政府及其有关部门，应当立即组织对突发事件隐患、不履行或者不按照规定履行突发事件应急处理职责的情况进行调查处理。

对举报突发事件有功的单位和个人，县级以上各级人民政府及其有关部门应当予以奖励。

第二十五条 国家建立突发事件的信息发布制度。

国务院卫生行政主管部门负责向社会发布突发事件的信息。必要时，可以授权省、自治区、直辖市人民政府卫生行政主管部门向社会发布本行政区域内突发事件的信息。

信息发布应当及时、准确、全面。

第四章 应急处理

第二十六条 突发事件发生后，卫生行政主管部门应当组织专家对突发事件进行综合评估，初步判断突发事件的类型，提出是否启动突发事件应急预案的建议。

第二十七条 在全国范围内或者跨省、自治区、直辖市范围内启动全国突发事件应急预案，由国务院卫生行政主管部门报国务院批准后实施。省、自治区、直辖市启动突发事件应急预案，由省、自治区、直辖市人民政府决定，并向国务院报告。

第二十八条 全国突发事件应急处理指挥部对突发事件应急处理工作进行督察和指导，地方各级人民政府及其有关部门应当予以配合。

省、自治区、直辖市突发事件应急处理指挥部对本行政区域内突发事件应急处理工作进行督察和指导。

第二十九条 省级以上人民政府卫生行政主管部门或者其他有关部门指定的突发事件应急处理专业技术机构，负责突发事件的技术调查、确证、处置、控制和评价工作。

第三十条 国务院卫生行政主管部门对新发现的突发传染病，根据危害程度、流行强度，依照《中华人民共和国传染病防治法》的规定及时宣布为法定传染病；宣布为甲类传染病的，由国务院决定。

第三十一条 应急预案启动前，县级以上各级人民政府有关部门应当根据突发事件的实际情况，做好应急处理准备，采取必要的应急措施。

应急预案启动后，突发事件发生地的人民政府有关部门，应当根据预案规定的职责要求，服从突发事件应急处理指挥部的统一指挥，立即到达规定岗位，采取有关的控制措施。

医疗卫生机构、监测机构和科学研究机构，应当服从突发事件应急处理指挥部的统一指挥，相互配合、协作，集中力量开展相关的科学研究工作。

第三十二条 突发事件发生后，国务院有关部门和县级以上地方人民政府及其有关部门，应当保证突发事件应急处理所需的医疗救护设备、救治药品、医疗器械等物资的生产、供应；铁路、交通、民用航空行政主管部门应当保证及时运送。

第三十三条 根据突发事件应急处理的需要，突发事件应急处理指挥部有权紧急调集人员、储备的物资、交通工具以及相关设施、设备；必要时，对人员进行疏散或者隔离，并可以依法对传染病疫区实行封锁。

第三十四条 突发事件应急处理指挥部根据突发事件应急处理的需要，可以对食物和水源采取控制措施。

县级以上地方人民政府卫生行政主管部门应当对突发事件现场等采取

控制措施，宣传突发事件防治知识，及时对易受感染的人群和其他易受损害的人群采取应急接种、预防性投药、群体防护等措施。

第三十五条 参加突发事件应急处理的工作人员，应当按照预案的规定，采取卫生防护措施，并在专业人员的指导下进行工作。

第三十六条 国务院卫生行政主管部门或者其他有关部门指定的专业技术机构，有权进入突发事件现场进行调查、采样、技术分析和检验，对地方突发事件的应急处理工作进行技术指导，有关单位和个人应当予以配合；任何单位和个人不得以任何理由予以拒绝。

第三十七条 对新发现的突发传染病、不明原因的群体性疾病、重大食物和职业中毒事件，国务院卫生行政主管部门应当尽快组织力量制定相关的技术标准、规范和控制措施。

第三十八条 交通工具上发现根据国务院卫生行政主管部门的规定需要采取应急控制措施的传染病病人、疑似传染病病人，其负责人应当以最快的方式通知前方停靠点，并向交通工具的营运单位报告。交通工具的前方停靠点和营运单位应当立即向交通工具营运单位行政主管部门和县级以上地方人民政府卫生行政主管部门报告。卫生行政主管部门接到报告后，应当立即组织有关人员采取相应的医学处置措施。

交通工具上的传染病病人密切接触者，由交通工具停靠点的县级以上各级人民政府卫生行政主管部门或者铁路、交通、民用航空行政主管部门，根据各自的职责，依照传染病防治法律、行政法规的规定，采取控制措施。

涉及国境口岸和入出境的人员、交通工具、货物、集装箱、行李、邮包等需要采取传染病应急控制措施的，依照国境卫生检疫法律、行政法规的规定办理。

第三十九条 医疗卫生机构应当对因突发事件致病的人员提供医疗救护和现场救援，对就诊病人必须接诊治疗，并书写详细、完整的病历记录；对需要转送的病人，应当按照规定将病人及其病历记录的复印件转送至接诊的或者指定的医疗机构。

医疗卫生机构内应当采取卫生防护措施，防止交叉感染和污染。

医疗卫生机构应当对传染病病人密切接触者采取医学观察措施，传染病病人密切接触者应当予以配合。

医疗机构收治传染病病人、疑似传染病病人,应当依法报告所在地的疾病预防控制机构。接到报告的疾病预防控制机构应当立即对可能受到危害的人员进行调查,根据需要采取必要的控制措施。

第四十条 传染病暴发、流行时,街道、乡镇以及居民委员会、村民委员会应当组织力量,团结协作,群防群治,协助卫生行政主管部门和其他有关部门、医疗卫生机构做好疫情信息的收集和报告、人员的分散隔离、公共卫生措施的落实工作,向居民、村民宣传传染病防治的相关知识。

第四十一条 对传染病暴发、流行区域内流动人口,突发事件发生地的县级以上地方人民政府应当做好预防工作,落实有关卫生控制措施;对传染病病人和疑似传染病病人,应当采取就地隔离、就地观察、就地治疗的措施。对需要治疗和转诊的,应当依照本条例第三十九条第一款的规定执行。

第四十二条 有关部门、医疗卫生机构应当对传染病做到早发现、早报告、早隔离、早治疗,切断传播途径,防止扩散。

第四十三条 县级以上各级人民政府应当提供必要资金,保障因突发事件致病、致残的人员得到及时、有效的救治。具体办法由国务院财政部门、卫生行政主管部门和劳动保障行政主管部门制定。

第四十四条 在突发事件中需要接受隔离治疗、医学观察措施的病人、疑似病人和传染病病人密切接触者在卫生行政主管部门或者有关机构采取医学措施时应当予以配合;拒绝配合的,由公安机关依法协助强制执行。

第五章 法律责任

第四十五条 县级以上地方人民政府及其卫生行政主管部门未依照本条例的规定履行报告职责,对突发事件隐瞒、缓报、谎报或者授意他人隐瞒、缓报、谎报的,对政府主要领导人及其卫生行政主管部门主要负责人,依法给予降级或者撤职的行政处分;造成传染病传播、流行或者对社会公众健康造成其他严重危害后果的,依法给予开除的行政处分;构成犯罪的,依法追究刑事责任。

第四十六条 国务院有关部门、县级以上地方人民政府及其有关部门未依照本条例的规定，完成突发事件应急处理所需要的设施、设备、药品和医疗器械等物资的生产、供应、运输和储备的，对政府主要领导人和政府部门主要负责人依法给予降级或者撤职的行政处分；造成传染病传播、流行或者对社会公众健康造成其他严重危害后果的，依法给予开除的行政处分；构成犯罪的，依法追究刑事责任。

第四十七条 突发事件发生后，县级以上地方人民政府及其有关部门对上级人民政府有关部门的调查不予配合，或者采取其他方式阻碍、干涉调查的，对政府主要领导人和政府部门主要负责人依法给予降级或者撤职的行政处分；构成犯罪的，依法追究刑事责任。

第四十八条 县级以上各级人民政府卫生行政主管部门和其他有关部门在突发事件调查、控制、医疗救治工作中玩忽职守、失职、渎职的，由本级人民政府或者上级人民政府有关部门责令改正、通报批评、给予警告；对主要负责人、负有责任的主管人员和其他责任人员依法给予降级、撤职的行政处分；造成传染病传播、流行或者对社会公众健康造成其他严重危害后果的，依法给予开除的行政处分；构成犯罪的，依法追究刑事责任。

第四十九条 县级以上各级人民政府有关部门拒不履行应急处理职责的，由同级人民政府或者上级人民政府有关部门责令改正、通报批评、给予警告；对主要负责人、负有责任的主管人员和其他责任人员依法给予降级、撤职的行政处分；造成传染病传播、流行或者对社会公众健康造成其他严重危害后果的，依法给予开除的行政处分；构成犯罪的，依法追究刑事责任。

第五十条 医疗卫生机构有下列行为之一的，由卫生行政主管部门责令改正、通报批评、给予警告；情节严重的，吊销《医疗机构执业许可证》；对主要负责人、负有责任的主管人员和其他直接责任人员依法给予降级或者撤职的纪律处分；造成传染病传播、流行或者对社会公众健康造成其他严重危害后果，构成犯罪的，依法追究刑事责任：

（一）未依照本条例的规定履行报告职责，隐瞒、缓报或者谎报的；

（二）未依照本条例的规定及时采取控制措施的；

（三）未依照本条例的规定履行突发事件监测职责的；

(四)拒绝接诊病人的;

(五)拒不服从突发事件应急处理指挥部调度的。

第五十一条　在突发事件应急处理工作中,有关单位和个人未依照本条例的规定履行报告职责,隐瞒、缓报或者谎报,阻碍突发事件应急处理工作人员执行职务,拒绝国务院卫生行政主管部门或者其他有关部门指定的专业技术机构进入突发事件现场,或者不配合调查、采样、技术分析和检验的,对有关责任人员依法给予行政处分或者纪律处分;触犯《中华人民共和国治安管理处罚法》,构成违反治安管理行为的,由公安机关依法予以处罚;构成犯罪的,依法追究刑事责任。

第五十二条　在突发事件发生期间,散布谣言、哄抬物价、欺骗消费者,扰乱社会秩序、市场秩序的,由公安机关或者工商行政管理部门依法给予行政处罚;构成犯罪的,依法追究刑事责任。

第六章　附　　则

第五十三条　中国人民解放军、武装警察部队医疗卫生机构参与突发事件应急处理的,依照本条例的规定和军队的相关规定执行。

第五十四条　本条例自公布之日起施行。

中共中央政法委员会　最高人民法院　最高人民检察院　公安部　司法部　关于印发《关于政法机关依法保障疫情防控期间复工复产的意见》的通知

各省、自治区、直辖市党委政法委、高级人民法院、人民检察院、公安厅(局)、司法厅(局),新疆生产建设兵团党委政法委、新疆维吾尔自治区高级人民法院生产建设兵团分院、新疆生产建设兵团人民检察院、公安局、司法局:

为认真贯彻落实习近平总书记在统筹推进新冠肺炎疫情防控和经济社会发展工作部署会议上的重要讲话精神,中央政法委会同最高人民法院、最高人民检察院、公安部、司法部制定了《关于政法机关依法保障疫情防控期间复工复产的意见》,现印发给你们,请结合实际认真贯彻落实。

为认真贯彻落实习近平总书记关于统筹推进新冠肺炎疫情防控和经济社会发展工作的重要指示精神,充分发挥政法机关职能作用,依法全力做好新冠肺炎疫情防控工作、保障疫情防控期间复工复产工作,制定如下意见。

一、深入学习贯彻习近平总书记重要指示精神,切实增强依法保障复工复产的政治自觉。以习近平同志为核心的党中央高度重视新冠肺炎疫情防控工作,习近平总书记多次发表重要讲话、作出重要指示,为统筹推进新冠肺炎疫情防控和经济社会发展工作提供了根本遵循。各级政法机关和广大政法干警要深入学习贯彻习近平总书记重要指示精神,切实把思想和行动统一到党中央决策部署上来,增强“四个意识”,坚定“四个自信”,做到“两个维护”,在统筹推进疫情防控和经济社会发展工作中,勇当先锋,敢打头阵,全力以赴做好疫情防控、保障复工复产工作,及时解决群众所急所忧所思所盼。按照分区分级精准复工复产的工作部署要求,统筹处理好疫情防控和经济社会发展的关系,在坚决做好疫情防控工作的同时,依法保障有序复工复产,为疫情防控提供有力物资保障,依法平等保护各类市场主体合法权益,为保持我国经济社会良好发展势头、实现决胜全面建成小康社会、决战脱贫攻坚的目标任务提供有力支撑。要找准工作结合点和着力点,及时协调帮助解决复工复产中存在的困难和问题,切实防止复工复产后发生疫情感染,推动建立最严格的岗位责任制,完善疫情发生后的应急处理机制,为稳定社会预期、维持正常经济社会秩序,提供优质高效的政法公共服务和坚强有力的执法司法保障。

二、推动健全完善促进复工复产的政策法规。推动出台《保障中小企业款项支付条例》,完善拖欠账款问题约束惩戒相关制度,维护中小企业合法权益。密切配合有关部门出台复工复产、扩大内需、维护企业和职工合法权益方面的政策规定,主动介入、提前研究,注重维护企业和职工的合法权益。严格禁止在法律法规外增加许可事项、增设许可条件,防止设置过高门槛限制和影响复工复产。加快对有关政策措施的合法性审查,在审查过程中注意平衡好各方权利义务,确保实现稳就业、稳投资的政策效果,为依法防控疫情、有序复工复产,特别是进一步做好复工复产后的防疫指导监督、建立最严格的岗位责任制和疫情应急处理机制提供法治支持。加强依法防控疫情、保障企业复工复产有关法律政策问题研究。

三、大力推进严格规范公正文明执法。合理使用行政裁量权,防止执法过度、简单粗暴,引发社会矛盾,切实维护企业和职工合法权益。对具备复工复产条件、已建立严格防疫岗位责任制和疫情应急处理机制的企业,要积极为其申请增产、转产、开展科研攻关等相关行政许可提供方便、创造条件,简化工作流程。认真做好道路交通保障工作,打通人流、物流堵点,在保障疫情防控车辆优先通行的同时,针对企业复工复产交通流量、货运物流回升的实际,不断科学优化交通管控,全力保障公路路网安全顺畅运行,确保员工回得来、原料供得上、产品出得去,解决好生活必需品供应的“最后一公里”问题。扎实做好主干公路保顺畅保安全工作,减少群众等候时间。对交通运输部门组织的集中运送农民工等群体返岗复工直通车,要加强沿途安全保障。要强化货运驾驶人警示教育,严格货车安全技术状况检查,严防货车肇事引发事故。加强海上治安和安全保卫工作，严厉打击海上违法犯罪活动，依法切实做好海上交通保障工作。

四、依法严厉打击妨害疫情防控、复工复产违法犯罪。依法严惩扰乱医疗秩序、防疫秩序、市场秩序、社会秩序等违法犯罪行为。严厉打击车匪路霸、插手物流运输、破坏正常交通秩序的黑恶势力。依法严惩破坏轨道、桥梁、隧道、公路、机场、航道、灯塔、标志或进行其他破坏交通设施等违法犯罪。办理破坏交通设施案件，注意区分具体情况，依法审慎处理。依法打击生产、销售伪劣的防治、防护产品、物资，或生产、销售用于防治新冠肺炎的假药、劣药等生产、销售伪劣产品违法犯罪。依法打击违反国家有关市场经营、价格管理等规定，囤积居奇，哄抬疫情防控急需的口罩、护目镜、防护服、消毒液等防护用品、药品或其他涉及民生的物品价格，严重扰乱市场秩序等违法犯罪。

五、准确把握法律政策界限，营造良好司法环境。对于疫情防控期间，超出经营范围生产经营疫情防控产品、商品，或因疫情防控需要，为赶工期导致产品标注不符合相关规定，生产销售的产品经鉴定符合国家相关卫生、质量标准，未造成实质危害的，依法妥善处理。对于因生产经营需要，提前复工复产，引发新型冠状病毒传播或有传播风险的，要根据企业是否依法采取有关疫情防控措施，是否建立严格的岗位责任制，综合认定行为性质，依法妥善处理。在涉企业案件办理中，积极推进认罪认罚从宽制度适用，落实少捕慎诉司法理念。贯彻实施外商投资法及配套法规、相关司法解释，依法审理外商投资纠纷案件，稳妥认定外商投资合同效力。

六、慎重使用逮捕和查封、扣押、冻结等强制性措施。办理涉企业案件，能够采取较为轻缓、宽和措施的，尽量不采用限制人身、财产权利的强制性措施。需要查封、扣押、冻结的，一般应当预留必要的流动资金和往来账户；对于涉案企业正在投入生产运营和正在用于科技创新、产品研发的设备、资金和技术资料等，原则上依法不予查封、扣押、冻结，确需提取犯罪证据的，可以采取拍照、复制、现场勘验等方式提取。对有自首、立功表现，积极认罪悔罪，没有社会危险性的经营者，可依法不采取羁押强制措施。对处于侦查、起诉和审判阶段在押的企业经营者，及时开展羁押必要性审查，对于变更强制措施不影响诉讼顺利进行,没有继续羁押必要的,依法及时变更强制措施。对羁押中需要处理企业紧急事务的,应根据案件办理情况尽量允许其通过适当方式处理。

七、注意优化办案方式,确保案件办理效果。加快涉企业犯罪案件的办理进度,除特别重大疑难复杂的案件外,依法快速办结,确保企业正常生产经营。做好风险防控预案,避免因办案时机或方式把握不当,严重影响企业正常生产、工作秩序。对企业因面临司法查控等民事执行措施难以复工复产、维持正常经营的,加强部门协作,研究更合理的执行方案,选择采用对企业生产影响最小的执行措施,为企业恢复生产、持续发展创造条件。在办案过程中要积极采取有效措施,充分做好以案释法工作,帮助企业化解矛盾。对有疾病、残疾等情形的困境儿童,其监护人因复工复产、隔离管控等原因,暂时难以履行监护职责的,第一时间向有关职能部门通报,并依法开展相关司法救助或救治工作。

八、切实做好矛盾纠纷排查调处工作。完善矛盾纠纷源头预防、排查预警、多元化解机制,及时发现各类风险隐患,坚持抓早抓小、应调尽调,灵活运用法理情相结合等方式,及时有效化解疫情防控中出现的苗头性、趋势性问题。要主动做好心理疏导,引导全社会关心关爱确诊人员、隔离人员和病人家属。建立健全多层次、多类型的调解组织网络,重点在矛盾纠纷多发的制造、餐饮、建筑、商贸服务以及民营高科技等行业和开发区、工业园区等区域加大调解组织资源配置,引导企业和职工主动选择、自愿接受调解服务。加强人民调解、行政调解、行业性专业性调解、仲裁调解、司法调解的衔接联动,实现资源整合和信息共享。鼓励律师、专家学者、法律工作者以及退休的法官、检察官、人力资源社会保障和工会工作人员、劳动人事争议仲裁员等社会力量参与调解工作,有条件的可以设立调解工作室,为企业和职工提供便捷高效的调解服务。

九、依法履行检察监督职责。对于企业认为公安机关不应当立案而立案或应当立案而未立案,向人民检察院提出的,人民检察院应当受理、审查并依法处理。对于公安机关违反有关规定查封、扣押、冻结涉案财物的,依法提出纠正意见。加强涉疫情防控民事执行检察监督,对影响企业复工复产、损害企业和职工合法权益的违法执行活动，及时建议有关部门立即纠正。加强对涉企业行政非诉执行案件的监督，对确有错误的裁定或行政决定提出检察建议予以纠正。对疫情防控相关公益诉讼案件，特别是涉口罩、防护服等重要医疗防护物资产品生产经营者的，要准确把握法律监督与保障复工复产并重的原则，积极延伸办案职能作用，企业生产经营因案面临实际困难的，大力协调帮助解决。

十、高质高效提供政法公共服务。积极推行证明事项告知承诺制，减少企业和职工的办事负担。疫情防控期间，企业和职工需要开具证明的，要在职责范围内积极主动做好证明开具工作。能够以“网上办”“掌上办”等电子方式办理的，尽可能采取“不接触”方式办理。充分发挥公证监督证明、证据保全的职能优势，对因疫情影响、申请办理不可抗力事件、用于免责的商事声明等公证事项的企业，及时开辟绿色通道，帮助企业减少损失。支持引导公证机构主动为涉疫重点企业减免公证服务费用。仲裁机构、司法鉴定机构对受疫情影响较严重企业的案件优先受理、快速办理，引导仲裁机构、司法鉴定机构支持困难企业，对确因疫情造成服务费用缴付困难的企业实行缓缴服务费用。积极引导当事人通过网上立案、诉讼、调解、信访，就近跨域立案，跨区域远程办理诉讼事项，最大限度减少人员出行、流动，防止诉讼当事人和信访群众在诉讼服务中心等场所聚集，最大限度维护人民群众生命健康权益。

十一、加快办理涉企涉职工行政复议案件。各级行政复议机构要切实加强复工复产过程中相关行政复议案件的受理和审理工作。涉及复工复产企业的行政处罚、行政许可、行政征用、行政强制措施，以及涉及企业职工的工伤认定、社会保险费征收等行政执法行为引发行政争议的，各级行政复议机构要及时受理企业和职工的行政复议申请，积极运用调解、和解等方式依法稳妥化解相关争议，严格纠正违法或不当的行政执法行为，尽快定分止争，切实维护企业和职工合法权益，为企业复工复产提供坚实法治保障。

十二、积极组织律师提供专业法律服务。各地司法行政机关、律师协会要引导、组织律师事务所和律师积极开展疫情依法防控工作，为企业复工复产，以及建立最严格的岗位责任制、完善疫情应急处理机制提供专业法律服务。发挥各地疫情防控法律服务团和党政机关法律顾问、公职律师作用,为相关部门制定企业复工复产政策措施、出台有关防疫指导、监督方面的规范性文件提供法律意见,当好法治参谋和助手。发挥企业法律顾问和公司律师作用,为企业复工复产经营决策、防控疫情提供法律意见,依法办理诉讼、仲裁等法律事务,妥善处理各类法律纠纷。组织专业律师针对企业复工复产过程中多发的物业租赁、劳动争议、工资社保、工伤赔偿等合同纠纷、债权债务法律问题加强研究,提出风险防控意见和建议,编印法律实务工作指南。鼓励律师事务所对经营暂时陷入困难、现金流紧张的法律顾问单位和其他企业,酌情减免或缓收法律服务费用。

十三、加强法治宣传教育和法律咨询服务。加强法治宣传,坚持在法治轨道上统筹推进疫情防控和企业复工复产工作。落实“谁执法谁普法”普法责任制,以传染病防治法、劳动法等相关法律法规为重点,针对企业复工复产中出现的法律问题进行宣传解读,加强以案普法,促进企业恢复生产,保障企业合法权益,加强疫情防控、保护职工劳动权益。充分发挥中国法律服务网、“12348”公共法律服务热线、公共法律服务中心等平台作用,做好复工复产政策解读与相关法律法规宣传普及,抽调专业力量组成法律服务团,提供全业务、全时空的法律服务。

中共中央政法委员会

最高人民法院

最高人民检察院

公安部

司法部

2020年2月25日

最高人民法院　最高人民检察院　公安部　司法部
关于依法惩治妨害新型冠状病毒感染肺炎疫情防控违法犯罪的意见

（法发〔2020〕7号）

为依法惩治妨害新型冠状病毒感染肺炎疫情防控违法犯罪行为，保障人民群众生命安全和身体健康，保障社会安定有序，保障疫情防控工作顺利开展，根据有关法律、司法解释的规定，制定本意见。

一、提高政治站位，充分认识疫情防控时期维护社会大局稳定的重大意义

各级人民法院、人民检察院、公安机关、司法行政机关要切实把思想和行动统一到习近平总书记关于新型冠状病毒感染肺炎疫情防控工作的系列重要指示精神上来，坚决贯彻落实党中央决策部署、中央应对新型冠状病毒感染肺炎疫情工作领导小组工作安排，按照中央政法委要求，增强“四个意识”、坚定“四个自信”、做到“两个维护”，始终将人民群众的生命安全和身体健康放在第一位，坚决把疫情防控作为当前压倒一切的头等大事来抓，用足用好法律规定，依法及时、从严惩治妨害疫情防控的各类违法犯罪，为坚决打赢疫情防控阻击战提供有力法治保障。

二、准确适用法律，依法严惩妨害疫情防控的各类违法犯罪

（一）依法严惩抗拒疫情防控措施犯罪。故意传播新型冠状病毒感染肺炎病原体，具有下列情形之一，危害公共安全的，依照刑法第一百一十四条、第一百一十五条第一款的规定，以以危险方法危害公共安全罪定罪处罚：

1. 已经确诊的新型冠状病毒感染肺炎病人、病原携带者，拒绝隔离治疗或者隔离期未满擅自脱离隔离治疗，并进入公共场所或者公共交通工具的；

2. 新型冠状病毒感染肺炎疑似病人拒绝隔离治疗或者隔离期未满擅自脱离隔离治疗，并进入公共场所或者公共交通工具，造成新型冠状病毒传播的。

其他拒绝执行卫生防疫机构依照传染病防治法提出的防控措施，引起新型冠状病毒传播或者有传播严重危险的，依照刑法第三百三十条的规定，以妨害传染病防治罪定罪处罚。

以暴力、威胁方法阻碍国家机关工作人员（含在依照法律、法规规定行使国家有关疫情防控行政管理职权的组织中从事公务的人员，在受国家机关委托代表国家机关行使疫情防控职权的组织中从事公务的人员，虽未列入国家机关人员编制但在国家机关中从事疫情防控公务的人员）依法履行为防控疫情而采取的防疫、检疫、强制隔离、隔离治疗等措施的，依照刑法第二百七十七条第一款、第三款的规定，以妨害公务罪定罪处罚。暴力袭击正在依法执行职务的人民警察的，以妨害公务罪定罪，从重处罚。

（二）依法严惩暴力伤医犯罪。在疫情防控期间，故意伤害医务人员造成轻伤以上的严重后果，或者对医务人员实施撕扯防护装备、吐口水等行为，致使医务人员感染新型冠状病毒的，依照刑法第二百三十四条的规定，以故意伤害罪定罪处罚。

随意殴打医务人员，情节恶劣的，依照刑法第二百九十三条的规定，以寻衅滋事罪定罪处罚。

采取暴力或者其他方法公然侮辱、恐吓医务人员，符合刑法第二百四十六条、第二百九十三条规定的，以侮辱罪或者寻衅滋事罪定罪处罚。

以不准离开工作场所等方式非法限制医务人员人身自由，符合刑法第二百三十八条规定的，以非法拘禁罪定罪处罚。

（三）依法严惩制假售假犯罪。在疫情防控期间，生产、销售伪劣的防治、防护产品、物资，或者生产、销售用于防治新型冠状病毒感染肺炎的假药、劣药，符合刑法第一百四十条、第一百四十一条、第一百四十二条规定的，以生产、销售伪劣产品罪，生产、销售假药罪或者生产、销售劣药罪定罪处罚。

在疫情防控期间，生产不符合保障人体健康的国家标准、行业标准的医用口罩、护目镜、防护服等医用器材，或者销售明知是不符合标准的医用器材，足以严重危害人体健康的，依照刑法第一百四十五条的规定，以生产、销售不符合标准的医用器材罪定罪处罚。

（四）依法严惩哄抬物价犯罪。在疫情防控期间，违反国家有关市场经营、价格管理等规定，囤积居奇，哄抬疫情防控急需的口罩、护目镜、防护服、消毒液等防护用品、药品或者其他涉及民生的物品价格，牟取暴利，违法所得数额较大或者有其他严重情节，严重扰乱市场秩序的，依照刑法第二百二十五条第四项的规定，以非法经营罪定罪处罚。

（五）依法严惩诈骗、聚众哄抢犯罪。在疫情防控期间，假借研制、生产或者销售用于疫情防控的物品的名义骗取公私财物，或者捏造事实骗取公众捐赠款物，数额较大的，依照刑法第二百六十六条的规定，以诈骗罪定罪处罚。

在疫情防控期间，违反国家规定，假借疫情防控的名义，利用广告对所推销的商品或者服务作虚假宣传，致使多人上当受骗，违法所得数额较大或者有其他严重情节的，依照刑法第二百二十二条的规定，以虚假广告罪定罪处罚。

在疫情防控期间，聚众哄抢公私财物特别是疫情防控和保障物资，数额较大或者有其他严重情节的，对首要分子和积极参加者，依照刑法第二百六十八条的规定，以聚众哄抢罪定罪处罚。

（六）依法严惩造谣传谣犯罪。编造虚假的疫情信息，在信息网络或者其他媒体上传播，或者明知是虚假疫情信息，故意在信息网络或者其他媒体上传播，严重扰乱社会秩序的，依照刑法第二百九十一条之一第二款的规定，以编造、故意传播虚假信息罪定罪处罚。

编造虚假信息，或者明知是编造的虚假信息，在信息网络上散布，或者组织、指使人员在信息网络上散布，起哄闹事，造成公共秩序严重混乱的，依照刑法第二百九十三条第一款第四项的规定，以寻衅滋事罪定罪处罚。

利用新型冠状病毒感染肺炎疫情，制造、传播谣言，煽动分裂国家、破坏国家统一,或者煽动颠覆国家政权、推翻社会主义制度的,依照刑法第一百零三条第二款、第一百零五条第二款的规定,以煽动分裂国家罪或者煽动颠覆国家政权罪定罪处罚。

网络服务提供者不履行法律、行政法规规定的信息网络安全管理义务,经监管部门责令采取改正措施而拒不改正,致使虚假疫情信息或者其他违法信息大量传播的,依照刑法第二百八十六条之一的规定,以拒不履行信息网络安全管理义务罪定罪处罚。

对虚假疫情信息案件,要依法、精准、恰当处置。对恶意编造虚假疫情信息,制造社会恐慌,挑动社会情绪,扰乱公共秩序,特别是恶意攻击党和政府,借机煽动颠覆国家政权、推翻社会主义制度的,要依法严惩。对于因轻信而传播虚假信息,危害不大的,不以犯罪论处。

(七)依法严惩疫情防控失职渎职、贪污挪用犯罪。在疫情防控工作中,负有组织、协调、指挥、灾害调查、控制、医疗救治、信息传递、交通运输、物资保障等职责的国家机关工作人员,滥用职权或者玩忽职守,致使公共财产、国家和人民利益遭受重大损失的,依照刑法第三百九十七条的规定,以滥用职权罪或者玩忽职守罪定罪处罚。

卫生行政部门的工作人员严重不负责任,不履行或者不认真履行防治监管职责,导致新型冠状病毒感染肺炎传播或者流行,情节严重的,依照刑法第四百零九条的规定,以传染病防治失职罪定罪处罚。

从事实验、保藏、携带、运输传染病菌种、毒种的人员,违反国务院卫生行政部门的有关规定,造成新型冠状病毒毒种扩散,后果严重的,依照刑法第三百三十一条的规定,以传染病毒种扩散罪定罪处罚。

国家工作人员,受委托管理国有财产的人员,公司、企业或者其他单位的人员,利用职务便利,侵吞、截留或者以其他手段非法占有用于防控新型冠状病毒感染肺炎的款物,或者挪用上述款物归个人使用,符合刑法第三百八十二条、第三百八十三条、第二百七十一条、第三百八十四条、第二百七十二条规定的,以贪污罪、职务侵占罪、挪用公款罪、挪用资金罪定罪处罚。挪用用于防控新型冠状病毒感染肺炎的救灾、优抚、救济等款物,符合刑法第二百七十三条规定的,对直接责任人员,以挪用特定款物罪定罪处罚。

（八）依法严惩破坏交通设施犯罪。在疫情防控期间，破坏轨道、桥梁、隧道、公路、机场、航道、灯塔、标志或者进行其他破坏活动，足以使火车、汽车、电车、船只、航空器发生倾覆、毁坏危险的，依照刑法第一百一十七条、第一百一十九条第一款的规定，以破坏交通设施罪定罪处罚。

办理破坏交通设施案件，要区分具体情况，依法审慎处理。对于为了防止疫情蔓延，未经批准擅自封路阻碍交通，未造成严重后果的，一般不以犯罪论处，由主管部门予以纠正。

（九）依法严惩破坏野生动物资源犯罪。非法猎捕、杀害国家重点保护的珍贵、濒危野生动物的，或者非法收购、运输、出售国家重点保护的珍贵、濒危野生动物及其制品的，依照刑法第三百四十一条第一款的规定，以非法猎捕、杀害珍贵、濒危野生动物罪或者非法收购、运输、出售珍贵、濒危野生动物、珍贵、濒危野生动物制品罪定罪处罚。

违反狩猎法规，在禁猎区、禁猎期或者使用禁用的工具、方法进行狩猎，破坏野生动物资源，情节严重的，依照刑法第三百四十一条第二款的规定，以非法狩猎罪定罪处罚。

违反国家规定，非法经营非国家重点保护野生动物及其制品（包括开办交易场所、进行网络销售、加工食品出售等），扰乱市场秩序，情节严重的，依照刑法第二百二十五条第四项的规定，以非法经营罪定罪处罚。

知道或者应当知道是国家重点保护的珍贵、濒危野生动物及其制品，为食用或者其他目的而非法购买，符合刑法第三百四十一条第一款规定的，以非法收购珍贵、濒危野生动物、珍贵、濒危野生动物制品罪定罪处罚。

知道或者应当知道是非法狩猎的野生动物而购买，符合刑法第三百一十二条规定的，以掩饰、隐瞒犯罪所得罪定罪处罚。

（十）依法严惩妨害疫情防控的违法行为。实施上述（一）至（九）规定的行为，不构成犯罪的，由公安机关根据治安管理处罚法有关虚构事实扰乱公共秩序，扰乱单位秩序、公共场所秩序、寻衅滋事，拒不执行紧急状态下的决定、命令，阻碍执行职务，冲闯警戒带、警戒区，殴打他人，故意伤害，侮辱他人，诈骗，在铁路沿线非法挖掘坑穴、采石取沙，盗窃、损毁路面公共设施，损毁铁路设施设备，故意损毁财物、哄抢公私财物等规定，予以治安管理处罚,或者由有关部门予以其他行政处罚。

对于在疫情防控期间实施有关违法犯罪的,要作为从重情节予以考量,依法体现从严的政策要求,有力惩治震慑违法犯罪,维护法律权威,维护社会秩序,维护人民群众生命安全和身体健康。

三、健全完善工作机制,保障办案效果和安全

(一)及时查处案件。公安机关对于妨害新型冠状病毒感染肺炎疫情防控的案件,要依法及时立案查处,全面收集固定证据。对于拒绝隔离治疗或者隔离期未满擅自脱离隔离治疗的人员,公安机关要依法协助医疗机构和有关部门采取强制隔离治疗措施。要严格规范公正文明执法。

(二)强化沟通协调。人民法院、人民检察院、公安机关、司法行政机关要加强沟通协调,确保案件顺利侦查、起诉、审判、交付执行。对重大、敏感、复杂案件,公安机关要及时听取人民检察院的意见建议。对社会影响大、舆论关注度高的重大案件,要加强组织领导,按照依法处置、舆论引导、社会面管控"三同步"要求,及时向社会通报案件进展情况,澄清事实真相,做好舆论引导工作。

(三)保障诉讼权利。要依法保障犯罪嫌疑人、被告人的各项诉讼权利特别是辩护权。要按照刑事案件律师辩护全覆盖的要求,积极组织律师为没有委托辩护人的被告人依法提供辩护或者法律帮助。各级司法行政机关要加强对律师辩护代理工作的指导监督,引导广大律师依法依规履行辩护代理职责,切实维护犯罪嫌疑人、被告人的合法权益,保障法律正确实施。

(四)加强宣传教育。人民法院、人民检察院、公安机关、司法行政机关要认真落实"谁执法谁普法"责任制,结合案件办理深入细致开展法治宣传教育工作。要选取典型案例,以案释法,加大警示教育,震慑违法犯罪分子,充分展示坚决依法严惩此类违法犯罪、维护人民群众生命安全和身体健康的决心。要引导广大群众遵纪守法,不信谣、不传谣,依法支持和配合疫情防控工作,为疫情防控工作的顺利开展营造良好的法治和社会环境。

(五)注重办案安全。在疫情防控期间,办理妨害新型冠状病毒感染肺炎疫情防控案件,办案人员要注重自身安全,提升防范意识,增强在履行接处警、抓捕、羁押、讯问、审判、执行等职能时的自我保护能力和防范能力。除依法必须当面接触的情形外,可以尽量采取书面审查方式,必要时,可以采取视频等方式讯问犯罪嫌疑人、询问被害人、证人、听取辩护律师意见。人民法院在疫情防控期间审理相关案件的,在坚持依法公开审理的同时,要最大限度减少人员聚集,切实维护诉讼参与人、旁听群众、法院干警的安全和健康。

最高人民法院　最高人民检察院　公安部
司法部　国家卫生和计划生育委员会
关于依法惩处涉医违法犯罪维护正常医疗秩序的意见

（法发〔2014〕5号）

为依法惩处涉医违法犯罪，维护正常医疗秩序，构建和谐医患关系，根据《中华人民共和国刑法》《中华人民共和国治安管理处罚法》等法律法规，结合工作实践，制定本意见。

一、充分认识依法惩处涉医违法犯罪维护正常医疗秩序的重要性

加强医药卫生事业建设，是实现人民群众病有所医，提高全民健康水平的重要社会建设工程。经过多年努力，我国医药卫生事业发展取得显著成就，但医疗服务能力、医疗保障水平与人民群众不断增长的医疗服务需求之间仍存在一定差距。一段时期以来，个别地方相继发生暴力杀医、伤医以及在医疗机构聚众滋事等违法犯罪行为，严重扰乱了正常医疗秩序，侵害了人民群众的合法利益。良好的医疗秩序是社会和谐稳定的重要体现，也是增进人民福祉的客观要求。依法惩处涉医违法犯罪，维护正常医疗秩序，有利于保障医患双方的合法权益，为患者创造良好的看病就医环境，为医务人员营造安全的执业环境，从而促进医疗服务水平的整体提高和医药卫生事业的健康发展。

二、严格依法惩处涉医违法犯罪

对涉医违法犯罪行为，要依法严肃追究、坚决打击。公安机关要加大对

暴力杀医、伤医、扰乱医疗秩序等违法犯罪活动的查处力度，接到报警后应当及时出警、快速处置，需要追究刑事责任的，及时立案侦查，全面、客观地收集、调取证据，确保侦查质量。人民检察院应当及时依法批捕、起诉，对于重大涉医犯罪案件要加强法律监督，必要时可以对收集证据、适用法律提出意见。人民法院应当加快审理进度，在全面查明案件事实的基础上依法准确定罪量刑，对于犯罪手段残忍、主观恶性深、人身危险性大的被告人或者社会影响恶劣的涉医犯罪行为，要依法从严惩处。

（一）在医疗机构内殴打医务人员或者故意伤害医务人员身体、故意损毁公私财物，尚未造成严重后果的，分别依照治安管理处罚法第四十三条、第四十九条的规定处罚；故意杀害医务人员，或者故意伤害医务人员造成轻伤以上严重后果，或者随意殴打医务人员情节恶劣、任意损毁公私财物情节严重，构成故意杀人罪、故意伤害罪、故意毁坏财物罪、寻衅滋事罪的，依照刑法的有关规定定罪处罚。

（二）在医疗机构私设灵堂、摆放花圈、焚烧纸钱、悬挂横幅、堵塞大门或者以其他方式扰乱医疗秩序，尚未造成严重损失，经劝说、警告无效的，要依法驱散，对拒不服从的人员要依法带离现场，依照治安管理处罚法第二十三条的规定处罚；聚众实施的，对首要分子和其他积极参加者依法予以治安处罚；造成严重损失或者扰乱其他公共秩序情节严重，构成寻衅滋事罪、聚众扰乱社会秩序罪、聚众扰乱公共场所秩序、交通秩序罪的，依照刑法的有关规定定罪处罚。

在医疗机构的病房、抢救室、重症监护室等场所及医疗机构的公共开放区域违规停放尸体，影响医疗秩序，经劝说、警告无效的，依照治安管理处罚法第六十五条的规定处罚；严重扰乱医疗秩序或者其他公共秩序，构成犯罪的，依照前款的规定定罪处罚。

（三）以不准离开工作场所等方式非法限制医务人员人身自由的，依照治安管理处罚法第四十条的规定处罚；构成非法拘禁罪的，依照刑法的有关规定定罪处罚。

（四）公然侮辱、恐吓医务人员的，依照治安管理处罚法第四十二条的规定处罚；采取暴力或者其他方法公然侮辱、恐吓医务人员情节严重（恶劣），构成侮辱罪、寻衅滋事罪的,依照刑法的有关规定定罪处罚。

(五)非法携带枪支、弹药、管制器具或者爆炸性、放射性、毒害性、腐蚀性物品进入医疗机构的,依照治安管理处罚法第三十条、第三十二条的规定处罚;危及公共安全情节严重,构成非法携带枪支、弹药、管制刀具、危险物品危及公共安全罪的,依照刑法的有关规定定罪处罚。

(六)对于故意扩大事态,教唆他人实施针对医疗机构或者医务人员的违法犯罪行为,或者以受他人委托处理医疗纠纷为名实施敲诈勒索、寻衅滋事等行为的,依照治安管理处罚法和刑法的有关规定从严惩处。

三、积极预防和妥善处理医疗纠纷

(一)卫生计生行政部门应当加强医疗行业监管,指导医疗机构提高医疗服务能力,保障医疗安全和医疗质量。医疗机构及其医务人员要严格遵守医疗卫生管理法律、行政法规、部门规章和诊疗护理规范,加强医德医风建设,改善服务态度,注重人文关怀,尊重患者的隐私权、知情权、选择权等权利,根据患者病情、预后不同以及患者实际需求,采取适当方式进行沟通,做好解释说理工作,从源头上预防和减少医疗纠纷。

(二)卫生计生行政部门应当指导医疗机构加强投诉管理,设立医患关系办公室或者指定部门统一承担医疗机构投诉管理工作,建立畅通、便捷的投诉渠道。

医疗机构投诉管理部门应当在医疗机构显著位置公布该部门及医疗纠纷人民调解组织等相关机构的联系方式、医疗纠纷的解决程序,加大对患者法律知识的宣传,引导患者依法、理性解决医疗纠纷。有条件的医疗机构可设立网络投诉平台,并安排专人处理、回复患者投诉。要做到投诉必管、投诉必复,在规定期限内向投诉人反馈处理情况。

对于医患双方自行协商解决不成的医疗纠纷,医疗机构应当及时通过向人民调解委员会申请调解等其他合法途径解决。

(三)司法行政机关应当会同卫生计生行政部门加快推进医疗纠纷人民调解组织建设,在医疗机构集中、医疗纠纷突出的地区建立独立的医疗纠纷人民调解委员会。

司法行政机关应当会同人民法院加强对医疗纠纷人民调解委员会的指导，帮助完善医疗纠纷人民调解受理、调解、回访、反馈等各项工作制度，加强医疗纠纷人民调解员队伍建设和业务培训，建立医学、法律等专家咨询库，确保调解依法、规范、有效进行。

司法行政机关应当组织法律援助机构为有需求并符合条件的医疗纠纷患者及其家属提供法律援助，指导律师事务所、公证机构等为医疗纠纷当事人提供法律服务，指导律师做好代理服务工作，促使医疗纠纷双方当事人妥善解决争议。

（四）人民法院对起诉的医疗损害赔偿案件应当及时立案受理，积极开展诉讼调解，对调解不成的，及时依法判决，切实维护医患双方的合法利益。在诉讼过程中应当加强诉讼指导，并做好判后释疑工作。

（五）卫生计生行政部门应当会同公安机关指导医疗机构建立健全突发事件预警应对机制和警医联动联防联控机制，提高应对突发事件的现场处置能力。公安机关可根据实际需要在医疗机构设立警务室，及时受理涉医报警求助，加强动态管控。医疗机构在诊治过程中发现有暴力倾向的患者，或者在处理医疗纠纷过程中发现有矛盾激化，可能引发治安案件、刑事案件的情况，应当及时报告公安机关。

四、建立健全协调配合工作机制

各有关部门要高度重视打击涉医违法犯罪、维护正常医疗秩序的重要性，认真落实党中央、国务院关于构建和谐医患关系的决策部署，加强组织领导与协调配合，形成构建和谐医患关系的合力。地市级以上卫生计生行政部门应当积极协调相关部门建立联席会议等工作制度，定期互通信息，及时研究解决问题，共同维护医疗秩序，促进我国医药卫生事业健康发展。

《关于依法惩处涉医违法犯罪维护正常医疗秩序的意见》的理解与适用

高贵君* 马 岩** 方文军*** 曾 琳****

为依法惩处涉医违法犯罪,维护正常医疗秩序,构建和谐医患关系,最高人民法院、最高人民检察院、公安部、司法部、国家卫生和计划生育委员会于2014年4月22日联合制定了《关于依法惩处涉医违法犯罪维护正常医疗秩序的意见》(法发〔2014〕5号,以下简称《意见》)。为便于司法实践中准确理解和适用该指导文件,现就《意见》的制定背景、起草思路和主要内容说明如下。

一、关于《意见》的制定背景

加强医药卫生事业建设,是实现人民群众病有所医,提高全民健康水平的重要社会建设工程。经过多年努力,我国医药卫生事业发展取得显著成就,覆盖城乡的医药卫生服务体系基本形成,疾病防治能力不断增强,医疗保障覆盖人口逐步扩大,卫生科技水平显著提高,人民群众健康水平明显改善,居民主要健康指标处于发展中国家前列。同时,随着经济发展和人民群众生活水平的提高,人们对改善医药卫生服务提出了更高的要求。工业化、城镇化、人口老龄化、疾病谱的变化和生态环境的变化等,也给医药卫生工作带来一系列新的严峻挑战。当前,我国医疗服务能力、医疗保障水平与人

* 最高人民法院刑五庭原庭长,现已退休。
** 最高人民法院刑五庭副庭长。
*** 最高人民法院二级高级法官。
**** 最高人民法院三级高级法官。

民群众不断增长的医疗服务需求之间仍存在一定的差距，导致一定范围内医患关系较为紧张。一段时期以来，多地相继发生暴力杀医、伤医以及在医疗机构聚众滋事等违法犯罪行为。例如，浙江温岭第一人民医院杀医案、黑龙江齐齐哈尔北钢医院杀医案、广东广州伊丽莎白妇产医院打砸案等。此类恶性案件严重扰乱了正常医疗秩序，侵害了人民群众的合法利益，引发社会广泛关注。为构建安全和谐的医疗环境，切实保障医务人员、就诊患者的合法权益，中央综治办会同最高人民法院、最高人民检察院、公安部、司法部、国家卫生计生委等 11 个部门，决定自 2013 年 12 月起，在全国范围内开展为期一年的维护医疗秩序打击涉医违法犯罪专项行动，其中一项重要措施是完善打击涉医违法犯罪的法律法规。2014 年 3 月，第十二届全国人民代表大会二次会议和全国政协十二届二次会议期间，部分全国人大代表、政协委员提交了关于加大打击伤医事件法律惩处力度的建议和提案，要求司法机关尽快出台相关规范性文件，明确从严打击涉医违法犯罪的依据。为回应社会关切，按照专项行动方案部署，最高人民法院会同最高人民检察院、公安部、司法部、国家卫生计生委，经深入调查研究，广泛征求各方意见，联合制定了《意见》。

二、关于《意见》的起草思路

涉医违法犯罪是医患矛盾突出的集中表现，成因复杂。既有医疗保障体制不够健全、医疗资源分配不够均衡带来的患者就医感受较差的问题，也有医疗本身具有局限性、风险性，而患者就医期望值过高的问题，还有医患双方缺乏信任和有效沟通，纠纷发生后处理不当，导致矛盾激化，乃至发生违法犯罪的问题。减少医疗纠纷和涉医违法犯罪，根本上在于深化医药卫生体制改革，提高医疗保障水平，均衡医疗资源分配。但深化医药卫生体制改革是一项涉及面广、任务艰巨的宏大社会系统工程，需要经过较长时间的努力和探索，才能逐步取得成效。当务之急，是采取切实有效的措施，遏制涉医违法犯罪的多发态势，为深化医药卫生体制改革创造相对和谐、健康的社会环境。综上考虑，《意见》在起草思路上注重标本兼治，一方面强调公检法机关要坚决依法打击各类涉医违法犯罪，通过明确故意杀医、伤医、扰乱医疗秩序等六类常见涉医违法犯罪行为的处罚依据,解决实践中比较突出的打击不力、怠于执法的问题;另一方面强调卫生计生行政部门要指导医疗机构并会同司法行政机关等部门,积极预防和妥善处理医疗纠纷,畅通患者救济渠道,引导患者运用投诉、调解、诉讼等多种方式理性维权,及时化解医患矛盾,从源头上预防和减少涉医违法犯罪的发生。

三、关于《意见》的主要内容

《意见》共四部分内容,一是充分认识依法惩处涉医违法犯罪维护正常医疗秩序的重要性;二是严格依法惩处六类常见涉医违法犯罪行为;三是积极采取措施,预防和妥善处理医疗纠纷;四是建立健全协调配合工作机制。其中,第二部分涉及惩处涉医违法犯罪的法律适用问题,第三部分涉及从源头上预防和减少涉医违法犯罪问题,是《意见》的主要内容,故这里重点说明。

(一)严肃追究、坚决打击涉医违法犯罪行为

《意见》第二部分规定,对涉医违法犯罪行为,要依法严肃追究、坚决打击。体现在:一是要"及时"打击,避免消极执法。公安机关接到报警后,应当及时出警、快速处置,需要追究刑事责任的,及时立案侦查;人民检察院应当及时依法批捕、起诉;人民法院应当加快审理进度。二是要"依法"打击,确保办案质量。侦查机关应当全面、客观地收集、调取证据;检察机关对重大涉医犯罪案件要加强法律监督,必要时可以派员适时介入侦查活动,对收集证据、适用法律提出意见;人民法院应当全面查明案件事实,依法准确定罪量刑。三是要"从严"打击,突出打击重点。对于犯罪手段残忍、主观恶性深、人身危险性大的被告人或者社会影响恶劣的涉医犯罪行为,要依法从严惩处。

需要说明的是,尽管《意见》未明确规定办理涉医犯罪案件要坚持贯彻宽严相济刑事政策,但宽严相济政策作为我国一项基本刑事政策,也应适用于此类案件的办理。对于犯罪情节较轻,或者具有自首、坦白、取得被害方谅解等法定、酌定从宽处罚情节的被告人,也应依法从宽处罚。

(二)准确适用法律,依法惩处六类常见涉医违法犯罪行为

1.关于《意见》第二部分第(一)项

该项规定,在医疗机构内殴打医务人员或者故意伤害医务人员身体、故

意损毁公私财物，尚未造成严重后果的，分别依照治安管理处罚法第四十三条、第四十九条的规定处罚；故意杀害医务人员，或者故意伤害医务人员造成轻伤以上严重后果，或者随意殴打医务人员情节恶劣、任意损毁公私财物情节严重，构成故意杀人罪、故意伤害罪、故意毁坏财物罪、寻衅滋事罪的，依照刑法的有关规定定罪处罚。理解该项规定，主要注意以下四点：

第一，实施上述行为（故意杀人除外），构成一般违法行为还是犯罪行为，区分的关键在于是否造成严重后果，情节是否恶劣、严重。根据《治安管理处罚法》第四十三条、第四十九条的规定，殴打他人、故意伤害他人身体或者故意损毁公私财物的，只要实施该行为即构成行政违法，情节的轻重仅影响行政处罚的种类和严厉程度。但该行为达到后果严重或者情节恶劣、严重的程度，则构成犯罪。具体而言：一是故意伤害医务人员，造成轻伤以上后果的，属于后果严重，应当作为犯罪处理。二是根据2013年制定的《最高人民法院、最高人民检察院关于办理寻衅滋事刑事案件适用法律若干问题的解释》（以下简称《寻衅滋事解释》）第二条、第四条的规定，具有下列情形之一，属于寻衅滋事情节恶劣或者严重：(1)致一人以上轻伤或者二人以上轻微伤，或者任意损毁、占用公私财物价值二千元以上的；(2)多次或者持凶器随意殴打他人，或者多次损毁公私财物造成恶劣社会影响的；(3)在公共场所随意殴打他人，造成公共场所秩序严重混乱的；(4)引起他人精神失常、自杀等严重后果的；(5)严重影响他人的工作、生活的。三是根据《最高人民检察院、公安部关于公安机关管辖的刑事案件立案追诉标准的规定（一）》（以下简称《立案追诉标准》）第三十三条的规定，具有下列情形之一的，属于故意毁坏公私财物数额巨大或者情节严重：(1)造成公私财物损失五千元以上的；(2)毁坏公私财物三次以上的；(3)纠集三人以上公然毁坏公私财物的。

第二，殴打医务人员致一人以上轻伤的，构成故意伤害罪还是寻衅滋事罪，应当结合案发起因、犯罪对象、侵犯客体等因素进行判断。根据《寻衅滋事解释》第一条的有关规定，对于在医疗机构就诊过程中因言语不和、肢体碰撞等偶发矛盾纠纷，而借故生非殴打医务人员的，应当认定为“寻衅滋事”，但矛盾系由被害人故意引发或者被害人对矛盾激化负有主要责任的除外；因对治疗方案、诊治效果等不满产生医疗纠纷后蓄意报复，殴打相对特定的医务人员的，一般不认定为“寻衅滋事”，但经有关部门批评制止或者处理处罚后，继续实施上述行为，破坏社会秩序的除外。例如，2013年发生的湖南中医研究院附属医院肖某伤医案，肖某对该院所做的胡须植入美容手术效果不满意，持菜刀将该院美容科导诊台的3名护士砍至轻伤，检察机关以寻衅滋事罪提起公诉。法院经审理认为，肖某并非借故生非随意殴打医务人员，而是就诊后对医疗效果不满蓄意报复，持刀捅伤参与手术的一名护士及该院美容科的另两名护士，伤害对象相对特定，且未造成医院秩序严重混乱，故其行为构成故意伤害罪而非寻衅滋事罪。又如，2013年发生的浙江宁波第七医院卞某等人寻衅滋事案，致2名医务人员轻微伤，医疗器材、办公设备毁损价值共计4 167元。法院经审理认为，本案虽发生在就诊过程中，但并非医疗纠纷而起，卞某等6人违反就医流程要求拍片，被医务人员拒绝后借故生非，随意殴打医务人员、任意毁损财物，故其行为均已构成寻衅滋事罪。

第三，实施寻衅滋事行为，同时符合寻衅滋事罪、故意杀人罪、故意伤害罪、故意毁坏财物罪构成要件的，依照处罚较重的规定定罪处罚。

第四，该项规定“在医疗机构内”实施上述行为，只是对行为场所进行强调，并不意味着在别的场所实施上述行为的，不构成违法犯罪行为。

2. 关于《意见》第二部分第(二)项

该项规定，在医疗机构私设灵堂、摆放花圈、焚烧纸钱、悬挂横幅、堵塞大门或者以其他方式扰乱医疗秩序，尚未造成严重损失，经劝说、警告无效的，要依法驱散，对拒不服从的人员要依法带离现场，依照治安管理处罚法第二十三条的规定处罚；聚众实施的，对首要分子和其他积极参加者依法予以治安处罚；造成严重损失或者扰乱其他公共秩序情节严重，构成寻衅滋事罪、聚众扰乱社会秩序罪、聚众扰乱公共场所秩序、交通秩序罪的，依照刑法的有关规定定罪处罚。在医疗机构的病房、抢救室、重症监护室等场所及医疗机构的公共开放区域违规停放尸体，影响医疗秩序，经劝说、警告无效的，依照治安管理处罚法第六十五条的规定处罚；严重扰乱医疗秩序或者其他公共秩序，构成犯罪的，依照前款的规定定罪处罚。实践中，对于患者及其家属等人不满治疗效果，在医疗机构内或者医疗机构门口实施上述扰乱秩序行为应如何处理，存在一定争议。为明确处罚依据，故作出上述规定。理

解该项规定,主要注意以下四点:

第一,“以其他方式”扰乱医疗秩序,是指与列举行为性质、方式类似的行为,如抛洒纸钱、张贴死者照片、散发传单、使用高音喇叭等。

第二,实施上述行为,构成一般违法行为还是犯罪行为,区分的关键在于是否造成严重损失,情节是否严重。我们认为,“造成严重损失”主要是指致医疗机构内的人员受到轻微伤以上伤害,或者公私财物遭受严重损毁等;“情节严重”主要是指扰乱的时间长、纠集的人数多,致使医疗机构的工作秩序受到严重破坏,诊疗活动无法正常进行;或者堵塞交通致使车辆、行人不能通过,破坏交通秩序影响通行安全等。

第三,上述行为构成寻衅滋事罪、聚众扰乱社会秩序罪还是聚众扰乱公共场所秩序、交通秩序罪,主要有以下三点区别:一是行为方式略有不同,构成聚众扰乱公共场所秩序、交通秩序罪的,还需实施抗拒、阻碍国家治安管理工作人员依法执行职务的行为。二是犯罪主体不同。寻衅滋事罪是一般主体,聚众扰乱社会秩序罪的主体是扰乱秩序的首要分子和其他积极参加者,聚众扰乱公共场所秩序、交通秩序罪的主体是扰乱秩序的首要分子。三是犯罪的地点和侵犯的客体不同。根据《公共场所卫生管理条例》(国发〔1987〕24 号)的有关规定,医疗机构只有候诊室属于公共场所。因此,聚众在医疗机构候诊室起哄闹事、扰乱秩序,既属于扰乱公共场所秩序也属于扰乱社会秩序,构成寻衅滋事罪、聚众扰乱社会秩序罪、聚众扰乱公共场所秩序罪的,依照处罚较重的规定定罪处罚;聚众在医疗机构的病房、抢救室、重症监护室等非公共场所起哄闹事、扰乱秩序的,构成聚众扰乱社会秩序罪;聚众在医疗机构门口等其他公共场所起哄闹事、扰乱秩序,构成寻衅滋事罪、聚众扰乱公共场所秩序罪的,依照处罚较重的规定定罪处罚。同时,根据《道路交通安全法》的有关规定,虽在医疗机构管辖范围但允许社会车辆通行的地方也属于道路,故聚众堵塞、破坏医疗机构管辖范围内道路或者医疗机构周边的公共道路交通秩序的,均可构成聚众扰乱交通秩序罪。例如,2014 年发生的江西瑞昌赛湖社区卫生服务中心柯某贵、柯某方扰序案,柯某贵、柯某方怀疑该卫生服务中心医治不当致其亲属死亡,在该中心一楼大厅设置灵堂、停放尸体、摆放花圈,纠集、煽动 150 余人聚集在该中心。法院经审查认为，柯某贵、柯某方聚众扰乱医疗机构秩序，致使该中心无法正常运营长达6日，损失严重，故其行为均已构成聚众扰乱社会秩序罪。

第四，考虑到上述扰序行为事出有因，故本项规定应对行为人先行劝说、警告，无效的才依法驱散或者带离现场。

3.关于《意见》第二部分第（三）项

该项规定，以不准离开工作场所等方式非法限制医务人员人身自由的，依照治安管理处罚法第四十条的规定处罚；构成非法拘禁罪的，依照刑法的有关规定定罪处罚。理解该项规定，要注意区分一般违法行为与犯罪行为。我们认为，可以参照《最高人民检察院关于渎职侵权犯罪案件立案标准的规定》（高检发释字〔2006〕2号）的有关规定，非法限制医务人员人身自由，具有下列情形之一的，构成非法拘禁罪：（1）非法拘禁持续时间超过24小时的；（2）3次以上非法拘禁他人，或者一次非法拘禁3人以上的；（3）非法拘禁并实施捆绑、殴打、侮辱等行为的；（4）非法拘禁致人伤残、死亡、精神失常的。

4.关于《意见》第二部分第（四）项

该项规定，公然侮辱、恐吓医务人员的，依照治安管理处罚法第四十二条的规定处罚；采取暴力或者其他方法公然侮辱、恐吓医务人员情节严重（恶劣），构成侮辱罪、寻衅滋事罪的，依照刑法的有关规定定罪处罚。理解该项规定，主要注意以下三点：

第一，实施上述行为，构成一般违法行为还是犯罪行为，区分的关键在于情节是否严重、恶劣。结合《寻衅滋事解释》第三条的规定，具有下列情形之一的，属于情节严重、恶劣：（1）多次侮辱、恐吓他人，造成恶劣社会影响的；（2）持凶器侮辱、恐吓他人的；（3）引起他人精神失常、自杀等严重后果的；（4）严重影响他人的工作、生活的；（5）侮辱手段恶劣的，如强令被害人当众下跪、爬过胯下，强拉被害人游街示众等。

第二，利用信息网络辱骂、恐吓医务人员，情节恶劣，破坏社会秩序的，以寻衅滋事罪定罪处罚。

第三，犯侮辱罪，告诉的才处理，但是严重危害社会秩序和国家利益的除外。参照《最高人民法院、最高人民检察院关于办理利用信息网络实施诽谤等刑事案件适用法律若干问题的解释》第三条的规定，具有下列情形之一的，应当认定为“严重危害社会秩序和国家利益”:(1)引发群体性事件的;(2)引发公共秩序混乱的;(3)引发民族、宗教冲突的;(4)诽谤多人,造成恶劣社会影响的;(5)损害国家形象,严重危害国家利益的;(6)造成恶劣国际影响的。

5. 关于《意见》第二部分第(五)项

该项规定,非法携带枪支、弹药、管制器具或者爆炸性、放射性、毒害性、腐蚀性物品进入医疗机构的,依照治安管理处罚法第三十条、第三十二条的规定处罚;危及公共安全情节严重,构成非法携带枪支、弹药、管制刀具、危险物品危及公共安全罪的,依照刑法的有关规定定罪处罚。理解该项规定,要注意区分一般违法行为与犯罪行为。根据《立案追诉标准》第七条的规定,具有下列情形之一的,属于“危及公共安全情节严重”:(1)携带枪支一支以上或者手榴弹、炸弹、地雷、手雷等具有杀伤性弹药一枚以上的;(2)携带爆炸装置一套以上的;(3)携带炸药、发射药、黑火药五百克以上或者烟火药一千克以上、雷管二十枚以上或者导火索、导爆索二十米以上,或者虽未达到上述数量标准,但拒不交出的;(4)携带的弹药、爆炸物在医疗机构发生爆炸或者燃烧,尚未造成严重后果的;(5)携带管制刀具二十把以上,或者虽未达到上述数量标准,但拒不交出,或者用来进行违法活动尚未构成其他犯罪的;(6)携带的爆炸性、易燃性、放射性、毒害性、腐蚀性物品在医疗机构发生泄漏、遗洒,尚未造成严重后果的。

6. 关于《意见》第二部分第(六)项

该项规定,对于故意扩大事态,教唆他人实施针对医疗机构或者医务人员的违法犯罪行为,或者以受他人委托处理医疗纠纷为名实施敲诈勒索、寻衅滋事等行为的,依照治安管理处罚法和刑法的有关规定从严惩处。实践中,有的患者及其亲友等人在医疗纠纷发生后,不是采取合法途径予以解决,而是出于扩大事态,向医疗机构或者医务人员施加压力,从中牟取非法利益等目的,教唆他人实施涉医违法犯罪行为,或者以受托处理医疗纠纷为名,进行敲诈勒索、寻衅滋事。此类“医闹”行为性质恶劣,行为人主观恶性也较大,故在政策把握上应体现从严惩处。

(三)建立完善矛盾化解机制,积极预防处理医疗纠纷

刑法只是调整社会关系,处理社会矛盾的最后一道防线,从源头上有效

预防和减少医疗纠纷，特别是在发生医疗纠纷后加以妥善处理，避免矛盾激化、升级引发违法犯罪行为，才是维护正常医疗秩序、构建和谐医患关系的治本之策。为此，《意见》第三部分将如何预防和处理医疗纠纷作为一项重要内容予以规定。

首先，《意见》强调医疗机构要加强自身建设，提高医疗服务能力，保障医疗安全和医疗质量，医务人员要加强医德医风建设，改善服务态度，注重人文关怀，做好与患者一方的沟通工作，尊重患者的隐私权、知情权、选择权等权利，根据患者病情、预后不同以及患者实际需求，采取适当方式进行沟通，做好解释说理工作，从源头上预防和减少医疗纠纷。

其次，《意见》规定了处理医疗纠纷的三道程序。第一，医疗机构应当设立专门的投诉管理部门，畅通投诉渠道，要做到投诉必管、投诉必复，并要在医疗机构显著位置公示处理医疗纠纷的部门、程序、联系方式等。第二，对于医患双方自行协商解决不成的医疗纠纷，引入第三方调解机制。据统计，截至2013年年底，全国共建立独立的医疗纠纷人民调解组织2 925个，基本实现地市全覆盖，这些调解组织在2013年共受理医疗纠纷人民调解案件53 189件，调解成功率达88%，效果良好。因此，《意见》规定，应当加快推进医疗纠纷人民调解组织建设，在医疗机构集中、医疗纠纷突出的地区建立独立的医疗纠纷人民调解委员会。人民法院、司法行政机关应当加强对医疗纠纷人民调解委员会的指导，确保调解依法、规范、有效进行。司法行政机关应当组织律师、公证、法律援助等工作人员为有需求的患者及其家属提供法律服务和法律援助。第三，在第三方调解无效等情况下起诉至人民法院的医疗损害赔偿案件，法院应当及时立案受理，积极开展诉讼调解，对调解不成的，及时依法判决。同时，在诉讼过程中应当加强诉讼指导，特别是加强对诉讼能力较弱且承担举证责任的患者一方的指导，切实维护医患双方的合法利益。

最后，《意见》强调各有关部门要加强组织领导与协调配合，形成构建和谐医患关系的合力。地市级以上卫生计生行政部门应当积极协调相关部门建立联席会议等工作制度，定期互通信息，及时研究解决问题，共同维护医疗秩序，促进我国医药卫生事业健康发展。

最高人民法院　最高人民检察院
公安部　司法部　海关总署
关于进一步加强国境卫生检疫工作依法惩治妨害国境卫生检疫违法犯罪的意见

为进一步加强国境卫生检疫工作，依法惩治妨害国境卫生检疫违法犯罪行为，维护公共卫生安全，保障人民群众生命安全和身体健康，根据有关法律、司法解释的规定，制定本意见。

一、充分认识国境卫生检疫对于维护公共卫生安全的重要意义

国境卫生检疫对防止传染病传入传出国境，保障人民群众生命安全和身体健康，维护公共卫生安全和社会安定有序发挥着重要作用。党中央、国务院高度重视国境卫生检疫工作，特别是新冠肺炎疫情发生以来，习近平总书记对强化公共卫生法治保障、改革完善疾病预防控制体系、健全防治结合、联防联控、群防群治工作机制作出一系列重要指示批示。各级人民法院、人民检察院、公安机关、司法行政机关、海关要切实提高政治站位，把思想和行动统一到习近平总书记重要指示批示精神上来，坚决贯彻落实党中央决策部署，增强“四个意识”、坚定“四个自信”、做到“两个维护”；从贯彻落实总体国家安全观、推动构建人类命运共同体的高度，始终将人民群众的生命安全和身体健康放在第一位，切实提升国境卫生检疫行政执法和司法办案水平。特别是面对当前新冠肺炎疫情在境外呈现扩散态势、通过口岸向境内蔓延扩散风险加剧的严峻形势，要依法及时、从严惩治妨害国境卫生检疫的各类违法犯罪行为，切实筑牢国境卫生检疫防线，坚决遏制疫情通过口岸传播扩散，为维护公共卫生安全提供有力的法治保障。

二、依法惩治妨害国境卫生检疫的违法犯罪行为

为加强国境卫生检疫工作,防止传染病传入传出国境,保护人民群众健康安全,刑法、国境卫生检疫法对妨害国境卫生检疫违法犯罪行为及其处罚作出规定。人民法院、人民检察院、公安机关、海关在办理妨害国境卫生检疫案件时,应当准确理解和严格适用刑法、国境卫生检疫法等有关规定,依法惩治相关违法犯罪行为。

(一)进一步加强国境卫生检疫行政执法。海关要在各口岸加强国境卫生检疫工作宣传,引导出入境人员以及接受检疫监管的单位和人员严格遵守国境卫生检疫法等法律法规的规定,配合和接受海关国境卫生检疫。同时,要加大国境卫生检疫行政执法力度,对于违反国境卫生检疫法及其实施细则,尚不构成犯罪的行为,依法给予行政处罚。

(二)依法惩治妨害国境卫生检疫犯罪。根据刑法第三百三十二条规定,违反国境卫生检疫规定,实施下列行为之一的,属于妨害国境卫生检疫行为:

1. 检疫传染病染疫人或者染疫嫌疑人拒绝执行海关依照国境卫生检疫法等法律法规提出的健康申报、体温监测、医学巡查、流行病学调查、医学排查、采样等卫生检疫措施,或者隔离、留验、就地诊验、转诊等卫生处理措施的;

2. 检疫传染病染疫人或者染疫嫌疑人采取不如实填报健康申明卡等方式隐瞒疫情,或者伪造、涂改检疫单、证等方式伪造情节的;

3. 知道或者应当知道实施审批管理的微生物、人体组织、生物制品、血液及其制品等特殊物品可能造成检疫传染病传播,未经审批仍逃避检疫,携运、寄递出入境的;

4. 出入境交通工具上发现有检疫传染病染疫人或者染疫嫌疑人,交通工具负责人拒绝接受卫生检疫或者拒不接受卫生处理的;

5. 来自检疫传染病流行国家、地区的出入境交通工具上出现非意外伤害死亡且死因不明的人员,交通工具负责人故意隐瞒情况的;

6. 其他拒绝执行海关依照国境卫生检疫法等法律法规提出的检疫措

施的。

实施上述行为，引起鼠疫、霍乱、黄热病以及新冠肺炎等国务院确定和公布的其他检疫传染病传播或者有传播严重危险的，依照刑法第三百三十二条的规定，以妨害国境卫生检疫罪定罪处罚。

对于单位实施妨害国境卫生检疫行为，引起鼠疫、霍乱、黄热病以及新冠肺炎等国务院确定和公布的其他检疫传染病传播或者有传播严重危险的，应当对单位判处罚金，并对其直接负责的主管人员和其他直接责任人员定罪处罚。

三、健全完善工作机制，保障依法科学有序防控

（一）做好行刑衔接。海关要严把口岸疫情防控第一关，严厉追究违反国境卫生检疫规定的行政法律责任，完善执法办案流程，坚持严格执法和依法办案。做好行政执法和刑事司法的衔接，对符合国境卫生检疫监管领域刑事案件立案追诉标准的案件，要依照有关规定，及时办理移送公安机关的相关手续，不得以行政处罚代替刑事处罚。

（二）加快案件侦办。公安机关对于妨害国境卫生检疫犯罪案件，要依法及时立案查处，全面收集固定证据。对新冠肺炎疫情防控期间发生的妨害国境卫生检疫犯罪，要快侦快破，并及时予以曝光，形成强大震慑。

（三）强化检察职能。人民检察院要加强对妨害国境卫生检疫犯罪案件的立案监督，发现应当立案而不立案的，应当要求公安机关说明理由，认为理由不成立的，应当依法通知公安机关立案。对于妨害国境卫生检疫犯罪案件，人民检察院可以对案件性质、收集证据和适用法律等向公安机关提出意见建议。对于符合逮捕、起诉条件的涉嫌妨害国境卫生检疫罪的犯罪嫌疑人，应当及时批准逮捕、提起公诉。发挥检察建议的作用，促进疫情防控体系化治理。

（四）加强沟通协调。人民法院、人民检察院、公安机关、司法行政机关、海关要加强沟通协调，畅通联系渠道，建立常态化合作机制。既要严格履行法定职责，各司其职，各负其责，又要相互配合，相互协作，实现资源共享和优势互补，形成依法惩治妨害国境卫生检疫违法犯罪的合力。对社会影响大、舆论关注度高的重大案件，要按照依法处置、舆论引导、社会面管控"三同步"要求，及时澄清事实真相，做好舆论引导和舆情应对工作。

（五）坚持过罚相当。进一步规范国境卫生检疫执法活动，切实做到严格规范公正文明执法。注重把握宽严相济政策：对于行政违法行为，要根据违法行为的危害程度和悔过态度，综合确定处罚种类和幅度。对于涉嫌犯罪的，要重点打击情节恶劣、后果严重的犯罪行为；对于情节轻微且真诚悔改的，依法予以从宽处理。

（六）维护公平正义。人民法院、人民检察院、公安机关要依法保障犯罪嫌疑人、被告人的各项诉讼权利特别是辩护权，切实维护当事人合法权益，维护法律正确实施。司法行政机关要加强对律师辩护代理工作的指导监督，促进律师依法依规执业。人民法院、人民检察院、公安机关、司法行政机关、海关要认真落实"谁执法谁普法"责任制，选取典型案例，开展以案释法，加大警示教育，震慑不法分子，释放正能量，为疫情防控营造良好的法治和社会环境。

最高人民法院

最高人民检察院

公安部

司法部

海关总署

2020年3月13日

国家卫生健康委员会　最高人民法院
最高人民检察院　公安部
关于做好新型冠状病毒肺炎疫情防控期间保障医务人员安全维护良好医疗秩序的通知

（国卫医函〔2020〕43 号）

各省、自治区、直辖市卫生健康委、高级人民法院、人民检察院、公安厅（局），解放军军事法院、军事检察院，新疆生产建设兵团卫生健康委，新疆维吾尔自治区高级人民法院生产建设兵团分院，新疆生产建设兵团人民检察院、公安局：

近日，习近平总书记对做好新型冠状病毒肺炎疫情防控期间保障医务人员安全、维护医疗秩序工作作出重要指示。为认真贯彻落实习近平总书记重要指示精神，根据中央应对新型冠状病毒肺炎疫情工作领导小组会议部署，现就疫情防控期间保障医务人员安全、维护良好医疗秩序工作通知如下：

一、充分认识做好疫情防控期间保障医务人员安全、维护良好医疗秩序工作的重要性

长期以来，我国广大医务人员在医疗战线辛勤耕耘、无私奉献，为保障人民群众生命健康、推进我国医疗卫生事业发展作出重大贡献。特别是新型冠状病毒肺炎疫情发生以来，全国医疗卫生系统认真贯彻落实习近平总书记关于全力做好疫情防控工作的重要指示精神，按照党中央统一部署要求，全面投入疫情防控工作。广大医务人员舍小家、顾大家，全力救治患者、防控疫情，始终把人民群众生命安全和身体健康放在第一位。近期，个别医

疗卫生机构发生患者及家属殴打、辱骂医务人员、故意扰乱医疗秩序等行为,严重侵害医务人员的合法权益,造成恶劣社会影响。当前,疫情防控正处于关键时期,保障医务人员安全、维护正常医疗秩序是打赢疫情防控攻坚战的重要保障。各地区、各有关部门要进一步提高政治站位,增强"四个意识"、坚定"四个自信"、做到"两个维护",切实把思想和行动统一到习近平总书记重要指示精神和党中央决策部署上来,把疫情防控作为当前最重要的工作来抓,牢固树立底线思维和风险防范意识,密切关注、严密防范疫情防控期间的各类涉医违法犯罪行为,尤其对侵犯医务人员人身安全、扰乱正常医疗秩序的行为依法予以严肃查处、严厉打击,为医务人员和广大患者创造良好诊疗环境,全力保障疫情防控工作顺利开展。

二、依法严厉打击疫情防控期间涉医违法犯罪行为

实施下列侵犯医务人员安全、扰乱医疗秩序行为,构成犯罪的,依法追究刑事责任;构成违反治安管理行为的,依法予以治安管理处罚:(一)殴打、故意伤害、故意杀害医务人员的;(二)以暴力、威胁等方法非法限制医务人员的人身自由,或者公然侮辱、恐吓、诽谤医务人员的;(三)对医务人员实施撕扯防护用具、吐口水等行为,可能导致医务人员感染新型冠状病毒的;(四)以暴力、威胁等方法拒不接受医疗卫生机构的检疫、隔离、治疗措施,或者阻碍医疗卫生机构依法处置传染病患者尸体的;(五)强拿硬要或者故意损毁、占用医疗卫生机构的财物,或者在医疗卫生机构起哄闹事、违规停放尸体、私设灵堂,造成秩序混乱、影响疫情防控工作正常进行的;(六)非法携带枪支、弹药、管制器具或者爆炸性、放射性、毒害性、腐蚀性物品进入医疗卫生机构的;(七)其他侵犯医务人员安全、扰乱医疗秩序的情形。

在新型冠状病毒肺炎疫情防控期间发生上述情形的,卫生健康行政部门应当及时指导医疗卫生机构做好突发事件应急处置工作,采取果断措施,最大程度保障医务人员和其他患者安全,维护医疗秩序并及时报警,协助做好安全防护工作。公安机关接到报警后应当及时出警、快速处置;对应当追究刑事责任的,依法及时立案侦查,全面、规范地收集、固定证据。

对上述情形中构成犯罪的,人民检察院应当从快审查批准逮捕、提起公诉。人民法院应当加快审理进度,在全面查明案件事实的基础上正确适用法律、准确定罪量刑。对犯罪动机卑劣、情节恶劣、手段残忍、主观恶性深、人身危险性大,或者所犯罪行严重危害公共安全、社会影响恶劣的被告人,予以从严惩处,符合判处重刑至死刑条件的,坚决依法判处。

三、强化医疗卫生机构安全防范措施

各级卫生健康行政部门应当结合疫情防控工作需要,进一步落实《关于加强医院安全防范系统建设的指导意见》(国卫办医发〔2013〕28 号)和《关于印发严密防控涉医违法犯罪维护正常医疗秩序意见的通知》(国卫办医发〔2017〕27 号)等文件要求,督促、指导医疗卫生机构健全完善各项安全保卫制度。重点督促指导承接疫情防控工作的医疗卫生机构强化安保工作,根据需要组建应急安保队伍,重点加强社区卫生服务机构、医院发热门诊、隔离病房等人流密集的重点诊疗区域安全保卫工作。主动排查调处化解各类医患矛盾纠纷,及时消除各类安全隐患,严防“小事拖大、大事拖炸”。加强对医务人员的安全培训教育,提升安全防范意识,安保人员应当加强盯防,发现威胁医务人员人身安全的隐患应当及时报警。各地公安机关要全面提升定点救治医疗卫生机构勤务等级,强化显性用警,加强巡逻防控,并按照“一院一专班”要求,指导医疗卫生机构落实各项安全防范措施,确保医务人员和医疗卫生机构安全。

四、健全完善协调配合工作机制

疫情防控期间,各有关部门要进一步强化大局意识、责任意识,依托创建“平安医院”活动工作小组,巩固多部门联动的分工协作机制。各级卫生健康行政部门、医疗卫生机构要主动加强同公安机关的工作沟通,制定完善疫情防控期间应急工作预案,建立健全信息通报、共享、处置和反馈机制,对于疫情防控工作中存在的风险隐患,应当立即通报并及时采取防范措施。公安机关应当进一步加强与人民检察院、人民法院的沟通协调,积极配合人民检察院、人民法院在办案过程中提出的补充、核实证据等意见建议。人民法院在审判过程中发现医疗卫生机构存在安全保卫机制不健全等问题的,应当及时提出司法建议。在案事件处置过程中,各有关部门应当主动与宣传部门加强沟通,依法及时发布信息,回应社会关切。

本通知印发后,各地对疫情防控期间侵犯医务人员安全、扰乱医疗秩序案事件,应当及时向国家卫生健康委和公安部报告;办理相关刑事案件遇到法律适用问题的,应当分别及时层报最高人民检察院、最高人民法院。

国家卫生健康委

最高人民法院

最高人民检察院

公安部

2020年2月7日

最高人民法院
最高人民检察院
公　告

《最高人民法院、最高人民检察院关于办理妨害预防、控制突发传染病疫情等灾害的刑事案件具体应用法律若干问题的解释》已于2003年5月13日最高人民法院审判委员会第1269次会议、2003年5月13日最高人民检察院第十届检察委员会第3次会议通过。现予公布,自2003年5月15日起施行。

二○○三年五月十四日

最高人民法院　最高人民检察院
关于办理妨害预防、控制突发传染病疫情等灾害的刑事案件具体应用法律若干问题的解释

(法释〔2003〕8号)

为依法惩治妨害预防、控制突发传染病疫情等灾害的犯罪活动,保障预防、控制突发传染病疫情等灾害工作的顺利进行,切实维护人民群众的身体健康和生命安全,根据《中华人民共和国刑法》等有关法律规定,现就办理相关刑事案件具体应用法律的若干问题解释如下:

第一条　故意传播突发传染病病原体,危害公共安全的,依照刑法第一百一十四条、第一百一十五条第一款的规定,按照以危险方法危害公共安全

罪定罪处罚。

患有突发传染病或者疑似突发传染病而拒绝接受检疫、强制隔离或者治疗,过失造成传染病传播,情节严重,危害公共安全的,依照刑法第一百一十五条第二款的规定,按照过失以危险方法危害公共安全罪定罪处罚。

第二条 在预防、控制突发传染病疫情等灾害期间,生产、销售伪劣的防治、防护产品、物资,或者生产、销售用于防治传染病的假药、劣药,构成犯罪的,分别依照刑法第一百四十条、第一百四十一条、第一百四十二条的规定,以生产、销售伪劣产品罪,生产、销售假药罪或者生产、销售劣药罪定罪,依法从重处罚。

第三条 在预防、控制突发传染病疫情等灾害期间,生产用于防治传染病的不符合保障人体健康的国家标准、行业标准的医疗器械、医用卫生材料,或者销售明知是用于防治传染病的不符合保障人体健康的国家标准、行业标准的医疗器械、医用卫生材料,不具有防护、救治功能,足以严重危害人体健康的,依照刑法第一百四十五条的规定,以生产、销售不符合标准的医用器材罪定罪,依法从重处罚。医疗机构或者个人,知道或者应当知道系前款规定的不符合保障人体健康的国家标准、行业标准的医疗器械、医用卫生材料而购买并有偿使用的,以销售不符合标准的医用器材罪定罪,依法从重处罚。

第四条 国有公司、企业、事业单位的工作人员,在预防、控制突发传染病疫情等灾害的工作中,由于严重不负责任或者滥用职权,造成国有公司、企业破产或者严重损失,致使国家利益遭受重大损失的,依照刑法第一百六十八条的规定,以国有公司、企业、事业单位人员失职罪或者国有公司、企业、事业单位人员滥用职权罪定罪处罚。

第五条 广告主、广告经营者、广告发布者违反国家规定,假借预防、控制突发传染病疫情等灾害的名义,利用广告对所推销的商品或者服务作虚假宣传,致使多人上当受骗,违法所得数额较大或者有其他严重情节的,依照刑法第二百二十二条的规定,以虚假广告罪定罪处罚。

第六条 违反国家在预防、控制突发传染病疫情等灾害期间有关市场经营、价格管理等规定,哄抬物价、牟取暴利,严重扰乱市场秩序,违法所得数额较大或者有其他严重情节的,依照刑法第二百二十五条第(四)项的规定,以非法经营罪定罪,依法从重处罚。

第七条 在预防、控制突发传染病疫情等灾害期间,假借研制、生产或者销售用于预防、控制突发传染病疫情等灾害用品的名义,诈骗公私财物数额较大的,依照刑法有关诈骗罪的规定定罪,依法从重处罚。

第八条 以暴力、威胁方法阻碍国家机关工作人员、红十字会工作人员依法履行为防治突发传染病疫情等灾害而采取的防疫、检疫、强制隔离、隔离治疗等预防、控制措施的,依照刑法第二百七十七条第一款、第三款的规定,以妨害公务罪定罪处罚。

第九条 在预防、控制突发传染病疫情等灾害期间,聚众"打砸抢",致人伤残、死亡的,依照刑法第二百八十九条、第二百三十四条、第二百三十二条的规定,以故意伤害罪或者故意杀人罪定罪,依法从重处罚。对毁坏或者抢走公私财物的首要分子,依照刑法第二百八十九条、第二百六十三条的规定,以抢劫罪定罪,依法从重处罚。

第十条 编造与突发传染病疫情等灾害有关的恐怖信息,或者明知是编造的此类恐怖信息而故意传播,严重扰乱社会秩序的,依照刑法第二百九十一条之一的规定,以编造、故意传播虚假恐怖信息罪定罪处罚。

利用突发传染病疫情等灾害,制造、传播谣言,煽动分裂国家、破坏国家统一,或者煽动颠覆国家政权、推翻社会主义制度的,依照刑法第一百零三条第二款、第一百零五条第二款的规定,以煽动分裂国家罪或者煽动颠覆国家政权罪定罪处罚。

第十一条 在预防、控制突发传染病疫情等灾害期间,强拿硬要或者任意损毁、占用公私财物情节严重,或者在公共场所起哄闹事,造成公共场所秩序严重混乱的,依照刑法第二百九十三条的规定,以寻衅滋事罪定罪,依法从重处罚。

第十二条 未取得医师执业资格非法行医,具有造成突发传染病病人、病原携带者、疑似突发传染病病人贻误诊治或者造成交叉感染等严重情节的,依照刑法第三百三十六条第一款的规定,以非法行医罪定罪,依法从重处罚。

第十三条 违反传染病防治法等国家有关规定，向土地、水体、大气排放、倾倒或者处置含传染病病原体的废物、有毒物质或者其他危险废物，造成突发传染病传播等重大环境污染事故，致使公私财产遭受重大损失或者人身伤亡的严重后果的，依照刑法第三百三十八条的规定，以重大环境污染事故罪定罪处罚。

第十四条 贪污、侵占用于预防、控制突发传染病疫情等灾害的款物或者挪用归个人使用，构成犯罪的，分别依照刑法第三百八十二条、第三百八十三条、第二百七十一条、第三百八十四条、第二百七十二条的规定，以贪污罪、侵占罪、挪用公款罪、挪用资金罪定罪，依法从重处罚。

挪用用于预防、控制突发传染病疫情等灾害的救灾、优抚、救济等款物，构成犯罪的，对直接责任人员，依照刑法第二百七十三条的规定，以挪用特定款物罪定罪处罚。

第十五条 在预防、控制突发传染病疫情等灾害的工作中，负有组织、协调、指挥、灾害调查、控制、医疗救治、信息传递、交通运输、物资保障等职责的国家机关工作人员，滥用职权或者玩忽职守，致使公共财产、国家和人民利益遭受重大损失的，依照刑法第三百九十七条的规定，以滥用职权罪或者玩忽职守罪定罪处罚。

第十六条 在预防、控制突发传染病疫情等灾害期间，从事传染病防治的政府卫生行政部门的工作人员，或者在受政府卫生行政部门委托代表政府卫生行政部门行使职权的组织中从事公务的人员，或者虽未列入政府卫生行政部门人员编制但在政府卫生行政部门从事公务的人员，在代表政府卫生行政部门行使职权时，严重不负责任，导致传染病传播或者流行，情节严重的，依照刑法第四百零九条的规定，以传染病防治失职罪定罪处罚。

在国家对突发传染病疫情等灾害采取预防、控制措施后，具有下列情形之一的，属于刑法第四百零九条规定的"情节严重"：

（一）对发生突发传染病疫情等灾害的地区或者突发传染病病人、病原携带者、疑似突发传染病病人，未按照预防、控制突发传染病疫情等灾害工作规范的要求做好防疫、检疫、隔离、防护、救治等工作，或者采取的预防、控制措施不当，造成传染范围扩大或者疫情、灾情加重的；

（二）隐瞒、缓报、谎报或者授意、指使、强令他人隐瞒、缓报、谎报疫情、灾情，造成传染范围扩大或者疫情、灾情加重的；

（三）拒不执行突发传染病疫情等灾害应急处理指挥机构的决定、命令，造成传染范围扩大或者疫情、灾情加重的；

（四）具有其他严重情节的。

第十七条 人民法院、人民检察院办理有关妨害预防、控制突发传染病疫情等灾害的刑事案件，对于有自首、立功等悔罪表现的，依法从轻、减轻、免除处罚或者依法作出不起诉决定。

第十八条 本解释所称“突发传染病疫情等灾害”，是指突然发生，造成或者可能造成社会公众健康严重损害的重大传染病疫情、群体性不明原因疾病以及其他严重影响公众健康的灾害。

最高人民法院
关于新冠肺炎疫情防控期间加强和规范在线诉讼工作的通知

（法〔2020〕49号）

各省、自治区、直辖市高级人民法院，解放军军事法院，新疆维吾尔自治区高级人民法院生产建设兵团分院：

为深入贯彻习近平总书记关于新冠肺炎疫情防控工作的系列重要指示精神，坚决贯彻落实党中央决策部署，有效防控新冠肺炎疫情，切实保障人民群众生命安全和身体健康，维护当事人合法权益，通过推行在线诉讼为疫情防控提供有力司法保障，确保在线诉讼活动规范有序，现就做好疫情防控期间人民法院在线诉讼相关工作通知如下。

一、各级人民法院要提高政治站位，充分认识疫情防控的重要意义和严峻形势，切实增强责任感和紧迫感，立足审判职能，努力服务和保障疫情防控工作大局。要将深入推进在线诉讼作为坚决打赢防控疫情的人民战争、总体战、阻击战的重要举措，积极依托中国移动微法院、诉讼服务网、“12368”诉讼服务热线等在线诉讼平台，全面开展网上立案、调解、证据交换、庭审、宣判、送达等在线诉讼活动，有效满足疫情防控期间人民群众司法需求，确保人民法院审判工作平稳有序运行。

二、各级人民法院推进在线诉讼，既要充分考虑案件类型、难易程度、轻重缓急等因素，又要切实维护当事人合法诉讼权益，尊重当事人对案件办理模式的选择权，全面告知在线诉讼的权利义务和法律后果。当事人同意案件在线办理的，应当在信息系统确认、留痕，确保相关诉讼活动的法律效力。当事人不同意案件在线办理，依法申请延期审理的，人民法院应当准许，不得强制适用在线诉讼。案件符合诉讼法律关于中止审理有关规定的，人民法院可以中止诉讼。

三、各级人民法院要积极引导各方诉讼主体依法有序开展在线诉讼活动，大力完善在线办理流程和在线诉讼规程，制定发布内容全面、指引清晰、简便易行的在线诉讼操作指南，相关内容不得突破现行法律和司法解释规定。开展民事诉讼程序繁简分流改革试点工作的法院，应当在全国人大常委会授权范围内，严格按照《最高人民法院关于民事诉讼程序繁简分流改革试点实施办法》（法〔2020〕11 号，以下简称《试点实施办法》）推进在线诉讼工作。各高级人民法院要对辖区内法院制定的在线诉讼权利义务告知书、在线诉讼规程、在线诉讼操作指南等进行全面审核，确保相关内容合法、准确、可操作。

四、各级人民法院在线办理案件，要确保各方诉讼参与人身份真实性，通过证件证照比对、生物特征识别、实名手机号码关联等方式在线完成身份认证，提供各方诉讼参与人诉讼平台专用账号，实现“人、案、账号”匹配一致。

五、当事人及其诉讼代理人通过在线方式提交立案申请的，人民法院应当在收到起诉材料后七日内进行审核，符合法律规定起诉条件的，应当登记立案；提交材料不符合要求的，人民法院应当通过在线诉讼平台及时要求补正，并一次性告知应当补正的内容和期限，逾期未补正的，起诉材料作退回处理；不符合起诉条件，经人民法院释明后，原告坚持继续起诉的，裁定或者决定不予受理、不予立案。

当事人及其诉讼代理人在线提交立案材料确有困难的，可以选择就近一家法院提交立案材料。相关人民法院应当按照跨域立案的工作机制和程序，及时办理立案手续。

六、各级人民法院要加大疫情防控期间矛盾纠纷化解力度，依托在线矛盾纠纷多元化调解平台，加强与司法行政部门、律师协会等相关单位的协调配合，进一步整合汇聚人民调解、行政调解、行业调解、律师调解等各方纠纷解决力量，有效促进矛盾纠纷在线化解。要积极完善诉调对接机制，加大对在线纠纷多元化解的司法保障力度。当事人对在线达成的调解协议提出的司法确认申请,符合法律规定的,人民法院应当及时依法确认。

七、当事人及其诉讼代理人通过电子化方式提交诉讼材料和证据材料的,经人民法院审核通过后,可以不再提交纸质原件。当事人及其诉讼代理人采取邮寄等方式提交纸质材料的,人民法院应当及时扫描录入案件办理系统。对提交的纸质原件材料,要及时立卷归档。人民法院应当积极引导当事人及其诉讼代理人提交电子化材料,为其提供平台支撑和技术便利。

八、各级人民法院要积极推广和有序规范在线庭审,综合考虑技术条件、案件情况和当事人意愿等因素,确定是否采取在线庭审方式。民商事、行政案件一般均可以采取在线方式开庭,但案件存在双方当事人不同意在线庭审、不具备在线庭审技术条件、需现场查明身份、核对原件、查验实物等情形的,不适用在线庭审。刑事案件可以采取远程视频方式讯问被告人、宣告判决、审理减刑、假释案件等。对适用简易程序、速裁程序的简单刑事案件、认罪认罚从宽案件,以及妨害疫情防控的刑事案件,可以探索采取远程视频方式开庭。

在线庭审活动应当遵循诉讼法律及司法解释的相关规定,充分保障当事人申请回避、举证、质证、陈述、辩论等诉讼权利。在线庭审应当以在线视频方式进行,不得采取书面或者语音方式。

人民法院开展在线庭审,一般应当在法庭内进行。因疫情防控需要,法官确需在其他场所在线开庭的,应当报请本院院长同意,并保证开庭场所庄重严肃、庭审礼仪规范。人民法院应当参照《中华人民共和国人民法院法庭规则》相关规定,加强对在线庭审参与人的诉讼指导,明确在线庭审纪律,确保庭审过程安全文明、规范有序。

当事人明确同意在线庭审,但不按时参加或者庭审中擅自退出的,除经查明确属网络故障、设备损坏、电力中断或者不可抗力等原因外,可以认定为"拒不到庭"和"中途退庭",分别按照诉讼法律及相关司法解释的规定处理。

人民法院应当积极运用语音识别技术同步生成庭审电子笔录,由审判人员、法官助理、书记员、当事人及其他诉讼参与人等在线确认,确保在线庭审活动效力。在线庭审过程,应当按照《最高人民法院关于人民法院庭审录音录像的若干规定》，全程录音录像并存储归档。

九、疫情防控期间，各级人民法院可以根据技术条件和工作需要，允许法官远程查阅电子卷宗、合议案件、撰写提交裁判文书等，但应当严格遵循电子卷宗管理和保密工作相关规定。

十、各级人民法院要加大电子送达适用力度，提升送达质量和效率。经受送达人同意，可以通过中国移动微法院、中国审判流程信息公开网、全国统一送达平台、传真、电子邮件、即时通讯账号等电子方式送达诉讼文书和当事人提交的证据材料。

纳入民事诉讼程序繁简分流改革试点的法院，应当按照《试点实施办法》第二十四条至第二十六条的规定，依法有序开展电子送达工作。未纳入试点的法院，对电子送达的适用条件和生效标准，可以参照适用《试点实施办法》第二十四条、第二十六条的规定，但不得采用电子方式送达判决书、裁定书、调解书，确保人民法院电子送达符合诉讼法律及司法解释的规定。

十一、各级人民法院要大力推进一站式多元解纷机制和一站式诉讼服务中心建设，升级在线诉讼服务平台，拓展在线诉讼服务功能，向当事人和社会公众在线提供诉讼咨询、交费退费、信息查询、联系法官、申诉信访、举报投诉等全方位诉讼服务，保障当事人足不出户即可获取司法信息、办理诉讼事项，切实减少人员出行和聚集，服务疫情防控工作。

十二、杭州、北京、广州互联网法院要充分利用先发优势，加大在办案平台建设、在线诉讼流程、新兴技术应用、在线诉讼规则等方面的探索力度。要在保证互联网案件全流程在线审理的基础上，加速提升审判执行工作智能化水平，加强对大数据、云计算、人工智能、5G 技术等方面的研究应用，探索形成智慧司法的实践样本，总结形成可复制、可推广的先进经验。要立足自身职能定位，积极探索互联网时代电子诉讼规则，推动完善互联网司法治理实体规则，切实发挥互联网法院在理念创新、技术创新、制度创新等方面的引领示范作用，有效推动网络空间治理法治化。

十三、各级人民法院要高度重视疫情防控期间在线诉讼推进工作，切实优化理念、加深认识、转变思路，将在线诉讼作为特殊时期人民法院开展审判执行工作的基本模式，确保队伍不散、工作不断、质效不降，为进一步完善互联网司法模式做出有益探索,奠定良好实践基础。各级人民法院院长要作为推进在线诉讼的第一责任人,明确工作思路,理顺工作机制,加大组织实施力度,积极带头以在线方式办理案件,发挥引领示范作用,推动在线办案成为疫情防控期间的常态化机制。

十四、各级人民法院要大力加强信息化基础设施建设,积极推广应用中国移动微法院,加快搭建以中国移动微法院为总入口的在线诉讼平台,推动现有诉讼服务平台对接中国移动微法院,整合完善各类信息系统,防止多头开发和重复建设。要着力打通内外网,实现司法数据安全有效交互。要基于现有的平台系统,增加相应工作模块,拓展优化在线诉讼各项功能,对接实践需求,优化使用界面,提升用户体验,确保在线诉讼服务系统集成、高效便捷。

十五、各高级人民法院要积极做好辖区法院推进在线诉讼的统筹指导工作,制定出台相关诉讼规程和文书样式,加大对下指导力度,确保在线诉讼活动规范统一,合法有序。要坚持边推进、边总结、边研究,不断总结提炼辖区法院推进在线诉讼的有益举措和经验,认真搜集存在的问题困难,提出具体解决方案或建议,及时形成工作报告报送最高人民法院司法改革领导小组办公室。

最高人民法院

2020年2月14日

依法惩治妨害疫情防控违法犯罪 切实保障人民群众生命健康安全

——“两高”相关负责人联合答记者问(一)

新冠肺炎疫情发生以来，各级人民法院、人民检察院坚决贯彻落实党中央决策部署和习近平总书记重要讲话精神，以高度的政治自觉、法治自觉，坚决把疫情防控作为当前压倒一切的头等大事来抓，依法办理了一批妨害疫情防控刑事案件。近日，针对办案中遇到的有关法律适用问题，最高人民法院研究室主任姜启波和最高人民检察院法律政策研究室主任高景峰，接受了记者采访。

一、问：在办理妨害疫情防控犯罪案件时，如何准确适用以危险方法危害公共安全罪和妨害传染病防治罪？

答：“两高”、公安部、司法部《关于依法惩治妨害新型冠状病毒感染肺炎疫情防控违法犯罪的意见》(以下简称《意见》)中规定：“故意传播新型冠状病毒感染肺炎病原体，具有下列情形之一，危害公共安全的，依照刑法第一百一十四条、第一百一十五条第一款的规定，以以危险方法危害公共安全罪定罪处罚：1. 已经确诊的新型冠状病毒感染肺炎病人、病原携带者，拒绝隔离治疗或者隔离期未满擅自脱离隔离治疗，并进入公共场所或者公共交通工具的；2. 新型冠状病毒感染肺炎疑似病人拒绝隔离治疗或者隔离期未满擅自脱离隔离治疗，并进入公共场所或者公共交通工具，造成新型冠状病毒传播的。”根据这一规定，在办理妨害疫情防控措施犯罪案件适用以危险方法危害公共安全罪时，应当注意把握以下三个方面：一是主体上限于已确诊的新冠肺炎病人、病原携带者，或者新冠肺炎疑似病人；二是主观上具有传播新冠肺炎病原体的故意;三是客观上表现为拒绝隔离治疗或者隔离期未满擅自脱离隔离治疗,实施了进入公共场所或者公共交通工具的行为,其中新冠肺炎疑似病人还要求造成新型冠状病毒传播的后果。实践中,适用以危险方法危害公共安全罪应当依法从严把握。对于《意见》中规定的两种情形,应当适用以危险方法危害公共安全罪。此外,对于明知自身已经确诊为新冠肺炎病人或者疑似病人,出于报复社会等主观故意,恶意向不特定多数人传播病毒,后果严重、情节恶劣的,也应当适用以危险方法危害公共安全罪。对于其他拒绝执行疫情防控措施,引起新型冠状病毒传播或者有传播严重危险的行为,依照刑法第三百三十条的规定,适用妨害传染病防治罪。

二、问:目前,对妨害疫情防控措施过失造成传染病传播的行为,有的地方以过失以危险方法危害公共安全罪立案,有的地方以妨害传染病防治罪立案,司法机关应当如何准确适用罪名?

答:2003年“两高”《关于办理妨害预防、控制突发传染病疫情等灾害的刑事案件具体应用法律若干问题的解释》没有规定妨害传染病防治罪的适用,而是规定对于患有突发传染病或者疑似突发传染病而拒绝接受检疫、强制隔离或者治疗,过失造成传染病传播,情节严重,危害公共安全的,按照过失以危险方法危害公共安全罪定罪处罚。这主要是由于2003年原卫生部将“非典”列入法定传染病,但未明确为甲类传染病或者按照甲类传染病管理,导致适用妨害传染病防治罪存在障碍。此次疫情防控工作中,国家卫健委经国务院批准发布2020年第1号公告,已经明确将新型冠状病毒感染肺炎纳入《传染病防治法》规定的乙类传染病,并采取甲类传染病的预防、控制措施。为充分体现依法防控的要求,《意见》出台后,对于此类拒绝执行卫生防疫机构等依照传染病防治法规定提出的预防、控制措施,造成新冠肺炎传播的行为,应当适用妨害传染病防治罪。需要进一步指出的是,妨害传染病防治罪危害公共卫生,实际上也是一种危害公共安全的行为,其与过失以危险方法危害公共安全罪,实际上是法条竞合关系,应当按照特别法优于一般法的适用原则,优先适用妨害传染病防治罪。

三、问:如何认定“已经确诊的新冠肺炎病人”和“新冠肺炎疑似病人”? 对行为人当时不清楚自身状况,事后被确定为新冠肺炎病人或者疑似病人的,是否可以认定?

答:根据《传染病防治法》第七十八条的规定,传染病病人、疑似传染病病人是指根据国务院卫生行政部门发布的《传染病防治法规定管理的传染病诊断标准》,符合传染病病人和疑似传染病病人诊断标准的人。目前,国家卫健委等部门已经印发《新型冠状病毒肺炎诊疗方案》,明确了确诊病例和疑似病例的诊断标准。实践中,对于“已经确诊的新冠肺炎病人”和“新冠肺炎疑似病人”的认定,应当以医疗机构出具的诊断结论、检验报告等为依据。对于行为人虽然出现发热、干咳、乏力等某些新冠肺炎感染症状,但没有医疗机构出具相关诊断结论、检验报告的,不能认定为《意见》第一条规定的“已经确诊的新冠肺炎病人”“新冠肺炎疑似病人”。办案中,对于实施妨害疫情防控行为时尚未经医疗机构确诊为新冠肺炎病人或者疑似病人,但事后经诊断、检验,被确认系新冠肺炎病人或者疑似病人的,不应适用《意见》关于确诊病人或者疑似病人故意传播新冠肺炎病原体构成有关犯罪的规定。

四、问:在办案中如何认定妨害传染病防治罪中的“违反传染病防治法规定”和“卫生防疫机构依照传染病防治法提出的预防、控制措施”?比如,有的地方应急指挥部和地方政府依据《突发事件应对法》等规定发布的居家隔离14天通告,是否可以认定?

答:刑法第三百三十条妨害传染病防治罪中的“违反传染病防治法规定”应当从广义理解。这里的“传染病防治法”是一个关于传染病防控的法律体系,包括《传染病防治法》《突发事件应对法》《突发公共卫生事件应急条例》等一系列与疫情防控有关的法律法规和国务院有关规定。我国《传染病防治法》明确了各级政府和有关部门为预防、控制和消除传染病可以采取的措施,是传染病防治的主要法律依据之一。同时,《突发事件应对法》、《突发公共卫生事件应急条例》和《国家突发公共卫生事件应急预案》等法律法规和规范性文件,明确了各级政府和有关部门为应对突发公共卫生事件可以采取的行政措施,也是突发传染病防控的重要法律依据和来源。因此,在办理妨害疫情防控案件时,上述法律法规和规范性文件的规定均可作为认定妨害传染病防治罪中"违反传染病防治法规定"的依据。同时,对于地方政府和有关部门在疫情防控期间,依据上述法律法规和规范性文件出台的疫情预防、控制措施,如果法律依据充分、无明显不当,一般均可以认定为刑法第三百三十条第一款第(四)项中规定的"卫生防疫机构依照传染病防治法提出的预防、控制措施"。

需要注意的是,行为人构成刑法第三百三十条妨害传染病防治罪除有拒绝执行防控措施的行为外,还需要具有引起新冠肺炎病毒传播或者有传播严重危险的情形。对于一般的违反防控措施的行为,由公安机关根据《治安管理处罚法》予以治安管理处罚,或者由有关部门予以其他行政处罚。

五、问:在办案中,如何认定妨害传染病防治罪中的"引起甲类传染病传播或者有传播严重危险"?

答:在办理妨害疫情防控案件中,是否引起新冠肺炎传播或者有传播严重危险,是认定妨害传染病防治罪的重要条件。具体而言,需要结合案件具体情况分析判断,主要包括以下三个方面:一是从行为主体看,行为人是否系新冠肺炎确诊病人、病原携带者、疑似病人或其密切接触者,或者曾进出疫情高发地区,或者已出现新冠肺炎感染症状,或者属于其他高风险人群。二是从行为方式看,行为人是否实施了拒绝疫情防控措施的行为,比如拒不执行隔离措施,瞒报谎报病情、旅行史、居住史、接触史、行踪轨迹,进入公共场所或者公共交通工具,密切与多人接触等。三是从行为危害后果看,根据案件具体情况,综合判断行为人造成的危害后果是否达到"引起甲类传染病传播或者有传播严重危险"的程度,如造成多人被确诊为新冠肺炎病人或者多人被诊断为疑似病人等。实践中,考虑到妨害传染病防治罪是危害公共卫生犯罪,因此对行为人造成共同生活的家人之间传播、感染的,一般不应作为犯罪处理。

六、问：在办案中对于以暴力、威胁方法拒绝配合参与疫情防控的村民、物业保安等实施的检测、隔离等行为的，能否认定为妨害公务罪？

答：在办理妨害疫情防控的妨害公务犯罪案件时，重点应当把握两点：一是准确把握妨害公务犯罪的对象。《意见》根据全国人大常委会相关立法解释的规定，进一步明确妨害公务罪的对象除了国家机关工作人员外，还包括在依照法律、法规规定行使国家有关疫情防控行政管理职权的组织中从事公务的人员，在受国家机关委托代表国家机关行使疫情防控职权的组织中从事公务的人员，以及虽未列入国家机关人员编制但在国家机关中从事疫情防控公务的人员等。因疫情具有突发性、广泛性，为了最大限度防控疫情，各级政府和有关部门需要组织动员居（村）委会、社区等组织落实防控职责，实施管控措施。对于上述组织中的人员，如果属于"在受国家机关委托代表国家机关行使疫情防控职权的组织中从事公务的人员"，可以成为妨害公务罪的对象。二是准确把握公务行为的范围。对于依法从事疫情防控任务的人员为防控疫情，按政府和有关职能部门统一要求采取与防疫、检疫、强制隔离、隔离治疗等措施密切相关的行动，均可认定为公务行为。对于不符合上述两个条件，被要求检测、隔离人以暴力、威胁方法阻碍疫情防控工作不能认定妨害公务罪的，可以根据其行为性质和危害后果，按照故意伤害罪、寻衅滋事罪、侮辱罪等依法追究刑事责任。

七、问：在办案中对于行为人传播涉疫情虚假信息后又自行删除的，能否作为犯罪处理？

答：对于行为人传播涉疫情虚假信息后又自行删除是否构成故意传播虚假信息罪，需要区分情况予以认定。关键要把握两点：一是看行为人主观上是否有传播虚假信息的故意。对传播涉疫情虚假信息是否追究刑事责任，要查明行为人是否明知系疫情虚假信息而故意传播。要充分考虑传播者对有关信息内容认知能力水平，以及传播该虚假信息的具体情形，不能仅以有关信息与客观现实有出入，就认定为故意传播虚假信息而作为犯罪处理。二是看行为造成社会危害性大小，是否达到严重扰乱社会秩序的程度。

对故意传播涉疫情的虚假信息后又自行删除,是否构罪不能一概而论。要综合考虑虚假信息传播面大小、对社会秩序造成的实际影响等,不能简单以是否"自行删除"认定其可能造成的危害。有的信息很长时间无人转发,也没有人注意;有的敏感信息,被删除前几分钟可能就广泛传播,危害很大。行为人自行及时删除虚假信息,如果没有造成较大社会影响,达不到严重扰乱社会秩序程度的,依法不予刑事追究。

八、问:在办案中,适用生产、销售不符合标准的医用器材罪时,对于外科医用一次性口罩、酒精能否认定为"医用器材"?

答:根据刑法第一百四十五条的规定,生产、销售不符合标准的医用器材罪的犯罪对象是医用器材,包括医疗器械和医用卫生材料。2001年根据国家行政主管部门的有关规定,医用卫生材料已被纳入《医疗器械分类目录》实行分类管理。据此,本罪规定的医疗器械和医用卫生材料均属于"医疗器械"的范畴。

2017年修订后的《医疗器械监督管理条例》第七十六条规定,医疗器械是指直接或者间接用于人体的仪器、设备、器具、体外诊断试剂及校准物、材料以及其他类似或者相关的物品。对生产、销售不符合标准的医用器材罪的犯罪对象进行具体认定时,可以依据国家行政主管部门发布的《医疗器械分类目录》进行认定。实践中常见的医用防护口罩、医用外科口罩、一次性使用医用口罩、防护服、防护眼镜等均被列入医疗器械目录,属于医疗器械。对于没有列入医疗器械目录的其他种类口罩、酒精等物品,则不宜认定为医疗器械。需要注意的是,根据刑法和相关司法解释规定,对于个别防护用品是否系医用器材难以认定的,如果掺杂掺假,以假充真,以次充好或者以不合格产品冒充合格产品,销售金额五万元以上,或者货值金额十五万元以上的,可以依照刑法第一百四十条的规定以生产、销售伪劣产品罪定罪处罚;对于高价销售、牟取暴利,违法所得数额较大或者有其他严重情节,严重扰乱市场秩序的,也可以非法经营罪论处。

九、问:在办案中,认定生产、销售不符合标准的医用器材罪中的“国家标准、行业标准”是否只包括强制性标准,如果没有强制性标准,只有推荐性标准怎么办?

答:生产、销售不符合标准的医用器材罪中的“国家标准、行业标准”,应当以有利于保障人体健康为出发点,刑法和相关司法解释并未将其限定为强制性国家标准、行业标准。根据刑法和2001年“两高”《关于办理生产、销售伪劣商品刑事案件具体应用法律若干问题的解释》《医疗器械监督管理条例》《医疗器械注册管理办法》等规定精神,对于没有国家标准、行业标准的,注册产品标准或者产品技术要求,可以视为行业标准。

十、问:认定生产、销售不符合标准的医用器材罪要求“足以严重危害人体健康”才构成犯罪,在办案中应当如何把握?

答:“足以严重危害人体健康”是生产、销售不符合标准的医用器材罪的重要入罪条件。根据2003年“两高”《关于办理妨害预防、控制突发传染病疫情等灾害的刑事案件具体应用法律若干问题的解释》等规定,在办案中审查认定是否“足以严重危害人体健康”应当从是否具有防护、救治功能,是否可能造成贻误诊治,是否可能造成人体严重损伤,是否可能对人体健康造成严重危害等方面,结合医疗器械的功能、使用方式和适用范围等,综合判断。需要注意的是,根据刑法和相关司法解释规定,对于生产、销售不符合标准的医用器材是否“足以严重危害人体健康”难以认定的,如果销售金额五万元以上,或者货值金额十五万元以上的,可以依照刑法第一百四十条的规定以生产、销售伪劣产品罪定罪处罚。此外,如果同时构成侵犯知识产权犯罪的,依照处罚较重的规定定罪处罚。

十一、问:在疫情防控期间,办理哄抬物价类非法经营犯罪案件,应当从哪些方面准确把握?

答:在疫情防控期间,违反国家有关市场经营、价格管理等规定,囤积居奇,哄抬疫情防控急需的口罩、护目镜、防护服、消毒液等防护用品、药品或者其他涉及民生的物品价格,牟取暴利,违法所得数额较大或者有其他严重情节,严重扰乱市场秩序的,应当以非法经营罪定罪处罚。在疫情防控期间,办理哄抬物价类非法经营犯罪案件时,应当注意从以下三个方面加以把握:

一是注意把握"疫情防控期间"。2020年1月20日,国家卫健委经国务院批准发布2020年第1号公告,将新型冠状病毒感染的肺炎纳入《传染病防治法》规定的乙类传染病,并采取甲类传染病的预防、控制措施。疫情起始时间以该公告为准,疫情结束的时间届时以国家有关部门宣布疫情结束为准。在疫情防控期间,哄抬物价行为具有较平时更为严重的社会危害性,主要表现在:一是扰乱疫情防控急需物资和基本民生用品的统筹秩序,影响联防联控部署;二是制造或加剧恐慌性需求,破坏社会秩序;三是推高防护成本,导致不特定人群特别是低收入群体防护不足。因此,根据罪责刑相适应原则,对于疫情防控期间的此类行为应当依法从严惩处。

二是注意把握"防护用品、药品或者其他涉及民生的物品"的范围。根据《意见》和国家市场监管总局《关于新型冠状病毒感染肺炎疫情防控期间查处哄抬价格违法行为的指导意见》的规定,防护用品、药品主要是指口罩、护目镜、防护服、消毒杀菌用品、抗病毒药品和相关医疗器械、器材等;民生物品主要是指人民群众维持基本生活所必需的粮油肉蛋菜奶等食品。需要注意的是,各地的防疫形势和市场供应情况不同,在价格敏感的物品上会有一定差别,各级政府和有关部门对防疫用品和民生物品范围作出具体规定的,可以结合本地具体情况作出认定。

三是注意把握哄抬物价类非法经营犯罪的行为方式。根据《价格违法行为行政处罚规定》第六条的规定,哄抬价格违法行为包括三种行为方式:一是捏造、散布涨价信息,扰乱市场价格秩序的;二是除生产自用外,超出正常的存储数量或者存储周期,大量囤积市场供应紧张、价格发生异常波动的商品,经价格主管部门告诫仍继续囤积的;三是利用其他手段哄抬价格,推动商品价格过快、过高上涨的。2月初,国家市场监管总局出台《关于新型冠状病毒感染肺炎疫情防控期间查处哄抬价格违法行为的指导意见》,对如何认定查处上述哄抬价格违法行为作了具体规定。实践中,在认定哄抬价格类非法经营犯罪行为时，应当参照上述规定，同时综合考虑本地疫情防控具体情况以及行为人的实际经营状况、主观恶性和行为社会危害性等因素，判断是否属于"违法所得数额较大或者有其他严重情节"，从而准确认定犯罪嫌疑人是否构成非法经营罪。对于一般的价格违法行为，可以由有关部门予以行政处罚。

依法惩治妨害疫情防控违法犯罪
切实保障人民群众生命健康安全

——“两高”相关负责人联合答记者问(二)

2020年2月27日,记者就办理妨害疫情防控刑事案件的有关法律适用问题采访了最高人民法院研究室主任姜启波和最高人民检察院法律政策研究室主任高景峰。答问刊发后,取得了良好反响。一线办案人员普遍反映,答问对于准确适用法律、公正办理案件发挥了很好很及时的指导作用。同时提出,在具体执行刑法、刑事诉讼法和《最高人民法院、最高人民检察院、公安部、司法部关于依法惩治妨害新型冠状病毒感染肺炎疫情防控违法犯罪的意见》《最高人民法院、最高人民检察院、公安部、司法部、海关总署关于进一步加强国境卫生检疫工作依法惩治妨害国境卫生检疫违法犯罪的意见》(以下分别简称为《“两高两部”意见》《“五部门”意见》)的过程中,还有其他一些问题需要进一步澄清或者统一认识。为此,记者对两位负责人再次进行了采访。

问题1:前不久,“两高两部”、海关总署就依法惩治妨害国境卫生检疫违法犯罪出台了意见。在新冠肺炎疫情防控期间,实践中如何准确适用妨害国境卫生检疫罪?

当前,新冠肺炎疫情在境外呈现扩散态势,通过口岸向境内倒灌成为现实危险,依法严惩妨害国境卫生检疫的各类违法犯罪行为,切实筑牢国境卫生检疫防线,是当前的一项重要任务。人民法院、人民检察院要牢固树立国门安全理念,依法惩治妨害国境卫生检疫犯罪,切实保障人民群众生命安全和身体健康,坚决维护公共卫生安全和社会安定有序。具体而言,适用妨害国境卫生检疫罪需要注意以下几点:

第一,妨害国境卫生检疫罪的犯罪主体包括自然人和单位。法律面前人人平等。无论是中国公民,还是外国公民,或者无国籍人,只要在出入我国国境的过程中实施妨害国境卫生检疫的犯罪行为,都应当适用我国法律,适用统一的司法标准,依法追究刑事责任。《“五部门”意见》明确检疫传染病染疫人、染疫嫌疑人拒绝执行卫生检疫措施或者卫生处理措施,隐瞒疫情或者伪造情节的,属于妨害国境卫生检疫行为。检疫传染病染疫人或者染疫嫌疑人以外的特定主体也可能实施妨害国境卫生检疫行为,如出入境交通工具上发现有检疫传染病染疫人或者染疫嫌疑人,交通工具负责人拒绝接受卫生检疫或者拒不接受卫生处理的。上述妨害国境卫生检疫行为,引起检疫传染病传播或者有传播严重危险的,构成妨害国境卫生检疫罪。

第二,妨害传染病防治罪与妨害国境卫生检疫罪有所区别。一是刑法第三百三十条规定的妨害传染病防治罪针对的是违反《传染病防治法》《突发事件应对法》《突发公共卫生事件应急条例》等规定,拒绝执行卫生防疫机构依照传染病防治法提出的防控措施的行为,适用于在我国境内的卫生防控防治环境。刑法第三百三十二条规定的妨害国境卫生检疫罪针对的是违反《国境卫生检疫法》及其实施细则等规定,拒绝执行国境卫生检疫机关依照国境卫生检疫法提出的检疫措施的行为,适用于在出入我国国境时的卫生防控防疫环节。二是妨害传染病防治罪中的“甲类传染病”为甲类传染病或者按照甲类传染病管理的传染病,妨害国境卫生检疫罪中的“检疫传染病”为鼠疫、霍乱、黄热病以及国务院确定和公布的其他传染病。

第三,经国务院批准,国家卫生健康委员会发布2020年第1号公告,将新冠肺炎纳入《传染病防治法》规定的乙类传染病,并采取甲类传染病的预防、控制措施,并将新冠肺炎纳入《国境卫生检疫法》规定的检疫传染病管理。因此,入境人员妨害新冠肺炎防控的,可能在不同时间段分别涉及妨害传染病防治罪、妨害国境卫生检疫罪。行为人在入境时拒绝执行国境卫生检疫机关的检疫措施,引起新冠肺炎传播或者有传播严重危险的,构成妨害国境卫生检疫罪。行为人在入境后拒绝执行卫生防疫机构的防控措施,引起新型冠状病毒传播或者有传播严重危险的,构成妨害传染病防治罪。如果行为人既有拒绝执行国境卫生检疫机关检疫措施的行为,又有在入境后拒绝执行卫生防疫机构防控措施的行为,同时构成妨害传染病防治罪和妨害国境卫生检疫罪的,一般应当依照处罚较重的规定定罪处罚。

问题2:《"五部门"意见》规定,实施妨害国境卫生检疫行为,引起新冠肺炎传播或者有传播严重危险的,依照刑法第三百三十二条的规定,以妨害国境卫生检疫罪定罪处罚。司法适用中如何认定引起新冠肺炎传播或者有传播严重危险?

根据刑法第三百三十二条的规定,妨害国境卫生检疫罪的入罪要件为"引起检疫传染病传播或者有传播严重危险"。对此,《"五部门"意见》专门强调,并非所有妨害国境卫生检疫行为都构成犯罪,需要进一步判断是否造成检疫传染病传播或者有传播严重危险。只有实施妨害国境卫生检疫行为,引起新冠肺炎传播或者有传播严重危险的,才构成妨害国境卫生检疫罪。司法适用中,对于这一入罪要件应当准确把握,以对相关案件作出审慎、恰当的处理:

第一,准确把握犯罪主体范围。前面已经提到,妨害国境卫生检疫罪的主体是检疫传染病染疫人、染疫嫌疑人以及其他特定主体。根据《国境卫生检疫法实施细则》的规定,"染疫人"是指正在患检疫传染病的人,或者经卫生检疫机关初步诊断,认为已经感染检疫传染病或者已经处于检疫传染病潜伏期的人。"染疫嫌疑人"是指接触过检疫传染病的感染环境,并且可能传播检疫传染病的人。其他特定主体是指检疫传染病染疫人、染疫嫌疑人以外需要接受海关依照《国境卫生检疫法》等法律法规进行检疫的人员。司法适用中要特别注意妨害国境卫生检疫罪中"引起检疫传染病传播或者有传播严重危险"的入罪要件,如果行为人虽有妨害国境卫生检疫的行为,但综合全案事实,认定其不可能引起新冠肺炎传播或者有传播严重危险的,不符合妨害国境卫生检疫罪的入罪要件,可由行政机关给予行政处罚;如果触犯妨害公务等其他罪名的,可以按其他罪名处理。

第二,"引起新型冠状病毒传播"是指造成他人被确诊为新冠肺炎病人、病原携带者的情形。传播的对象,既可以是出入境交通工具的同乘人员,也可以是其他接触人员。以染疫人、染疫嫌疑人"引起新型冠状病毒传播"为例,实践中要注意结合案件具体情况,如染疫人、染疫嫌疑人与被感染者是否有密切接触，被感染者的感染时间是否在与染疫人、染疫嫌疑人接触之后，被感染者是否接触过其他新冠肺炎病人、病原携带者等因素，综合认定因果关系。如果综合案件证据情况，无法确定他人是被染疫人、染疫嫌疑人感染的，依法则不应认定属于"引起新型冠状病毒传播"的情形。

第三，"引起新型冠状病毒传播严重危险"是指虽未造成他人被确诊为新冠肺炎病人、病原携带者，但引发了传播的严重危险。对于此类情形，入罪应当限制在"严重"危险的情形，而且这种危险应当是现实、具体、明确的危险。实践中，对于"传播严重危险"的判断，同样应当坚持综合考量原则。仍以染疫人、染疫嫌疑人"引起新型冠状病毒传播严重危险"为例，实践中需要重点审查行为人是否采取特定防护措施，被诊断为染疫嫌疑人的人数及范围，被采取就地诊验、留验和隔离的人数及范围等，作出妥当认定。

顺带提及的是，《"两高两部"意见》规定："其他拒绝执行卫生防疫机构依照传染病防治法提出的防控措施，引起新型冠状病毒传播或者有传播严重危险的，依照刑法第三百三十条的规定，以妨害传染病防治罪定罪处罚。"对于此处规定的"引起新型冠状病毒传播或者有传播严重危险"的认定，司法适用中可以参照上述精神予以把握。

问题3：《"两高两部"意见》明确妨害公务罪的对象包括"在依照法律、法规规定行使国家有关疫情防控行政管理职权的组织中从事公务的人员，在受国家机关委托代表国家机关行使疫情防控职权的组织中从事公务的人员，虽未列入国家机关人员编制但在国家机关中从事疫情防控公务的人员"。司法适用中，如何具体把握上述人员范围？

根据刑法第二百七十七条的规定，以暴力、威胁方法阻碍国家机关工作人员依法执行职务的，构成妨害公务罪。根据《全国人民代表大会常务委员会关于〈中华人民共和国刑法〉第九章渎职罪主体适用问题的解释》的规定，《"两高两部"意见》进一步明确了妨害疫情防控措施所涉及的妨害公务罪的对象范围。司法适用中，要准确把握妨害公务罪的对象，特别是对"在受国家机关委托代表国家机关行使疫情防控职权的组织中从事公务的人员"的范围要作妥当把握，以准确处理相关案件。

"在受国家机关委托代表国家机关行使疫情防控职权的组织中从事公

务的人员”中的组织虽然不是国家机关，但其行使的疫情防控职权来自于国家机关的委托，且系代表国家机关行使。由于疫情的突发性、广泛性，对于此处的“受委托代表国家机关行使疫情防控职权”不宜作机械理解，而应当实事求是地予以把握。根据《传染病防治法》第四十二条的规定，“传染病暴发、流行时，县级以上地方人民政府应当立即组织力量，按照预防、控制预案进行防治，切断传染病的传播途径”，必要时，报经上一级人民政府决定，可以采取限制或者停止集市、影剧院演出或者其他人群聚集的活动，停工、停业、停课，封闭可能造成传染病扩散的场所等紧急措施并予以公告。从实践看，相关措施不可能完全由国家机关工作人员去落实。各级政府依法决定采取紧急措施后，居（村）委会、社区等组织按照要求落实防控措施的，尽管并非基于政府的书面或者口头“委托”，但也应当认为是“受委托代表国家机关行使疫情防控职权”，其中从事公务的人员，属于妨害公务罪的对象。实践中，需要注意“再委托”的情形。我们认为，对于委托授权的把握不宜再扩大范围。比如，对于居（村）委会、社区为落实政府要求，“再委托”小区物业、志愿者等自行实施防控措施的，对相关人员则不宜认定为妨害公务罪的对象。如果以暴力、威胁方法阻碍相关人员实施防控措施，符合故意伤害、寻衅滋事等其他犯罪构成条件的，可以其他犯罪论处。

此外，根据刑法规定，以暴力、威胁方法阻碍国家机关工作人员“依法执行职务”的，才构成妨害公务罪。实践中，极个别地方采取的疫情防控措施法律依据不足，措施本身不当，有关人员有简单甚至过度执行的，则不应认定为“依法执行职务”。

问题4：《“两高两部”意见》要求严惩制假售假犯罪，对相关行为规定可以视情适用生产、销售伪劣产品罪。司法适用中，对于生产、销售伪劣口罩的案件适用该罪名应当注意哪些问题？

根据刑法第一百四十条的规定，“生产者、销售者在产品中掺杂、掺假，以假充真，以次充好或者以不合格产品冒充合格产品，销售金额五万元以上”的，构成生产、销售伪劣产品罪。对于生产、销售伪劣口罩案件适用本罪名应当注意把握以下三方面问题：

第一，准确把握产品质量标准。对于涉案口罩是否属于“伪劣产品”，要依据相关标准作出判断。根据《产品质量法》《标准化法》等法律法规的规定，对于相关伪劣产品的认定，原则上应当优先以强制性标准或者产品注明的质量标准为依据。因此，如果涉案口罩注明了国家标准、行业标准，或者注明的质量标准高于国家标准、行业标准的，应当按照其明示的标准判断是否属于合格产品。如果涉案口罩未注明质量标准，或者注明的质量标准低于国家标准、行业标准的，则应当按照国家标准、行业标准判断其是否属于合格产品。比如，医用防护口罩、医用外科口罩，在没有注明高于国家标准、行业标准的质量标准的情形下，一般可以分别按照国家标准 GB 19083—2010（医用防护口罩）、行业标准 YY 0469—2011（医用外科口罩）进行判断。

需要注意的是，有的地方对涉案口罩一律按照国家标准 GB 2626—2006（呼吸防护用品自吸过滤式防颗粒物呼吸器）进行鉴定，只要对颗粒物的过滤率达不到该标准中的最低标准 KN90 的，均认定为“伪劣产品”。这有所不妥。涉案口罩是否属于伪劣产品的司法认定，应当根据口罩的种类、用途等不同情况适用相应的标准。根据法律和有关司法解释的精神，对于涉案口罩标明种类的，应当按照标明的种类选择适用的判断标准；如果涉案口罩未标明种类或者是“三无”产品，则应当综合考虑其包装、宣传、价格、销售对象等情况，作出妥当认定，进而选择适用相应标准进行判断。

第二，视情依法委托鉴定机构。《最高人民法院、最高人民检察院关于办理生产、销售伪劣商品刑事案件具体应用法律若干问题的解释》（以下简称《伪劣商品解释》）第一条第五款规定，对涉案口罩是否属于伪劣产品难以确定的，“应当委托法律、行政法规规定的产品质量检验机构进行鉴定”，以查明产品质量。

第三，准确查明行为人主观明知。对于销售伪劣口罩的案件适用销售伪劣产品罪，应当以行为人主观明知为前提。司法实践中，也确有个别行为系被上家所骗，购得伪劣口罩进行销售，对此不宜以销售伪劣产品罪定罪处罚。对于主观明知的认定，应当结合行为人职业、从业经历、购销双方商谈内容、购销方式与价格，货物样式与包装等证据，作出综合判断。从司法实践办理相关案件的经验来看，具有下列情形之一的，一般可以认定行为人明知，但确有相反证据的除外：（1）明知是没有生产商厂名、厂址、产品质量检验合格证的“三无”口罩而予以销售的;(2)委托生产厂商生产假冒伪劣防护用品的;(3)曾因制售假冒伪劣防护用品受过刑事处罚或者行政处罚,又销售伪劣口罩的;(4)明显违背惯常交易习惯储存、运输、交付涉案口罩的;(5)无正当理由涂改、调换或者覆盖商品的标识、包装,伪造、涂改产品说明书、合格证明等材料的;(6)从非正常渠道进购口罩,且价格明显低于市场价格的。

问题5:《“两高两部”意见》明确对制售不符合标准的医用器材行为可以适用生产、销售不符合标准的医用器材罪。司法适用中,对于生产、销售伪劣医用口罩的案件适用该罪名应当注意哪些问题?

根据刑法第一百四十五条的规定,“生产不符合保障人体健康的国家标准、行业标准的医疗器械、医用卫生材料,或者销售明知是不符合保障人体健康的国家标准、行业标准的医疗器械、医用卫生材料,足以严重危害人体健康的”,构成生产、销售不符合标准的医用器材罪。而根据有关规定,医用防护口罩、医用外科口罩、一次性使用医用口罩等医用口罩属于《医疗器械分类目录》规定的二类医疗器械。因此,生产、销售伪劣医用口罩,如果足以严重危害人体健康的,可能构成生产、销售不符合标准的医用器材罪。对于生产、销售伪劣医用口罩案件适用本罪名应当注意把握如下问题:

第一,准确认定涉案医用口罩是否系不符合标准的医用器材。刑法第一百四十五条对不符合标准的医用器材明确规定为“不符合保障人体健康的国家标准、行业标准的医疗器械、医用卫生材料”。《伪劣商品解释》第六条第五款规定:“没有国家标准、行业标准的医疗器械,注册产品标准可视为‘保障人体健康的行业标准’。”目前,对于相关医用口罩的案件,认定是否属于不符合标准的医用器材的,可以按照上述规定处理。

第二,严格把握“足以严重危害人体健康”的认定。生产、销售不符合标准的医用口罩构成生产、销售不符合标准的医用器材罪,需要满足“足以严重危害人体健康”的入罪要件。对于是否“足以严重危害人体健康”,应当从是否具有防护、救治功能,是否可能造成贻误诊治,是否可能造成人体严重损伤,是否可能对人体健康造成严重危害等方面,结合医疗器械的功能、使用方式和适用范围等,综合判断。所谓“综合判断”,不能“只看一点,不及其余”,如果把涉案口罩防护功能不达标就直接认定为“足以严重危害人体健康”,可能导致这一构成要件被人为虚置,不当扩大本罪的适用范围。

从一线办案部门总结的经验来看,如果涉案不符合标准的医用防护口罩、医用外科口罩、一次性使用医用口罩主要销往医疗机构,供医护人员使用,由于医护人员的特殊工作环境,通常可以认为上述不符合标准的口罩“足以严重危害人体健康”。而如果涉案不符合标准的一次性使用医用口罩销往非疫情高发地区供群众日常使用,则一般难以满足“足以严重危害人体健康”的要件。实践中,对于相关涉案医用口罩尚无确实、充分证据证明“足以严重危害人体健康”,适用生产、销售不符合标准的医用器材罪存在障碍或者争议,但是销售金额五万元以上,或者货值金额十五万元以上的,根据刑法和相关司法解释的规定,可以依照生产、销售伪劣产品罪定罪处罚;符合假冒注册商标、非法经营罪等其他犯罪构成的,也可以相关犯罪论处。

问题6:《“两高两部”意见》规定,在疫情防控期间,违反国家有关市场经营、价格管理等规定,囤积居奇、哄抬物价的,可以构成非法经营罪。司法适用中如何把握囤积居奇、哄抬物价类非法经营案件的入罪标准?

《“两高两部”意见》规定:“在疫情防控期间,违反国家有关市场经营、价格管理等规定,囤积居奇,哄抬疫情防控急需的口罩、护目镜、防护服、消毒液等防护用品、药品或者其他涉及民生的物品价格,牟取暴利,违法所得数额较大或者有其他严重情节,严重扰乱市场秩序的,依照刑法第二百二十五条第四项的规定,以非法经营罪定罪处罚。”可见,囤积居奇、哄抬物价类非法经营案件的入罪标准是“违法所得数额较大或者有其他严重情节”。由于司法实践中情况比较复杂,难以简单地以经营数额、获利数额等作出“一刀切”的量化规定,因此对于是否达到入罪标准,仍然需要综合把握,即综合经营者经营成本变化、涨价幅度、经营数额、获利数额、社会影响等情况,同时考虑人民群众的公平正义观念,作出妥当判断。具体办案中,要着重把握以下三个方面:

第一,准确判断行为方式。囤积居奇、哄抬物价类非法经营案件实质上是严重扰乱市场秩序的行为,故对其客观行为方式的考察是评价社会危害性程度的重要方面。例如,行为人捏造、散布涨价信息,扰乱市场价格秩序,或者大量囤积市场供应紧张、价格异常波动的防护用品、药品或者其他涉及民生的物品,哄抬物价的,就较之一般的单纯哄抬物价行为社会危害性更大,对前者更应当进行刑事惩治。又如,行为人哄抬物价,经价格主管部门告诫甚至行政处罚后继续实施相关行为的,社会危害性也更大,更加具有刑事惩治的必要。这些实际上都是认定相关非法经营案件客观行为方式和情节严重程度的重要因素。

第二,充分考虑非法经营和违法所得数额。此类案件表现为在经营活动中囤积居奇、哄抬物价,且要求"牟取暴利",故非法经营数额本身的大小,特别是违法所得数额,是评判行为社会危害程度的重要因素。对于是否"牟取暴利",既要考虑国家有关部门和地方政府关于市场经营、价格管理等规定,又要坚持一般人的认知标准,确保认定结果符合人民群众的公平正义观念。对于虽然超出有关价格管理规定,但幅度不大,违法所得不多,对疫情防控没有重大影响、未造成严重后果的,不应当纳入刑事处罚范围,可以由有关部门予以行政处罚。相反,对于利用物资紧俏的"商机",坐地起价,牟取暴利的,则应当依法追究刑事责任。例如,熔喷布被称为口罩的"心脏",原来每吨两万元左右,一些不法商家趁机通过囤积居奇、转手倒卖等方式,层层加码,牟取暴利,甚至有的竟然以高于进价或者成本价数倍甚至十几倍、几十倍的价格对外出售,最终把价格推高至每吨十几万元甚至数十万元的天价。对此,应当根据囤积、倒卖的数量、次数、加价比例和获利情况等,综合认定"违法所得数额"和"其他严重情节"。对于其中情节恶劣,严重扰乱市场秩序的,应当毫不手软,坚决惩治,且应从重处罚、以儆效尤。

第三,综合考虑疫情防控差异情况。办理囤积居奇、哄抬物价类非法经营案件,要考虑各地疫情防控的差异情况、不同物资的紧缺程度,做到精准发力,避免简单"一刀切"。各地面临的疫情形势和防控任务差异较大,同样的哄抬物价行为在疫情风险等级不同地区的社会危害性是不一样的,在办案中要有所体现。在疫情风险等级较高的地区,特别是对市场供应紧张的物资囤积居奇、哄抬价格,社会危害性较大,有必要予以刑事处罚。相反,在疫情风险等级较低的地区,随着相关物资市场供应紧张程度缓解,对于哄抬物价的行为要尽量给行政处罚留有足够空间,确保刑罚的审慎适用,即使要给予刑罚处罚也可以酌情从轻处罚。

问题7:《“两高两部”意见》强调注重办案安全,要求在疫情防控期间办理妨害新冠肺炎疫情防控案件,最大限度减少人员聚集。案件的审查起诉和审判工作应当注意哪些事项?如果受到疫情的影响,不能在法律规定的审查起诉、审理期限内办结的,应当如何处理?

在疫情防控期间办理案件,既要严格依法,也要严格落实隔离、防控的要求。

人民检察院在疫情防控期间办理审查起诉案件,应当以书面审查为主要方式,尽量不采取当面方式讯问犯罪嫌疑人、询问证人等诉讼参与人以及听取辩护律师意见,可以采取电话或者视频等方式进行,以减少人员流动、聚集、见面交谈。犯罪嫌疑人被羁押的审查起诉案件,应当严格依照法律规定的期限办结。如果因为疫情影响,不能在法律规定的审查起诉期限内办结,需要继续办理的,人民检察院可以按照《刑事诉讼法》第九十八条的规定,对犯罪嫌疑人取保候审或者监视居住。

同时,根据《刑事诉讼法》第二百零六条的规定,在审判过程中,由于不能抗拒的原因,致使案件在较长时间内无法继续审理的,可以中止审理。据此,在疫情防控期间,对于刑事案件,包括适用简易程序、速裁程序审理的案件,人民法院可以依法中止审理。同时,要切实注意防止超期羁押。对于涉及妨害疫情防控的刑事案件,以及羁押期限临近可能判处刑罚的案件,在疫情防控期间确需开庭审理的,应当做好相关防护工作,在充分保障当事人及其他诉讼参与人诉讼权利的前提下,及时开庭审理;条件具备,案情适宜的,可以采取视频方式开庭,人民检察院可以通过视频方式出庭支持公诉。

最高人民法院公布人民法院依法惩处妨害疫情防控犯罪典型案例(一)

案例1:田某某妨害传染病防治案

——隐瞒武汉旅居史致多人被隔离观察

简要案情

2019年12月22日,被告人田某某乘坐火车从山东济宁前往湖北武昌打工。2020年1月9日,田某某乘坐火车辗转湖北荆州、汉口、河南商丘等地后,返回山东成武县大田集镇家中。1月20日,田某某出现发热、干咳等症状,即到本村卫生室就诊。1月22日,田某某到大田集镇医院就诊,被诊断为肺炎。医护人员询问其是否有武汉旅居史,田某某隐瞒到过武昌、汉口的事实,谎称从石家庄返回家中。1月23日,田某某到成武县人民医院就诊,医护人员询问其近期是否到过武汉,其仍故意隐瞒到过武昌、汉口的事实,被收治于该院呼吸内科普通病房。1月25日,田某某在医护人员得知其有汉口旅居史再次询问时,仍予以否认,在被诊断疑似患有新型冠状病毒肺炎(以下简称新冠肺炎)而转入感染科隔离治疗过程中,不予配合并要求出院。1月26日,田某某被确诊患有新冠肺炎。因田某某违反新冠肺炎疫情防控的相关规定,故意隐瞒从武昌、汉口返乡的事实,造成医护人员及同病房病人共37人被隔离观察。

裁判结果

山东省成武县人民法院经审理认为,被告人田某某违反传染病防治法规定,在国家卫生健康委员会宣布对新冠肺炎采取甲类传染病预防、控制措施后，明知应当报告武汉旅居史，却故意隐瞒，拒绝配合医护人员采取防治措施，造成新型冠状病毒传播的严重危险，致 37 人被隔离观察，其行为构成妨害传染病防治罪，应依法惩处。田某某如实供述自己的犯罪事实，认罪认罚。据此，于 2020 年 3 月 1 日以妨害传染病防治罪判处被告人田某某有期徒刑十个月。

案例 2：马某某故意杀人案

——持刀杀害两名防疫卡点工作人员

简要案情

2020 年 2 月 5 日，云南省红河县石头寨乡根据上级安排，在该乡么索村委会通往阿扎河乡洛孟村委会之间设置新冠肺炎疫情防控卡点，开展疫情防控和监测工作，对往来车辆及人员进行信息登记、监测和防疫宣传。2 月 6 日 11 时许，被告人马某某驾车载么索村委会马某龙（另案处理）等人经过么索村委会疫情防控卡点，到洛孟村委会马某光（另案处理）家吃饭喝酒，之后马某某驾车搭载马某龙等人准备到马某龙家 KTV 唱歌。18 时 20 分许，当车辆行至么索村委会疫情防控卡点时，马某龙下车搬除卡点路障，并与前来劝阻的卡点工作人员发生争执。在此过程中，马某某因对卡点工作人员张某某（红河县财政局下派扶贫干部，殁年 39 岁）持手机拍摄取证的行为不满，遂持随身携带的折叠刀朝张某某胸腹部连续捅刺，又向前来劝阻的卡点工作人员李某某（红河县石头寨乡干部，殁年 50 岁）腹部捅刺，致张某某、李某某经送医院抢救无效于当日死亡。经鉴定，张某某系因被单刃锐器刺击胸腹部致胸腹腔多脏器破裂急性出血死亡；李某某系因被单刃锐器刺击腹部致肝脏破裂出血死亡。

裁判结果

云南省红河哈尼族彝族自治州中级人民法院经审理认为，被告人马某某在云南省重大突发公共卫生事件一级响应期间，无视国家法律和疫情防控秩序，故意非法剥夺他人生命，其行为构成故意杀人罪。马某某在疫情期间杀害两名疫情防控工作人员，主观恶性极深，犯罪手段残忍，情节极其恶劣,后果特别严重。马某某曾因犯故意伤害罪被判处有期徒刑,在刑罚执行完毕后五年内再犯应当判处有期徒刑以上刑罚之罪,系累犯,应依法从重处罚。马某某虽在案发后自动投案并如实供述犯罪事实,具有自首情节,但其罪行极其严重,不足以从轻处罚。据此,于2020年3月1日以故意杀人罪判处被告人马某某死刑,剥夺政治权利终身。

案例3:业某某抢劫案

——冒充疫情防控人员持刀入户抢劫

简要案情

2020年2月11日14时许,被告人业某某经事先踩点,携带水果刀、透明胶带到南京市江宁区禄口街道某小区,冒充疫情防控人员,以登记疫情为由骗得小区住户赵某某(被害人,女)打开房门。业某某闯入室内,采取胶带捆绑、持刀威胁等方式向赵某某强行索要8 000元。赵某某被迫通过微信向他人借款2 000元,后通过支付宝将2 000元转入业某某的赌博游戏账户内。业某某威胁赵某某不准报警后逃离现场。

裁判结果

江苏省南京江宁经济技术开发区人民法院经审理认为,被告人业某某在疫情防控期间,冒充疫情防控人员,骗开小区住户房门,持刀入户抢劫,其行为构成抢劫罪,应依法从严惩处。业某某如实供述自己的犯罪事实,认罪认罚。据此,于2020年3月4日以抢劫罪判处被告人业某某有期徒刑十一年,并处罚金人民币四万元,剥夺政治权利二年。

案例4:刘某某编造、故意传播虚假信息案

——编造感染新型冠状病毒在公共场所传播的虚假信息

简要案情

2020年1月24日,被告人刘某某在北京市通州区某小区暂住地内,利

用微信号编造其感染新型冠状病毒后到公共场所通过咳嗽方式向他人传播的虚假信息，发送至其另一微信号，并将聊天记录截图后通过微信朋友圈、微信群、QQ 群传播，直接覆盖人员共计 2 700 余人，并被其他个人微博转发。公安机关掌握该信息后，采取了相应紧急应对措施。

裁判结果

北京市通州区人民法院经审理认为，被告人刘某某在疫情防控期间编造虚假疫情信息，在信息网络上传播，严重扰乱社会秩序，其行为构成编造、故意传播虚假信息罪。刘某某如实供述自己的犯罪事实，认罪认罚。据此，于 2020 年 2 月 28 日以编造、故意传播虚假信息罪判处被告人刘某某有期徒刑八个月。

案例 5：赵某某诈骗案

——疫情防控期间虚构销售口罩诈骗财物

简要案情

2020 年 2 月 3 日至 2 月 9 日，被告人赵某某谎称其有稳定的医用一次性口罩、N95 口罩来源，通过微信兜售口罩，将收到的货款用于网络赌博挥霍等。在被害人催要口罩时，赵某某采取给被害人寄送零食的方式拖延，随后变更手机号码、微信等联系方式，使被害人无法与其联系。赵某某采取上述手段先后骗取被害人朱某某、周某、王某等人口罩款合计 34. 18 万余元。

裁判结果

安徽省淮北市相山区人民法院经审理认为，被告人赵某某以非法占有为目的，采取虚构事实的方式，利用网络多次骗取他人财物，其行为构成诈骗罪，且数额巨大。赵某某在疫情防控期间，虚构销售疫情防护用品事实，骗取他人财物，应依法从严惩处。据此，于 2020 年 2 月 25 日以诈骗罪判处被告人赵某某有期徒刑七年九个月，并处罚金人民币四十万元。

案例6:孙某某、蒋某诈骗案

——假冒慈善机构骗取疫情募捐

简要案情

2020年1月27日12时许,被告人孙某某、蒋某经预谋打印虚假宣传材料3 000份,在北京市西城区多地张贴、散发,假借“市希望工程办公室”“市志愿者协会”之名,以“为抗击新冠肺炎募捐”为由,谎称已联系到口罩等物资的购买渠道,欲欺骗他人向孙某某微信账户转募捐款。当日16时许,孙某某、蒋某到案。截至案发,尚无钱款转入孙某某微信账户。

裁判结果

北京市西城区人民法院经审理认为,被告人孙某某、蒋某以非法占有为目的,在新冠肺炎疫情防控期间假冒慈善机构的名义,以赈灾募捐为由,欲骗取公私财物,情节严重,其行为均构成诈骗罪。孙某某、蒋某假借抗疫之名,实施诈骗行为,主观恶性深,社会影响恶劣,应依法从严惩处。孙某某、蒋某已着手实施诈骗,因被及时查获而未得逞,系犯罪未遂,可以比照既遂从轻处罚。据此,于2020年2月28日以诈骗罪分别判处被告人孙某某、蒋某有期徒刑十个月,并处罚金人民币一万元。

案例7:叶某妨害公务案

——拒不配合疫情防控管理暴力袭警

简要案情

2020年2月2日17时许,被告人叶某驾车载其舅父和胞兄途经湖北省崇阳县新冠肺炎防控指挥部金塘镇寒泉村疫情监测点时,工作人员要求叶某等人监测体温。叶某等人拒绝检测,辱骂工作人员并用车辆堵住监测点,后经人劝导移开,工作人员报警。当日18时许,崇阳县公安局金塘派出所所长张某某带领民警万某、辅警姜某等人到叶某家传唤其接受调查,叶某拒绝并用拳头殴打张某某、姜某等人，其亲属亦撕扯、推搡民警，阻碍民警依法传唤叶某。经鉴定，被害人张某某、姜某损伤程度均为轻微伤。

裁判结果

湖北省崇阳县人民法院经审理认为，被告人叶某在疫情防控期间，拒不配合防控管理，以暴力方法阻碍人民警察执行公务，致二人轻微伤，其行为构成妨害公务罪，应依法从重处罚。叶某有坦白情节，且认罪认罚。综合其犯罪情节，于2020年2月10日以妨害公务罪判处被告人叶某有期徒刑一年三个月。

案例8：唐某某寻衅滋事案

——疫情防控期间在医院暴力伤医

简要案情

2020年2月6日22时许，被告人唐某某酒后未戴口罩至江苏省建湖县上冈镇草堰口卫生院探望其住院的父亲。因值班医生周某某提醒其戴口罩，并制止其在正在使用的输氧病房内抽烟，唐某某心生不满，与周某某发生口角，继而殴打周某某头面部及颈部，并致周某某衣物损坏。后唐某某又先后殴打前来劝阻的医生王某某、群众姚某某和唐某。经鉴定，被害人周某某、王某某和姚某某的损伤程度均为轻微伤。

裁判结果

江苏省建湖县人民法院经审理认为，被告人唐某某在疫情防控期间在医院随意殴打他人，造成三人轻微伤，情节恶劣，其行为构成寻衅滋事罪，应依法惩处。唐某某如实供述自己的犯罪事实，且已赔偿被害人周某某的经济损失，取得了三被害人的谅解。据此，于2020年2月28日以寻衅滋事罪判处被告人唐某某有期徒刑一年。

案例9:黄某某非法制造枪支、非法猎捕、杀害珍贵、濒危野生动物、非法持有枪支案

——自制枪支猎杀果子狸、小灵猫等野生动物

简要案情

2016年至2017年,被告人黄某某从他人处获得自制预充气式气步枪和自制气枪各一支。2018年购买一支射钉枪及钢管、瞄准仪等部件,并将射钉枪改造为猎枪用于捕杀野生动物。2019年5月至11月,黄某某利用其改装的射钉枪在东印山猎捕4只(1只已被煮食)疑似果子狸的野生动物。11月13日黄某某被抓获,公安机关在其住处搜查出"快排"气枪1支、"突鹰"气枪1支、射钉枪改装的疑似枪支1支、瞄准镜1个、钢珠94颗、射钉弹86颗,并从其亲属处查获黄某某猎杀的3只疑似果子狸。经鉴定,3支疑似枪支均具备致伤力,认定为枪支,其中射钉枪改装的枪支是以火药为动力发射非制式枪弹的非制式枪;3只疑似果子狸中有1只为小灵猫,系国家二级重点保护野生动物,另2只为花面狸(俗称果子狸),属于国家保护的有益的或者有重要经济、科学研究价值的陆生野生动物。

裁判结果

重庆市垫江县人民法院经审理认为,被告人黄某某违反国家有关法规,私自制造以火药为动力的非军用枪支1支,其行为构成非法制造枪支罪;违反野生动物保护法规,猎捕、杀害国家二级重点保护野生动物,其行为构成非法猎捕、杀害珍贵、濒危野生动物罪;违反枪支管理规定,非法持有枪支2支,其行为还构成非法持有枪支罪,应依法并罚。黄某某主动投案,如实供述自己的犯罪事实,具有自首情节,依法从轻处罚。据此,于2020年3月4日对被告人黄某某以非法制造枪支罪判处有期徒刑三年;以非法猎捕、杀害珍贵、濒危野生动物罪判处有期徒刑一年六个月,并处罚金人民币一万元;以非法持有枪支罪判处拘役六个月,决定执行有期徒刑四年,并处罚金人民币一万元。

案例10:陈某某非法收购珍贵、濒危野生动物案

——介绍他人非法收购穿山甲

简要案情

2019年2月至3月,被告人陈某某得知薛某(在逃)及吴某某、高某某(均因涉嫌其他犯罪另案处理,尚在审查起诉中)等人走私入境一批穿山甲死体后,介绍杨某某(因涉嫌其他犯罪由广西另案处理)向吴某某、高某某等人购买。3月2日,陈某某伙同杨某某一起到高某某入住的广东省广州市花都区某公寓,吴某某、高某某等人提供穿山甲死体一箱交由杨某某验货。次日,陈某某陪同杨某某按照约定到广州市花都区一路段,杨某某以41.75万元向吴某某、高某某等人购得穿山甲死体20余箱(每箱装有穿山甲死体至少4只,合计达80只以上),共重747公斤。9月25日,陈某某在广西壮族自治区东兴市楠木山边境检查站被民警抓获。

裁判结果

广东省广州市花都区人民法院经审理认为,被告人陈某某违反野生动物保护法规,非法收购国家重点保护的珍贵、濒危野生动物,情节特别严重,其行为构成非法收购珍贵、濒危野生动物罪。陈某某在共同犯罪中实施了介绍杨某某与卖家联系、陪同验货和交易等行为,系从犯。据此,于2020年3月5日以非法收购珍贵、濒危野生动物罪判处被告人陈某某有期徒刑八年,并处罚金人民币五万元。

附:最高法刑一庭负责人就依法惩处妨害疫情防控犯罪典型案例答记者问

问题1:最高人民法院此次发布的典型案例主要有哪些特点?

此次发布的案例,一是涉及犯罪类型较全面。随着妨害疫情防控刑事案件逐渐进入审判环节,人民法院近期审理的涉疫情刑事案件数量较疫情防控初期有所增加,案件的类型也增多了。在此基础上,我们梳理并发布了

10个典型案例,基本涵盖妨害疫情防控的一些主要犯罪类型。二是聚焦打击重点。在案例选取方面,主要聚焦直接严重妨害疫情防控、给疫情扩散带来重大风险、给人民群众生命健康造成严重威胁、给社会造成极大恐慌、给大局稳定造成严重破坏的案件。三是具有一定参考价值。这些案例较好体现了人民法院发挥刑事审判职能服务党和国家的工作大局,体现了人民法院坚持以事实为根据、以法律为准绳,严格依法办案,准确把握政策,确保案件法律效果和社会效果的统一,对相关刑事案件的审判工作具有一定的参考价值。

问题2:请介绍一下人民法院对依法惩治妨害疫情防控犯罪具体开展了哪些工作?

疫情发生后,最高人民法院高度重视,立即研究妨害疫情防控犯罪案件的情况和问题,牵头会同最高人民检察院、公安部、司法部及时发布了《关于依法惩治妨害新型冠状病毒感染肺炎疫情防控违法犯罪的意见》(以下简称“两高两部意见”),指导、规范相关案件的办理,为依法及时、从严惩处涉疫情犯罪提供了有效法律指引。此后,又通过“两高”研究室负责人答记者问的形式,对司法实践中集中反映的法律适用问题予以明确,有效指导了各地法院依法办理此类案件。最高人民法院还会同国家卫健委、最高人民检察院、公安部联合印发《关于做好新型冠状病毒肺炎疫情防控期间保障医务人员安全维护良好医疗秩序的通知》,严厉打击暴力伤医和扰乱正常医疗秩序的违法犯罪,为医务人员和广大患者创造良好诊疗环境,全力保障疫情防控工作顺利开展。同时,最高人民法院注重发挥案例指导作用,通过分批编发典型案例,加强审判指导,进一步明确法律适用标准,统一定罪量刑尺度。

地方各级法院严格贯彻“两高两部意见”,依法及时从严惩处了一批妨害疫情防控的犯罪,发挥震慑作用,有效维护医疗秩序、防疫秩序、市场秩序和社会秩序,切实保障人民群众生命安全和身体健康,坚决维护国家政治安全和社会大局稳定。同时,最高人民法院和地方各级人民法院充分运用官网、微信、微博等平台,及时报道妨害疫情防控刑事案件的审判情况。最高人民法院联合央视社会与法频道开展了五期网络庭审直播,约八千万网民在线观看。江苏南通港闸区、陕西西安长安区、四川南充顺庆区等法院,也选取当地首例涉疫情案件进行庭审直播,使妨害疫情防控刑事案件的审判成为一堂堂生动的依法防疫“公开课”,为疫情防控营造良好的舆论氛围和法治环境。

问题3:请介绍一下人民法院在新冠肺炎疫情防控期间是如何开展刑事审判工作的?

新冠肺炎疫情给人民法院的审判工作带来了一定的困难。各地法院在做好疫情防控的前提下,想方设法将对审判工作的影响降到最低程度。对于时效性较强的涉疫情等案件,在确保安全的前提下,优先考虑,重点安排,依法及时审判。这对及时惩治相关犯罪、保障疫情防控顺利开展起到了积极作用。对于符合事实清楚、证据充分,被告人承认自己罪行等法定条件的案件采取速裁程序或者简易程序审理,实现了“快立、快审、快判”。截至3月4日,采用速裁程序、简易程序审理的妨害疫情防控刑事案件分别达51.66%、40.53%。当然,对案件相对复杂的,当事人对事实证据或者定罪量刑有异议的,还是要按照普通程序进行。值得一提的是,为有效防控新冠肺炎疫情,最大限度减少人员流动和聚集,各地法院充分运用信息化建设和智慧法院成果有效开展在线诉讼活动,在确保合法、公正、效果的前提下,创新工作方式,通过视频、短信等非接触方式完成文书送达、指定辩护等工作,其中59.30%的案件采取视频开庭审理,效果很好。既防止了羁押场所的病毒输入风险,又确保了刑事审判工作平稳有序运行。可以说,这些年人民法院速裁程序司法改革和信息化建设的成果对疫情防控期间的审判工作带来极大的方便。

问题4:从前期各地法院审结案件的情况看,都突出了一个“快”字,在“快审、快判”的情况下,人民法院如何保证审判质量?

此次疫情是中华人民共和国成立以来在我国发生的最大的一次重大突发公共卫生事件。疫情形势发展变化快,防控工作任务重,给刑事审判工作带来许多新问题、新挑战,而且时间紧、任务重。刑事审判既要及时,又必须严格依法办案。要坚持以事实为根据、以法律为准绳,要坚持罪刑法定、证据裁判、罪责刑相适应原则,确保所判决的每一起妨害疫情防控刑事案件都经得起法律和历史检验。要严格遵守刑事诉讼法,依法保障当事人诉讼权利。前段时间以来,各地法院审理的妨害疫情防控刑事案件,多数是案情比较简单、明了,处刑较轻的案件,本着简案快审,疑案精审原则,很多案件是适用速裁程序或者简易程序进行审理的,尤其是被告人认罪认罚的案件,提高了审判效率。人民法院适用速裁程序或者简易程序,严格依照法律关于速裁程序或者简易程序的规定,依法保障被告人的各项诉讼权利,简化程序但不减损权利。对不符合适用速裁程序、简易程序条件的案件,就必须按照普通程序审理。

问题5:人民法院审理妨害疫情防控刑事案件时,在政策把握上有什么考虑?

首先要坚持依法严惩,积极服务疫情防控工作大局。人民法院依法打击妨害疫情防控犯罪,是打赢疫情防控总体战的重要组成部分。要通过依法及时严惩一批妨害疫情防控犯罪,保障疫情防控工作顺利开展,维护人民群众生命健康和社会大局稳定。同时,也要突出重点,精准打击妨害疫情防控犯罪。疫情防控要精准施策,做好疫情防控期间的案件审判,同样也要精准发力,不能简单地“一刀切”。2019年,周强院长在全国第七次刑事审判工作会议就对我们刑事审判提出了要精准适用刑罚,体现区别对待,轻重有别,聚焦重点,精准发力的工作要求。我们要根据疫情形势的发展变化,因地制宜,因时制宜,聚焦打击锋芒,突出打击重点。需要强调的是,由于各地面临的疫情形势和防控任务差异较大,人民法院在案件审理中也要充分考虑各地这种分区分级差异化防控形势任务。因为同样的行为在疫情风险等级不同的地区,其危害性是不一样的,裁判中要有所体现,要平衡国法、天理、人情,实事求是,做到罪责刑相适应,避免政策把握粗放化、简单化。

中华人民共和国国家卫生健康委员会公告

（2020 年第 1 号）

经国务院批准，现公告如下：

一、将新型冠状病毒感染的肺炎纳入《中华人民共和国传染病防治法》规定的乙类传染病，并采取甲类传染病的预防、控制措施。

二、将新型冠状病毒感染的肺炎纳入《中华人民共和国国境卫生检疫法》规定的检疫传染病管理。

特此公告。

中华人民共和国国家卫生健康委员会

2020 年 1 月 20 日

在全国法院依法惩处妨害疫情防控犯罪工作会议上的讲话(节选)

最高人民法院党组成员、副院长　李少平

(2020年3月6日)

今天,我们召开全国法院依法惩处妨害疫情防控犯罪工作会议,主要任务是,深入学习贯彻习近平总书记关于疫情防控工作的重要指示精神和党中央决策部署,认真落实中央政法委和最高人民法院党组具体工作部署,全面、正确执行《最高人民法院、最高人民检察院、公安部、司法部关于依法惩治妨害新型冠状病毒感染肺炎疫情防控违法犯罪的意见》(以下简称"两高两部意见"),充分发挥刑事审判职能作用,为统筹推进新冠肺炎疫情防控和经济社会发展工作提供有力的司法服务和保障。

下面,我讲四点意见。

一、深入学习贯彻习近平总书记重要指示精神,切实把思想和行动统一到党中央决策部署上来

新冠肺炎疫情发生以来,以习近平同志为核心的党中央高度重视疫情防控工作,习近平总书记亲自部署、亲自指挥,多次作出重要指示、主持重要会议、发表重要讲话,对做好疫情防控工作作出全面部署,为打赢疫情防控人民战争、总体战、阻击战指明了前进方向、提供了根本遵循。2月5日,习近平总书记在中央全面依法治国委员会第三次会议上强调,疫情防控越是到最吃劲的时候,越要坚持依法防控,在法治轨道上统筹推进各项防控工

作，保障疫情防控工作顺利开展。2月23日，习近平总书记出席统筹推进新冠肺炎疫情防控和经济社会发展工作部署会议并发表重要讲话，全面总结疫情防控工作，明确提出统筹推进疫情防控和经济社会发展工作的总体要求、目前的形势、重点任务和重大举措。习近平总书记强调，要坚决打好湖北保卫战、武汉保卫战，全力做好北京疫情防控工作，强调要切实维护社会稳定，落实分区分级精准复工复产，统筹推进疫情防控和经济社会发展工作。习近平总书记指出，疫情防控期间采取一些严格的管控措施是完全必要的，到了现在这个阶段，除湖北和武汉等疫情防控任务重的地区外，要注意把握好度，尽量采取对群众生产生活影响小、带来不便少的措施。3月4日，习近平总书记主持中央政治局常委会会议并发表重要讲话，指出，经过全国上下艰苦努力，当前已初步呈现疫情防控形势持续向好、生产生活秩序加快恢复的态势，必须深入贯彻落实统筹推进疫情防控和经济社会发展工作部署会议精神，加快建立同疫情防控相适应的经济社会运行秩序，完善相关举措，巩固和拓展这一来之不易的良好势头，力争全国经济社会发展早日全面步入正常轨道，为实现决胜全面建成小康社会、决战脱贫攻坚目标任务创造条件。

习近平总书记重要讲话高屋建瓴、内涵丰富，深刻分析疫情形势，对统筹推进疫情防控和经济社会发展工作、推进依法防控提出明确要求，思想性、指导性、针对性强，对人民法院依法审理妨害疫情防控刑事案件指明了方向、提供了遵循。最高人民法院党组书记、院长周强同志多次主持召开党组会议、疫情防控领导小组会议进行传达学习，研究贯彻落实的具体措施。一段时间以来，最高人民法院多次下发指导意见和通知，对相关工作作出了一系列安排。各级人民法院要深入学习贯彻习近平总书记重要讲话精神，增强“四个意识”、坚定“四个自信”、做到“两个维护”，全面贯彻坚定信心、同舟共济、科学防治、精准施策的总要求，切实把思想和行动统一到党中央决策部署上来，按照最高人民法院党组部署要求，充分发挥刑事审判职能作用，为统筹推进疫情防控和经济社会发展提供有力司法服务和保障。

二、认真总结疫情发生以来人民法院惩治妨害疫情防控犯罪工作情况及取得的成效

疫情发生以来,各级人民法院认真贯彻习近平总书记关于疫情防控工作的一系列重要指示精神和党中央决策部署,按照最高人民法院部署要求,充分发挥刑事审判职能作用,依法及时、从严惩处一批抗拒疫情防控措施、暴力伤医、制假售假、哄抬物价、诈骗、造谣传谣、破坏野生动物资源等妨害疫情防控的犯罪,有力维护了人民群众生命健康和社会大局稳定。截至3月4日,全国各地法院一审受理妨害疫情防控刑事案件1 177件1 462人,审结598件677人,其中59.30%采取视频开庭。从案由来看,适用罪名相对集中,其中诈骗罪占37.70%,妨害公务罪占24.40%,二者合计占62.10%。从量刑来看,量刑超过三年有期徒刑的占11.80%。从地区来看,案件较多的省份有广东、陕西、江苏、浙江、安徽、云南。

前一阶段开展的主要工作有:

一是加强审判指导。最高人民法院牵头会同最高人民检察院、公安部、司法部及时研究制定"两高两部意见",会同国家卫生健康委员会、最高人民检察院和公安部发布《关于做好新型冠状病毒肺炎疫情防控期间保障医务人员安全维护良好医疗秩序的通知》,为依法及时严惩妨害疫情防控犯罪提供法律指引。最高人民法院、最高人民检察院(以下简称"两高")研究室负责人就妨害疫情防控犯罪案件法律适用答记者问,对司法实践集中反映的问题予以明确,有效指导各地法院依法办理此类案件。最高人民法院成立工作专班,协调对下指导、新闻宣传等工作。各地法院健全完善工作机制,统筹指导,强化上下联动、部门协调。处于疫情防控主战场、最前线的湖北省高级人民法院,成立刑事审判指导小组,对全省涉疫情案件加强监督指导。山西省高级人民法院协调建立政法部门案件信息实时通报和会商机制。浙江省高级人民法院成立审判研究小组,及时研究相关法律适用问题,确保案件依法稳妥处理。

二是坚持依法严惩。各地法院严格贯彻"两高两部意见",依法严惩扰乱医疗秩序、防疫秩序、市场秩序、社会秩序等犯罪行为,切实保障人民群众

生命安全和身体健康,坚决维护国家政治安全和社会大局稳定,并结合本地实际,出台指导意见,细化办案标准,统一定罪量刑尺度。湖北法院坚持总体从严,突出打击重点,严格依法办案,确保案件质效。江苏省高级人民法院发布审理指南,对41个罪名细化事实证据和定罪量刑标准,统一裁判尺度。

三是优化审理程序。各地法院合理调配审判资源,对认罪认罚案件和符合速裁程序、简易程序适用条件的案件,开辟绿色通道,依法快审快结。同时,严格遵循法定程序,依法保障当事人各项诉讼权利,坚决防止一味求快导致程序瑕疵。北京市高级人民法院要求积极适用认罪认罚从宽制度,对符合条件的案件依法适用速裁程序、简易程序快速审理。广东省高级人民法院要求依法保障被告人诉讼权利和律师辩护权,按照刑事辩护全覆盖的要求,对没有委托辩护人的被告人,通知法律援助机构指派律师提供辩护。

四是完善办案机制。各地法院依托智慧法院建设成果,在确保公正、符合保密和防疫要求的前提下,通过电话、视频、微信等方式完成卷宗流转、文书送达、指定辩护、开庭审理等工作,最大限度减少了人员接触和聚集,做到防疫与审判两不误。北京、河南、浙江等地法院,利用“云间互联网庭审系统”、政法大数据协同平台等办案系统,依法为律师会见在押被告人提供便利。

五是加强法治宣传。各地法院运用官网、微信、微博等平台,以案释法,弘扬主旋律,传播正能量,为疫情防控营造良好的舆论氛围和法治环境。湖北、黑龙江、安徽、山东、广东等高级人民法院发布多个典型案例。江苏南通港闸区、陕西西安长安区、四川南充顺庆区法院选取当地首例妨害疫情防控案件进行庭审直播,1 000余万网民在线观看,给全社会上了一堂生动的依法防疫“公开课”。

总体来看,疫情发生以来,各地法院提高政治站位,充分发挥刑事审判职能作用,依法及时严惩一批妨害疫情防控犯罪,实现政治效果、法律效果和社会效果有机统一,为保障疫情防控工作顺利开展、维护人民群众生命健康和社会大局稳定提供了有力的刑事司法保障,彰显了人民法院的责任担当,值得充分肯定。

在看到成绩的同时,我们也要清醒看到,有的案件还存在司法尺度不一、政策把握不准、裁判说理不到位、审判质效有待提升等问题,一些工作还有待改进。我们要对照党中央、中央政法委和最高人民法院党组各项要求,查找差距不足,完善工作举措,进一步做好疫情防控期间的刑事审判工作,不断提高刑事司法能力和水平,更好地服务疫情防控和经济社会发展大局。

三、充分发挥刑事审判职能作用,依法惩处妨害疫情防控犯罪

打击妨害疫情防控犯罪,人民法院承担着重要的职责任务。相信同志们都看了2月28日、3月5日《人民法院报》新闻稿及近期的《最高人民法院简报》。周强院长主持召开党组会议时两次专门强调要加强审判工作指导,严把案件事实关、证据关、程序关、法律适用关,依法保障被告人、辩护人和其他诉讼参与人诉讼权利,确保严格公正文明司法。我们要认真贯彻落实周强院长讲话要求,依法审理妨害疫情防控犯罪案件,确保定罪公正、量刑公正、程序公正,确保每一起案件经得起法律和历史的检验。

一要坚持严字当头,积极服务疫情防控工作大局。此次疫情,是中华人民共和国成立以来在我国发生的传播速度最快、感染范围最广、防控难度最大的一次重大突发公共卫生事件。疫情形势变化快,防控工作任务重,给刑事审判工作带来许多新问题、新挑战,而且时间紧、任务重。各地法院要充分认识到,打击妨害疫情防控犯罪,维护社会正常秩序,是打赢疫情防控总体战的重要组成部分。要立足疫情防控总体态势,充分发挥刑事审判职能作用,把依法惩处妨害疫情防控犯罪作为当前刑事审判工作的中心任务抓紧抓好,该出手时就要果断出手,该重判的就要坚决重判,发挥震慑作用,切实保障疫情防控工作有序开展,有力保护人民群众生命安全和身体健康,坚决维护国家政治安全和社会大局稳定。

二要坚持依法办案,统一裁判尺度。各地法院要严格执行刑法、相关司法解释和"两高两部意见",正确适用法律,准确定罪量刑,依法妥善审理相关案件,既要与其他政法机关加强配合协调,更要坚持严格依法办案。要坚持罪刑法定,在全面查清案件事实的基础上,根据被告人的主观罪过、客观

行为和危害后果，准确把握罪与非罪、违法与犯罪、此罪与彼罪的界限，坚持以事实为根据、以法律为准绳，既不随意“拔高”，也不人为“降格”，坚守法律底线。针对前一段司法实践中较为突出的法律适用问题，如妨害公务罪犯罪对象的范围如何把握，制售伪劣一次性使用医用口罩如何定罪，囤积居奇、哄抬物价认定为非法经营罪如何把握界限等，“两高”研究室负责人就妨害疫情防控犯罪案件法律适用答记者问已经作出明确解答，希望各地认真学习、严格执行。

目前，各高级人民法院基本上都已经单独或者会同其他政法部门，就依法严惩妨害疫情防控犯罪出台了政策性文件，这对于统一司法尺度、指导司法实践、做好当地相关刑事案件审判工作起到了积极作用。各高级人民法院要对已出台的政策性文件进行一次系统梳理，确保与“两高两部意见”相协调、相一致，确保法律适用统一。

三要突出重点，精准打击妨害疫情防控犯罪。疫情防控要精准施策，做好疫情防控期间的刑事审判工作，同样也要精准施策，不能简单地“一把尺子量到底”。要根据防控形势及发展变化，因地制宜，因时制宜，聚焦打击锋芒，突出打击重点。周强院长 2019 年在七刑会上突出强调，要精准适用刑罚，体现区别对待、轻重有别，聚焦重点、精准发力。这一要求，对于妥善审理妨害疫情防控犯罪案件，具有重要指导意义，要结合审判工作实际进一步抓好落实。

要区分案件性质。对于直接严重妨害疫情防控、给疫情扩散带来巨大风险、给人民群众生命健康造成巨大威胁、给社会造成恐慌、给大局稳定造成严重破坏的案件，要旗帜鲜明地依法严惩，绝不姑息。如确诊病人恶意传播病毒的，暴力伤医的，制售伪劣医用器材的，以及其他直接严重妨害疫情防控、人民群众深恶痛绝、严重危害社会治安的案件，该重判的要重到位，彰显人民法院维护人民群众生命健康安全和社会大局稳定的立场和决心。同时也要注意到，疫情防控前期，为快速阻断疫情传播蔓延，各地采取了严格的交通管控措施，这是必要的，但在执行过程中一些地方出现了过头行为，中央已经及时督促各地予以纠正。对于由此引发的刑事案件，以及其他情节一般、事出有因、社会反映不大的案件，要充分考虑人民群众的公平正义观念，平衡国法、天理、人情，依法妥善处理，刑罚要保持一定的谦抑性，对疫情防控没有重大影响、未造成严重后果，不是必须给予刑事处罚的，要尽量缩小打击面，给行政处罚留足空间，即使要给予刑罚处罚也可以酌情依法从轻。

要区分各地疫情防控形势。由于各地面临的疫情形势和防控任务差异较大，人民法院在案件审理中也要充分考虑各地分区分级差异化防控任务，同样的行为在疫情风险等级不同的地区，其危害性是不一样的，案件审判中要有所体现。对湖北、北京等重点地区及其他高风险地区的妨害疫情防控案件，总体上要坚持依法从严惩处。疫情低风险地区要充分考虑本地疫情防控实际情况和案件具体情节，实事求是，做到罪责刑相适应，避免政策把握粗放化、简单化。

四要严格遵守法定程序，依法保障诉讼权利。要严格落实《刑事诉讼法》及司法解释规定，依法保障被告人及其他诉讼参与人的各项诉讼权利，为符合条件的被告人提供法律帮助或者指定辩护人，依法保障辩护律师阅卷权，充分听取辩护意见，确保程序公正和实体公正相统一。目前已审结的妨害疫情防控案件，多数是被告人认罪认罚，通过速裁程序或者简易程序审理，实现"快立、快审、快判"，这对及时惩治相关犯罪、保障疫情防控顺利开展起到积极作用，也是对社会公众的一轮普法教育。需要强调的是，适用速裁程序或者简易程序，必须严格依照法律规定，不符合适用条件的，必须通过普通程序审理。对于被告人认罪认罚并签署具结书的案件，要依法审查认罪认罚是否自愿、是否知悉认罪认罚的法律后果，是否得到值班律师帮助，量刑建议是否适当，等等。要严格执行案件审理期限规定，依法扣除、延长审限或者延期审理，必要时及时对被告人变更强制措施。

五要确保办案质量，实现"三个效果"有机统一。审理妨害疫情防控犯罪案件，时效性强，很多案件案情简单明了，各地依法快审快结，适应形势需要，这是完全正确的。同时也要注意，案件的审理绝不能一味求快，放松质量把关。要严把案件事实证据关，坚决贯彻证据裁判原则，确保裁判经得起法律和历史的检验。要严把裁判文书关。此类案件往往社会关注度高，要增强敏锐性和风险意识，从疫情、案情等多方面，准确预判社会关注点，案件事实认定要客观全面、求精求准，裁判说理也要求精求准。即便是适用速裁程序，裁判文书也要把事实叙述清楚，该说的法理、事理、情理要说到位，让公众理解、认同裁判结果，实现案件审理的政治效果、法律效果和社会效果有机统一。裁判文书质量高低，直接影响到裁判效果好坏，一定要防止文书表述不准确、说理不到位甚至出现低级错误。

四、健全工作机制，统筹做好相关工作

一要加强审判指导。前一段审结的案件，真正疑难、复杂、有分量的案件还不算太多，许多案件还在侦查取证、审查起诉阶段，下一步会逐步进入审判程序。各地法院要组织骨干力量，投入精兵强将，做好监督指导和案件办理工作，在办要案、处急事、破难题中受考验、长才干、出实效。各高级人民法院要坚决落实守土有责、守土担责、守土尽责要求，加强监督指导，全面、准确、及时掌握辖区案件态势和审判工作存在的问题、困难，做到底数清、情况明，特别是对于在本地有重大影响的疑难复杂案件，要提前预判，做到心中有数。

二要加强沟通协调。各地法院要在当地党委政法委统一领导下，加强与公安机关、检察机关的沟通协调，建立信息共享和会商机制，共同研究当前疫情防控形势下相关案件的政策把握等问题，促进办案理念和执法司法尺度统一。要充分考虑看守所严防输入性风险的疫情防控要求，研究提出可行性方案，加强沟通协调，尽量减少对审判工作的影响。要区分案件轻重缓急，对于时效性较强的涉疫情等案件，应当在确保安全的前提下，优先考虑，重点安排，依法及时审判。

三要统筹做好疫情防控和刑事审判工作。各地法院要认真落实党中央关于分区分级精准复工复产的决策部署，按照当地党委、政府制定的分区分级差异化防控策略，统筹抓好疫情防控和刑事审判工作。要注重办案安全，加强自身防护，减少人员聚集和流动。要充分运用信息化和智慧法院建设成果，推进网上办公、网上办案，具备条件的地区可采用远程视频方式听取辩护律师意见、讯问被告人、宣告判决，对适用速裁程序、简易程序的案件，可采取远程视频方式开庭审理，并引导公众通过网络直播等方式旁听庭审，

切实保护当事人、诉讼参与人、旁听群众、法院干警的身体健康和安全，严防发生聚集性疫情风险。

同志们，依法服务保障疫情防控和经济社会发展大局，人民法院和广大干警承担着重要职责使命。我们要深入学习贯彻习近平总书记关于疫情防控的一系列重要指示精神和党中央决策部署，发扬斗争精神，切实肩负起责任，充分发挥刑事审判职能作用，依法惩治妨害疫情防控犯罪，坚决保护人民群众生命健康安全，全力维护国家政治安全和社会大局稳定，为全面打赢疫情防控人民战争、总体战、阻击战，实现决胜全面建成小康社会、决战脱贫攻坚目标任务提供有力的刑事司法服务和保障。

防控新冠疫情，刑法须担重任

刘志伟*

17 年前非典型肺炎（以下简称“非典”）给国人造成的伤痛尚未忘却，新型冠状病毒肺炎（以下简称新冠肺炎）疫情今又发生，危害甚大、损失甚巨。大疫当前，正值全党全军全国人民众志成城、共克时艰之危难时，却有一些人，或拒绝采取防控措施甚至恶意传播病毒，或暴力伤医、扰乱医疗秩序，或制售伪劣疫情防控物品、药品，或囤积居奇、哄抬物价，或造谣传谣、蛊惑人心，或滥用职权、懈怠值守甚至非法占有、挪用疫情防控款物等，不一而足，严重妨害疫情防控工作的顺利进行，甚至造成疫情扩大传播，给国家利益、人民生命健康造成极为严重的损失。对于上述种种恶行，必须用足用好刑法，严厉惩治，为打赢新冠肺炎疫情防控战提供有力的法治保障。

为此，最高人民法院、最高人民检察院、公安部、司法部在全面、系统总结 2003 年最高人民法院、最高人民检察院联合发布的《关于办理妨害预防、控制突发传染病疫情等灾害的刑事案件具体应用法律若干问题的解释》（以下简称《解释》）适用情况的基础上，结合当前新冠肺炎疫情防控中出现的各种违法犯罪的实际情况，及时制定、发布了《关于依法惩治妨害新型冠状病毒感染肺炎疫情防控违法犯罪的意见》（以下简称《意见》），对如何运用刑法严惩各种妨害疫情防控的犯罪及相关问题作了比较全面、细致的规定。我们相信，《意见》的及时出台和贯彻执行，必将在新冠肺炎疫情防控工作中发

---

* 北京师范大学刑事法律科学研究院副院长、教授、博士生导师，中国刑法学研究会秘书长，中国法学会案例法学研究会副会长。

挥不可替代的重要作用。

一、全面规定犯罪类型,强化刑法警示

刑法的一个显著特点在于明确规定各类犯罪及行为人应承担的刑罚后果,其重要作用之一在于告诉人们什么样的行为是犯罪及实施犯罪应承担什么样的刑罚后果,以此规范人们的行为、对人们进行警示。因而刑法对犯罪及其刑罚规定得越明确、越细致,就越能发挥刑法的规范、警示作用。尽管包括妨害疫情防控犯罪在内各类犯罪行为,我国刑法中早已有比较详细、明确的规定,而且也早已通过各种形式予以昭告,但客观而言,一部刑法字数近十万,罪名近五百,普通大众未必都全面、准确了解,甚至不少人可能对其中的很多规定闻所未闻。因而为切实发挥刑法的规范、警示作用,针对特殊事件、在特殊时期,采用一定方式集中宣示相关刑法的规定,就非常必要。为此,《意见》分九个类型明确规定了疫情防控期间已经出现和可能出现的妨害疫情防控的35种行为、33种犯罪,关于这些犯罪的规定涵盖疫情防控的方方面面,全面详尽、具体明确。要特别指出的是,《意见》并没有机械照搬刑法的相关规定,而是紧密结合妨害疫情防控的具体情形,明确规定了何种妨害疫情防控的行为应构成何种犯罪。如《意见》规定,"已经确诊的新型冠状病毒感染肺炎病人、病原携带者,拒绝隔离治疗或者隔离期未满擅自脱离隔离治疗,并进入公共场所或者公共交通工具的;新型冠状病毒感染肺炎疑似病人拒绝隔离治疗或者隔离期未满擅自脱离隔离治疗,并进入公共场所或者公共交通工具,造成新型冠状病毒传播的""危害公共安全的,依照刑法第一百一十四条、第一百一十五条第一款的规定,以以危险方法危害公共安全罪定罪处罚";《意见》还规定:"在疫情防控期间,故意伤害医务人员造成轻伤以上的严重后果,或者对医务人员实施撕扯防护装备、吐口水等行为,致使医务人员感染新型冠状病毒的,依照刑法第二百三十四条的规定,以故意伤害罪定罪处罚。"这种规定方式直观、准确、针对性强,能够切实充分发挥刑法的规范、警示作用,对减少妨害疫情防控的违法犯罪必将产生重要的影响。

二、精确犯罪成立标准，纠正实践误偏

罪刑法定原则首先要求刑法的规定尤其是对犯罪的规定必须明确、具体，不易产生误解、歧义，而不能抽象概括、语义不明、含混不清，否则就会模糊罪与非罪、此罪与彼罪之间的界限，造成惩罚无辜、处罚过当或者放纵犯罪的严重后果。就传染病疫情防控期间的犯罪情况而言，拒绝采取隔离措施造成传染病传播或者传播危险的情况很多，但是否都一概构成以危险方法危害公共安全罪呢？

最高人民法院、最高人民检察院在2003年“非典”防控期间发布的《解释》第一条规定：“故意传播突发传染病病原体，危害公共安全的，依照刑法第一百一十四条、第一百一十五条第一款的规定，按照以危险方法危害公共安全罪定罪处罚。”显然，该条对故意传播突发传染病病原体构成的以危险方法危害公共安全罪的罪状规定得比较抽象、笼统，不易准确把握犯罪的成立标准。应当说，该条规定是当前司法机关处理拒绝采取隔离措施造成传染病传播或者传播危险案件的重要依据，与此同时，其间的隐患也已经出现。我们注意到，媒体报道的19例按以危险方法危害公共安全罪立案侦查的案件中，有不少是行为人仅有在疫区武汉工作或旅行的经历，未按规定报告、隔离，之后本人被确诊新冠肺炎，并造成他人被传染新冠肺炎或新冠肺炎传播危险。对于这种情况，行为人在出现新冠肺炎或疑似新冠肺炎症状之前，只是明知自己系来自疫区，连自身有可能携带新冠肺炎病原体也未必有认知，更谈不上对造成危害公共安全后果的希望或者放任。仅凭此种明知即认定其具有危害公共安全的故意并按以危险方法危害公共安全罪定罪处罚，显然不妥。因此，《意见》对故意传播突发传染病病原体构成的以危险方法危害公共安全罪的构成要件进行了明确、准确的界定，即规定，“故意传播新型冠状病毒感染肺炎病原体，具有下列情形之一，危害公共安全的，依照刑法第一百一十四条、第一百一十五条第一款的规定，以以危险方法危害公共安全罪定罪处罚：1. 已经确诊的新型冠状病毒感染肺炎病人、病原携带者，拒绝隔离治疗或者隔离期未满擅自脱离隔离治疗，并进入公共场所或者公共交通工具的；2. 新型冠状病毒感染肺炎疑似病人拒绝隔离治疗或者隔

离期未满擅自脱离隔离治疗,并进入公共场所或者公共交通工具,造成新型冠状病毒传播的”。该条相较以前的规定,第一种情形增设了三个必须同时具备的构成要素:(1)行为人必须是已经确诊的新冠肺炎病人、病原携带者;(2)行为人拒绝隔离治疗或者隔离期未满擅自脱离隔离治疗;(3)行为人进入公共场所或者公共交通工具。第二种情形增设了四个必须同时具备的构成要素:(1)行为人必须是新冠肺炎疑似病人;(2)行为人拒绝隔离治疗或者隔离期未满擅自脱离隔离治疗;(3)行为人进入公共场所或者公共交通工具;(4)行为人的行为造成新型冠状病毒传播。《意见》的上述规定保障了案件的定性准确、不枉不纵。

造谣、传谣也是疫情防控期间发生较多的一类情况,《意见》为保证准确认定和处理编造、故意传播虚假信息罪,特意规定,“对于因轻信而传播虚假信息,危害不大的,不以犯罪论处”。有助于纠正和避免当前实践中把一些因轻信、误信而通过微信、微博等媒体传播虚假信息行为当作犯罪处理的不当做法。

三、确立从严特殊政策,保障惩治力度

当前正值疫情肆虐、形势危急,举全国之力抗击新冠肺炎疫情之际,竟然有人逆流而动,实施各种妨害疫情防控的违法犯罪行为,无异于火上浇油、落井下石。急症用猛药,攻坚出重拳。对于这些妨害疫情防控的犯罪行为应当实行从严惩处的特殊刑事政策,给予严厉的刑罚制裁。这些行为严重妨害了疫情防控工作顺利进行,甚至造成疫情不能及时防控,客观上具有严重的社会危害性,而且这些行为人明知疫情肆虐、防控艰难,仍出于各种不良动机实施妨害疫情防控犯罪行为,表明其主观恶性和人身危险性极大,因而对这些行为人从重给予严厉惩处,是具有充分根据的。鉴于此,《意见》在规定了妨害疫情防控的九类 33 种犯罪之后规定,“对于在疫情防控期间实施有关违法犯罪的,要作为从重情节予以考量,依法体现从严的政策要求,有力惩治震慑违法犯罪,维护法律权威,维护社会秩序,维护人民群众生命安全和身体健康”。这意味着,只要是在本次新冠肺炎疫情防控期间实施《意见》规定的 33 种妨害疫情防控的犯罪行为,人民法院在对犯罪分子裁量刑罚时，都必须把其在疫情防控期间犯罪作为从重处罚的情节，对犯罪分子判处较重的刑罚。这一规定的贯彻执行，将对严惩妨害疫情防控的犯罪分子、震慑潜在的有妨害疫情防控之欲的人员发挥重要的警示作用。

也许有人会质疑《意见》这一规定的合理性，会指出2003年最高人民法院、最高人民检察院在"非典"期间发布的《解释》中，就没有对故意传播传染病病原体构成的以危险方法危害公共安全罪，挪用用于预防、控制突发传染病疫情等灾害的救灾、优抚、救济等款物构成的挪用特定款物罪等犯罪规定从重处罚，而且这些犯罪正是由于其对象的特定性才成立的，因而不应再从重处罚。我们认为，正如前文所述，只要是在疫情防控期间实施妨害疫情防控的犯罪，无论是行为及其后果的客观危害，还是行为人的主观恶性和人身危险性，都具有从重处罚的充分根据。具体就故意传播新冠肺炎病原体构成的以危险方法危害公共安全罪来说，固然行为人是因故意传播新冠肺炎病原体这种特定的物质才构成犯罪的，但在疫情防控期传播与在非疫情防控期传播，造成的危害有着显著的差异。在疫情防控期，本来用于防控疫情的资源就很紧张、医护人员也很短缺，而故意传播新冠肺炎病原体的行为导致疫情扩大，使本来就严峻的防控局面更加严峻，而在非疫情防控期，即使实施同样行为，由于有充足的资源和医护人员，所以防控工作就比较容易，犯罪行为造成的危害也相对要小得多；再者是否在疫情防控期实施故意传播新冠肺炎病原体，行为人的主观恶性和人身危险性也有较大的差别。因而完全有必要对在疫情防控期故意传播新冠肺炎病原体构成的以危险方法危害公共安全罪从重处罚。

具体就挪用用于预防、控制突发传染病疫情的款物构成的挪用特定款物罪来说，固然行为人因挪用的是用于预防、控制突发传染病疫情的款物这种特定物才构成犯罪的，但在疫情防控期挪用与在非疫情防控期挪用，造成的危害有显著差异。在疫情防控期，本来用于防控疫情的款物就比较紧张，因而挪用防控疫情的款物，会使急需该类款物的单位和人员因缺乏防控疫情的款物而造成疫情无法防控。而在非疫情防控期，即使实施同样的行为，也由于有比较充裕的该类款物，所以挪用行为造成的危害相对要小；而且在疫情防控期实施挪用行为比在非疫情防控期实施挪用行为，前者行为人的主观恶性和人身危险性比后者要大。因而对在疫情防控期实施的挪用用于预防、控制疫情的款物构成的挪用特定款物罪从重处罚具有充分的根据。

当然,对在疫情防控期间实施的妨害疫情防控的犯罪实行从重处罚的特殊政策并不意味着抛开对宽严相济基本刑事政策的贯彻,事实上,这一特殊从严政策正是宽严相济基本刑事政策中"严"的一面的体现,而且在司法实践中对于那些自首、坦白、偶犯等具有从宽情节的犯罪分子,仍然应该体现"宽"的一面,酌情给予从宽处理。

拒绝执行防疫措施行为刑法定性应注意的问题

刘宪权*

时下,全国各地已经陆续出现了部分新型冠状病毒肺炎(以下简称新冠肺炎)疫情患者或疑似病例拒绝执行防疫措施的情形,而一些司法机关也将此类拒绝执行防疫措施的行为认定为以危险方法危害公共安全罪。笔者认为,理论与实践中,应对此类行为的定罪量刑加以充分研究,避免对法条和罪名的误读。

一、准确理解《意见》与《解释》之关系

为依法应对此次新冠肺炎疫情所引发的社会治安问题,2020 年 2 月 6 日最高人民法院、最高人民检察院、公安部、司法部联合颁布《关于依法惩治妨害新型冠状病毒感染肺炎疫情防控违法犯罪的意见》(以下简称《意见》)。应该看到,在《意见》出台之前,实践中存在2003 年5 月13 日最高人民法院、最高人民检察院发布的《关于办理妨害预防、控制突发传染病疫情等灾害的刑事案件具体应用法律若干问题的解释》(以下简称《解释》)和 2008 年最高人民检察院、公安部发布的《关于公安机关管辖的刑事案件立案追诉标准的规定(一)》两个规定。其中《意见》和《解释》均对妨害传染病防治犯罪活动的刑法适用疑难问题作了明确的规定。对于拒绝执行防疫措施过失造成传染病传播的行为,《意见》以妨害传染病防治罪认定,而《解释》以过失以危险方法危害公共安全罪认定。笔者认为,《意见》与《解释》在对一些妨害疫情防控犯罪行为的定性上看似存在矛盾与冲突,实则不然。

《解释》之所以对拒绝执行防疫措施过失造成传染病传播的行为以过失

---

* 华东政法大学教授,博士生导师,中国刑法学研究会副会长。

以危险方法危害公共安全罪认定,是因为修订前的《传染病防治法》并无“按甲类管理的传染病”的相关规定,故而当时妨害传染病防治罪所针对的传染病仅限于甲类传染病而不包括按甲类管理的传染病。之后,总结2003年“非典”疫情的防控经验和基于日常传染病防治管理的需要,卫生行政部门对一些严重的乙类传染病或是不明原因的传染病在防控措施上进一步增强。《传染病防治法》也于2004年经过修订,在原有传染病类型的基础上增加了“按甲类管理的传染病”的规定,即对乙类传染病中传染性非典型肺炎、炭疽中的肺炭疽、人感染高致病性禽流感,以及对国务院卫生行政部门根据需要报经国务院批准公布实施的其他乙类传染病和突发原因不明的传染病,采取甲类传染病的防控措施。2008年最高人民检察院、公安部发布的《关于公安机关管辖的刑事案件立案追诉标准的规定(一)》第四十九条根据《传染病防治法》的上述修订内容,将“按照甲类管理的传染病”纳入妨害传染病防治罪的范畴。至此,妨害传染病防治罪所针对的传染病不仅包括甲类传染病,也包括按照甲类管理的传染病。新冠肺炎虽然不属于甲类传染病,但属于按照甲类管理的传染病。就此而言,《意见》对于拒绝执行防疫措施过失造成传染病传播的行为以妨害传染病防治罪认定的规定是完全正确的,而在当前新冠肺炎疫情防控工作中严格适用《意见》规定并无不当。

二、限定适用以危险方法危害公共安全罪

一般情况下,在突发传染病疫情的防控过程中,行为人故意引起传染病传播或者有传播严重危险的情况是比较少见的。就此而言,对于将拒绝执行防疫措施的行为认定为以危险方法危害公共安全罪应当持谨慎、严格的态度,除非拒绝执行防疫措施的行为人出于报复社会、发泄不满等动机,希望造成传染病传播的后果,否则一般不应当认定为以危险方法危害公共安全罪。有人认为,只要行为人对传染病传播的后果是放任的,在导致传染病传播后果的情况下,即可认定为以危险方法危害公共安全罪。笔者认为,很多情况下,抗拒防疫措施的行为人对于导致传染病传播后果往往是不明知的;也有很多情况下,行为人即使明知但往往都是持“轻信能够避免”的心理态度,即其对于造成传染病传播后果也是排斥、否定的。试想,明知自己疑

似新冠肺炎却拒绝执行防疫措施仍然访亲问友的行为人，其对于亲友感染病毒难道不是排斥、否定的？因此，拒绝执行防疫措施行为中除极少数具有直接故意罪过外，很难存在放任传染病传播后果的间接故意罪过。

实际上，《意见》也佐证了笔者的观点。《意见》明确了两种拒绝执行防疫措施行为可以认定为以危险方法危害公共安全罪：一是已经确诊的新冠肺炎病人、病原携带者，拒绝隔离治疗或者隔离期未满擅自脱离隔离治疗，并进入公共场所或者公共交通工具，故意传播新型冠状病毒；二是新冠肺炎疑似病人拒绝隔离治疗或者隔离期未满擅自脱离隔离治疗，并进入公共场所或者公共交通工具，故意传播新型冠状病毒。需要注意的是，《意见》是从行为人客观上是否被确诊、是否因疑似被隔离治疗，以及是否进入公共区域等方面，严格限定以危险方法危害公共安全罪的认定范围。《意见》在罗列上述客观方面表现的前面，着重加了"故意传播新型冠状病毒感染肺炎病原体"的要求，对行为人主观上作了特别严格的限定。根据《意见》这一具有十分明确排他性质的规定，对于不属于上述两种情形的拒绝疫情防控措施行为，均不能认定为以危险方法危害公共安全罪。

三、准确界分妨害传染病防治罪和过失以危险方法危害公共安全罪

通说认为，妨害传染病防治罪的主观罪过系过失。尽管时下理论上也有人主张这是一个混合罪过甚至是故意的犯罪，但是，笔者认为，该种观点实际上是将故意犯罪的"故意"与一般行为的"故意"相混淆，或将对违法违规的"明知故犯"，想当然地认为是故意犯罪。事实上，从法定刑的规定看，妨害传染病防治罪的法定最高刑仅为七年有期徒刑。如果行为人严重危害传染病防治秩序并导致疫情发生或加剧结果的行为系故意的话，显然不可能规定如此轻的法定刑。另外，妨害传染病防治罪系过失犯罪实际上也已经得到《意见》的佐证。

相较于妨害传染病防治罪，过失以危险方法危害公共安全罪在主观方面同为过失，在客观方面同样可能造成传染病传播或者有传播严重危险，在法定刑的设置上也与妨害传染病防治罪几乎完全相同。厘清两罪的界限成为时下亟待解决的疑难问题。

笔者认为,两罪的区别首先表现为犯罪主体的不同。妨害传染病防治罪的犯罪主体除包括刑法第三百三十条第一款前三项规定的具有防疫职责之特殊主体外,还包括第(四)项规定的拒绝执行预防措施的一般主体;而过失以危险方法危害公共安全罪的犯罪主体只能是一般主体。当两罪在犯罪主体上出现重合时,行为发生场合的不同则是区分两罪的关键所在。妨害传染病防治罪主要发生于"疫情防控期间",而过失以危险方法危害公共安全罪主要发生于"日常生活"中。这是基于两罪所侵害的客体不同而决定的,妨害传染病防治罪侵害的客体主要是传染病防控管理秩序,过失以危险方法危害公共安全罪侵害的客体则主要是公共安全。任何在疫情防控期间拒绝执行防疫措施的行为势必对传染病的防控管理秩序造成破坏。因此,在疫情防控期间,过失导致传染病传播或者有传播严重危险的拒绝执行防疫措施行为应以妨害传染病防治罪认定。

实际上,现行刑法中以"场合"作为罪名区分标准的现象并不鲜见,典型的如失火罪、重大责任事故罪和玩忽职守罪,同样是过失导致火灾后果,行为发生在"日常生活"中构成失火罪,行为发生在"生产作业"中则构成重大责任事故罪,行为发生于"行政管理"中则构成玩忽职守罪。与此相同,过失造成传染病传播或者有传播严重风险,行为发生在"日常生活"中构成过失以危险方法危害公共安全罪,行为发生在"疫情防控期间"则构成妨害传染病防治罪。正因如此,《意见》对于此次新冠肺炎疫情期间发生的拒绝执行防疫措施行为明确规定,除两种特定情形以以危险方法危害公共安全罪认定外,其他情形均以妨害传染病防治罪认定。

四、谨防混淆行为人"故意"和"过失"的主观罪过

刑法理论上认为,故意和过失最主要的区别在于行为人对危害结果的发生是否持否定的态度。时下,实践中存在将两者主观罪过加以混淆的现象。

笔者认为,故意犯罪中的"故意"是相对危害结果而并非是相对行为的态度而言。拒绝执行疫情防控措施的行为人对于自己的行为肯定是在自己意识、意志支配之下"故意"实施的,但行为人对于引起传染病传播或者有传

染严重危险的后果一般均是持否定态度的。

同时需要指出的是,刑法中大多数过失犯罪,特别是重大事故类的过失犯罪,行为人对“违法违规”主观上通常是“明知故犯”的,但这并不影响我们对行为人过失主观罪过的认定。正因如此,笔者认为,在防控疫情的过程中,我们不能因为行为人主观上对疫情防控措施的“明知故犯”,而简单地认为行为人对危害结果就是持故意态度。

正因如此,依笔者之见,对时下大多数拒绝执行防疫措施的行为,应以妨害传染病防治罪定性,谨慎适用以危险方法危害公共安全罪这一罪名。

传染病防治失职罪研究

谢望原[*]　吴光侠[**]

由于立法粗疏简单和社会情况复杂多样，我国现行刑法规定的传染病防治失职罪在刑法理论上和司法实践中出现了诸多令人疑惑的问题。鉴于2003年非典型肺炎（atypical pneumonia，世界卫生组织称之为Severe acuterespiratory Syndrome即SARS，以下简称“非典”）疫情突发，对人民群众的生命与健康构成严重威胁，而我国刑法理论界与实务部门对涉及传染病方面犯罪的刑法对策研究明显不足，为了给当前打击与防范涉及类似“非典”传染病方面的犯罪提供理论支持，本文以“非典”为例，对传染病防治失职罪的相关理论与司法实务问题进行专题研究。

一、传染病防治失职罪的立法演进

我国传染病防治立法，经历了一个不断发展完善的过程。随着1954年9月中华人民共和国第一部《宪法》的公布实施，我国的法制建设进入了初步创建和发展时期。1955年7月，经国务院批准，卫生部发布了第一个《传染病管理办法》，并于1956年和1957年先后加以补充，这为后来的立法工作提供了宝贵的历史资料与实践经验。1979年7月1日，第五届全国人民代表大会第二次会议通过了中华人民共和国第一部刑法。该刑法在第六章（妨害社会管理秩序罪）第一百七十八条中，规定了妨害国境卫生检疫罪，在第一百八十七条规定了国家工作人员玩忽职守罪，但是并没有特别规定其他妨害传染病防治的具体犯罪。

* 中国人民大学刑法学教授，博士生导师。
** 最高人民法院审判管理办公室党务廉政专员。

1989 年 2 月 21 日，第七届全国人民代表大会常务委员会第六次会议通过的《中华人民共和国传染病防治法》第三十九条专门规定，有关人员“玩忽职守，造成传染病传播或者流行，情节严重、构成犯罪的”，依照 1979 年刑法第一百八十七条的玩忽职守罪追究刑事责任。这一行政法规中的附属刑法，为后来刑法修订单独设立传染病防治失职罪奠定了基础。1991 年 10 月 4 日，国务院批准了《传染病防治法实施办法》，该行政法规细化了政府卫生行政部门、卫生防疫、医疗保健机构中有关人员传染病防治的有关责任，并对有关用语的含义进行了解释。鉴于玩忽职守罪的规定仍然过于笼统，不利于打击与防范医疗卫生领域的渎职犯罪，故 1997 年 3 月 14 日第八届全国人民代表大会第五次会议修订并于 10 月 1 日起施行的现行刑法吸收和总结了历史经验，专门在第四百零九条明确规定了传染病防治失职罪，“从事传染病防治的政府卫生工作人员严重不负责任，导致传染病传播或流行，情节严重的，处三年以下有期徒刑或者拘役”。这一规定是我国刑法第一次把有关人员在防治传染病方面的失职行为正式纳入刑法调控范围。

二、传染病防治失职罪构成辨析

我国学者对传染病防治失职罪定义的理解较为统一，即本罪是指从事传染病防治的政府卫生行政部门工作人员严重不负责任，导致传染病传播或者流行，情节严重的行为。但是，在传染病防治失职罪的构成问题上，理论界却存在分歧。根据我国法律的规定以及刑法基本理论，我们认为本罪具有侵害客体的单一性、客观行为的失职性、犯罪主体的身份性、主观心态的过失性四个方面的要件构成特征：

（一）侵害客体的单一性

关于本罪侵犯的客体，我国刑法理论界认识不尽一致，主要有以下三种观点：第一种观点认为，本罪侵犯的客体是国家关于传染病防治的管理制度。这是我国刑法学中的传统观点。第二种观点认为，是从事传染病防治的政府卫生行政部门工作人员的职务勤政性或职权行为的正当性，也可以认为是国家对传染病防治工作的正常监督管理活动。第三种观点认为，本罪侵犯的客体是国家机关的正常活动。这种观点实际上把渎职罪的同类客体当成了本罪的直接客体,难以反映本罪的独特犯罪性质,无法使本罪与其他渎职罪区别开来。上述观点的共同特点,就是认为本罪侵害的客体乃是单一客体。我们虽然赞同本罪侵犯的是单一客体,但认为本罪侵犯的单一客体不是上述各种观点所说的"管理制度"或"管理活动",而是国家对"非典"等传染病防治的行政管理权。理由如下:

其一,马克思在《关于反对盗窃林木法案的辩论》中曾经指出,"犯罪行为的实质并不在于侵害了作为某种物质的林木,而在于侵害了林木的国家神经——所有权本身"。这就是说犯罪客体的实质在于"国家神经"——某一具体的权能,如所有权、人身权、安全权、管理权等。马克思的这一精辟论断,不仅适用于盗窃林木的犯罪,也可以而且应当适用于其他犯罪。因此,本罪侵害的客体也应当是国家对"非典"等传染病防治的管理权。

其二,从词义上来分析,管理制度与管理活动相对称,有一项管理制度,就会有一项管理活动。管理制度是管理活动正常进行的静态规范体系,管理活动则是依照此制度为达到某种管理目的而采取的动态行动。管理权的存在是制定管理制度的根据,管理制度的确立又是进行管理活动的前提。没有管理权,就没有相应的管理制度,更谈不上依此制度进行管理活动了。由此可见,管理权是管理制度和活动的内在根据,而管理制度和活动则是管理权的外部体现。因为管理制度和活动本身不是社会关系,只不过是社会关系的不同外在体现,所以当然就没有资格成为我国刑法所保护而为犯罪行为所侵犯的社会关系即犯罪客体了。

其三,从犯罪客体的实质方面考察,犯罪客体作为刑法保护与调整而被犯罪行为所侵犯的社会关系,它当然也是一种法律关系(刑事法律关系的重要内容)。在这一特定法律关系中,其主体即参与刑事法律关系的当事人,乃是国家与犯罪人。其中,国家是特定的权利主体,具有按照自己意志对社会政治、经济、文教卫生等的统治管理权,具有对整个社会进行定向控制和管理的职能;犯罪人则是不特定的义务主体(尽管他在刑事法律关系中依法享有相应权利)。犯罪行为是行为人进行犯罪活动的实践,正是通过犯罪行为,才使国家与犯罪人形成了一种特殊的实体社会关系,亦即刑事法律关系。在这一实体社会关系中,犯罪人的行为妨害了国家管理职能的正常行使，侵犯了作为“国家神经”的统治管理权。诚然这种管理权要通过管理制度的制定、管理活动的进行表现出来，但后二者是管理权的外在表现，它们与管理权的关系是现象与本质的关系，管理权是它们的本质所在。我们对犯罪客体的认识应当遵循辩证唯物主义认识论的要求，透过管理制度和活动这些外部现象，抓住其内部深藏的实质，即管理权。

（二）客观行为的失职性

关于本罪的客观方面，学界一般引述刑法中罪状的规定，认为在客观方面表现为工作严重不负责任，导致传染病传播或者流行，情节严重的行为。有的学者则认为，本罪的客观方面表现为具有严重不负责任的行为和造成传染病传播或者流行的严重后果两个特点。我们认为，可在前述学术见解的基础上，结合《传染病防治法》规定，把本罪客观方面概括为两个方面：首先，行为人工作中有违反传染病防治法规定的严重不负责任的行为。工作严重不负责任，可表现为拒绝履行职责、放弃职责、未尽职责、擅离职守等。这说明行为人有违反职责的非法行为，这是构成本罪的前提行为条件，也正好说明本罪属于行政犯。其次，行为人之不法行为导致了传染病传播或者流行的后果，这是构成本罪的关键条件，也正好说明了本罪是结果犯。对此，详述如下：

1. 行为人在其职务工作中实施了违反《传染病防治法》规定的严重不负责任的行为。不难理解，本罪是因违反行政法规而被刑法规定为犯罪的行政犯，它与作为行政法的《传染病防治法》之间存有一种从属关系，其客观行为的具体方式规定在《传染病防治法》中。行为人构成本罪以违反有关行政法为前提。行政违法性的有无和程度，往往是界定本罪罪与非罪的标志。这可从作为行政法的《传染病防治法》中得到印证。例如，《传染病防治法》第三十九条规定，行为人“玩忽职守，造成传染病传播或者流行，情节严重、构成犯罪的”，依照刑法规定追究刑事责任。《国内交通卫生检疫条例》第十五条在规定了行政处罚、行政处分后进一步规定，违反该法“情节严重，引起检疫传染病传播或者有传播严重危险，构成犯罪的，依法追究刑事责任”。这些规定表明，超出行政处罚范围的传染病防治失职行为应由刑法调整。如果行为人行政违法达到情节严重，引起传染病传播的，则由量变发生质变,由行政违法变成了刑事犯罪。也就是说,本罪中的“违反传染病防治法的规定”与传染病防治方面行政法的规定体现出一种关联性的层次衔接。传染病防治失职罪的行政从属性,主要表现在两个方面:

(1)概念上的行政从属性。就本罪而言,刑法中涉及的专业性概念和有关术语的解释应当以作为行政法的《传染病防治法》的规定为依据。如传染病“暴发”指在一个局部地区短期内突然发生多例同一种传染病病人;“疫区”指传染病在人群中暴发或者流行,其病原体向周围传播时可能波及的地区;“卫生处理”指消毒、杀虫、灭鼠等卫生措施以及隔离、留验、就地检验等医学措施;“隔离”指将染疫人收留在指定的处所,限制其活动并进行治疗,直到消除传染病传播的危险;“留验”指将染疫嫌疑人收留在指定的处所进行诊察和检验。

(2)违法性要件的行政从属性。即传染病防治失职罪的客观行为方式及程度应当依照行政法的规定界定。根据刑法和作为行政法的传染病防治法律、法规的规定,本罪在具体行为方式上表现为,行为人实施了下列工作中违反传染病防治规定,严重不负责任、不履行或不正确履行法定职责情形之一的行为:对发生“非典”等传染病疫情的地区或“非典”等传染病病人、病原携带者、疑似传染病病人,未按照预防、控制疫情工作规范的要求做好防疫、检疫、隔离、防护、救治等工作,或者采取的防控措施不当;隐瞒、缓报、谎报或授意、指使、强令他人瞒、缓、谎报疫情;拒不执行传染病疫情应急处理指挥机构的决定、命令;对传染病的预防、治疗、监测、控制和疫情管理措施不进行监督检查,或监督、检查不认真;不按规定责令被检查单位或个人限期改进“非典”等传染病防治管理工作;不依法对违反传染病防治法的单位或个人给予行政处罚,等等。

2.导致了传染病传播或流行的后果。所谓导致传染病传播或流行,是指在一定范围内导致传染病防治法所规定的甲类、乙类、丙类传染病疫情的发生。传染病指由于致病性微生物,如细菌、病毒、立克次体、寄生虫等侵入人体,能使人体健康受到某种损害甚至危及生命的、可以通过各种不同途径直接或间接传播,造成人群中发病或流行的一种疾病。根据《传染病防治法》第三条的规定,传染病分为甲、乙、丙三类。甲类传染病是传染性强、传播途径易实现、传播速度快、人群普遍易感的烈性传染病,包括鼠疫和霍乱。这是我国《国内交通卫生检疫条例》确定的检疫传染病,也是国际检疫传染病,一经发现,必须立即向世界卫生组织通报。乙类传染病是与甲类比较,传染性、传播途径、速度、易感人群次之的传染病,包括病毒性肝炎、细菌性和阿米巴性痢疾、伤寒和副伤寒、艾滋病、淋病、梅毒、脊髓灰质炎、麻疹、百日咳、白喉、流行性脑脊髓膜炎、猩红热、流行性出血热、狂犬病、钩端螺旋体病、布鲁氏菌病、炭疽、流行性和地方性斑疹伤寒、流行性乙型脑炎、黑热病、疟疾、登革热。丙类传染病是根据其可能发生和流行的范围,通过确定疾病监测区和实验室进行监测管理的传染病,包括肺结核、血吸虫病、丝虫病、包虫病、麻风病、流行性感冒、流行性腮腺炎、风疹、新生儿破伤风、急性出血性结膜炎,除霍乱、痢疾、伤寒和副伤寒以外的感染性腹泻病。根据情况,国务院可以增加或减少甲类传染病病种,卫生部可以增加或减少乙类、丙类传染病病种,并予公布。所谓传播,是指传染病在一定范围内扩散,使不特定多数人感染上传染病,实际上已经造成了传染病传播的后果。流行指一个地区某种传染病发病率显著超过该病历年的一般发病率水平。

(三)犯罪主体的身份性

本罪属于身份犯,即只有具有政府卫生行政机关工作人员身份、从事传染病防治公务之身份的人员,才能成为本罪主体。根据1989年通过的《传染病防治法》的有关规定,受国务院卫生行政部门委托的其他有关部门卫生主管机构和各级各类卫生防疫机构内执行卫生行政部门或其他有关部门卫生主管机构交付的传染病监督管理任务的传染病管理监督员,以及各级各类医疗保健机构中负责检查本单位及责任地段的传染病防治管理工作的传染病管理检查员,也可以成为本罪的主体。但是,1997年修改刑法时,专设渎职罪一章,将本章的犯罪主体由国家工作人员修改为国家机关工作人员,缩小了主体范围。近年来,随着我国机构改革和行政处罚法的施行,在司法实践中遇到了一些新情况:一是法律授权规定,某些非国家机关的组织在某些领域行使行政管理职权;二是在机构改革中,有的将原来的国家机关调整为事业单位,但仍然保留其行使某些行政管理职能;三是有的国家机关将自己行使的职权依法规或规章委托给一些组织行使;四是有的国家机关根据工作需要聘用了一部分国家机关以外的人员从事公务。

鉴于这些情况,本着“权利与义务相统一,行政职权与承担责任相平衡”的原则,全国人民代表大会常务委员会于2002年12月28日作出《关于〈中华人民共和国刑法〉第九章渎职罪主体适用问题的解释》。根据这一立法解释和《最高人民法院、最高人民检察院关于办理妨害预防、控制突发传染病疫情等灾害的刑事案件具体应用法律若干问题的解释》,从事传染病防治的政府卫生行政部门的工作人员,或者在受政府卫生行政部门委托代表政府卫生行政部门行使职权的组织中从事公务的人员,或者虽未列入政府卫生行政部门人员编制,但在政府卫生行政部门从事公务的人员,都可以成为本罪的主体。根据卫生部新近发布的《传染性非典型肺炎防治管理办法》,县级以上卫生行政部门、各级疾病预防控制机构、各级各类医疗机构分别承担责任范围内“非典”的监督管理、监测管理、防治管理工作。凡在这些部门或机构中从事公务的人员,均可以成为本罪的主体。

(四)主观心态的过失性

关于本罪的主观罪过,学术界主要有两种不同认识:第一种观点认为只能是过失,行为人对导致传染病传播或流行这一危害结果出自过失,但行为人对工作中违反《传染病防治法》规定,严重不负责任的行为可能是故意。第二种观点认为一般是过失,但也不排除间接故意的存在。我们认为,本罪的主观罪过只能是过失,即行为人应当知道自己严重不负责任的行为可能会导致传染病传播或流行,但疏忽大意而没有预见,或虽已预见可能会发生,但凭借自己的知识或经验而轻信可以避免,以致发生传染病传播或流行的危害后果。其主要理由有以下几点:

1. 在1997年刑法修订前,由于附属刑法的规定,对故意行为也可比照玩忽职守罪论处。但因修订后的刑法增设了滥用职权罪,已将某些故意的渎职行为单独设罪,就不能再认为本罪还可由间接故意构成了。

2. 从立法沿革来看,本罪是从一般的玩忽职守罪中分化而来的,而玩忽职守罪仅由过失构成,且国家最高司法机关确定的本罪罪名中就有“失职”这一概念,这无疑更加突出了本罪的过失属性。

3. 从本罪较轻的法定刑来看,其最高法定刑为三年有期徒刑,与绝大多数过失犯罪的法定刑基本相一致，所以将其主观罪过理解为过失符合立法原意。

4. 罪责刑相适应原则是我国刑事立法和司法必须遵守的基本原则，当客观危害类似、主观罪过不同时，对罪责较轻的犯罪总是规定较轻的法定刑。例如，故意传播恶性传染病、危害不特定多数人的健康甚至生命，其危害性与放火、爆炸、投放危险物质等危险方法危害公共安全的犯罪并无二致。因此，《最高人民法院、最高人民检察院关于办理妨害预防、控制突发传染病疫情等灾害的刑事案件具体应用法律若干问题的解释》第一条规定，故意传播突发传染病病原体，危害公共安全的，按照以危险方法危害公共安全罪定罪处罚，极端情况下可对行为人判处死刑；而本罪在客观上完全可能与故意传播突发传染病病原体行为造成相同严重的危害后果，但极端情况下对行为也只能判处三年有期徒刑。二者的法定刑相差如此之大，这只能说明本罪的主观罪责较轻，立法与司法上均是将本罪作为过失犯罪看待的。

5. 本罪与交通肇事罪有类似之处，二者都是违反行政法规达到刑罚处罚程度而被刑法规定为犯罪的行政犯。违反《传染病防治法》的行为一般属于行政违法行为，只有后果严重时，才能发生质变成为刑事违法行为，也就是说造成严重危害后果是由行政违法转化为刑事违法的关键，因此，应根据行为人对危害结果（引起传染病传播或流行）的认识和态度，而不能以其对危害行为本身（工作中违反《传染病防治法》规定，严重不负责任的行为）的认识和态度来确定罪过的性质。本罪中行为人对违反传染病防治法规有时可能是故意的，但行为人对其危害结果则存有疏忽大意或过于自信的过失。如果行为人工作中严重不负责任，放任不管，存有间接故意，以致传染病传播或流行的，则应以滥用职权罪处罚。当然，如果“非典”等传染病人，在明知自己患有传染病的情况下而拒绝隔离治疗或隔离期未满擅自逃离，故意引起“非典”等传染病传播，给不特定的多人或有传播严重危险，危害公共安全的，则可以危险方法危害公共安全罪处罚，而不再构成本罪。

三、传染病防治失职罪的相邻界限

在明确了本罪上述四个方面的构成特征的基础上，要准确认定本罪，还要注意把握罪与非罪、此罪与彼罪和一罪与数罪的界限。

(一)传染病防治失职罪与非罪的界限

本罪在区分罪与非罪的界限时,应注意以下两个问题:

1.正确认定情节是否严重,是区分罪与非罪的关键。本罪属于情节犯,情节是否严重是区分罪与非罪的重要界限。根据最高人民检察院1999年9月16日施行的《关于人民检察院直接受理立案侦查案件立案标准的规定(试行)》和前述最高人民法院、最高人民检察院2003年5月15日发布施行的相关司法解释,行为人有上述工作中违反传染病防治法规定,严重不负责任的行为,并具有下列情形之一的,属于情节严重,应以犯罪论:(1)导致甲类传染病传播的;(2)导致乙、丙类传染病流行的;(3)因传染病传播或流行,造成人员死亡或残疾的;(4)因传染病传播或流行,严重影响正常的生产、生活秩序的;(5)造成传染范围扩大或者疫情加重的;(6)具有其他严重情节的。

2.要正确区分罪与非罪,还必须认真区分本罪与一般工作失误的界限。就本罪而言,一般工作失误,是指从事传染病防治公务的人员,在工作过程中出于善意的举动但因无心之失而造成损失的行为。由于二者主观上都有过错,客观上都会造成损失,因此较易于混淆。二者的区别主要在于:第一,就主观而言,区别工作失误与主观过失,关键看行为人主观上是否能预见或已预见到自己的行为可能导致传染病传播或流行的结果。如果主观上行为人不能预见危害结果的发生,即使发生传染病传播或流行的结果,也只能认定为意外事件;反之,则存在主观过失。同时还应注意,一般就主观态度而言,工作失误行为人往往认真履行自己的职责义务,只是积极工作中发生了意想不到的情况而出现了失误;而本罪的失职则表现为消极、懈怠、马虎草率、漫不经心、敷衍塞责等严重不负责任,或者拒绝履行职责、放弃职责、不尽职责、擅离职守,其主观上有明显的犯罪过失。第二,就客观而言,区分二者的关键还要看行为人是否有违反职责的行为,要认真考察传染病传播或流行结果的发生是否与其违反职责规定的行为有刑法因果关系以及因果作用力的大小。如果不具有刑法因果关系,或者因果作用力不大,则属工作失误;反之,则属本罪的失职。第三,从引起传染病传播或流行危害结果的原因看,工作失误的原因是由于制度不完善,一些具体政策界限不清,管理上存在弊端，以及工作人员文化业务素质较差，缺乏工作经验，因而计划不周、措施不当、方法不对，以致在积极工作中发生错误。而本罪失职的原因则是违反行政法规、工作规章和纪律，有章不循、有法不依、有令不行、有禁不止、当为而不为或不当为而为，工作极端不负责任，致使发生传染病传播或流行的危害后果。

（二）本罪与妨害传染病防治罪的界限

妨害传染病防治罪，指违反传染病防治法规定，导致甲类传染病传播或有传播严重危险的行为。二者存有相似之处，这就是二者都违反了《传染病防治法》的规定，都可能造成传染病传播的危害结果，主观罪过也都是过失等。但是二者有着明显区别：一是主体不同。后者的主体是一般主体，不仅包括自然人也包括单位，他们往往是传染病防治人员的工作对象；本罪的主体则是特殊主体，只限于负有传染病防治职责的工作人员，单位不是该罪的主体。二是行为方式不同，后罪的行为人实施了刑法第三百三十条规定的四项行为之一，违反了《传染病防治法》规定的预防和控制传染病的义务，而本罪的行为人违背传染病防治法规定的防治、监督、监测管理职责，具有渎职性。有时从事传染病防治监管工作的人员也可能成为后者的主体，区分二者的关键在于行为人违背的是单纯的预防和控制传染病义务，还是对传染病进行防治、监管的职责。如果是前者，则构成妨害传染病防治罪；如果是后者，则构成传染病防治失职罪。三是危害结果不同。后罪造成的危害结果既包括引起甲类传染病传播的实害结果，也包括引起其传播的严重危险结果；本罪造成的危害结果是导致传染病传播或流行且情节严重，只有实害结果一种，不包括危险结果，但传染病的种类既包括甲类传染病，也包括乙类、丙类传染病。四是侵害的客体不同。本罪侵害的客体是国家关于传染病防治的管理制度；而传染病防治失职罪则是国家对传染病防治工作进行监督管理的行政权力。

（三）本罪与妨害国境卫生检疫罪的界限

妨害国境卫生检疫罪，指违反国境卫生检疫规定，引起检疫传染病传播或者有传播严重危险的行为。二者都是违反传染病预防、检查方面的法规，都因过失引起了传染病的传播。但二者在违反的法规、犯罪主体、传染病的范围方面明显不同。本罪是工作中违反《传染病防治法》规定失职的行为，而妨害国境卫生检疫罪则是违反国境卫生检疫规定，逃避对其人身、物品检查的行为。本罪的主体是特殊主体，且一般只能是中国公民；而后罪是一般主体，单位、自然人，中国和外国公民，只要是进出境人员以及有货物进出境的单位和个人都可以成为犯罪主体。本罪引起传染病的类型没有限制，而妨害国境卫生检疫罪引起危险的对象是检疫传染病，范围比本罪小，仅包括甲类传染病以及国务院确定并公布的其他传染病。

（四）本罪与玩忽职守罪的界限

二者都是过失渎职犯罪，都可能造成传染病传播或流行结果，但是在犯罪主体、适用范围上不同。根据《传染病防治法》等有关规定，负有组织、协调、指挥、灾害调查、控制、医疗救治、信息传递、交通运输、物资保障等职责的国家机关人员以及各级政府主管负责人，在预防、控制"非典"等突发传染病疫情工作中玩忽职守的，应以玩忽职守罪定罪处罚。从适用范围看，本罪适用范围小于玩忽职守罪。本罪实际上是一种特殊种类的玩忽职守罪，与刑法第三百九十七条玩忽职守罪之间存在法条竞合关系。在处理国家机关工作人员玩忽职守犯罪中应遵循以下标准：从行为人实施的行为具体内容和行为人具体身份着手，考察这种玩忽职守行为是否符合本罪的特别规定，如符合则应以本罪定罪；如果行为人玩忽职守行为不符合本罪的构成，则应考虑以玩忽职守罪定罪。另外，如果国有公司、企业、事业单位的工作人员，在预防、控制"非典"等突发传染病疫情工作中，由于严重不负责任，造成国有公司、企业破产或严重损失，致使国家利益遭受重大损失的，虽不构成本罪，但可以国有公司、企业、事业单位人员失职罪定罪处罚。

（五）传染病防治失职罪的一罪与数罪问题

传染病防治失职罪在实践中，可能与传染病菌种、毒种扩散罪，采集、供应血液、制作、供应血液制品事故罪，医疗事故罪，重大环境污染事故罪，动植物检疫失职罪等发生法规竞合。如从事传染病防治的医疗单位人员，工作中严重不负责任，将含有传染病病原体的废物排放到大气或水体，引起了传染病传播，也造成了重大环境污染，则其一行为同时触犯传染病防治失职罪和重大环境污染事故罪的规定。在这种情况下，应根据刑法理论，对于法规竞合采取特别法优于普通法、重法优于轻法的法律适用原则，以一个罪对行为人予以定罪量刑，而不构成数罪，不能适用数罪并罚的规定。

四、传染病防治失职罪的立法完善

毋庸讳言，我国有关防治传染病失职罪的现行刑事立法还过于粗疏简单，不利于运用刑法武器同此类犯罪作斗争。我们注意到，有关国家的刑事立法在此方面规定的较为完善，值得我们学习借鉴。总结其立法经验，大致可归纳为以下几点：

1. 罪过规定一目了然。如 1996 年修订后的《瑞士联邦刑法典》第二百三十一条（传播疾病罪）明确指出："1. 故意传播危险的、可传染的人类疾病，处 1 个月以上 5 年以下监禁。2. 行为人过失为上述行为的，处监禁或罚金。"又如《新加坡共和国刑法典》第二百六十九条规定："非法地或者过失地实施了是且其明知或有理由相信是可能会传染任何危及生命的疾病的任何作为的，处……"此种立法用语明确界定了这一类犯罪的罪过形式，司法实践中不致产生歧义，十分便于定罪量刑。

2. 罪状描述层次分明。如现行《俄罗斯刑法典》第二百三十六条关于"违反防疫规则"的犯罪就明确指出："一、违反卫生防疫规则，过失造成多人患病或中毒的，处……二、上述行为过失致人死亡的。处……"又如《意大利刑法典》分别以第四百三十八条（疫病犯罪）和第四百五十二条（损害公众健康的过失犯罪）规定了卫生防疫方面犯罪的故意犯罪与过失犯罪的罪状形式。这些国家的刑事立法关于此类犯罪的罪状表述富有逻辑，从而增强了刑法适用的可操作性。

3. 处罚层次规定分明。仍以上述《俄罗斯刑法典》第二百三十六条为例。该条根据犯罪引起的不同危害后果，将违反卫生规则罪分为两个处罚档次：在一般情况下，对本罪"处数额为最低劳动报酬的 100 倍至 200 倍或被判刑人 1 个月至 2 个月的工资或其他收入的罚金，或处 3 年以下剥夺担任一定职务或从事某种活动的权利，或处 3 年以下的限制自由，或处 2 年以下的剥夺自由"；而在结果加重犯的情况下，则对行为人处"5 年以下限制自由或相同期限的剥夺自由"。

上述国家刑法典关于卫生防疫方面犯罪的立法优点，正是我国刑法第四百零九条的不足。为了更加有效地发挥刑法在打击与防范防治传染病失职罪中的积极功能，我们认为有必要对刑法第四百零九条予以立法完善。其基本设想是：

第一，应当在罪状表述中阐明"过失"犯罪的主观要件规定。众所周知，犯罪构成是定罪的依据，而犯罪构成的规定是否明确合理，事关罪刑法定原则的贯彻与刑法社会保护机能以及人权保障机能实现等重大理论问题。如前分析，本罪属于过失犯罪，但刑法条款却没有明确载明本罪属于"过失"犯罪，这有悖于刑法第十五条第二款关于过失犯罪的总则性要求，有违罪刑法定原则之明确性精神，司法实践中也易引发人们认识上的分歧，从而不利于准确定罪量刑。

第二，应当增设甲类传染病的过失危险犯。传统刑法理论认为，过失犯只限于发生严重危害后果的情况，过失行为仅造成某种危险状态的，不认为是犯罪。但是，随着科技的发展和人类活动的复杂化，过失行为可能造成的损害大量增加。为适应实践的需要，国外一些学者提出，法律应当规定过失的危险犯，并为瑞士、德国等越来越多的国家或地区所采纳。我国刑法也在分则第六章（危害公共卫生罪一节）第三百三十条、第三百三十二条、第三百三十四条所规定的三种犯罪中设立了过失危险犯。因此，鉴于甲类传染病传染性极强，对公共卫生安全存在严重潜在的危险这一情况，应当摒弃传统过失犯罪无危险状态的陈旧观念，将传染病防治失职行为中的过失危险行为适度犯罪化，从而展示现代刑法的价值理念，充分发挥刑法功效。同时，我国刑法第三百三十条规定了妨害传染病防治罪的过失危险犯，对一般公民工作、生产、生活中的行为过失引起甲类传染病传播严重危险的，予以处罚，而对从事传染病防治特定公务人员工作中的业务过失，其危害性往往大于前者，却可不受处罚，这似有违罪责刑相适应的原则要求。

第三，应当在罪状中进一步叙明本罪属于行政犯的构成特征。如前所述，本罪是行政犯，工作中违反《传染病防治法》规定的职责也是其客观方面的重要特点，有必要明确载明。这样既可以使行为人明确自己肩负的职责，起到法律规范的教育引导作用，从而预防和减少犯罪，也便于刑法与行政法规中的附属刑法规范协调一致,避免二者之间的龃龉,而且从立法技术上看,也有利于保持刑法条文的稳定性和概括性,可以适应附属刑法规范的发展变化。

第四,应当明确界定本罪的主体范围。现行刑法第四百零九条将本罪的主体限定为"从事传染病防治的政府卫生行政部门的工作人员",不仅与相关立法解释和有关行政法规定不相协调统一,而且不符合客观实际情况,有放纵犯罪之虞。根据全国人民代表大会常务委员会有关渎职罪主体的立法解释和相关行政法规的规定,应进一步明确本罪的主体范围,可将其表述为:从事传染病防治的政府卫生行政部门的工作人员和其他依法从事传染病防治公务的人员。

第五,应当增设本罪的结果加重犯。参考刑法第三百三十条妨害传染病防治罪、第三百九十七条玩忽职守罪的规定,根据司法实践中出现的实际情况,有必要增加规定本罪的结果加重犯,并适当提高造成特别严重后果的结果加重犯的刑罚量。我们认为,考虑到我国刑法关于过失犯罪的加重处罚一般在三年到七年的徒刑,因而也可对本罪的结果加重犯规定此一量刑幅度,以实现相似过失犯罪法定刑的平衡与统一。

第六,应当增设剥夺政治权利和罚金作为附加刑。鉴于本罪是公务人员职务犯罪,正是由于其失职,才造成传染病传播的危害后果,针对其渎职或失职行为,为充分发挥刑罚的预防犯罪功能,应当增加剥夺政治权利作为附加刑。同时,为适应刑罚人道主义和谦抑主义的时代要求,顺应刑罚轻缓化发展趋势,对传染病防治失职这一业务过失犯罪,应当增加罚金刑,在可能的情况下对本罪犯罪人单处罚金刑,从而尽量避免短期自由刑可能带来的弊端,充分发挥罚金刑的积极刑罚效能。

综合上述分析,并参照妨害传染病防治罪、玩忽职守罪的立法规定,我们建议对刑法第四百零九条作如下修订:从事传染病防治的政府卫生行政部门的工作人员或者其他依法从事传染病防治公务的人员,工作中违反《传染病防治法》规定,严重不负责任,过失导致传染病传播,情节严重的,或者足以导致甲类传染病传播严重危险的,处三年以下有期徒刑或者拘役,并处或者单处罚金或者剥夺政治权利;造成特别严重后果的,处三年以上七年以下有期徒刑,并处罚金或者剥夺政治权利。

以危险方法危害公共安全罪在抗击疫情期间的理解与适用

金泽刚[*]　孙　鉴[**]

一、“两高两部”出台惩治妨害疫情防控违法犯罪的《意见》蕴含着丰富的刑法理论价值

在全国人民持续奋战，抗击新型冠状病毒肺炎（以下简称新冠肺炎）疫情之际，2020年2月6日，最高人民法院、最高人民检察院、公安部、司法部（以下简称两高两部）联合印发《关于依法惩治妨害新型冠状病毒感染肺炎疫情防控违法犯罪的意见》（以下简称《意见》），提出了依法惩治妨害疫情防控违法犯罪的十大方面解释性意见。

《意见》充分体现了司法机关和司法工作必须始终将人民群众的生命安全和身体健康放在第一位，坚决把疫情防控作为当前压倒一切的头等大事，用足用好法律规定，依法及时、从严惩治妨害疫情防控的各类违法犯罪，为坚决打赢疫情防控阻击战提供有力法治保障。

从体系和内容来看，《意见》是对刑法、《传染病防治法》以及2003年《最高人民法院、最高人民检察院关于办理妨害预防、控制突发传染病疫情等灾害的刑事案件具体应用法律若干问题的解释》（以下简称2003年《解释》）的补充，对现阶段治理妨害疫情防控违法犯罪有着直接现实的指导意义。具体而言，其价值突出体现在以下两个方面：一方面，是统一罪名的适用标准，准确适用法律。罪刑法定是刑法的基本原则，社会公众需要被告知何种行

---

[*] 同济大学法学院教授，博士生导师。

[**] 同济大学马克思主义学院博士生。

为是犯罪、该行为应当受到怎样的刑罚制裁。《意见》详细列举了疫情防控工作中可能出现的九类犯罪行为（第十类为违法行为及其相应的行政处罚），结合刑法条文，明确规定了各类行为分别构成何种犯罪，为司法机关公平、公正地适用刑法奠定了方向和基础。另一方面，是对司法实践中的部分现象进行纠偏。尽管从严打击是此次疫情治理工作中的重要原则，但是从严必须在法律的限度内适用、执行。从此前媒体公开的各地以危险方法危害公共安全罪立案的案件来看，有不少行为人仅有武汉的旅游或途经史，其在尚未被医疗诊断的情况下出入了公共场所，造成了他人被传播新冠病毒的危险，即被公安机关立案。在教义学角度上，此类行为人自认为自己没有被新冠病毒感染，也非故意传播病毒使他人存在染毒的危险，不可能构成刑法第一百一十四条规定的以危险方法危害公共安全罪。故而，此次《意见》对各类涉疫犯罪的适用进行明确规定，以避免司法实践中破坏既有法律规定的乱象，严格落实罪刑法定原则。

从重点来看，在《意见》涉及的九类涉疫犯罪中，无论是《意见》本身的顺序编排，还是社会公开的案件报道，抑或专家学者的争论焦点，无疑非以危险方法危害公共安全罪莫属。从条文上看，《意见》指出，“故意传播新型冠状病毒感染肺炎病原体，具有下列情形之一，危害公共安全的，依照刑法第一百一十四条、第一百一十五条第一款的规定，以以危险方法危害公共安全罪定罪处罚：1. 已经确诊的新型冠状病毒感染肺炎病人、病原携带者，拒绝隔离治疗或者隔离期未满擅自脱离隔离治疗，并进入公共场所或者公共交通工具的；2. 新型冠状病毒感染肺炎疑似病人拒绝隔离治疗或者隔离期未满擅自脱离隔离治疗，并进入公共场所或者公共交通工具，造成新型冠状病毒传播的”。

如作拆分，一方面，行为人在主观方面须为故意。其中，故意分为直接故意与间接故意。从目前案例上看，直接故意的案例报道甚微（如极少数确诊或疑似病人在公共场所故意涂抹口水、吐沫），大多为间接故意，即对自身的行为和病毒的传播持放任、漠不关心的态度。另一方面，行为人的客观行为须符合相应的特征。其中，对于已确诊的感染者，行为表现为拒绝隔离治疗或擅自脱离隔离治疗并进入公共场所或公共交通工具中（无须造成他人实际感染的后果)。对于疑似病人,除需同时满足上述两项条件外,还需造成了新冠病毒传播的实际后果。

为此,我们认为,此次《意见》中对以危险方法危害公共安全罪的规定表现出三大亮点:其一,打破了传统刑法理论对于以危险方法危害公共安全罪仅属(具体)危险犯的归类,对于疑似病人构成前述罪名的,还需实际造成新冠病毒传播的后果。其二,阻断了刑法第一百一十五条第二款过失以危险方法危害公共安全罪的适用空间。《意见》将以危险方法危害公共安全罪的罪过形态限定为故意,同时规定,"其他拒绝执行卫生防疫机构依照传染病防治法提出的防控措施,引起新型冠状病毒传播或者有传播严重危险的,依照刑法第三百三十条的规定,以妨害传染病防治罪定罪处罚"。换言之,对于抗拒、妨害疫情防控措施的感染者和疑似病人,除构成以危险方法危害公共安全罪外,均以妨害传染病防治罪定罪处罚,这种拟制导致了过失以危险方法危害公共安全罪被排除适用。其三,扩大了刑法对于妨害传染病防治罪的适用范围。刑法第三百三十条明确将妨害传染病防治罪限定在"引起甲类传染病传播或者有严重传播危险的"范围内,而根据《传染病防治法》,甲类传染病仅限鼠疫和霍乱,此次新冠病毒属于乙类传染病(虽按甲类进行防治)。因此,原本妨害传染病防治罪并无适用空间。然而,无论是疫情的严重性还是广泛性,新冠肺炎疫情均不亚于甲类传染病,故而《意见》将其拟制为甲类传染病,为妨害传染病防治罪的适用扫清障碍。这一举措很可能会影响未来《传染病防治法》的修订与完善。

二、新冠肺炎疫情传播的复杂性和未知性造成适用以危险方法危害公共安全罪产生争议与难点

以危险方法危害公共安全罪长期以来一直是我国刑法学界口诛笔伐的"口袋罪"之一。质言之,该罪的构成要件过于开放,"以其他方法"缺乏必要的形式限定,导致在刑事司法中不断扩张甚至可能滥用。以致有学者认为,"如何遏制口袋罪司法适用的强烈冲动,成为捍卫我国刑法中的罪刑法定原则的一个重大问题"。体现在此次疫情的犯罪治理上,关于以危险方法危害公共安全罪的适用问题也成为不少学者的"炮轰"对象。例如,有学者认为,

疫情之下以危险方法危害公共安全罪的适用需要慎重，定罪会对当事人带来污名化，能不适用尽量不适用，应多考虑治安处罚等行政措施。还有学者认为，对于未确诊的疑似病人全部以以危险方法危害公共安全罪定罪不妥，会导致量刑过重，应当考虑其罪过上出于过失的可能性。总结来看，持“否定说”的观点可以归纳为以下几点：(1)刑法第一百一十四条以危险方法危害公共安全罪中的“其他危险方法”，应当限定在与放火、决水、爆炸、投毒等具有方法相当性的行为之中，而仅仅抗拒防疫措施尚不具有这种相当性；(2)“危害公共安全”是指让不特定群体的生命健康或财产安全陷入危险之中，如果行为人均居住在固定住所，未与不特定的大多数人接触，就不应认定危及公共安全；(3)疫情期间随意扩张适用以危险方法危害公共安全罪，与刑法的谦抑性相悖。

不过，对于疫情期间妨害防疫措施能否适用以危险方法危害公共安全罪，多数学者持肯定的态度。例如，北师大的刘志伟教授认为，疫情期间传播病毒和非疫情期间传播，造成的危害具有显著差异，行为人具有更恶劣的主观恶性和人身危险性，因此《意见》对以危险方法危害公共安全罪的适用不仅正确，更应坚持从重处罚。笔者认为，疫情期间严重抗拒、妨害防疫措施可以构成以危险方法危害公共安全罪。首先，应当看到此次疫情的严重性，其已成为数十年来我国最严重的突发事件，多地甚至启动“战时状态”应急预案，全民“抗疫”刻不容缓。而作为呼吸道传播疾病，疫情的扩大和恶化主要通过人员流动实现，因此抗拒躲避隔离治疗、出入公共场所会直接造成其他公众感染甚至死亡的危险，其在手段的相当性上绝对不亚于放火、决水与爆炸等形式。其次，对“公共安全”的不特定性不能作僵化理解。就目前公开的医学研究而言，新冠病毒至少可以通过飞沫、粪便等多种途径传播，不能以行为人仅和亲友接触就否定其间接感染其他不特定人员的可能性。例如，行为人抗拒隔离治疗回家途中，即便路径之地暂无他人，但其唾液、喷嚏的残留物完全可能导致后续经过人员的感染。最后，刑法的谦抑性与疫情期间从严打击这类违法犯罪并不矛盾，相反，这正是我国宽严相济的刑事政策的体现。一方面，“严”是因为抗拒、妨害行为既对疫情的防控工作制造了严重阻碍，又对人民群众的生命健康产生了客观威胁，更对公共安全、社会稳定造成了重大损害风险,还会浪费大量的社会资源,无论主观恶性还是客观危害均十分明显。另一方面,对于不符合犯罪构成的行为及时排除(如未被确诊或宣布疑似的病人出入公共场所至多处以治安处罚),对于具有坦白、自首等情节的犯罪分子酌情从宽,这才是宽严相济的真实要义。

诚然,以危险方法危害公共安全罪存在适用空间,但并不意味着《意见》的各类规制均无疏漏。囿于时间限制,两高两部制定的《意见》旨在尽快统一各地执法标准,为疫情防控提供必要的法治保障。但在具体细节层面,《意见》仍存在不明之处,司法适用时应当注意:

一是关于"公共场所"的认定。《意见》指出,构成以危险方法危害公共安全罪,必须"进入公共场所或者公共交通工具"。问题在于,进入公共场所是否等于危害公共安全?危害公共安全的判断是基于场所还是基于人员?一方面,从疫情暴发的时间点看,其高峰期正值过年期间,部分公共场所及商铺已经关闭,加之疫情防控的需要,原来的商场、图书馆等地几乎空无一人。那么,抗拒隔离治疗的确诊患者进入无人商场的,以以危险方法危害公共安全罪定罪处罚是否合适?另一方面,虽非传统意义上的公共场所,但因聚集性活动导致人员过多的,是否属于《意见》中的"公共场所"?可以考虑将人员聚集性场所单独加以规定,以强调其公共场所属性。

二是关于犯罪主体的范围。《意见》将以危险方法危害公共安全罪的主体限定在"已经确诊的新型冠状病毒感染肺炎病人、病原携带者"和"新型冠状病毒肺炎疑似病人",即"确诊患者"和"疑似病人"两类。然而,其一,据报道,2020年2月12日湖北省新冠病毒感染诊断标准发生变化(其他省份不变),除原核酸检测以确诊新冠肺炎外,增加了临床诊断即CT检查(门槛更低)辅助确诊,以致湖北省单日新增确诊病例14 840例,这便导致了湖北与其他省份对新冠肺炎确诊标准的不一。换言之,《意见》中的"已经确诊"是指经核酸检测确诊的病人还是仅为CT确诊即可,这也变相导致了不同省份对于以危险方法危害公共安全罪的认定门槛可能不同。其二,"疑似病人"的标准尚待明确。对于出现发热、咳嗽等疑似新冠肺炎症状,暂未赴医院诊断者,出入公开场所的,是否属于《意见》中的"疑似病人"?从初衷上看,《意见》出台意欲对各地以危险方法危害公共安全罪的扩张适用作出一定的限制，故设定了“已经确诊”的主体要件。因此，笔者认为，“疑似病人”同样应当限制于被医院宣布为疑似病例、计入全国疫情数据统计的病人。其三，与确诊患者密切接触人员或有疫区居住史者是否应当纳入此罪的犯罪主体之中。从《意见》规定看，密切接触者和疫区居住史者的抗拒、传播行为应当一律以妨害传染病防治罪论处。我们认为，不应一概否定密切接触者和有疫区居住史者适用前罪的空间，当行为人明知他人感染且自己已经出现类似发病症状时，仍然出入公共场所，并实际造成他人感染的，应当结合事实情况来判断行为人是否有危害公共安全的故意，进而选择合适的罪名。

三是关于犯罪的主观要件。除以危险方法危害公共安全罪外，刑法第一百一十五条第二款还规定有过失以危险方法危害公共安全罪。质言之，行为人危害公共安全的罪过，既可能出于故意，亦可能出于过失。但如前文所述，此次《意见》在明确了以危险方法危害公共安全罪的故意要件外，基本排除了过失以危险方法危害公共安全罪的适用空间，统一以妨害传染病防治罪代之。

三、在疫情防控期间仍然要依据刑法的基本理论理解并适用以危险方法危害公共安全罪

当前，疫情的防控正进入关键阶段，对各类涉疫犯罪的惩治需秉持“严”字当头，时刻绷紧法律红线，以保障人民群众的生命健康与财产安全。特殊时期实行严厉的刑事政策无疑是必要的，但也要协调好政策与法律的平衡关系，政策不能逾越法律底线，更不能取代法律。罪刑法定仍然是定罪量刑的基本原则。司法实践中适用以危险方法危害公共安全罪时，尤其应当注意以下几个方面：

首先，适用以危险方法危害公共安全罪与其他罪名的关系。尽管《意见》对疫情防控中的九类罪名的适用已经作出了较为明确的规定，但具体适用中应切忌生搬硬套，仍要充分考察行为人的主客观方面，科学把握罪与非罪、此罪与彼罪的界限：（1）对于已经确诊的行为人，拒接或擅自脱离隔离治疗，故意出入公共场所的，危及公共安全的，应当构成以危险方法危害公共安全罪；（2）对于经医疗机构诊断为疑似病例者，拒接或擅自脱离隔离治疗，

故意出入公共场所,对病毒传播持放任态度,也客观造成了病毒传播的,仍应以以危险方法危害公共安全罪定罪处罚;(3)疑似病人拒绝或擅自脱离隔离治疗,但出入公共场所时佩戴口罩等防护用品,未主动与不特定群体接触时,即便客观上造成了他人感染,也不能一律认为其主观上持间接故意,应保留过失形态的可能性,对此仍应坚持具体案件具体分析。

其次,关于本罪的危害行为形式,应当包括作为与不作为两种形式。就刑法第一百一十四条所列举的放火罪、决水罪、爆炸罪和投放危险物质罪而言,放火、决水、爆炸和投放危险物质当然只能以作为的形式实施。但抗拒疫情防控以危害公共安全却可以呈现出不作为的形式。不作为并不是行为人没有任何身体上的物理活动,而是对作为义务的违反,即应当履行某一义务而未履行。根据《传染病防治法》第十二条的规定,疫情防控中,任何单位和个人都有接受疾病预防控制机构、医疗机构有关传染病的调查、检验、采集样本、隔离治疗等预防、控制措施的义务。因此,抗拒隔离治疗当然可以以不作为的形式作出。另外,与非法侵入住宅罪类似,“进入公共场所”同样可以表现为不作为,即原本处于公共场所之中的确诊患者、疑似病人仍然停留其中、拒绝离开。

最后,关于本罪的犯罪停止形态。刑法通说认为,以危险方法危害公共安全罪属具体危险犯,不以对法益产生实际的侵害作为构成要件要素,只要对不特定公众的安全产生现实的危险就属于既遂。然而,如前文所述,《意见》依据疫病主体的不同,规定了两种危害行为类型:一类是已经确诊的新冠肺炎病人、病原携带者,拒绝隔离治疗或者隔离期未满擅自脱离隔离治疗,并进入公共场所或者公共交通工具的,对于这种情形,一旦犯罪主体拒绝隔离治疗或者隔离期未满擅自脱离隔离治疗,意图进入公共场所或者公共交通工具,却被及时制止而未成的,不排除适用本罪未遂犯定罪处罚。另一类是新冠肺炎疑似病人拒绝隔离治疗或擅自脱离隔离治疗,并进入公共场所或者公共交通工具,造成新型冠状病毒传播的。问题是,对这类必须造成实害的危害公共安全的犯罪,若未实际造成病毒传播的结果,是以妨害传染病防治罪论处,还是以以危险方法危害公共安全罪的未遂论处呢?可能有观点认为,如果我们强调对公共卫生管理秩序的维护,即应将该行为认定为妨害传染病防治罪;如果我们强调对公众生命健康的保护,即应将该行为认定为以危险方法危害公共安全罪的未遂。笔者则认为,依据《意见》的规定,对于疑似病人,构成以危险方法危害公共安全罪,必须以进入公共场所或者公共交通工具,且造成新型冠状病毒传播为条件。"造成新型冠状病毒传播"之结果是该类型的危害公共安全罪成立的必要条件,如未造成病毒传播结果的,则不能构成本罪。所以,该类型犯罪基本不存在未遂犯的可能。

疫情期间“暴力伤医”行为危害及其惩治

姜 涛*

疫情作为一场突发性的灾害,不仅对社会生活、经济发展带来重大影响,而且对刑法的适用、刑法的调整提出了新挑战。自新型冠状病毒肺炎疫情发生以来,“暴力伤医”行为也有发生,这不是单纯的医患矛盾,而是涉及刑法问题。只有正确认识疫情防控期间“暴力伤医”行为侵害的法益,加大对疫情防控期间“暴力伤医”行为的刑法打击力度,才能确保奋战在防控一线的医护人员安心放心,也才能构筑更为安全、有效的疫情防控防线。

一、疫情防控期间“暴力伤医”行为严重危及疫情防控秩序

刑法不应该忽视世界变迁,而必须整合这些变迁及其理念,若与此背道而驰,那么刑法将会自缚手脚,将无力应对这类有正当管制需求的社会情状。疫情防控期间的“暴力伤医”行为,除涉及人身法益外,还涉及疫情防控秩序,需要把疫情防控秩序纳入个罪的法益保护体系之中。疫情防控秩序,是指由于突然发生特大疫情的复杂变化,需要综合保障信息公开、医疗物资供应、医务人员人身安全等秩序而形成的新兴法益。在疫情防控的特殊时期,疫情防控秩序往往是疫情控制效果的保障,而医生的人身安全事关疫情防控秩序,暴力伤害医生,在造成医护人员人身伤害的同时,也会附带性严重扰乱疫情防控秩序,如造成医疗秩序混乱、医护人员不足、援助医生短缺等,或者说,在疫情防控特殊时期的“暴力伤医”行为除了侵害人身法益之外,还会侵犯其他法益(疫情防控秩序)。这种对疫情防控秩序的扰乱,就是对“暴力伤医”行为加重处罚的现实依据和法理依据。

---

* 南京师范大学法学院副院长,教授,中国法治现代化研究院法治发展战略研究所所长。

刑法及司法解释对此也有体现。刑法不少个罪条文均有情节加重犯的明确规定,如强奸罪中对"致使被害人重伤、死亡或者造成其他严重后果的"法定刑升格,拐卖妇女、儿童罪中对"造成被拐卖的妇女、儿童或者其亲属重伤、死亡或者其他严重后果的"法定刑升格等,体现了对某些犯罪行为引起附随效果的从重处罚。再如,抢劫罪中对"抢劫军用物资或者抢险、救灾、救济物资的"法定刑升格,则体现了针对特定对象犯罪的加重处罚。此外,2003 年 5 月 15 日实施的《最高人民法院、最高人民检察院关于办理妨害预防、控制突发传染病疫情等灾害的刑事案件具体应用法律若干问题的解释》规定,在预防、控制突发传染病疫情等灾害期间,对所涉疫情的抢劫罪、诈骗罪、寻衅滋事罪、非法行医罪、非法经营罪、销售不符合标准的医用器材罪、贪污罪、侵占罪、挪用公款罪、挪用资金罪等均需"依法从重处罚"。表面上在于威慑潜在的犯罪人,更好地维护疫情防控秩序,其实质上则体现了对疫情防控秩序的维护,因为任何不利于疫情防控的犯罪,如生产不符合标准的医疗器材、贪污救灾款、暴力伤医等,都有可能带来疫情防控的失败。

在这种意义上说,疫情防控秩序成为疫情防控期间的新兴法益,刑法需要对此予以回应,一方面需要增加暴行罪等刑法没有涉及的新罪名,另一方面也需要对刑法已有罪名保护法益进行再审视,借助其他犯罪的加重量刑,以更有效地保护该法益。

二、刑法应当如何合理应对疫情防控期间"暴力伤医"行为

疫情防控期间"暴力伤医"行为突破了刑法底线,必须受到法律严惩。归纳而言,刑法如何从严从重规制疫情防控期间"暴力伤医"行为,大致有面向司法的对策与面向立法的对策区分。

(一)面向司法的对策

其一,根据个罪构成要件正确适用罪名。依照刑法相关规定,对"暴力伤医"者高悬"达摩克利斯之剑",应成为预防"暴力伤医"行为的首选,但需要依据个罪构成要件进行具体分析。"暴力伤医"行为涉及罪名包括故意杀人罪、故意伤害罪、寻衅滋事罪、侮辱罪等个罪,每个具体罪名均有自身的构成要件,需要根据"暴力伤医"行为的手段、方式、后果等具体判断,其中,造

成医护人员死亡的,涉嫌故意杀人罪或故意伤害罪(致人死亡);造成医护人员轻伤以上危害结果的,涉嫌故意伤害罪或故意杀人罪(未遂);随意殴打医生的,涉嫌寻衅滋事罪;以暴力方式对医护人员实施侮辱的,涉嫌侮辱罪。

其二,对疫情防控期间的"暴力伤医"行为依法从重处罚。从重处罚意味着在法定刑幅度内选择较重刑罚或较长刑期。就现行刑法规定而言,累犯等属于法定从重处罚情节,特殊时期针对特殊人员实施犯罪,则属于酌定从重处罚情节。对疫情防控期间的"暴力伤医"行为依法从重处罚,并不有违"法无明文规定不处罚"的要求,而是罪责刑相适应原则的体现,因为在疫情防控的特殊时期,参与疫情防控的医生的人身安全,事关疫情防控的成败,"暴力伤医"行为不仅影响医生的人身安全,而且妨害疫情防控秩序,具有从重处罚的基础。当然,从重处罚,不是不顾案件的具体情况一味从重、变相地提高量刑幅度搞加重处罚。

其三,对未达到轻伤标准的故意伤害行为,符合刑法规定的,可按照故意伤害罪的未完成形态追究刑事责任。在侵犯人身权利犯罪处于罪与非罪之临界点时,司法机关必须考虑到这类行为侵害的是刑法保护的最重要法益——人身法益,且这种对人身法益的侵害连带危及疫情防控秩序,因而应当在入罪标准上强化一种扩大解释。以故意伤害罪未遂为例,对于故意伤害这种严重侵害人身权利的犯罪来说,行为人出于重伤或轻伤的目的实施犯罪,完全可能存在因为意志以外的原因而未完成的情况,比如,患者出于伤害的目的实施伤害行为,被医生或其他患者合力控制无法继续犯罪的,则属于典型的故意伤害罪未遂形态。当然,不是所有和医生之间的暴力冲突,都可以认定为故意伤害罪未遂,也要根据是否具有伤害目的、行为暴力程度等因素进行综合判断。

(二)面向立法的对策

"暴力伤医"行为的频繁发生,亦暴露出刑法罪名的某些不足。针对疫情防控期间的暴力伤医行为,只是由于伤害结果没有达到轻伤标准,而只能由公安机关进行治安处罚,未充分体现对暴力行为的打击以及对人身的特别保护。刑法的任务与目的是保护法益,刑法干预权的界限必须来自刑法的社会任务,刑事立法应该对刑法保护的特别重要法益进行重点保护,并以严密法网和严厉刑度的方式对此予以体现。人身法益就是特别重要法益,即相较于其他法益(尤其是财产性的利益),人身法益有较高的位阶。笔者认为,“暴力伤医”之所以一再发生,一定程度上是因为刑法对伤医者的暴力没有设置更为合理的安全防护网。在人身法益的有效保护方面,刑法固然并不是唯一的手段,但因其最为严厉,也是不可或缺的法治资源,因此,就“暴力伤医”行为的刑法应对而言,以刑法修正案形式增设暴行罪十分必要,即将以殴打或其他暴行侵犯他人身体的行为纳入刑法的评价视野,作为刑法中的轻罪。这既是严密法网的体现,也是刑法保护特别重要法益的政策选择。

法律乃公共意志的体现,急需特别法。面对突如其来的重大疫情的防控,“暴力伤医”行为涉及人身法益、疫情防控秩序法益,因此,在罪与非罪临界点争议时,适当强化一种入罪解释,在对具体个罪量刑时,适当加重处罚,当然,在未来,立法方面尚需考虑增设暴行罪。唯有如此,刑法才能为国家疫情防控的有序开展保驾护航。

传染病突发事件治理的法律原则

孟　涛*

最近暴发的新型冠状病毒肺炎(以下简称新冠肺炎)疫情,对我国的正常秩序产生了很大的冲击,也是对我国治理体系和治理能力的一次大考。法治是治理的一部分,也面临着严峻的考验。在历史上,突发事件一直是法治的最大"敌人"之一。法治的建立,必须驯服突发事件。"紧急状态无法律"的古老格言,在现代法治国家是无效的。治理突发事件,首先要了解突发事件的特点,然后才能"对症下药",通过法律的方式进行规范调整。

人类社会的突发事件有很多,战争、内乱、自然灾害、传染病、经济危机等都是典型的表现。突发事件有三个起源:人为、自然、人为加自然。战争、内乱、恐怖袭击都是人为的突发事件;地震、台风、洪水等是自然的突发事件;矿难、传染病往往具有自然和人为的共同因素。例如传染病最初的宿主可能是动物,然后传染到了某个人,如果防护不力就会传染给更多的人。人为的突发事件曾是最主要的突发事件,也是非常法律调整的重心,如今这类突发事件已经大体上被法律驯服。对于后两类突发事件,科技是人类不可或缺的应对手段,然而,科技的运用要受到法律的调整,如何充分发挥科技专家和科学技术的作用,是调整这两类突发事件的非常法律的必要组成部分。所有的突发事件都有两大特点:一是不确定性,二是危害性。不确定性,主要是指突发事件的"突发性",人们无法预测或难以预测此类事件什么时候发生,有些突发事件还具备更多的不确定性,例如SARS病毒和本次的新型冠状病毒。危害性表现在此类事件能够给个人和社会带来伤害,例如生命被剥夺,财产受损失,等等。突发事件的这两大特点,恰恰与法治的可

* 中国人民大学法学院副教授,国家发展与战略研究院研究员。

预期性和权利保障相对立。

针对突发事件的不确定性，法治要求遵循三个主要原则：首先是效率原则。及早识别突发事件、迅速采取响应措施、尽快结束非常状态。效率就是“与时间赛跑”、与不确定性赛跑，尽可能控制不确定性。为了实现高效治理，法治进而要求遵循另外两个原则，即信息畅通原则和紧急授权原则。信息在突发事件治理中非常重要，人们掌握的信息越多，对于突发事件的了解也就越多，治理突发事件的把握也就越大。紧急授权原则，要求赋予第一线的治理者充足的紧急权力，承担减缓或消除突发事件的直接职责，二线三线和其他后方的人员主要承担保障和协调的工作；常规的科层制组织形态也应该随之调整，以适应瞬息万变的突发状况。第一线的治理者具体包括哪些机构和个人，依赖于突发事件的特殊状况，一般而言，行政机构和军事机构往往是主要的一线治理者；在传染病突发事件中，医疗机构和疾病预防控制机构成为一线治理主体。之所以这样分工，是因为第一线的机构和工作人员掌握的信息最早、最多，需尊重他们的判断和选择。

针对突发事件的危害性，法治原则主要包括预防原则、必要原则（不是常态法律中的必要原则）和比例原则。预防原则要求采取各种有效措施，防止危害的发生和扩大，“防患于未然”是非常法律的最高境界。必要原则早在中世纪时期就出现，主张非常时期允许权宜行事，要求采取各种必要方式以降低或消除危害，例如隔离等强制措施。突发事件危害的是人的生命和社会秩序，这些是人类社会的基础载体。在非常时期，政府和社会的中心工作是处理突发事件，因为突发事件“牵一发而动全身”。常态下丰富多彩的人类行为就因此而变得单调，有利于突发事件处理的行为会得到允许，“特事特办”，例如各种“应急绿色通道”；不利于突发事件处理的行为会被限制、禁止或遭受处罚，例如当前各地不允许多人聚会、乘坐公共交通工具要戴口罩。必要措施不等于完全免责，应该符合比例原则（狭义上的比例原则），也就是紧急权力采取的必要措施与其所达到的目的之间必须相称、不能过分。这就要求紧急权力也应受到监督，该问责的就问责。此外，突发事件还会在经济、社会等领域造成危害，例如常态下签订的合同无法履行，这就要适用不可抗力等法律原则。上述法律原则建立在人类长期抗击各类突发事件的经验教训的基础上,同样也适用于传染病突发事件。传染病突发事件的发展可以分为三个阶段:预防、处置和善后。对于此次新冠肺炎疫情而言,给我们的教训是,要重视预防原则,重视信息的畅通和公开,采取高效措施。对于传染病突发事件,预防原则所要求采取的措施比较多,例如动物防疫、公共卫生设施、预防接种、物资储备、监测和预警,等等。新冠肺炎疫情暴发以后,我国传染病突发事件预防的短板一下子暴露出来:防治传染病的物资储备严重不足,湖北等地众多医院公开向社会发布求助公告,医疗防护物资短缺成了防疫工作的焦点、难点、痛点;中小城市和广大农村公共设施的薄弱也不同程度地显现出来。

我国现在正处于防治的第二阶段,也是疫情防控最紧要的关头。习近平总书记指出,“疫情防控正处于关键时期,坚持依法科学有序防控至关重要”。“疫情防控越是到最吃劲的时候,越要坚持依法防控,在法治轨道上统筹推进各项防控工作。”效率原则、信息畅通原则、紧急授权原则、预防原则、必要原则和比例原则,在当前应该同等重视,立法、执法、司法、守法各环节都要发力。从当前的情况来看,我们不仅要吸取上一阶段的教训,严格遵循预防原则、信息畅通原则和效率原则,也要协调其他原则之间的关系。目前,紧急授权和各种紧急措施最受重视,各种封锁措施层出不穷,这个时候就要特别坚持必要原则和比例原则,对各种紧急措施进行评估,不必要的过分措施应该及时取消。疫情不严重的地方,应该适时调整应急响应的级别。监测、隔离、治疗,是当前政府处置疫情工作的关键。抓住这个关键环节,同时有序开放社会和市场,是当前这个阶段的基本任务。

江苏省高级人民法院
关于妨害新型冠状病毒肺炎疫情防控相关刑事案件的审理指南

（2020 年 2 月 11 日江苏省高级人民法院审判委员会
第 1 次刑事专业委员会会议讨论通过）

为加强全省法院妨害新型冠状病毒肺炎疫情防控相关刑事案件审判工作，充分发挥刑事审判职能，有力维护社会大局稳定和保障人民群众生命健康财产安全，根据《中华人民共和国刑法》《中华人民共和国刑事诉讼法》《中华人民共和国传染病防治法》《中华人民共和国突发事件应对法》《中华人民共和国野生动物保护法》《最高人民法院、最高人民检察院关于办理妨害预防、控制突发传染病疫情等灾害的刑事案件具体应用法律若干问题的解释》（法释〔2003〕8 号）（以下简称《解释》）、《国家卫生健康委员会、最高人民法院、最高人民检察院、公安部关于做好新型冠状病毒肺炎疫情防控期间保障医务人员安全维护良好医疗秩序的通知》（国卫医函〔2020〕43 号）、《最高人民法院、最高人民检察院、公安部、司法部关于依法惩治妨害新型冠状病毒感染肺炎疫情防控违法犯罪的意见》（法发〔2020〕7 号）（以下简称《意见》）以及《江苏省人民代表大会常务委员会关于依法防控新型冠状病毒感染肺炎疫情切实保障人民群众生命健康安全的决定》（2020 年 2 月 8 日公布）等法律法规，制定如下审理指南：

一、总体要求

1. 强化思想认识。全省各级法院要切实把思想和行动统一到习近平总书记系列重要指示精神，中央、省委和最高人民法院关于疫情防控的决策部署上来，认真贯彻落实习近平总书记在中央全面依法治国委员会第三次会议上的重要讲话精神，增强“四个意识”，坚定“四个自信”，做到“两个维护”。要立足司法审判职能，依法严厉打击抗拒疫情防控、暴力伤医、制假售假、造谣传谣等破坏疫情防控的犯罪行为，为加强疫情防控工作，全面提高依法防控、依法治理能力提供有力的司法保障，切实维护国家安全和社会大局稳定。

2. 严格依法审理。坚持罪刑法定原则和证据裁判规则，准确理解和把握刑法规定的妨害疫情防控相关犯罪的构成要件，严格适用法律和司法解释，做到主客观相统一、罪责刑相适应、程序公正合法，确保案件事实证据和定罪量刑经得起法律的检验。

3. 坚持从严惩处。对新型冠状病毒肺炎疫情防控期间发生的抗拒疫情防控措施、暴力伤医、制假售假、哄抬物价、诈骗、造谣传谣、破坏野生动物资源、疫情防控失职渎职、贪污挪用等各类犯罪行为，应当按照刑法、《解释》《意见》等规定，依法从重处罚。

二、规范审判程序

4. 坚持依法从快审理。在准确认定案件事实证据的基础上，对妨害疫情防控的各类刑事犯罪案件，做到快立、快审、快判，积极适用认罪认罚从宽制度，对符合条件的案件依法适用速裁、简易程序快速审理。

5. 坚持以审判为中心。在疫情防控期间积极运用智慧法院建设成果，采用远程提讯、开庭等方式组织诉讼活动，保证庭审在查明事实、认定证据、保护诉权、公正裁判中的决定性作用，确保案件审判质量。

6. 充分保障诉讼权利。落实辩护全覆盖，为认罪认罚以及适用速裁、简易程序的被告人提供法律帮助，为其他未委托辩护人的被告人指派法律援助，充分听取值班律师、辩护人意见，切实保障当事人特别是被告人的各项诉讼权利。

三、准确认定事实和适用法律

（一）依法从严惩处抗拒疫情防控的犯罪行为

7.【以危险方法危害公共安全罪】故意传播新型冠状病毒肺炎病原体，

危害公共安全的，依照刑法第一百一十四条、第一百一十五条的规定，按照以危险方法危害公共安全罪定罪处罚。

审理该类案件，应当重点审查以下事实证据：

(1)行为人是否实施了进入公共场所或者公共交通工具等与他人密切接触的传播传染病病原体的行为。

(2)行为人的行为是否危害了公共安全。新型冠状病毒肺炎确诊患者，拒绝或者擅自脱离隔离治疗，进入公共场所或者公共交通工具的，以及新型冠状病毒肺炎疑似患者，拒绝或者擅自脱离隔离治疗，进入公共场所或者公共交通工具，造成新型冠状病毒传播的，应当认定为危害公共安全。

(3)行为人是否明知自己系新型冠状病毒肺炎确诊或疑似患者而故意传播传染病病原体。对行为人主观故意的认定，应当根据行为人对自身携带传染病病原体的认知程度，行为传播传染病病原体的危险程度以及有无采取必要的防护措施等综合判断。

8.【妨害传染病防治罪】违反传染病防治法的规定，拒绝执行疾病预防控制机构依照传染病防治法提出的预防、控制措施，引起新型冠状病毒传播或者有传播严重危险的，依照刑法第三百三十条的规定，以妨害传染病防治罪定罪处罚。

审理该类案件，应当重点审查以下事实证据：

(1)行为人是否实施了拒绝执行疾病预防控制机构依照传染病防治法提出的预防、控制措施等违反传染病防治法规定的行为。

(2)行为人的行为是否客观上引起传染病传播或者有传播严重危险。因行为人的行为造成共同生活以外的多人被隔离进行医学观察的，属于“有传播严重危险”。

新型冠状病毒肺炎确诊或疑似患者隐瞒接触史、旅居史，导致未及时发现密切接触人员或者场所，引起新型冠状病毒传播或者有传播严重危险的，以妨害传染病防治罪论处。

在就诊或防疫检疫等过程中，隐瞒疫情相关接触史、旅居史，逃避接受检疫、强制隔离、隔离治疗，或者以暴力、威胁等方法拒不接受医疗卫生机构的检疫、强制隔离、隔离治疗措施，引起新型冠状病毒传播或者有传播严重危险的,以妨害传染病防治罪论处。

实施上述行为后,及时主动向医疗、疫情防控机构报告相关接触史、旅居史,接受检疫、强制隔离或者治疗的,可以酌情从轻处罚;构成坦白、自首情节的,依法从宽处罚。

9.【破坏交通设施罪】未经批准擅自断路堵路,损毁、破坏道路、桥梁等,足以使汽车、火车等发生颠覆、毁坏风险的,依照刑法第一百一十七条、第一百一十九条的规定,以破坏交通设施罪定罪处罚。

审理该类案件,应当重点审查以下事实证据:

(1)行为人是否实施了损毁、破坏公路、桥梁等行为;

(2)行为人的行为是否足以使汽车、火车等发生颠覆、毁坏风险。

未经批准实施断路堵路行为,但设立明显标识或安排专人拦截予以警示,足以防止汽车等发生颠覆、毁坏风险的,不构成"破坏交通设施罪";违法造成道路损毁,构成故意毁坏财物等其他犯罪的,以其他罪名定罪处罚;未造成严重后果的,一般不以犯罪论处,由主管部门予以纠正。

10.【妨害公务罪】以暴力、威胁方法阻碍国家机关工作人员等依法履行为防治新型冠状病毒肺炎传染病疫情而采取的防疫、检疫、强制隔离、隔离治疗等预防、控制措施的,依照刑法第二百七十七条第一款、第三款的规定,以妨害公务罪定罪处罚。

审理该类案件,应当重点审查以下事实证据:

行为人是否有以暴力、威胁方法阻碍国家机关工作人员等履行预防、控制突发传染病疫情措施的行为。在依照法律、法规规定行使国家有关疫情防控行政管理职权的组织中从事公务的人员,在受国家机关委托代表国家机关行使疫情防控职权的组织中从事公务的人员,虽未列入国家机关人员编制但在国家机关中从事疫情防控公务的人员,属于国家机关工作人员。以暴力、威胁方法阻碍传染病管理监督员等卫生监督执法人员或者具有红十字会成员身份的医疗人员履行预防、控制突发传染病疫情措施的,以妨害公务罪论处。

(二)依法从严惩处暴力伤医等妨害医疗活动的犯罪行为

11.【故意伤害罪】【故意杀人罪】故意伤害医务人员身体,造成轻伤以上后果的,依照刑法第二百三十四条的规定,以故意伤害罪定罪处罚。故意杀害医务人员的,依照刑法第二百三十二条的规定,以故意杀人罪定罪处罚。

审理该类案件,应当重点审查以下事实证据:

(1)行为人的行为是否造成医务人员轻伤以上的损害后果;

(2)行为人是否有伤害或致人死亡的故意。

在疫情防控期间,故意撕扯、损坏医务人员防护装备或者吐口水等恶意接触医务人员,造成医务人员感染新型冠状病毒,以故意伤害罪论处。确有致人伤亡的故意,实施伤医害医行为,但未造成相应损害后果的,以犯罪未遂论处。

12.【非法拘禁罪】以不准离开工作场所等方式非法限制医务人员人身自由,符合刑法第二百三十八条规定的,以非法拘禁罪定罪处罚。

审理该类案件,应当重点审查以下事实证据:

(1)行为人的行为是否达到了剥夺人身自由的程度;

(2)行为人非法拘禁的持续时间,以及有无殴打、侮辱、虐待、捆绑、使用械具等情节。

13.【侮辱罪】【诽谤罪】采取暴力或者其他方法公然侮辱医务人员或者捏造事实诽谤医务人员,符合刑法第二百四十六条规定的,以侮辱罪或者诽谤罪定罪处罚。

审理该类案件,应当重点审查以下事实证据:

(1)行为人是否实施了足以贬损他人名誉的公然侮辱或者捏造事实诽谤的行为;

(2)行为人的行为是否达到情节严重的程度。实施本罪行为,具有引发群体性事件,造成恶劣社会影响或国际影响,严重损害国家形象、危害国家利益等严重危害社会秩序和国家利益情形的,可以按照公诉案件程序审理。

14.【寻衅滋事罪】有下列寻衅滋事行为之一的,依照刑法第二百九十三条的规定,以寻衅滋事罪定罪处罚:

(1)随意殴打或者追逐、拦截、辱骂、恐吓医务人员或其他疫情防控人员,严重妨害医疗、疫情防控工作或者有其他恶劣情节的;

(2)强拿硬要或者任意损毁、占用防护器具、医疗设备等公私财物,情节严重的；

(3)在医疗卫生机构、隔离点等公共场所起哄闹事，造成公共场所秩序严重混乱的。

审理该类案件，应当重点审查以下事实证据：

(1)行为人是否属于无事生非、借故生非，具有寻衅滋事的故意；

(2)行为人的行为是否严重妨害医疗、疫情防控工作，是否达到情节恶劣的程度或造成公共场所秩序严重混乱的后果。

行为人寻衅滋事，推搡、撕扯医务人员或损坏医务人员防护装备，严重影响医疗工作的，以寻衅滋事罪论处，同时构成故意伤害罪的，择一重罪处罚。

行为人在医疗卫生机构等场所违规停放尸体、私设灵堂，或者阻碍医疗卫生机构依法处置传染病患者尸体，严重影响医疗、疫情防控工作的，以寻衅滋事罪论处，同时构成危害公共安全犯罪、妨害传染病防治罪或者聚众扰乱社会秩序罪等其他犯罪的，择一重罪处罚。

15.【聚众扰乱社会秩序罪】聚众扰乱医疗卫生机构、隔离点等场所社会秩序，致使医疗、疫情防控等工作无法进行，造成严重损失的，对首要分子或其他积极参加的，依照刑法第二百九十条第一款的规定，以聚众扰乱社会秩序罪定罪处罚。

审理该类案件，应当重点审查以下事实证据：

(1)行为人是否实施了聚众扰乱医疗卫生机构等场所社会秩序的行为；

(2)行为人的行为是否致使生产、经营及医疗、疫情防控等工作无法进行，造成严重损失。

16.【聚众哄抢罪】聚众哄抢公私财物，数额达到三千元以上或者有其他严重情节的，对首要分子和积极参加的，依照刑法第二百六十八条的规定，以聚众哄抢罪定罪处罚。聚众哄抢疫情防控和保障物资的，从重处罚。

审理该类案件，应当重点审查以下事实证据：

(1)行为人是否带头或积极参加哄抢行为；

(2)行为人所哄抢物资的价值，以及是否属于疫情防控和保障物资。哄抢物资数额虽未达到三千元，但造成延误治疗等严重后果的，视为“有其他严重情节”。

17.【非法行医罪】未取得医师执业资格非法行医，具有造成新型冠状病毒肺炎确诊患者、疑似患者贻误诊治或者造成交叉感染等严重情节的，依照刑法第三百三十六条第一款的规定，以非法行医罪定罪处罚。

审理该类案件，应当重点审查以下事实证据：

（1）行为人是否未取得医师执业资格而非法行医；

（2）行为人的行为有无造成传染病病人贻误诊治或者交叉感染等严重情节。

（三）依法从严惩处制假售假等破坏市场秩序的犯罪行为

18.【生产、销售伪劣产品罪】【生产、销售假药罪】【生产、销售劣药罪】生产、销售伪劣的口罩、防护服、护目镜等防治、防护产品、物资，或者生产、销售用于防治传染病的假药、劣药，构成犯罪的，分别依照刑法第一百四十条、第一百四十一条、第一百四十二条的规定，以生产、销售伪劣产品罪，生产、销售假药罪或者生产、销售劣药罪定罪处罚。

【生产、销售不符合标准的医用器材罪】生产用于防治传染病的不符合保障人体健康的国家标准、行业标准的医疗器械、医用卫生材料，或者销售明知是用于防治传染病的不符合保障人体健康的国家标准、行业标准的医疗器械、医用卫生材料，不具有防护、救治功能，足以严重危害人体健康的，依照刑法第一百四十五条的规定，以生产、销售不符合标准的医用器材罪定罪处罚。

审理该类案件，应当重点审查以下事实证据：

（1）生产、销售的疫情防控产品、物资是否属于医疗器械或医用卫生材料；

（2）涉案物品的数量及销售价格，对涉案物品是否为伪劣产品、假药、劣药或者不符合标准的医用器械、医用卫生材料，或者货物价值存在争议的，必要时应委托专业机构进行鉴定和评估；

（3）行为人是否明知销售的产品系伪劣商品，主要审查进货渠道、价格、销售方式以及是否曾因同类行为受过行政处罚等；

（4）涉案产品是否足以严重危害人体健康。

19.【假冒注册商标罪】【销售假冒注册商标的商品罪】未经防治、防护用品注册商标所有人许可，在同一种商品上使用与其注册商标相同的商标，非法经营数额在五万元以上或者违法所得数额在三万元以上，或者有其他严重情节的，依照刑法第二百一十三条的规定，以假冒注册商标罪定罪处罚。销售明知是假冒注册商标的防治、防护用品，销售金额在五万元以上的，依照刑法第二百一十四条的规定，以销售假冒注册商标的商品罪定罪处罚。

审理该类案件，应当重点审查以下事实证据：

(1)行为人所使用的商标是否与注册商标相同；

(2)使用行为是否未经注册商标所有人许可；

(3)行为人的经营数额、销售数额。对于涉案防治、防护产品符合相关国家标准、行业标准的，可以根据案件客观情况酌情从轻处罚。

20.【虚假广告罪】广告主、广告经营者、广告发布者违反国家规定，假借预防、控制突发传染病疫情等灾害的名义，利用广告对所推销的商品或者服务作虚假宣传，致使多人上当受骗，违法所得数额在三万元以上，或者有其他严重情节的，依照刑法第二百二十二条的规定，以虚假广告罪定罪处罚。

审理该类案件，应着重审查以下事实证据：

(1)行为人的行为是否违反广告法等相关国家规定；

(2)行为人的违法所得数额、上当受骗人数及损失数额，行为人是否曾因虚假广告行为受过行政处罚，以及是否有虚假广告所推销的商品或者服务造成人身伤残等其他情节严重的情形。

对明知他人在疫情防控期间实施生产、销售伪劣的防治、防护产品、物资或假药、劣药或不符合标准的医用器材等犯罪行为，或者明知他人利用疫情实施诈骗犯罪行为而提供广告宣传帮助行为的，以相关犯罪的共犯论处。

21.【非法经营罪】违反国家在疫情防控期间有关市场经营、价格管理等规定，哄抬物价、牟取暴利，严重扰乱市场秩序，个人违法所得在一万元以上、单位违法所得在十万元以上，或者有其他严重情节的，依照刑法第二百二十五条第(四)项的规定，以非法经营罪定罪，依法从重处罚。

审理该类案件，应当重点审查以下事实证据：

(1)行为人的行为是否违反价格法、国务院《价格违法行为行政处罚规定》等国家规定；

(2)涉案产品的真伪、质量、进货渠道、购销价格以及政府限价、指导价及市场一般行情；

(3)非法经营数额和违法所得数额。因生产、销售成本大幅度上涨导致定价过高的，可不认定为哄抬物价的行为。

22.【竞合的适用】上述破坏市场秩序的行为，同时构成生产、销售伪劣产品罪，生产、销售假药罪，生产、销售劣药罪，生产、销售不符合标准的医用器材罪，非法经营罪，假冒注册商标罪，销售假冒注册商标的商品罪的，择一重罪处罚。

(四)依法从严惩处造谣传谣的犯罪行为

23.【编造、故意传播虚假恐怖信息罪】【编造、故意传播虚假信息罪】编造与新型冠状病毒肺炎疫情有关的虚假信息、虚假恐怖信息或者明知是编造的此类虚假信息、虚假恐怖信息而故意传播，严重扰乱社会秩序的，依照刑法第二百九十一条之一第一款、第二款的规定，以编造、故意传播虚假恐怖信息罪或编造、故意传播虚假信息罪定罪处罚。

编造与疫情有关的虚假信息，或者明知是编造的虚假信息，在信息网络散布或者组织、指使人员在信息网络上散布，起哄闹事，造成公共秩序严重混乱的，以寻衅滋事罪定罪处罚。

对此类案件，应当依法、精准、恰当处置。行为人编造、散布的信息内容有一定根据，并非完全捏造，其主观上没有危害社会的意图，客观上没有造成严重社会危害后果的，不得定罪处罚。

审理该类案件，应当重点审查以下事实证据：

(1)行为人编造、传播的信息、恐怖信息内容是否虚假；

(2)行为人是否明知是虚假信息、虚假恐怖信息而故意编造、传播；

(3)行为人的行为有无严重扰乱社会秩序，或者造成严重后果。

【煽动分裂国家罪】【煽动颠覆国家政权罪】利用疫情制造、传播谣言，煽动分裂国家、破坏国家统一，或者煽动颠覆国家政权、推翻社会主义制度的，依照刑法第一百零三条第二款、第一百零五条第二款的规定，以煽动分裂国家罪或者煽动颠覆国家政权罪定罪处罚。

24.【拒不履行信息网络安全管理义务罪】网络服务者未履行法律、行政法规规定的信息网络安全管理义务,经监管部门责令采取改正措施而拒不改正,致使有关疫情的虚假、违法信息大量传播的,依照刑法第二百八十六条之一的规定,以拒不履行信息网络安全管理义务罪定罪处罚。

审理该类案件,应当重点审查以下事实证据:

(1)行为人是否负有法律、行政法规规定的信息网络安全管理义务而未履行;

(2)行为人是否经监管部门责令采取改正措施而拒不改正;

(3)行为人的行为是否致使有关疫情的虚假、违法信息大量传播。

(五)依法从严惩处破坏野生动物资源类犯罪

25.【非法猎捕、杀害珍贵、濒危野生动物罪】【非法收购、运输、出售珍贵、濒危野生动物、珍贵、濒危野生动物制品罪】【非法狩猎罪】非法猎捕、杀害国家重点保护的珍贵、濒危野生动物的,或者非法收购、运输、出售国家重点保护的珍贵、濒危野生动物及其制品的,依照刑法第三百四十一条第一款的规定,分别以非法猎捕、杀害珍贵、濒危野生动物罪和非法收购、运输、出售珍贵、濒危野生动物、珍贵、濒危野生动物制品罪定罪处罚;违反狩猎法规,在禁猎区、禁猎期或者使用禁用的工具、方法进行狩猎,破坏野生动物资源,情节严重的,依照刑法第三百四十一条第二款的规定,以非法狩猎罪定罪处罚。

审理该类案件,应当重点审查以下事实证据:

(1)捕猎野生动物的种类、数量;

(2)捕猎方式、捕猎行为对野生动物迁徙、栖息、繁殖的危害,特别是此类行为对公共安全、人民生命健康安全的危害。

除对直接实施猎捕的行为人依法惩处外,要依法追究故意贩卖、运输、加工、销售野生动物及其制品等行为人的刑事责任,实现全链条打击。

违反国家规定,非法经营非国家重点保护野生动物及其制品(包括开办交易场所、进行网络销售、加工食品出售等),扰乱市场秩序,情节严重的,依照刑法第二百二十五条第(四)项的规定,以非法经营罪定罪处罚。

【掩饰、隐瞒犯罪所得罪】知道或者应当知道是非法狩猎的野生动物而购买，符合刑法第三百一十二条规定的，以掩饰、隐瞒犯罪所得罪定罪处罚。对明知他人非法狩猎野生动物，长期性、经常性多次向他人收购被猎捕野生动物的收购者，应当以非法狩猎罪共犯论处，同时触犯掩饰、隐瞒犯罪所得罪等其他罪名的，择一重罪处罚。

对以食用为最终目的，可能造成重大公共安全隐患的非法捕猎、运输、加工、销售野生动物及其制品的犯罪行为和非法购买、销售未经检疫的野生动物及其制品的犯罪行为，依法从重处罚。

（六）依法严惩其他妨害疫情防控的犯罪行为

26.【诈骗罪】假借研制、生产或者销售用于防控疫情用品的名义骗取公私财物，以及假借救治传染病、防控疫情名义骗取医疗、防疫专项款物或者社会捐助款物，数额较大的，依照刑法第二百六十六条的规定，以诈骗罪定罪，依法从重处罚。

审理该类案件，应当重点审查以下事实证据：

（1）行为人是否具有“以非法占有为目的”的主观故意，主要审查行为人是否有真实的货源、是否具备供货能力、所获财物的实际用途等；

（2）诈骗是否同时存在既遂和未遂的情形。

对以赈灾募捐名义实施诈骗或者骗取救济、医疗专项款物，数额接近六千元、六万元、五十万元的，应当以诈骗罪定罪或认定有刑法第二百六十六条规定的“其他严重情节”“其他特别严重情节”。

对利用通信工具、互联网等技术手段骗取不特定多数人财物的，应当按照《最高人民法院、最高人民检察院、公安部关于办理电信网络诈骗等刑事案件适用法律若干问题的意见》的规定确定定罪量刑标准。

27.【污染环境罪】违反传染病防治法等疫情防控规定，随意处置含新型冠状病毒病原体的医疗防护用品、器材、医疗生活废物以及其他有毒有害物质，严重污染环境的，依照刑法第三百三十八条的规定，以污染环境罪定罪处罚。

审理该类案件，应着重审查以下事实证据：

（1）行为人随意处置有毒有害物质的行为是否违反传染病防治法等国家规定；

(2)行为人的行为是否严重污染环境;

(3)行为人是否有严重污染环境的故意。

对此,应根据行为人的任职情况、职业经历,对有毒有害物质的认知程度以及污染方式、损害后果等综合判断。

28.【贪污罪】【职务侵占罪】【挪用公款罪】【挪用资金罪】贪污、侵占用于预防、控制突发传染病疫情等灾害的款物或者挪用上述款物归个人使用,构成犯罪的,分别依照刑法第三百八十二条、第三百八十三条、第二百七十一条、第三百八十四条、第二百七十二条的规定,以贪污罪、职务侵占罪、挪用公款罪、挪用资金罪定罪处罚。

【挪用特定款物罪】挪用用于防控突发传染病疫情等灾害的救灾、优抚、救济等款物,构成犯罪的,对直接责任人员,依照刑法第二百七十三条的规定,以挪用特定款物罪定罪处罚。

审理该类案件,应着重审查以下事实证据:

(1)行为人是否为国家工作人员;

(2)行为人是否具有"非法占有"的主观故意;

(3)涉案款物是否为特定款物。

同时,严格按照《最高人民法院、最高人民检察院关于办理贪污贿赂刑事案件适用法律若干问题的解释》的规定确定定罪量刑的标准。

29.【滥用职权罪】【玩忽职守罪】在防控疫情工作中,负有组织、协调、指挥、疫情调查、控制、医疗救治、信息传递、交通运输、物资保障等职责的国家机关工作人员,滥用职权或者玩忽职守,致使公共财产、国家和人民利益遭受重大损失的,依照刑法第三百九十七条的规定,以滥用职权罪或者玩忽职守罪定罪处罚。

【传染病防治失职罪】从事传染病防治的政府卫生行政部门的工作人员严重不负责任,导致新型冠状病毒肺炎传染病传播或者流行,情节严重的,依照刑法第四百零九条的规定,以传染病防治失职罪定罪处罚。

审理该类案件,应着重审查以下事实证据:

(1)行为人是否为国家机关工作人员,或者受国家机关委托代表国家机关行使职权的组织中从事公务的人员,或者虽未列入国家机关人员编制但在国家机关中从事公务的人员；

（2）行为人是否具有防控疫情相关工作职责；

（3）渎职行为与传染范围扩大或者疫情加重后果之间的因果关系。

30.【传染病毒种扩散罪】从事实验、保藏、携带、运输传染病菌种、毒种的人员，违反国务院卫生行政部门的有关规定，造成新型冠状病毒毒种扩散，后果严重的，依照刑法第三百三十一条的规定，以传染病毒种扩散罪定罪处罚。

审理该类案件，应着重审查以下事实证据：

（1）行为人是否属于从事实验、保藏、携带、运输传染病菌种、毒种的人员，是否对新型冠状病毒毒种具有管理权限；

（2）行为人的行为是否造成新型冠状病毒毒种扩散，且后果严重。导致新型冠状病毒肺炎传染病传播或者造成人员重伤、死亡以及严重影响正常生产、生活秩序等后果的，应当认定为“后果严重”。

四、坚持宽严相济刑事政策

31.充分认识疫情防控期间妨害疫情防控犯罪行为的社会危害性，严格控制对妨害疫情防控相关犯罪的缓刑、免予刑事处罚的适用。对生产、销售疫情防控急需物资的被告人，符合缓刑条件的可以适用缓刑。加大对犯罪分子的财产刑处罚力度，采取有效措施依法追缴犯罪违法所得，坚决不让犯罪分子在经济上非法获利。对利用职业便利实施犯罪或违背职业要求特定义务的犯罪，可依法决定对被告人的职业禁止。

32.综合把握妨害疫情防控犯罪的事实，定罪量刑时既要考虑犯罪数额、对象、损害后果等一般情节，也要考虑犯罪发生的特殊时期、地点以及相关信息通过互联网传播等造成的危害后果，避免“唯数额论”。要充分考量被告人的主观恶性和人身危险性，对因实施相关违法行为被行政处理后又实施相关犯罪行为的，依法从重处罚。重视对犯罪分子的“教育、感化、挽救”方针，对具有自首、立功、坦白等情节以及认罪认罚的犯罪分子，依法从宽处罚。

五、其他要求

33.加强与纪检监察、公安、检察、司法行政等机关的协调配合，畅通指定管辖、案件移送、涉案款物移交等工作渠道，提高案件办理效率。积极会商处理妨害疫情防控相关犯罪案件的法律适用难题，及时通报重点个案的查处情况。对审理中发现的党员和国家工作人员职务违法及犯罪线索，及时向同级纪检监察机关移送。加强与医疗主管、卫生防疫等部门沟通配合，及时研究解决案件审理中的专业问题。

34.坚持司法为民、公正司法，落实司法公开各项要求，加强和规范裁判文书释法说理，既严格遵循法律、司法解释的规定，也要兼顾国法天理人情，旗帜鲜明弘扬社会主义核心价值观。要及时向社会公布人民法院依法从严惩治妨害疫情防控相关犯罪的典型案件，有效震慑犯罪分子，切实增加人民群众的社会安全感，实现案件裁判的法律效果和社会效果有机统一。

浙江省高级人民法院
浙江省人民检察院　浙江省公安厅
关于涉新型冠状病毒感染肺炎疫情刑事案件办理工作的若干规定

一、案件范围

涉新型冠状病毒感染肺炎疫情刑事案件范围主要包括：

在疫情防控期间实施的哄抬物价、囤积居奇等非法经营刑事案件；

在疫情防控期间实施的生产、销售用于防治涉新型冠状病毒感染肺炎的伪劣防治、防护产品、物资，假药、劣药以及不符合保障人体健康的国家标准、行业标准的医疗器械、医用卫生材料等刑事案件；

利用疫情实施的诈骗、敲诈勒索等刑事案件；

贪污、侵占、挪用、盗窃、诈骗、抢劫、抢夺用于防控疫情的物资、救灾救济、医疗款物等刑事案件；

故意传播新型冠状病毒，或者患有新型冠状病毒感染肺炎或疑似病症而拒绝接受检疫、强制隔离或治疗、过失造成传染病传播且情节严重的刑事案件；

以暴力、威胁方法阻碍国家机关工作人员、红十字会工作人员依法履行为防治疫情而采取的防疫、检疫、强制隔离、隔离治疗等预防、控制措施的刑事案件；

编造与疫情有关的恐怖信息、虚假疫情、警情，或明知是编造的此类恐怖信息、虚假疫情、警情而故意传播，严重扰乱社会秩序的刑事案件；

疫情防控期间“暴力伤医”、扰乱医疗机构秩序等涉医刑事案件；

其他涉新型冠状病毒感染肺炎疫情刑事案件。

二、总体要求

各级人民法院、人民检察院、公安机关应充分发挥职能作用，加强协同配合，形成打击合力。对于涉疫情刑事案件要优先办理，严格依法快侦快诉快审；正确运用法律规定加大惩处力度，体现依法从严惩处精神。要坚持依法办案，严格入罪标准，贯彻落实宽严相济刑事政策，切实做到宽严有据，罚当其罪，实现政治效果、法律效果和社会效果的统一。要加强案件指导，各办案单位分管领导应靠前指挥，部门负责人原则上是第一承办人；上级部门要加强指导和督办，统一执法尺度。要重视法治宣传，注意疫情防控期间矛盾纠纷化解。为坚持依法防控，在法治轨道上统筹推进各项防控工作，保障疫情防控工作顺利开展提供坚强司法保障。

（一）信息实时通报机制

各级人民法院、人民检察院、公安机关应当建立涉疫情刑事犯罪案件实时信息共享通报制度。公安机关应当在立案侦查当日通报同级人民检察院、人民法院。人民检察院应当在决定提前介入当日通报同级人民法院；对拟提起公诉的，应在提起公诉二日前通报人民法院。人民法院在案件判决后，应在当日将判决结果告知同级人民检察院、公安机关。

（二）案件内部报备机制

各级人民法院、人民检察院、公安机关应当建立涉疫情刑事案件情况内部报备机制。各办案单位对受理或介入的涉疫情刑事案件情况应及时向省法院、省检察院、省公安厅指定部门报备。重大敏感涉疫情刑事案件应实时报备。

（三）提前介入机制

对于涉疫情重大刑事案件，公安机关应及时商请同级人民检察院提前介入，人民检察院应在二日内指定专人或组织专班开展介入工作，引导公安机关全面收集、固定证据，并对侦查活动合法性进行监督。人民检察院提前介入后，应同时通报同级人民法院。同级人民法院应指派专人对接，熟悉案情，及时跟进，并就疑难问题进行分析研判，为依法快审快判打好基础。

（四）案件会商机制

在办理涉疫情刑事案件中，对于事实认定、证据标准、法律适用等存在争议的,应在提起公诉前启动会商机制,必要时报请当地政法委牵头会商研究。

对重大、疑难、复杂的涉疫情刑事案件,或经会商仍未形成统一意见的,要分别及时向上级部门请示汇报。上级部门要加强指导,及时会商,尽早答复,统一执法标准,确保涉疫情刑事案件依法、及时、准确、稳妥办理。

(五)宣传协同机制

各级人民法院、人民检察院、公安机关要在依法办理涉疫情刑事案件的同时,加强正面宣传和舆情引导,确保案件办理效果。在宣传报道前,办案部门要按照“三同步”工作机制,与新闻宣传部门共同研判,做好风险评估。各部门要加强协作,必要时可共同制订宣传方案,适时、协同发布信息,努力形成对外宣传合力。

(六)典型案例发布机制

各级人民法院、人民检察院、公安机关应当建立涉疫情刑事案件典型案例发布机制。各办案单位要及时收集梳理涉疫情刑事案件典型案例,对于有利于宣传预防犯罪的案件,应适时向社会公众发布。上级人民法院、人民检察院、公安机关对于在事实认定、适用法律等方面有重大典型意义的案件,应及时总结、联合下发,以加强对下指导,统一执法思想和标准。

(七)一体化单轨制协同办案机制

各级人民法院、人民检察院、公安机关应当充分发挥政法一体化办案系统网上单轨制协同办案的优势,最大限度减少人员接触,防止疫情传播,切实保障干警的生命安全和身体健康。

湖北省高级人民法院　湖北省人民检察院
湖北省公安厅　湖北省司法厅
关于依法惩治妨害新型冠状病毒肺炎疫情防控违法犯罪的实施意见

为依法惩治妨害新型冠状病毒肺炎疫情防控各类违法犯罪活动，坚决维护全省社会大局稳定，根据《中华人民共和国刑法》《中华人民共和国传染病防治法》《国家卫生健康委员会、最高人民法院、最高人民检察院、公安部关于做好新型冠状病毒肺炎疫情防控期间保障医务人员安全维护良好医疗秩序的通知》以及《最高人民法院、最高人民检察院、公安部、司法部关于依法惩治妨害新型冠状病毒感染肺炎疫情防控违法犯罪的意见》等规定，制定本意见。

一、提高政治站位，依法惩治妨害疫情防控各类违法犯罪

1. 全省各级人民法院、人民检察院、公安机关、司法行政机关要充分认清目前我省疫情防控的严峻形势，认真学习贯彻习近平总书记关于新型冠状病毒肺炎疫情防控的重要讲话和指示批示精神，增强"四个意识"，坚定"四个自信"，做到"两个维护"，充分认识湖北疫情防控工作的极端重要性和紧迫性，把疫情防控作为当前的头等大事和最重要工作，以高度的责任感和紧迫感，充分发挥职能作用，用足用好法律规定，依法惩治妨害疫情防控的各类违法犯罪。

2. 办理妨害疫情防控各类违法犯罪案件，既要从严惩治，充分保障人民群众生命健康安全，又要重事实、重证据、重程序，既不循势拔高，又不人为降格，确保每一起案件办理经得起法律和历史检验，努力实现法律效果、政

治效果、社会效果相统一。

二、准确适用法律，确保妨害疫情防控案件办理质量

3. 要坚持以人民为中心的理念，既要依法惩罚犯罪，也要坚持刑事司法的谦抑性；既要对违反《治安管理处罚法》的行为严格依法予以处罚，也要坚持教育与处罚相结合的原则，充分理解当事群众对疫情的恐慌心情。坚持宽严相济，打击极少数，教育挽救大多数，对依法可处罚可不处罚的，不予处罚；可采取可不采取强制措施的，不采取强制措施，避免打击扩大化、简单化。

4. 对以暴力、威胁方法抗拒、阻碍防疫、检疫、强制隔离、隔离治疗等防控、治疗措施实施，故意危害公共安全的；侵犯医务人员安全、扰乱医疗秩序的；生产、销售伪劣产品、假药劣药、不符合标准的医用器材的；囤积居奇、哄抬物价、牟取暴利，严重扰乱市场秩序和民生保障，制造恐慌的；编造、故意传播虚假信息扰乱公共秩序的；以及非法收购、运输、出售珍贵、濒危野生动物的，要依法从严从重从快打击。

5. 严格按照相关犯罪的立案追诉标准，结合案件的具体事实、情节，准确把握罪与非罪、违法与犯罪的界限。坚持主客观相一致，全面查明行为人的主观故意、客观行为和危害后果，认定相关罪名，准确区分此罪与彼罪的界限。如以危险方法危害公共安全罪与妨害传染病防治罪，生产、销售伪劣产品罪与生产、销售不符合标准的医用器材罪，编造、故意传播虚假信息罪与寻衅滋事罪等的区别。

6. 公安机关接到妨害疫情防控工作警情后要及时出警，采取果断措施予以快速处置，依法及时立案查处，全面规范收集固定证据，严格规范公正文明执法。对于不构成犯罪的，根据治安管理处罚法等法律法规，予以行政处罚，或者依法移送相关部门处理。

7. 公安机关要根据具体案情，结合立法目的，准确理解适用相关法律条款。如对拒不执行县级以上人民政府新型冠状病毒肺炎疫情防控指挥部发布的通告（令），可以依据《中华人民共和国治安管理处罚法》第五十条第一款第（一）项，以"拒不执行紧急状态下的决定、命令"定性处罚，确保疫情防

控措施有效执行。

8.强化对重大敏感案件的审核把关和质量管控,确保案件事实清楚、证据确实充分、定性处理得当、适用法律正确,防止案件定性处理和适用法律不当引发不良后果。

三、加强协作配合,全力维护全省疫情防控工作大局秩序

9.全省各级人民法院、人民检察院、公安机关、司法行政机关要加强沟通协调和联动协作,健全完善妨害疫情防控重大、疑难案件会商和信息通报工作机制,确保案件顺利侦查、起诉、审判和交付执行。对于疫情防控期间相关犯罪发生的新情况、新特点和新规律,及时进行研究,互通信息,确保办案质效。

10.公安机关对重大、敏感、复杂案件,及时听取人民检察院的意见建议,在办案过程中,要积极配合人民检察院、人民法院提出的补充、核实证据等意见建议,对于拒绝隔离治疗或者隔离期未满擅自脱离隔离治疗的人员,依法协助医疗机构和有关部门采取强制隔离治疗措施。

11.人民检察院要建立涉疫情防控重大刑事案件提前介入机制,加强与公安机关的沟通,及时掌握情况,依法提前介入侦查,就案件定性、证据收集、法律适用提出意见,并对侦查活动是否合法进行监督;建立涉疫情防控刑事案件快捕快诉机制,对移送审查逮捕、审查起诉的案件,要优先办理,加快办案进度,加强逮捕必要性和羁押必要性审查,对于严重危害公共安全和具有较大社会危险性的,依法从快批准逮捕;对于犯罪嫌疑人系确诊或者疑似新型冠状病毒肺炎病人的,可以采取取保候审或监视居住的强制措施;符合起诉条件的,应当依法从快提起公诉。

12.人民法院对公诉机关指控的妨害疫情防控的各类犯罪,要全面查明案件事实,在证据采信、罪责分析、过错评判方面求精求准,正确适用法律、准确定罪量刑,坚决守住法律底线。在严格依法的前提下开辟绿色通道,充分运用速裁程序、简易程序和普通程序,依法从快审理。上级人民法院要加强妨害疫情防控刑事案件审判工作的指导,确保定性准确、罚当其罪。

13.司法行政机关应当加强对律师辩护或代理妨害疫情防控案件的指导

监督，依法保障律师执业权利，引导律师依法依规履行辩护或代理职责，依法保障犯罪嫌疑人、被告人的诉讼权利，保障疫情防控期间刑事案件的依法及时公正处理。

14. 在疫情防控期间，要注重办案人员和诉讼参与人的防疫安全，提升防范意识和防范能力。除依法必须当面接触的情形外，可以尽量采取书面审查方式，必要时，可以采取视频等方式讯问、会见犯罪嫌疑人、被告人，询问被害人、证人，听取辩护或代理律师意见。在坚持依法公开审理案件的同时，要最大限度减少人员聚集，切实维护诉讼参与人、旁听群众、办案人员的安全和健康。

四、回应社会关注，主动增强案件办理的透明度和公信力

15. 全省各级人民法院、人民检察院、公安机关、司法行政机关要积极回应人民群众关切，对于社会影响大、舆论关注度高的重大案件，加强组织领导，严格依法处理。

16. 全省各级人民法院、人民检察院、公安机关、司法行政机关要认真落实“谁执法谁普法”责任制，结合案件办理加强宣传教育工作。要选取典型案例以案释法，加大教育宣传力度，震慑违法犯罪分子。

17. 要通过办理妨害新型冠状病毒肺炎疫情防控违法犯罪案件工作，主动引导全省广大群众遵纪守法，顾全大局，不信谣、不传谣，依法支持和配合疫情防控工作，为疫情防控工作的顺利开展营造良好的法治环境和社会环境。

湖北省高级人民法院

湖北省人民检察院

湖北省公安厅

湖北省司法厅

2020 年 2 月 15 日

安徽省高级人民法院
安徽省人民检察院　安徽省公安厅
关于依法严厉打击新冠肺炎疫情防控期间刑事犯罪的通告

为全面做好新冠肺炎疫情防控工作，切实保障人民群众生命安全和身体健康，维护社会秩序安全稳定，根据《中华人民共和国刑法》《中华人民共和国传染病防治法》《突发公共卫生事件应急条例》等法律法规及相关司法解释规定，现就依法惩治妨害疫情防控犯罪活动，通告如下：

一、患有或者疑似患有新冠肺炎，拒绝隔离治疗或者违反隔离治疗相关规定，进入公共场所或公共交通工具，参与人员聚集活动，故意传播新冠病毒或造成病毒传播危险，危害公共安全的，按照以危险方法危害公共安全罪追究刑事责任。

二、以暴力、威胁等方法阻碍疫情防控工作人员依法采取防疫、检疫、隔离等应急管制措施的，按照妨害公务罪追究刑事责任。

三、在卫生医疗机构寻衅滋事，对医务人员实施阻拦、推搡等严重妨碍卫生医疗秩序行为的，按照寻衅滋事罪追究刑事责任。对医务人员实施撕扯防护装备、吐口水等行为，致使医务人员感染新冠病毒的，按照故意伤害罪追究刑事责任。恐吓、殴打、侮辱医务人员情节严重的，分别按照寻衅滋事罪、侮辱罪追究刑事责任。

四、编造疫情虚假信息，在信息网络或者其他媒体上传播，或者明知虚假疫情信息故意传播、指使他人散布，制造社会恐慌、挑动社会情绪，严重扰乱社会秩序的，按照编造、故意传播虚假信息罪追究刑事责任。借机制造、传播谣言，煽动分裂国家、破坏国家统一，或者煽动颠覆国家政权、推翻社会主义制度的,按照煽动分裂国家罪、煽动颠覆国家政权罪追究刑事责任。

五、生产、销售伪劣的防治、防护产品、物资,或者生产、销售用于疫情防治的假药、劣药,构成犯罪的,按照生产、销售伪劣产品罪,生产、销售假药罪,生产、销售劣药罪追究刑事责任。

六、生产不符合国家标准、行业标准的医用口罩、护目镜、防护服等医疗器械、医用卫生材料,或者销售明知是不符合标准的医疗器械、医用卫生材料,足以严重危害人体健康的,按照生产、销售不符合标准的医用器材罪追究刑事责任。

七、违反国家有关市场经营、价格管理等规定,在疫情防控期间,囤积居奇,哄抬疫情防控急需防护用品、药品或者其他民生用品价格,牟取暴利,违法所得数额较大或有其他严重情节,严重扰乱市场秩序的,按照非法经营罪追究刑事责任。

八、假借研制、生产或者销售用于疫情防控的物品的名义骗取公私财物,或者捏造事实骗取公众捐赠物,数额较大的,按照诈骗罪追究刑事责任。

九、广告主、广告经营者、广告发布者违反国家规定,假借疫情防控的名义,利用广告对所推销的商品或者服务作虚假宣传,致使多人上当受骗,违法所得数额较大或者有其他严重情节的,按照虚假广告罪追究刑事责任。

十、国家机关工作人员或经指派、委托参加疫情防控的其他工作人员,未按照规范要求做好防疫、检疫、隔离、防护、救治等工作,或故意瞒报、缓报、谎报疫情,以及故意指使、强迫他人瞒报、缓报、谎报疫情,造成疫情扩大或加重的,分别按照滥用职权罪、玩忽职守罪、传染病防治失职罪追究刑事责任。

十一、国家工作人员,受委托管理国有财产的人员,公司、企业或者其他单位的人员,利用职务上的便利,侵吞、截留或者以其他手段非法占有用于疫情防控款物,或者挪用上述款物归个人使用的,分别按照贪污罪、职务侵占罪、挪用公款罪、挪用资金罪追究刑事责任。挪用用于防控疫情的救灾、优抚、救济等款物,对直接责任人员,按照挪用特定款物罪追究刑事责任。

特此通告。

安徽省高级人民法院

安徽省人民检察院

安徽省公安厅

2020年2月13日

实务探讨

惩治疫情防控期间“涉医”违法犯罪的法律适用

臧德胜　李轶凡

2020年年初，一场突如其来的新型冠状病毒肺炎在全国范围内造成了较大的影响。医疗卫生机构成为救治患者、防控疫情的主战场，医务人员为此做出了巨大的牺牲与贡献。然而，各类侵犯医务人员安全、妨害医疗秩序的违法犯罪行为并不鲜见，干扰了疫情防控工作的开展，破坏了社会规则。2月7日，国家卫生健康委员会、最高人民法院、最高人民检察院、公安部联合印发了《关于做好新型冠状病毒肺炎疫情防控期间保障医务人员安全维护良好医疗秩序的通知》（以下简称《通知》），对依法打击新型冠状病毒肺炎疫情防控期间“涉医”违法犯罪提出了要求。《通知》中所提出的对违法犯罪的打击，既涉及治安处罚问题，也涉及刑事犯罪处理问题，既涉及实体问题，也涉及程序问题。但《通知》只是明确了需要惩治的对象，并不涉及如何具体适用法律问题。本文结合相关法律规定，对在实践中如何正确理解《通知》精神，准确适用法律打击“涉医”犯罪问题提出浅见。

一、违法行为和犯罪行为的界限

《通知》指出，对其中所列举的七类侵犯医务人员安全、扰乱医疗秩序行为，“构成犯罪的，依法追究刑事责任；构成违反治安管理行为的，依法予以治安管理处罚”。综观所列举的这些行为，或者危害公共安全，或者侵犯他人人身权利，或者妨害社会管理秩序，在当前疫情防控工作中，是发案率相对较高的情形。这七类行为，总体上均属于与社会治安密切相关的行为，在疫情防控的特殊时期，行为对象特定化为医务人员或者医疗秩序。针对治安类违法犯罪行为,我国采用了二元制制裁体系,包括了治安处罚和刑事处罚两种层次的制裁手段。刑罚与治安处罚的根本差异,在于根据反社会行为的社会危害性程度而予以区别对待。同样一种类型的行为,根据其手段、情节和造成的后果,确定其性质是违法行为还是犯罪行为。如果符合刑法规定构成犯罪的,则追究刑事责任,动用刑罚手段;如果尚不构成犯罪,但违反治安管理的,则属于行政违法,予以治安处罚,动用行政处罚手段。

《通知》充分体现了这样的二元制制裁体系的处置原则,在具体案件办理过程中,需要精准区分违法行为和犯罪行为,做到严格、依法惩治,不偏不倚。

1. 不降格原则:构成犯罪的,不能以治安处罚代替刑事处罚

对于违法犯罪行为的惩治,要坚持比例原则,处罚后果和行为性质相协调,既不能轻行为重处罚,也不能重行为轻处罚,这也是"违法必究、执法必严"的社会主义法治原则的基本要求。构成犯罪的行为,自然符合治安处罚的条件,但如果按照治安处罚则放纵了犯罪。尤其在疫情防控期间,降格处理不足以达到惩戒目的。《通知》中蕴含着这样的精神,指出"构成犯罪的,依法追究刑事责任;构成违反治安管理行为的,依法予以治安管理处罚"。这一规定,就体现了严格执法的要求,对于"涉医"违法犯罪行为,首先考虑其是否构成犯罪,而不是优先考虑按照治安管理处罚。在具体办案过程中,需要落实这一精神,对于构成犯罪的不能降格处理。

2. 不拔高原则:仅仅违反治安管理的行为,不能以犯罪论处

我国刑法明确了罪刑法定原则,只有符合了刑法分则规定,构成犯罪的,才能追究刑事责任。犯罪行为的社会危害性大于一般的违法行为,刑罚只适用于实施了具有较为严重社会危害性的行为的人。对于某一具体的治安类违法行为,在仅仅构成行政违法的情况下,不能因为疫情防控的形势需要而认定为犯罪。

在具体办案过程中,如何区分某一行为是治安违法行为还是刑事犯罪行为,较为疑难。笔者认为,可以分为以下三步进行判断。

一是对照刑法分则条文。在刑法分则中有些罪名的规定较为明确,根据条文规定即可判断某一行为是否构成犯罪。如果行为直接符合了分则的

规定,则可以直接认定为犯罪,不符合的则不能定罪。如根据刑法第二百三十四条的规定,故意伤害他人身体,致人重伤的,构成故意伤害罪。一旦实施故意伤害行为致使被害人的伤情构成重伤的,则必然构成犯罪,不存在按照一般违法行为处理的余地。

二是对照司法解释。最高人民法院等机关发布的一些针对个罪的司法解释,对具体罪名的构成条件会作出明确的规定,这就限制了司法人员的裁量权。如随意殴打他人"情节恶劣"的,构成寻衅滋事罪,《最高人民法院、最高人民检察院关于办理寻衅滋事刑事案件适用法律若干问题的解释》(以下简称《寻衅滋事解释》)就规定了"情节恶劣"的七种情形。如果具体行为不符合司法解释规定的,则不能认定为犯罪,至多只能按照治安违法处理。

三是对《治安管理处罚法》和刑法作系统考察。如果《治安管理处罚法》和刑法对某一类行为都有规定,在刑法分则罪状不明,也没有司法解释规定构成条件的情况下,司法人员行使裁量权时,要考虑两部法律的协调。在这种情况下,刑法与《治安管理处罚法》相互衔接,内容互补,从合法行为到违法行为再到犯罪行为,不法性逐步提升,而不能从合法行为直接上升为犯罪行为,刑罚的适用要为治安处罚留下空间。如非法限制医务人员人身自由的行为,《治安管理处罚法》第四十条有规定,刑法第二百三十八条也有规定,虽然刑法及司法解释中没有明确规定限制他人人身自由多长时间构成非法拘禁罪,但不能说一旦实施了限制人身自由的行为,不论时间长短都构成犯罪,否则《治安管理处罚法》就失去了适用空间。

二、常见"涉医"违法犯罪行为的司法认定

《通知》明确,七类侵犯医务人员安全、扰乱医疗秩序的行为如果构成犯罪,则需要追究刑事责任。至于这七类行为在何种情况下构成犯罪,构成何种犯罪,则需要司法机关予以把握。

1. 殴打、故意伤害、故意杀害医务人员的

此种行为是针对医务人员人身而实施的,侵犯了医务人员的人身权利,包括健康权和生命权,具体而言又包括三种类型:

一是殴打医务人员的。根据其主观动机、客观行为以及危害后果,存在

不同的定性。如果针对特定的医务人员实施一般的殴打行为，没有造成轻伤后果的，一般来说只能构成治安违法，不构成犯罪。而如果行为人为寻求刺激、发泄情绪、逞强耍横等，无事生非，随意殴打医务人员的，则其行为不仅侵犯了医务人员的人身权利，而且妨害了社会管理秩序，可能构成寻衅滋事罪。根据《最高人民法院、最高人民检察院、公安部、司法部关于依法惩治妨害新型冠状病毒感染肺炎疫情防控违法犯罪的意见》（以下简称“两高两部”《意见》）中规定，“随意殴打医务人员，情节恶劣的，依照刑法第二百九十三条的规定，以寻衅滋事罪定罪处罚”。在具体办案过程中，需要按照《寻衅滋事解释》确定何谓“情节恶劣”。

二是故意伤害医务人员的。伤害一般是指非法损害他人身体健康的行为，从程度上重于一般殴打行为。一般殴打行为只是给他人造成暂时性的肉体疼痛，或使他人神经受到轻微刺激，但没有破坏他人人体组织的完整性和人体器官的正常机能。在伤害的故意支配下伤害医务人员的，构成故意伤害罪，根据损害后果不同，分别认定为故意伤害致人轻伤、致人重伤和致人死亡，对应不同的法定刑，法定最高刑为死刑。对于致人重伤以上后果的犯罪目的明确、犯罪手段恶劣，却没有造成严重后果的，可以按照故意伤害罪犯罪未遂论处。而如果实施行为的手段一般，没有造成轻伤以上后果的，一般不以故意伤害罪论处。

三是故意杀害医务人员的。故意杀害即故意剥夺他人生命，是最为严重的犯罪行为，法定刑也是采用了从重到轻的表述方式——判处死刑、无期徒刑或者十年以上有期徒刑。实施故意杀害医务人员的行为，不论是否造成死亡结果都构成故意杀人罪。造成死亡结果的属于犯罪既遂，未造成死亡结果的属于犯罪未遂。

2. 以暴力、威胁等方法非法限制医务人员的人身自由，或者公然侮辱、恐吓、诽谤医务人员的

一是以暴力、威胁等方法非法限制医务人员的人身自由的。这一行为侵犯了医务人员的人身自由，妨害了医务人员的诊疗行为。“两高两部”《意见》规定，“以不准离开工作场所等方式非法限制医务人员人身自由，符合刑法第二百三十八条规定的，以非法拘禁罪定罪处罚”。构成非法拘禁罪，要

求限制人身自由的行为达到一定的时间长度，否则不构成犯罪，只能施以治安处罚。刑法第二百三十八条同时规定，在非法拘禁过程中，具有殴打、侮辱情节的，从重处罚。据此，如果有殴打、侮辱情节的，在入罪条件上，对拘禁的时间条件可以适当放宽。在疫情防控期间，医务人员承担着救死扶伤的职责，对医务人员实施非法拘禁行为，危害后果更为严重，应当从严惩处。

二是公然侮辱或者捏造事实诽谤医务人员的。公然侮辱是采用暴力或者其他方法，使他人人格尊严受损的行为，情节严重的，构成侮辱罪。如果是以言语方式侮辱的，不论行为人的言语内容是否真实，均不影响侮辱的定性。捏造事实诽谤他人，败坏他人名誉，情节严重的，构成诽谤罪。侮辱罪和诽谤罪，都以情节严重为入罪条件，情节一般的，不构成犯罪。根据刑法第二百四十六条第二款的规定，构成侮辱、诽谤罪的，“告诉的才处理，但是严重危害社会秩序和国家利益的除外”。也就是说，该罪一般是自诉案件，由受害人直接向法院提起刑事自诉，但是严重危害社会秩序和国家利益的，可以依法由公安机关侦查，检察机关提起公诉。在疫情防控的背景下，公然侮辱、诽谤医务人员，不仅严重伤害医务人员的感情，而且严重干扰防疫工作的开展，可以根据案件情况判断是否属于严重危害社会秩序，如果属于就可以按照公诉程序处理，而无须医务人员提起刑事自诉。

三是恐吓医务人员的。恐吓是指以要挟的话或手段威胁人，以使他人心里感到畏惧恐慌。根据刑法第二百九十三条的规定，恐吓他人情节恶劣的，构成寻衅滋事罪。何谓情节恶劣，要结合行为人的行为动机、行为方式、行为场所、行为后果等综合判断。在疫情防控期间，多次恐吓医务人员的，持凶器或者以传染新型冠状病毒恐吓医务人员的，恐吓行为影响医务人员的工作、生活的，或者造成恶劣社会影响的，可以认定为寻衅滋事罪。

3. 对医务人员实施撕扯防护用具、吐口水等行为，可能导致医务人员感染新型冠状病毒的

新型冠状病毒肺炎，是一种严重的传染病，每一个人都需要采取相应的防护措施。作为医务人员，身处防疫的第一线，更应当加强防护。而行为人对医务人员实施撕扯防护用具的行为，会增加医务人员感染的风险。在疫情期间向医务人员吐口水，具有极大的传播病毒可能性，危害巨大。

对此类行为如何定性,不可一概而论,需要考虑多种因素:(1)行为人是否确诊患者或者疑似患者,如果患者自身就是传染源,不论是撕扯医务人员防护用具,还是向医务人员吐口水,都具有使医务人员感染病毒的现实危险。(2)实施行为的场所是否人员众多,如果在感染者救治病房这样的"红区"撕扯医务人员防护用具,使医务人员感染的可能性更大,在人数众多的地方吐口水,受感染的人员可能不止其所直接针对的医务人员,还可能危害公共安全。(3)是否造成了医务人员感染新型冠状病毒,后果不同,对行为的法律评价也就不同。

此类行为可能触犯多个罪名,包括但不限于:(1)故意伤害罪,如行为人针对特定的医务人员个人实施上述行为,造成其感染新型冠状病毒的,则侵犯了医务人员的身体健康,构成本罪。"两高两部"《意见》规定,"对医务人员实施撕扯防护装备、吐口水等行为,致使医务人员感染新型冠状病毒的,依照刑法第二百三十四条的规定,以故意伤害罪定罪处罚"。(2)以危险方法危害公安安全罪,如确诊患者或者疑似患者在医院等公众场所实施吐口水行为,危害公共安全的,则构成本罪,不论是否造成实际后果。(3)寻衅滋事罪,如非新冠肺炎患者自称系患者在疫情防控期间在公众场所实施该类行为,造成公共场所秩序严重混乱的,可以认定为在公共场所起哄闹事,以本罪论处。(4)侮辱罪,如非新冠肺炎确诊或疑似患者公然向医务人员吐口水,侮辱其人格,情节恶劣的,构成本罪。

4. 以暴力、威胁等方法拒不接受医疗卫生机构的检疫、隔离、治疗措施,或者阻碍医疗卫生机构依法处置传染病患者尸体的

国家将新冠肺炎按照甲类传染病防控管理,任何公民均有义务接受医疗卫生机构采取的检疫、隔离、治疗措施,对传染病患者的尸体,也应由医疗卫生机构依法处置。对于此类行为,根据行为主体、主观心态、行为对象以及后果的不同,可能触犯的罪名也不同。

一是以危险方法危害公共安全罪。该罪主要适用于新冠肺炎确诊患者或者疑似患者。根据"两高两部"《意见》,确诊患者拒绝隔离、治疗,且进入公共场所或者乘坐公共交通工具的,构成本罪;而疑似患者,在具备前述条件的同时,还要求造成了新型冠状病毒传播才构成本罪。作为确诊患者或

者疑似患者，实施了此类行为，就可以推定其具有危害公共安全的故意。

二是妨害传染病防治罪。前述以危险方法危害公共安全罪，犯罪主体限于确诊患者或者疑似患者，而对于一些疫情防控的重点人员，也需要予以重点关注。“两高两部”《意见》规定，“其他拒绝执行卫生防疫机构依照传染病防治法提出的防控措施，引起新型冠状病毒传播或者有传播严重危险的，依照刑法第三百三十条的规定，以妨害传染病防治罪定罪处罚”。在疫情防控期间，这些重点人员主要包括确诊或者疑似患者的密切接触者、有感染症状者及有重点疫区居住、出行史的人员等。

三是妨害公务罪、寻衅滋事罪。根据刑法第二百七十七条的规定，以暴力、威胁方法阻碍国家机关工作人员依法执行职务的，构成妨害公务罪。根据“两高两部”《意见》，如果医疗卫生机构系依照法律法规规定行使疫情防控职权，或者系受政府卫生行政部门依法委托代表卫生行政部门行使疫情防控职权，或者医疗卫生机构指派医务人员配合国家机关工作人员共同履行疫情防控职权，行为人以暴力、威胁等方法实施前述行为，触犯了刑法第二百七十七条规定的，则构成妨害公务罪。如果以暴力、威胁等方法实施前述行为，不符合妨害公务罪的对象条件，但情节恶劣，或者造成公共场所秩序严重混乱的，可以构成寻衅滋事罪。

5. 强拿硬要或者故意损毁、占用医疗卫生机构的财物，或者在医疗卫生机构起哄闹事、违规停放尸体、私设灵堂，造成秩序混乱、影响疫情防控工作正常进行的

强拿硬要或者故意损毁、占用医疗卫生机构的财物，情节严重的，按照刑法第二百九十三条第一款第(三)项的规定，构成寻衅滋事罪。在疫情防控期间，医疗卫生机构的财物不容侵犯，否则会严重影响医疗卫生机构工作的开展。根据《寻衅滋事解释》的规定，情节严重的具体情形包括：强拿硬要财物价值一千元以上，或者任意损毁、占用财物价值两千元以上的；多次强拿硬要或者任意损毁、占用财物，造成恶劣社会影响的；严重影响医疗机构工作、经营的等。

在医疗卫生机构起哄闹事、违规停放尸体、私设灵堂，造成秩序混乱、影响疫情防控工作正常进行，情节严重的，可以按照刑法第二百九十三条第一

款第(四)项"在公共场所起哄闹事,造成公共场所秩序严重混乱"的规定,以寻衅滋事罪论处。根据《寻衅滋事解释》的规定,在医院等公共场所起哄闹事,应当根据公共场所的性质、公共活动的重要程度、公共场所受影响的范围与程度等因素,综合判断是否"造成公共场所秩序严重混乱"。

6. 非法携带枪支、弹药、管制器具或者爆炸性、放射性、毒害性、腐蚀性物品进入医疗卫生机构的

医疗卫生机构属于公共场所,需要确保安全。行为人非法携带以上危险物品进入医疗卫生机构危害公共安全,情节严重的,按照刑法第一百三十条的规定,构成非法携带枪支、弹药、管制刀具、危险物品危及公共安全罪。何谓情节严重,需要结合行为人主观上的动机、目的,客观上的时间、场所,以及携带的具体物品综合评判。构成该罪,不以行为人使用所携带的危险物品为条件。该罪系选择罪名,在办案过程中,需要根据行为人携带的具体物品确定实际适用的罪名。

7. 其他侵犯医务人员安全、扰乱医疗秩序的情形

在前述六类情形之外,实施其他侵犯医务人员安全、扰乱医疗秩序的行为,构成犯罪的,按照相应罪名处理。这一规定属于兜底条款,在认定具体犯罪行为时,应当按照罪刑法定原则,依法处理。

三、对犯罪行为的处理原则

在疫情防控期间,发生以上犯罪行为,会影响相关工作的开展,对其及时惩处,有利于震慑潜在的犯罪分子,增强医务人员的安全感,维护医疗卫生机构的秩序。

1. 及时处理原则

"惩罚犯罪的刑罚越是迅速和及时,就越是公正和有益。"在疫情防控期间,对犯罪行为惩处得越及时,社会秩序恢复得越快,公平正义实现得越早。《通知》对公、检、法三机关都提出了要求:公安机关接到报警后应当及时出警、快速处置,对应当追究刑事责任的,依法及时立案侦查,全面、规范地收集、固定证据;人民检察院应当从快审查批准逮捕、提起公诉;人民法院应当加快审理进度。从审判角度看,一是要加快诉讼流程,缩短办案时间;二是

要优先适用速裁程序、简易程序。

2. 依法处理原则

对此类犯罪的处理，《通知》充分体现了依法处理的精神。公安机关、检察机关只能对需要追究刑事责任的，才依法立案侦查、审查批准逮捕、提起公诉。审判机关要在全面查明案件事实的基础上正确适用法律、准确定罪量刑。对犯罪动机卑劣、情节恶劣、手段残忍、主观恶性深、人身危险性大，或者所犯罪行严重危害公共安全、社会影响恶劣的被告人，予以从严惩处，符合判处重刑至死刑条件的，坚决依法判处。

在疫情防控期间，行为人实施犯罪，反映出其主观恶性更大，社会危害性更严重，对其从严惩处也是依法处理原则的体现。“两高两部”《意见》明确规定，对于在疫情防控期间实施有关违法犯罪的，要作为从重情节予以考量，依法体现从严的政策要求，有力惩治震慑违法犯罪，维护法律权威，维护社会秩序，维护人民群众生命安全和身体健康。

3. 协同处理原则

办理“涉医”违法犯罪案件，要加强沟通协调，以实现更好的办案效果。一是卫生健康行政部门、医疗卫生机构与公安机关的协同，建立相应工作机制。二是公安机关与检察机关、审判机关的协同，配合人民检察院、人民法院在办案过程中提出的补充、核实证据等意见建议，及时按照审判的标准完善相关证据。三是人民法院与医疗卫生机构的协同，在审判过程中发现医疗卫生机构存在安全保卫机制不健全等问题的，及时提出司法建议。四是人民法院与宣传部门的协同，依法及时发布相关信息，回应社会关切，并实现“办理一案，教育一片”的效果。

（作者单位：北京市朝阳区人民法院）

新型冠状病毒肺炎疫情防控下的刑事司法应对策略

赵　慧

岁末年初，肇始于湖北武汉的新型冠状病毒肺炎（以下简称新冠肺炎）疫情席卷神州大地，全国各地纷纷启动重大突发公共卫生事件一级响应，封村、封城、禁足、禁止聚集、交通管制等措施纷纷出台，在有效防控新冠肺炎疫情的同时，也给我国的经济发展、社会生活以及人民群众的生命安全和身体健康带来重大影响。

当前，疫情防控工作到了最吃劲的关键阶段，我们要认真落实习近平总书记的重要指示精神，坚持依法科学有序防控，在法治轨道上统筹推进各项防控工作，转变司法应对模式和方法，精准施策，多措并举，保障疫情防控工作顺利开展。

一要从严。犯罪是在特定时空条件下发生的一种社会不良现象，社会形势的变化对于判断行为人的主观恶性、人身危险性以及行为的社会危害性具有积极的参考价值，也直接影响对该行为是否要科处刑罚以及科处何种刑罚。正如韩非子言：世异则事异，事异则备变。在疫情防控期间，行为人出于不良动机实施违法犯罪，一方面充分表明其主观恶性深和人身危险性大，另一方面其行为严重扰乱了疫情防控犯罪秩序，直接关系疫情防控阻击战的胜败，因而相比正常社会期间具有更大的危害性，应当作为从重情节予以充分考虑，体现从严惩治的刑事政策要求。例如，暴力伤医违法犯罪的发生，侵犯了医生的生命健康权利，严重挫伤了一线医务人员抗击疫情的积极性，践踏了法律和良知的底线，严重阻碍疫情工作的顺利开展，当然具有从重处罚的法律根据。因此，在疫情防控工作中，司法机关要充分发挥各自职能作用，充分运用累犯等法定从重处罚情节以及犯罪动机卑劣、情节恶劣、手段残忍、主观恶性深、人身危险性大、不认罪悔罪，或者所犯罪行严重危害公共安全、社会影响恶劣等酌定从重处罚情节，加大从严惩治各种犯罪的力度，有力震慑违法犯罪分子，为坚决打赢疫情防控阻击战提供有力法治保障。当然，从重处罚也必须具有相应的法律依据，要坚持罪责刑相适应原则，不能不顾案件具体情况一味从重，甚至突破法律规定加重处罚。

二要从快。意大利刑法学家贝卡利亚说过：惩罚犯罪的刑罚越是迅速和及时，就越是公正和有益。只有从快打击疫情防控各种违法犯罪，才能在普通民众心中播下"违法必究"的法治种子，进一步在社会上传导"法网恢恢、疏而不漏"的朴素法治观念，引导社会大众进一步明辨是非，规范自身行为，理解与支持党委和政府的疫情防控工作，甚至积极主动同妨害疫情防控工作的各种违法犯罪作斗争。比如，通过及时将各种不服从当地政府实施的疫情管控措施，不配合政府依法采取的调查、检疫、强制隔离、隔离治疗，隐瞒个人疫病史、重点地区旅行史、与疑似新冠肺炎患者接触史，隐瞒不报发热、乏力、干咳等症状，以及甚至殴打疫情防控工作人员或医务人员等行为作为犯罪处理，有力保障了疫情防控措施的落地落实，对于有效实现"内防扩散、外防输出"防控策略，坚决防止疫情扩散，为夺取疫情防控攻坚战胜利起到了十分重要的作用。因此，司法机关在疫情防控犯罪惩治中，要在不减损犯罪嫌疑人、被告人及律师的诉讼权利以及保障诉讼参与人合法权益的基础上，加强协调沟通，建立完善案件快速办理机制，做到公安机关快立快侦、检察机关快捕快诉、审判机关快审快结，使违法犯罪行为人及时受到法律追究，引导社会大众支持和配合疫情防控工作，为疫情防控工作营造良好法治环境。

三要依法。法者，治之端也。打赢新冠肺炎疫情防控战，既要坚持科学防治，更要坚持依法防控，以法治思维和法治方式推进疫情防控工作平稳运行。习近平总书记在中央全面依法治国委员会第三次会议上从完善立法、严格执法、加大司法等九个方面就依法推进疫情防控、提高依法治理能力提出了明确要求，为我们依法防控疫情提供了根本遵循。疫情防控是一场全民参与的阻击战，确保防控部署令行禁止、避免在贯彻落实中走样变形，确保疫情监测、排查措施落地生根,确保疫情信息公开透明、避免虚假信息引发社会恐慌,确保"应收尽收、应治尽治"做实做细,确保"控增量、减存量、防变量"落到实处,坚决打击抗拒疫情防控、暴力伤医、制假售假、哄抬物价、造谣传谣、诈骗、聚众哄抢、破坏交通设施、破坏野生动物资源、失职渎职等犯罪行为,都需要运用好法律这一有力武器。只有将法治贯穿到疫情防控工作的各方面、各环节,各项工作都在法治轨道上运行,才能确保疫情防控工作更有秩序、更有效率。

要认真落实《中央全面依法治国委员会关于依法防控新型冠状病毒感染肺炎疫情、切实保障人民群众生命健康安全的意见》要求,按照《刑法》《刑事诉讼法》《突发事件应对法》《传染病防治法》《关于做好新型冠状病毒肺炎疫情防控期间保障医务人员安全维护良好医疗秩序的通知》《关于依法惩治妨害新型冠状病毒感染肺炎疫情防控违法犯罪的意见》等有关规定,坚持以事实为根据、以法律为准绳,坚决打击抗拒疫情防控措施、暴力伤医、制假售假、哄抬物价等十类犯罪行为,做到罚当其罪。

当前,疫情防控工作正处于关键时期,涉疫案件易发多发,给司法工作带来严重挑战。要认真落实最高人民检察院发布的《关于组织做好疫情防控期间检察业务工作的通知》《关于在防控新型冠状病毒肺炎期间刑事案件办理有关问题的指导意见》等规定,坚持原则性与灵活性相统一,坚决保障犯罪嫌疑人、被告人的合法诉讼权利,充分运用政治智慧、法律智慧,妥善处理强制措施适用、办案期限等方面;妥善处理好依法办案与疫情防控的关系,适当调整办案方式,加强案件的书面审查,实行统一业务应用系统线上办理,尽量采取电话、远程视频、书面等方式讯问犯罪嫌疑人、询问证人等诉讼参与人以及听取辩护律师意见等,减少人员流动、聚集、见面交谈,切实维护诉讼参与人和办案人员的安全和健康;正确把握严厉打击与依法办案的关系,既要总体上体现依法从严从重打击的政策要求,又要避免不分具体情况搞"一刀切"的简单操作,对于具有初犯、偶犯、从犯、自首以及具有自首、坦白、立功、认罪认罚等从宽处罚情节的,也要酌情予以从宽处理,实现当严则严,当宽则宽,宽严相济。

四要综治。疫情防控既是一场总体战,也是一项系统工程,要综合施策,多措并举,才能取得实效。要综合运用各种民事、行政和刑事法律手段来预防和打击妨害舆情的各种违法犯罪行为,综合行为的性质、后果以及社会危害性等选择合适的法律处遇。

要坚持刑法的谦抑性原则,针对涉疫情的危害社会的行为,只有当民事手段、行政手段无法有效实现对该行为的管控时,才有必要动用刑法。正如德国法学家耶林所言:刑法是一把“双刃剑”,用之得当,则个人和社会两受其益;用之不当,则个人和社会两受其害。对于各种违反疫情防控规定的行为,如果情节显著轻微或者危害不大不需要判处刑罚的,可以由有关行政部门或者公安机关责令纠正,给予警告、罚款、拘留等行政处罚。确实需要追究刑事责任的,应当依法作为犯罪处理。

即使一种行为具有严重的社会危害性,需要动用刑法进行干涉,也应当在坚持罪刑法定、罪责刑相适应的基础上,根据案件的事实、证据以及具体犯罪的构成要件,精准进行定罪量刑。例如,针对疑似或者确诊的新冠肺炎患者,拒绝隔离治疗或者隔离期未满擅自脱离隔离治疗,并进入公共场所或者公共交通工具行为,不能简单地“一刀切”都作为以危险方法危害公共安全罪进行处理,而要根据犯罪行为人的主观心态,区分违反新冠肺炎疫情防控措施的类型,结合行为造成或者可能造成的后果等,分别以危险方法危害公共安全罪、妨害传染病防治罪、妨害公务罪、寻衅滋事罪处理,充分体现司法的精准性。

要严格落实“谁执法谁普法”责任制,充分利用报纸、电台、“两微一端”等媒介,结合案件办理加强宣传教育工作。要通过典型案例以案释法,震慑违法犯罪分子,提高社会公众防范意识和能力,引导他们严格遵守新冠肺炎疫情的防控措施,甚至积极主动发现和举报涉疫情犯罪,为防控疫情营造良好的社会氛围。

要针对办案中发现的市场监管、环境和资源保护、公共安全、野生动物保护等方面存在的问题,及时制发检察建议,积极督促和支持配合被建议单位落实整改落实,必要时提起刑事附带公益诉讼,督促相关部门及时堵塞管理漏洞,推动建立长效机制。

(作者单位:湖北省人民检察院)

妨害传染病防治行为的类型及罪名适用

李　勇

防控新型冠状病毒肺炎(以下简称新冠肺炎)疫情,必须采取强有力的措施,这些措施应当在法治的轨道上运行,拒不执行防控措施妨害疫情防治的行为应依法处理。在疫情防控期间,一些地方发生了妨害传染病防治的案例,有的隐瞒病情和行程,有的拒不接受隔离,有的对执行防控措施人员实施暴力,等等。在突发事件中,刑法应当有所为,但也不能乱为,准确运用刑法手段应对妨害传染病防治的犯罪行为至关重要。妨害传染病防治犯罪可以分为狭义的和广义的,狭义的妨害传染病防治犯罪仅指刑法第三百三十条的妨害传染病防治罪;广义的妨害传染病防治犯罪是指以故意毁坏财物、寻衅滋事、妨害公务、以危险方法危害公共安全等方式妨害传染病防治的犯罪行为。

一、狭义的妨害传染病防治罪之适用

我国刑法第三百三十条第一款规定,"违反传染病防治法的规定,有下列情形之一,引起甲类传染病传播或者有传播严重危险的,处三年以下有期徒刑或者拘役;后果特别严重的,处三年以上七年以下有期徒刑:(一)供水单位供应的饮用水不符合国家规定的卫生标准的;(二)拒绝按照卫生防疫机构提出的卫生要求,对传染病病原体污染的污水、污物、粪便进行消毒处理的;(三)准许或者纵容传染病病人、病原携带者和疑似传染病病人从事国务院卫生行政部门规定禁止从事的易使该传染病扩散的工作的;(四)拒绝执行卫生防疫机构依照传染病防治法提出的预防、控制措施的"。2020年2月6日最高人民法院、最高人民检察院、公安部、司法部印发《关于依法惩治妨害新型冠状病毒感染肺炎疫情防控违法犯罪的意见》(以下简称2020年

《意见》)发布之前,该罪名适用率极低,甚至有“僵尸化”趋势。主要原因在于人们对该罪名的适用前提、行为主体等存在认识偏差。

(一)适用前提

刑法第三百三十条妨害传染病防治罪的适用前提是甲类传染病,我国《传染病防治法》规定的甲类传染病只有鼠疫、霍乱,其他的可以由国务院有关规定确定。新冠肺炎疫情发生后,2020 年 1 月 20 日经国务院批准,将其纳入乙类传染病,但采取甲类传染病的预防、控制措施。这就给刑法第三百三十条的适用造成了困扰。这个困扰在 2003 年“非典”疫情期间就已出现。尽管 2003 年 4 月 11 日国务院卫生部发布通知将“非典”列入法定传染病并决定执行甲类传染病控制措施,但是刑法界普遍认为,由于“非典”不属于甲类传染病,按照罪刑法定原则,没有适用该罪名的余地。2003 年 5 月最高人民法院、最高人民检察院发布《关于办理妨害预防、控制突发传染病疫情等灾害的刑事案件具体应用法律若干问题的解释》(以下简称 2003 年《解释》)没有提及刑法第三百三十条,其原因也在于此。现在,该问题再次出现,学者要么对该罪名采取回避策略,要么明确否定该罪名的适用余地。事实上,最高人民检察院、公安部于 2008 年 6 月 26 日联合发布的《关于公安机关管辖的刑事案件立案追诉标准的规定(一)》(以下简称《追诉标准》)已注意到该问题,其第四十九条明确规定,违反传染病防治法的规定,引起甲类或者按照甲类管理的传染病传播或者有传播严重危险,应以妨害传染病防治罪立案追诉。2020 年《意见》再次明确规定,“其他拒绝执行卫生防疫机构依照传染病防治法提出的防控措施,引起新型冠状病毒传播或者有传播严重危险的,依照刑法第三百三十条的规定,以妨害传染病防治罪定罪处罚”。换言之,《追诉标准》和 2020 年《意见》将“采取甲类传染病的预防、控制措施”的传染病解释为刑法第三百三十条的“甲类传染病”。笔者认为这样的解释可以说是扩大解释,但不属于类推解释,具有合理性,并不违反罪刑法定原则。

首先,从刑法用语含义上看。罪刑法定禁止类推解释,但并不禁止扩大解释和实质解释。当某种行为虽不在刑法用语核心含义之内,但具有处罚必要性时,在刑法用语射程范围内可以作扩大解释,以实现刑法的合理性。

刑法第三百三十条赋予公民的义务是遵守“甲类传染病的预防、控制措施”，既然国家对新冠肺炎采取“甲类传染病的预防和控制措施”，而行为人拒不履行，其违反的显然是“甲类传染病的预防和控制措施”，而非乙类传染病的预防和控制措施。这完全符合刑法用语的含义，也不违反公民的预测可能性，因为2020年1月20日国家已经发布公告对新冠肺炎采取甲类传染病的预防、控制措施。公民所知晓的预防、控制措施是甲类传染病的，而非乙类传染病的。这意味着，在2020年1月20日以后违反刑法第三百三十条的行为，以该罪名论处是完全合法合理的。

其次，从处罚的实质必要性看。当前新型冠状病毒的高危害性及强传染性，短期内与鼠疫、霍乱相比，具有相当性。从政府采取的防控措施的范围和强度看，实际上超过鼠疫、霍乱。违反相关的防控措施义务，所导致的风险及后果与鼠疫、霍乱具有一定可比性，因此，防控新冠肺炎防治的行为具有实质的处罚必要性。国家之所以没有将新冠肺炎规定为甲类传染病，主要原因是这种新型病毒有很多未知领域，疫苗经过一段时间很可能研制成功，如果研制出疫苗和药物，其传染性和危害性会显著降低；病毒经过一段时间以后其毒性可能会大大降低，也可能经过一定时间后会发展成类似于流感一样的季节性轻症呼吸系统疾病，而法定的甲类传染病具有稳定性，不能朝令夕改，但又考虑到当前的传染性和危险性已经达到甲类传染病的程度，因此“采取甲类传染病的预防、控制措施”。刑法适用要顺应这种大局和背景，理应将其解释为刑法第三百三十条的“甲类传染病”。

最后，从罪刑均衡的角度看。传统观点回避刑法第三百三十条的适用，但是也认为类似拒绝隔离、隐瞒病情等恶劣行为有实质处罚必要性，于是只能求助于刑法第一百一十四条的以危险方法危害公共安全罪。其实这种解释路径反而有类推、违反罪刑法定之嫌。以危险方法危害公共安全罪的法定最高刑是死刑（致人重伤、死亡或者重大财产损失的处十年以上有期徒刑、无期徒刑或者死刑）。但刑法第三百三十条妨害传染病防治罪法定最高刑是七年有期徒刑（造成特别严重后果的处三年以上七年以下有期徒刑）。这就导致罪刑不均衡：妨害甲类传染病防治行为的处罚（按照刑法第三百三十条处罚）反而比妨害乙类传染病防治行为（按照刑法第一百一十四条处罚)更轻。以危险方法危害公共安全罪属于重罪,适用条件应当严格限制,不能动辄以该罪名定罪处罚;同时,也会导致放纵一些尚未达到以危险方法危害公共安全但是需要以妨害传染病防治罪处罚的犯罪行为。只有将"纳入乙类传染病,并采取甲类传染病预防、控制措施"解释为刑法中的"甲类传染病"才能解决上述双重不均衡刑罚问题。正确的做法是优先考虑适用刑法第三百三十条,有些行为同时触犯刑法第一百一十四条的再按照罪数原理解决(下文详述)。

(二)适用主体

刑法第三百三十条妨害传染病防治罪"僵尸化"的另一个重要原因是一些学者认为,该罪的主体是特殊主体,即只能适用于对疫情防控负有特定职责的单位和个人。这种观点不够妥当。事实上,刑法第三百三十条第一款共计有四项,规定了四种行为,前三项确实是针对特定职责的主体,但是第四项并没有限定,而是包括一般社会公众。具体来说:第一种行为的适用主体是供水单位,即供水单位供应的饮用水不符合国家规定的卫生标准,而引起甲类传染病传播或者有传播严重危险;第二种行为的适用主体主要是指具有对传染病病原体污染的污水、污物、粪便具有消毒、处理职责的单位和个人,这些单位和个人拒绝按照卫生防疫机构提出的要求对传染病病原体污染的污水、污物、粪便进行处理,而引起甲类传染病传播或者有传播严重危险;第三种行为的适用主体从事餐饮、医疗、教学等易使传染病扩散工作的用人单位及其个人,这些单位和个人准许或者纵容传染病病人、病原携带者和疑似传染病病人从事国务院卫生行政部门规定禁止从事的易使该传染病扩散的工作,而引起甲类传染病传播或者有传播严重危险;第四种行为的适用主体是一般社会公众,包括传染病确诊病人、疑似病人以及其他社会公众,即一般社会公众拒绝执行卫生防疫机构依照传染病防治法提出的预防、控制措施,而引起甲类传染病传播或者有传播严重危险。这里就包含了一般社会公众拒绝执行国家依法采取的隔离、封路、检查、检疫措施等行为。

(三)行为特征

刑法第三百三十条第一款规定的前三项行为较为特定和明确,在适用和认定上较为容易。实践中难以把握的是第(四)项,即一般社会公众"拒绝执行卫生防疫机构依照传染病防治法提出的预防、控制措施”,其行为方式一般表现为不作为,即不履行政府采取的预防控制措施,这与以危险方法危害公共安全罪一般表现为积极的作为、主动传播是不同的。比如,行为人没有主动报告疫情高发地区行程史,是以消极不作为的方式“拒绝执行卫生防疫机构依照传染病防治法提出的预防、控制措施”,应当定性为妨害传染病防治罪。根据实践情形,刑法第三百三十条第一款第(四)项规定的情形主要有:(1)拒不履行指定场所单独治疗、隔离观察及其他防控措施的行为;(2)拒不配合政府依法对疫点以及相关场所进行的卫生处理、戴口罩、测体温以及其他管制措施等行为;(3)拒不遵守政府依法采取的限制或者停止集市、影剧院演出或者其他群体性活动的行为;(4)拒不遵守政府依法采取的停工、停业、停课措施的行为;(5)拒不遵守政府依法采取的封闭、封存被传染病病原体污染的水源、食品以及相关物品,禁止买卖、捕食野生动物等措施的行为;(6)拒不遵守政府依法采取的紧急封闭相关场所措施的行为;(7)拒不遵守政府依法采取的对出入疫情区或其他区域的人员、物资和交通工具实施卫生检疫、交通管制或封锁等措施的行为。由此可见,有上述行为,并引起新型冠状病毒传播或者有严重传播危险的行为,涉嫌刑法第三百三十条的妨害传染病防治罪。

需要特别指出的是,该罪既是实害犯,也是危险犯,实害犯就是刑法第三百三十条规定的“引起甲类传染病传播”;危险犯就是刑法第三百三十条规定的“有严重传播危险”。这里的实害犯可以通过事后的结果证明有无导致不特定人或多数人被感染来认定。这里的危险犯属于具体危险,即“严重传播危险”,在认定时不能随意将具体危险犯偷换为抽象危险犯,不能认为只要拒绝履行防控措施的行为在理论上就有传播的严重危险。对“严重传播危险”这一具体危险的认定,应当严格限制解释,防止不当扩大打击面。实践中,行为人的具体行为是否具有严重的传播危险要把握两个方面的要点:一是从事后看,该行为有无导致疫情传播、扩散的严重危险;二是应当坚持医学的科学标准来判断其行为传播、扩散疫情的危险性。

二、广义的妨害传染病防治犯罪之适用

对于一般社会公众来说,广义的妨害传染病防治犯罪行为主要包括以

下行为类型（限于篇幅仅列四类，实践中还可能有故意伤害型、制假售假型、造谣传谣型等）：

（一）以危险方法危害公共安全型

刑法第一百一十四条规定了以危险方法危害公共安全罪，该罪与放火、决水、爆炸、投放危险物质罪规定在同一条款中，即“放火、决水……或者以其他危险方法危害公共安全”。根据体系解释和同类解释规则，这里的“其他危险方法”应当与该条款列举的放火、决水、爆炸、投放危险物质具有相当性，这种相当性应当满足两个特征：一是性质上，行为一经实施就具备了难以控制的高度危险性，直接导致不特定多数人生命、健康安全，具有即时性和直接性；二是程度上，须达到放火、爆炸、投放危险物质所能产生的同等的危险状态，具有难以控制性和一定的恐怖性。不能认为只要客观上危害公共安全就构成本罪，本罪所要求的危害公共安全必须要与放火、爆炸等具有相当性，这种相当性可以具体化为对不特定多数人危险的即时性、直接性、难以控制性和恐怖性。2020年《意见》列举了故意传播新冠肺炎危害公共安全构成以危险方法危害公共安全罪的两种情形：一是已经确诊的新冠肺炎病人、病原携带者，拒绝隔离治疗或者隔离期未满擅自脱离隔离治疗，并进入公共场所或者公共交通工具的（以下简称确诊型）；二是新冠肺炎疑似病人拒绝隔离治疗或者隔离期未满擅自脱离隔离治疗，并进入公共场所或者公共交通工具，造成新型冠状病毒传播的（以下简称疑似型）。这两种类型符合上述相当性的两个特征，在本质上符合以危险方法危害公共安全罪的犯罪构成。司法实践中，对上述两种类型需要根据以危险方法危害公共安全罪的本质特征，慎重把握以下几个方面：

1. 确诊型有三个限制条件。根据2020年《意见》，这三个限制条件分别为：一是行为人必须是在实施行为之前已经确诊的新冠肺炎病人、病原携带者，并且行为人对自己已经确诊的事实是明知的。根据《传染病防治法》的规定，传染病的确诊病人是指根据国务院卫生行政部门发布的《传染病防治法规定管理的传染病诊断标准》，符合传染病病人诊断标准的人；病原携带者是指感染病原体无临床症状但能排出病原体的人，不能从事后确诊去反推确诊之前的行为。在证据上表现为有相应的医学诊断书、检验报告等。

二是已经确诊的行为人拒绝隔离治疗或者隔离期未满擅自脱离隔离治疗。这两个条件的限制意味着,确诊型的以危险方法危害公共安全罪主要表现为确诊病人从隔离场所逃离的情形。三是确诊的行为人进入公共场所或者公共交通工具。已经是确诊的新冠肺炎患者、病原携带者,这种情况下进入公共场所或公共交通工具就可以推定其具有危害公共安全的故意与行为。

2. 疑似型有四个限制条件。根据2020年《意见》,这四个限制条件分别是:一是行为人必须是新冠肺炎的疑似病人。这里的疑似病人是特定的传染病学专业术语,不能根据生活常识怀疑行为人是新冠肺炎患者就认为是疑似病人。实践中,不能认为只要行为人是来自武汉、湖北等疫情高发地区的都是疑似病人,也不能认为只要是确诊病人的密切接触者、一般接触者、接受医学观察者都是疑似病人。根据《传染病防治法》第七十八条的规定,疑似传染病病人,是指根据国务院卫生行政部门发布的《传染病防治法规定管理的传染病诊断标准》,符合疑似传染病病人诊断标准的人。新冠肺炎疫情发生后,国家卫生健康委员会制定了《新型冠状病毒感染的肺炎诊疗方案》,具体规定了相应的诊断标准。因此,这里的疑似病人也是要有专业的医疗机构或人员诊断而确定的。在证据上,要有相应的诊断报告或材料等。二是被确定为疑似病人的行为人拒绝隔离治疗或者隔离期未满擅自脱离隔离治疗。三是行为人进入公共场所或者公共交通工具。四是造成新型冠状病毒传播。第四个条件需要从事后结果的角度进行评价和认定,也就是实际上有无造成病毒传播。2020年《意见》针对疑似型以危险方法危害公共安全罪增加了"造成新型冠状病毒传播"这个条件,这是因为疑似病人并不能确定就是新冠肺炎患者,是否会危害公共安全也处于不确定状态,只有最终确实造成了新型冠状病毒传播,才能评价为危害公共安全。

3. 无论是确诊型还是疑似型都有"进入公共场所或公共交通工具"等积极作为行为。"进入公共场所或公共交通工具"等积极行为是侵害不特定、多数人的生命健康安全这一以危险方法危害公共安全罪法益的关键所在。对于单纯的拒不履行报告义务、拒不执行相关防控措施的消极不作为,即使是确诊病人、疑似病人也不能轻易地以危险方法危害公共安全罪论处。

4. 除确诊型和疑似型以外的其他人也有可能成立以危险方法危害公共

安全罪。有人认为,根据2020年《意见》,涉疫情案件,只有确诊病人、病原携带者和疑似病人才能构成以危险方法危害公共安全罪。笔者认为这种观点是不妥的。2020年《意见》关于以危险方法危害公共安全罪的规定,只是提示性列举,而非定义。换言之,2020年《意见》只是对涉疫情案件中常见的以危险方法危害公共安全罪的表现形式进行了提示性的列举,而并没有穷尽。事实上,是否构成以危险方法危害公共安全罪,还必须按照刑法第一百一十四条规定的该罪名的构成要件进行判断,实质地评价是否符合给罪的本质特征。例如,健康的第三人故意用确诊新冠肺炎病人的排泄物涂抹公共场所的电梯、门把手,或者投掷到水源地等,这种行为完全符合上述两个特征,与投放危险物质相当,与确诊新冠肺炎病人进入公共场所或公共交通工具相比,危害性更大,理当构成以危险方法危害公共安全罪。

5. 除"进入公共场所或公共交通工具"以外的其他危险性行为也可能成立以危险方法危害公共安全罪。与前述第四点一样,2020年《意见》所规定的"进入公共场所或者公共交通工具"也是一种提示性列举,并不能穷尽,其本质是进入公共场所或公共交通工具会危及不特定、多数人的生命健康安全。"进入公共场所或公共交通工具"只是常见的表现形式,实践中完全存在没有进入公共场所或公共交通工具,但是具有传播给不特定多数人的高度危险性的行为。例如,确诊新冠肺炎病人故意用口水涂抹电梯、故意抛洒排泄物等,应当认定为以危险方法危害公共安全罪。

总之,是否构成以危险方法危害公共安全罪,必须严格解释刑法第一百一十四条规定的"其他危险方法",实质地看是否符合该罪的本质特征。

(二)妨害公务型

在新冠肺炎疫情防控期间,行为人以暴力、威胁方法阻碍国家机关工作人员依法执行检疫、强制隔离、交通管制、场所封闭等职务行为,根据刑法第二百七十七条的规定,涉嫌妨害公务罪。实践中需要注意以下三点:一是履行防疫职责的红十字会工作人员属于本罪的保护对象,即以暴力、威胁方法阻碍其依法履行职责的,构成妨害公务罪。二是受委托履行防疫公务职责的人员属于本罪保护对象,既包括不具有国家工作人员身份而受委托从事防疫职责的人员,如协助交通管制的辅警,受委托协助强制隔离、封闭场所的社区工作人员等;也包括原本不具有卫生管理职责的其他政府机关人员临时受委托从事防疫公务的人员,如检察官、法官临时受委托从事强制隔离、排查等工作。这里的委托可以是书面委托,也可以是紧急情况下的通知、命令、口头传达等。三是威胁的方法,包括吐口水、抛洒污染物等以传播新型冠状病毒的方法相威胁。

(三)故意毁坏财物型

疫情防控期间,行为人故意冲撞隔离设施、交通管制设施、检验检疫设施、小区道闸设施等,毁坏财物数额较大或者有其他严重情节的,构成故意毁坏财物罪。

(四)寻衅滋事型

在疫情防控期间,强拿硬要、任意毁损或占用公私财物,情节严重的;在公共场所起哄闹事,造成公共场所秩序混乱的,构成寻衅滋事罪。例如,不按照防疫规定戴口罩进入商场、车站、住宅小区等,遇工作人员阻止而随意殴打工作人员,撒泼打滚、起哄闹事,情节严重的行为。

三、关于罪数关系问题

狭义的妨害传染病防治罪与广义的妨害传染病防治犯罪中的以危险方法危害公共安全罪、妨害公务罪、寻衅滋事罪等之间存在复杂的罪数关系,需要结合刑法罪数的基本原理进行分析。

行为人以暴力、威胁等方法拒绝执行防疫措施,阻碍从事防疫工作的国家工作人员防疫工作,其行为触犯刑法第二百七十七条的妨害公务罪;如果这种妨害公务的行为同时导致新冠肺炎传播或者有传播严重危险,则同时触犯刑法第三百三十条的妨害传染病防治罪。这种情况同样属于一行为触犯数罪名,系想象竞合犯,从一重处。有观点认为这种情况属于牵连犯,这是不妥的。牵连犯与想象竞合的本质区别在于行为个数。牵连犯是数行为触犯数罪名,且数行为之间有原因与结果、手段与目的的牵连关系;而想象竞合犯是一行为触犯数罪名。因此,区别的关键是看为一行为还是数行为。关于行为数量的判断标准,理论上有主要部分重合说和一部重复说、着手一体说等,主流观点是主要部分重合说。行为人通过对从事防疫的国家工作人员实施暴力、威胁的方法拒绝执行防疫措施，妨害公务的行为与妨害传染病防治的行为几乎完全重合，显然是一行为，属于想象竞合而非牵连犯。

行为人故意毁坏防疫用品及物质、随意殴打防疫工作人员，达到故意毁坏财物罪或者寻衅滋事罪标准的，触犯故意毁坏财物罪或者寻衅滋事罪，如果同时导致新冠肺炎传播或者有传播严重危险的，则同时触犯妨害传染病防治罪，同样属于想象竞合，从一重处。

（作者单位：江苏省南京市建邺区人民检察院）

当前疫情下"假口罩"类案件常见问题解析

王　勇

当前各种医用口罩严重不足,部分不法人员浑水摸鱼、借机销售"假口罩"的现象突出。全国各地公安机关根据举报和排查,已侦破大量"假口罩"类案件,并进入刑事程序。如何坚持法治思维,通过法治方式准确办理重大疫情下的此类案件,成为司法机关的重要任务。当前,常见问题有"假口罩"类案件涉及哪些罪名,如何界定罪名,怎样认定"假口罩"。结合当前防治疫情的大局,进一步厘清这些问题,对于准确打击此类犯罪有着重要意义。

一、对于"假口罩"的界定

(一)医用口罩的范围

2020年1月31日,国家卫生健康委员会发布的《新型冠状病毒感染不同风险人群防护指南》和《预防新型冠状病毒感染的肺炎口罩使用指南》,推荐使用的口罩共四种,分别是:一次性使用医用口罩、医用外科口罩、KN95/N95及以上颗粒物防护口罩、医用防护口罩。同时,强调"棉纱口罩、海绵口罩和活性炭口罩对预防病毒感染无保护作用"。当前,社会上紧缺的口罩是医用口罩及KN95/N95及以上颗粒物防护口罩,保暖口罩、防雾霾口罩等其他口罩因对预防病毒感染无保护作用,在这次疫情中不宜使用。

2003年"非典"时期,国家食品药品监督管理局出台的《关于医用一次性防护服等产品分类问题的通知》规定,自2003年5月15日起,将医用一次性防护服、医用防护口罩和医用手术口罩划为第二类医疗器械进行管理。需注意的是,该规定与《最高人民法院、最高人民检察院办理妨害预防、控制突发传染病疫情等灾害的刑事案件具体应用法律若干问题的解释》(以下简称《疫情解释》)同日施行。根据《医疗器械监督管理条例》第四条的规定,第二类医疗器械是具有中度风险，需要严格控制管理以保证其安全、有效的医疗器械。其在国内上市应依法取得医疗器械产品注册证，生产者应取得医疗器械生产许可证，经营者应进行第二类医疗器械经营备案。因此，国家相关主管部门先后颁布《医用防护口罩技术要求》《医用外科口罩技术要求》等系列国家标准和国家医药行业标准，将医用口罩纳入医疗器械严格管理的范围。

（二）“假口罩”的认定标准

我国《标准化法》规定了产品质量标准。该法将我国的产品质量标准分为国际标准、国家标准、行业标准、地方标准和企业标准。对于没有国际标准、国家标准、行业标准、地方标准可供执行的“新产品”，应执行企业标准。据不完全统计，相关国家标准有 GB 19083—2010《医用防护口罩技术要求》、GB 19084—2003《普通脱脂纱布口罩》、GB 2626—2006《呼吸防护用品——自吸过滤式防颗粒物呼吸器》、GB/T 32610—2016《日常防护型口罩技术规范》（推荐性标准）；行业标准有 YY 0469—2011《医用外科口罩行业标准》（强制性标准）、YYT 0969—2013《一次性使用医用口罩行业标准》（推荐性标准）、AQ 1114—2014《煤矿用自吸过滤式防尘口罩》（安全生产行业）；团体标准（中国纺织品商业协会）有 TAJ 1001—2015《PM2. 5 防护口罩》、T/CTCA 7—2019《普通防护口罩》等；地方标准和企业标准更是五花八门，如 YZB 是医疗器械注册产品标准，也就是企业标准。需要注意的是，上述标准中大部分标准中有包含一次性卫生用品标准（GB15979），原因是口罩作为重要的卫生用品，无论什么类型，其卫生标准、消毒效果等都必须要符合卫生用品标准。如果口罩本身达不到卫生标准，必然不能使用，这个标准也是所有口罩的最低标准。

根据《产品质量法》《最高人民法院、最高人民检察院关于办理生产、销售伪劣商品刑事案件具体应用法律若干问题的解释》（以下简称《伪劣商品解释》）等法律、司法解释的精神，若有涉案口罩明示的质量要求不低于国家、行业等标准时，则应当按照其明示的质量要求进行鉴定；若明示的质量低于强制性的标准，则应当按照强制性的标准进行鉴定；若缺失明示质量要求，则应当依据相应的强制性标准进行鉴定。犯罪嫌疑人对质量明示方法，包含包装、宣传、推荐、介绍等,只要足以让消费者感知并作出判断的,都应属于明示之列。因此,各种防护类型口罩的标准要高于其他非防护类型口罩的标准。防护口罩的包装上应该标明相关标准,若没有明示标准的,应该按照最低的日常防护型口罩技术规范最低标准进行鉴定。根据上述标准,对没有防护功能的普通口罩,标准更多,对于是否有相关过滤性能要求不一,应当具体选择鉴定标准。如若犯罪嫌疑人销售的是棉纱口罩,则以棉纱口罩相关标准鉴定;若犯罪嫌疑人未进行宣传且口罩无任何名称、标准,甚至明示无过滤功能,则可使用一次性卫生用品标准进行鉴定。此外,根据企业标准生产、销售的产品,应当具备其许诺的使用性能。如果不具有生产者、销售者所许诺的性能,就是不合格产品,属于我国刑法生产、销售伪劣产品罪中的"伪劣产品"。

二、生产、销售"假口罩"可能涉及的罪名

生产、销售"假口罩"可能涉及的常见罪名,主要包括生产、销售伪劣产品罪,假冒注册商标罪,销售假冒注册商标的商品罪,生产、销售不符合标准的医用器材罪和非法经营罪五项罪名。

1. 生产、销售伪劣产品罪和假冒注册商标罪、销售假冒注册商标的商品罪是常见罪名,大多数犯罪行为存在上述罪名的竞合关系。一般情况下,这三罪都是销售额五万元入罪,但销售伪劣产品罪第一档法定刑为二年以下,假冒注册商标犯罪第一档法定刑是三年以下。后者法定最高刑更重。可在比较宣告刑后,依照处罚较重的规定。

2. 根据《疫情解释》规定,传染病疫情等灾害期间,生产用于防治传染病的不符合保障人体健康的国家标准、行业标准的医疗器械、医用卫生材料,或者销售明知是用于防治传染病的不符合保障人体健康的国家标准、行业标准的医疗器械、医用卫生材料,不具有防护、救治功能,足以严重危害人体健康的,依照刑法第一百四十五条的规定,以生产、销售不符合标准的医用器材罪定罪,依法从重处罚。上文论及,因口罩属于医疗器械,如销售"不具有防护、救治功能,足以严重危害人体健康的"口罩,则可能构成生产、销售不符合标准的医用器材罪。

3. 非法经营行为入罪应违反《医疗器械监督管理条例》。根据《行政许可法》等相关法律规定，需要取得行政许可才能经营的物品，属于刑法第二百二十五条规定的“其他限制买卖的物品”。但是，第一，《医疗器械监督管理条例》第六十三条第一款对“生产、经营未取得医疗器械注册证的第二类、第三类医疗器械的”处罚标准，情节严重的，也仅为五年内不受理相关责任人及企业提出的医疗器械许可申请，并无“构成犯罪的，依法追究刑事责任”的表述。第二，没有相关司法解释明确未经许可经营第二类医疗器械属于非法经营罪。第三，医疗器械非常广泛，甚至避孕套都属二类医疗器械，类似认定可能超出社会一般人的认知。基于此，对未取得许可经营第二类医疗器械是否属于非法经营罪争议较大。笔者建议，按照《疫情解释》和《最高人民法院、最高人民检察院关于依法惩治妨害新型冠状病毒感染肺炎疫情防控违法犯罪的意见》（以下简称《意见》）的思路论证：囤积居奇，哄抬疫情防控急需的防护用品、药品等价格，牟取暴利，违法所得数额较大或者有其他严重情节，严重扰乱市场秩序的，可以考虑适用非法经营罪论处。

三、生产、销售“假口罩”行为的事实认定问题

（一）以医用口罩名义销售的

客观上是否以医用口罩名义，首先，看行为人的销售广告，销售宣传的内容。其次，根据销售目的判断。如当前大多数省市都启动重大突发公共卫生事件Ⅰ级响应，因疫情防控要求配置口罩，购买者也是以防护疫情为目的购买。但是，因“棉纱口罩、海绵口罩和活性炭口罩对预防病毒感染无保护作用”，行为人如明知口罩不具备防护可能，有证据证实仍然推荐消费者使用，属于追求该结果发生，也可能属于以医用口罩名义销售的行为。最后，要依据客观证据，比如流露出可当防病毒口罩使用、宣传有防护功能等意思。主观上行为人明知传染病疫情等灾害期间，销售的口罩上家并非医疗器械经销商或者来源不明，其有义务说明口罩是否为合格产品、进货渠道等。如果无合理解释的，可根据证据推定。但有合理解释且得到证据印证的除外。

(二)只是销售口罩而不强调性能的

在疫情之前,大多数群众对口罩区分不清楚。这次疫情开始的宣传中,也只是提出要戴口罩,但未明确戴口罩的种类。1月31日,国家卫生健康委员会发布的《预防新型冠状病毒感染的肺炎口罩使用指南》在一定层级明确口罩种类。因此,如果确有证据证实行为人及消费者无法区分口罩种类,或无意将"棉纱口罩、海绵口罩和活性炭口罩"当作防护口罩销售的,原则上不能构成销售不符合标准的医用器材罪。对该问题的证据判断,要重视行为人的供述与辩解,但不能依赖其供述与辩解,还要审查以下证据,综合判断。

首先,要看销售者是否知道口罩的不同种类。应该结合犯罪嫌疑人供述细节、犯罪嫌疑人手机、电脑缓存等电子数据(是否搜索、打开过此类文章及有无聊天记录等)、惯常销售行为与本次销售的区别等综合判断。其次,关注销售对象是否为特殊群体。如明确知道大批销往武汉等疫源地,甚至赠给医院或高危人群等特定群体,其以防病毒类口罩为名义销售的可能性就增大。最后,对疫情前后的销售价格、渠道等进行比较。判断行为人是否明知消费者是药店等地买不到等。《预防新型冠状病毒感染的肺炎口罩使用指南》指出,KN95/N95及以上颗粒物防护口罩的防护效果优于医用外科口罩、一次性使用医用口罩,推荐现场调查、采样和检测人员使用。因此,对于达到KN95/N95及以上颗粒物防护口罩的防护效果口罩,因具备防护能力,即使以医用口罩的名义销售,原则上也不能入罪处理。

四、生产、销售"假口罩"行为的司法认定标准

当前特殊时期,司法办案一方面应坚持客观公正立场,秉持罪刑法定原则;另一方面要在办案中兼顾天理、国法、人情,防止机械司法。因此,针对案件的不同情况应因案施策、一案一策,彰显司法办案三个效果的统一。

首先,坚持实质正义,精准打击犯罪。"假口罩"类案件,应重点关注生产、销售的口罩是否具有防护功能。对于具有防护性能的口罩,即使构成销售假冒商标的商品罪,也要充分考虑公众购买口罩困难的现实情况,要对健康权、社会秩序、公众的恐慌等情形与违法行为侵害的法益进行比较、衡量。若不是情节特别恶劣、违法所得数额巨大,则能宽尽宽,避免机械执法加剧本地口罩购买的困难。例如，对于“三无产品”是否等同于不合格产品的问题，应当坚持实质判断。根据《伪劣商品解释》第一条第四款的规定，刑法第一百四十条规定的不合格产品，是指不符合《产品质量法》第二十六条第二款规定的质量要求的产品。该款有三项规定，分别是“（一）不存在危及人身、财产安全的不合理的危险，有保障人体健康和人身、财产安全的国家标准、行业标准的，应当符合该标准”；“（二）具备产品应当具备的使用性能，但是，对产品存在使用性能的瑕疵作出说明的除外”；“（三）符合在产品或者其包装上注明采用的产品标准，符合以产品说明、实物样品等方式表明的质量状况”。上述列举的情形非常清楚，但无法涵盖“三无产品”的情形。“三无产品”只能对应《产品质量法》第二十七条关于标识要求的规定。所以，直接将“三无产品”认定为不合格产品与刑法、《产品质量法》及相关司法解释对不合格产品的要求不符。而且，《产品质量法》规定对不符合该法第二十六条第二款规定的，可以依法追究刑事责任，但对产品标识不符合该法第二十七条规定的，只能行政处罚。由此直接以此予以刑事处罚，于法无据。对于是否为不合格产品难以确定的，应当委托法律、行政法规规定的产品质量检验机构进行鉴定。因此，“三无产品”应经产品质量检测部门检测，实质上判断有无产品质量问题，才能考虑是否构成销售伪劣产品罪或其他罪名。

其次，立足当前具体情况处理案件。如鉴定后，生产、销售的口罩确有防护性能，应抓紧涉案物品的处理，弥补当前口罩不足的困局。部分涉嫌生产侵权“假口罩”的企业，若口罩符合防护标准，尽量采用取保候审等强制措施，允许其在不侵权的情况下继续生产，满足目前疫情防控需要。例如，对于非法经营罪的认定，需要考虑单纯涨价不一定是“囤积居奇，哄抬价格”。《市场监管总局关于新型冠状病毒感染肺炎疫情防控期间查处哄抬价格违法行为的指导意见》作为行政处罚要求，亦根据《价格法》的规定，有“散布捏造的涨价信息”“生产防疫用品及防疫用品原材料的经营者，不及时将已生产的产品投放市场”等系列要求；很多行为还需要符合“经市场监管部门告诫仍继续囤积”的处罚前置条款。因此，该罪的认定必须与行政处罚相衔接，只有行政处罚尚不足以惩戒的恶劣行为才有入罪可能。同时，应充分考虑市场经济背景下，因供需关系导致的价格浮动。经济学之父亚当·斯密说过:“我们不能借着肉贩,啤酒商或面包师的善行而获得晚餐,而是源于他们对自身利益的看重。”在供需关系紧张,特别是春节用工困难,原材料涨价等背景下,各地口罩价格悬殊,甚至同一地不同时间的价格都有变化。如果不认真审慎,出现甲地将某个价格认定为“哄抬价格”,定性非法经营犯罪,乙地该价格却是政府推荐价格,会严重损害政府和司法机关公信力。对此类犯罪的定罪要逐案研究,一案一定,不枉不纵,既不能轻易把属于市场行为的价格调整视为非法经营,也不能纵容个别奸商破坏当前防疫大局。

最后,还应当注重源头防控,助力打好防“疫”战。鉴于新型冠状病毒肺炎疫情处于高发期,口罩防护关乎人民群众生命安全,对案件反映的口罩供货上家,应督促侦查机关强化对上家证据的调取,建议尽快联络或联合当地执法机关对相关地点进行核实查处,防止更多不符合国家标准的“假口罩”流向市场。

(作者单位:江苏省苏州市人民检察院)

REFERENCE TO CRIMINAL TRIAL

CONTENTS

图书在版编目(CIP)数据

刑事审判参考．总第121集／中华人民共和国最高人民法院刑事审判第一、二、三、四、五庭主办．-- 北京：法律出版社，2020

ISBN 978-7-5197-4230-0

Ⅰ．①刑… Ⅱ．①中… Ⅲ．①刑事诉讼－审判－中国－丛刊 Ⅳ．①D925.218.4

中国版本图书馆CIP数据核字(2020)第022714号

刑事审判参考(总第121集)
XINGSHI SHENPAN CANKAO
(ZONG DI－121 JI)

中华人民共和国
最高人民法院刑事审判
第一、二、三、四、五庭 主办

责任编辑 许 睿 连晓敏
装帧设计 李 瞻

编辑统筹 司法实务出版分社
出版 法律出版社
开本 710毫米×1000毫米 1/16
总发行 中国法律图书有限公司
印张 24.25
经销 新华书店
字数 360千
印刷 三河市龙大印装有限公司
版本 2020年5月第1版
责任印制 胡晓雅
印次 2020年5月第1次印刷

法律出版社／北京市丰台区莲花池西里7号(100073)
网址／www.lawpress.com.cn
投稿邮箱／info@lawpress.com.cn
销售热线／400-660-8393
举报维权邮箱／jbwq@lawpress.com.cn
咨询电话／010-63939796

中国法律图书有限公司／北京市丰台区莲花池西里7号(100073)
全国各地中法图分、子公司销售电话：
统一销售客服／400-660-8393/6393
第一法律书店／010-83938432/8433
西安分公司／029-85330678
重庆分公司／023-67453036
上海分公司／021-62071639/1636
深圳分公司／0755-83072995

书号：ISBN 978-7-5197-4230-0
定价：38.00元

征稿启事

《刑事审判参考》是最高人民法院刑事审判第一、二、三、四、五庭共同主办、法律出版社出版、面向国内外公开发行的刑事司法业务指导和研究性出版物。

为能够以最前沿的视野、最权威的高度和最贴近刑事司法实践的方式编辑本书，欢迎各位同仁向本书以下栏目提供稿件：

1. 指导案例。在认定事实、采信证据和适用法律、司法解释定罪量刑方面具有研究价值和指导意义的典型、疑难案件，并附一审、二审裁判文书。

2. 理论前沿。对刑事司法的前沿理论问题进行深入研讨的论文。

3. 域外司法。评介域外的刑事立法及司法制度、实务问题和典型案件的文章。

4. 经验交流。地方司法机关制定的刑事司法规范性文件及其背景说明，地方人民法院院领导在刑事审判工作会议上的讲话，等等。

5. 实务探讨。对某一类刑事实务问题提出的解决方案。

6. 裁判文书。具有较强说理性、充分体现法官裁判思维和判案智慧的优秀裁判文书。

7. 编辑部答疑。读者在刑事司法实践中遇到的法律适用方面的疑难、复杂问题。

8. 疑案争鸣。针对刊登的疑难案例争议问题进行分析、发表观点，等等。

稿件应有问题意识，观点明确，语言平实，不晦涩。

来稿请注明作者的联系方式（包括地址、邮编和电话）。来稿一经采用，将按著作权的规定支付报酬。

来稿可向以下任何一位执行编辑投递：

北京市东城区北花市大街 9 号最高人民法院刑一庭　赵俊甫

zhaojunfu81@ 163. com

北京市东城区北花市大街 9 号最高人民法院刑二庭　段　凰

cankaodh@ 163. com

北京市东城区北花市大街 9 号最高人民法院刑三庭　周　川

xingsanting@ sohu. com

北京市东城区北花市大街 9 号最高人民法院刑四庭　陆建红

Lu_Lu_jianhong@ 126. com

北京市东城区北花市大街 9 号最高人民法院刑五庭　方文军

fwjzgf@ sina. com

邮编：100062

特别提示：为避免各庭之间采稿重复，来稿不可同时投递。

最高人民法院刑事审判第一、二、三、四、五庭